Info Verlag · **Migration und Integration in Karlsruhe**

Migration und Integration in Karlsruhe

Herausgegeben vom Stadtarchiv Karlsruhe,
dem Büro für Integration der Stadt Karlsruhe und
der Pädagogischen Hochschule Karlsruhe
durch Manfred Koch und Sabine Liebig

Mit Beiträgen von
Kathrin Bohland · Ernst Otto Bräunche · Matthias Christ
Manfred Fellhauer · Alois Kapinos · Manfred Koch · Sabine Liebig
Dankwart von Loeper · Nadja Tiyma · Catherine Walzer

Info Verlag

Veröffentlichungen
des Karlsruher Stadtarchivs

Herausgegeben von
Ernst Otto Bräunche,
Anke Mührenberg,
Peter Pretsch,
Volker Steck

Band 31

herausgegeben vom Stadtarchiv Karlsruhe,
dem Büro für Integration der Stadt Karlsruhe
und der Pädagogischen Hochschule Karlsruhe
durch Manfred Koch und Sabine Liebig

Text- und Bildredaktion:
Manfred Koch, Sabine Liebig, Katja Schmalholz

Bibliografische Information der Deutschen Nationalbibliothek
Die Deutsche Nationalbibliothek verzeichnet diese Publikation
in der Deutschen Nationalbibliografie; detaillierte bibliografische
Daten sind im Internet über http://dnb.d-nb.de abrufbar.

© 2010 · Info Verlag GmbH
Käppelestraße 10 · 76131 Karlsruhe
Telefon +49 721 617888 · Fax +49 721 621238
www.infoverlag.de

Alle Rechte vorbehalten. Nachdruck, auch auszugsweise,
ohne Genehmigung des Verlags nicht gestattet.

ISBN 978-3-88190-573-2

Inhalt

Geleitwort
von Oberbürgermeister Heinz Fenrich 7

ERNST OTTO BRÄUNCHE, MANFRED KOCH, SABINE LIEBIG
Einleitung 9

ERNST OTTO BRÄUNCHE
Fremde in Karlsruhe
Ein Überblick 15

MANFRED FELLHAUER
Der Traum vom besseren Leben
Auswanderungen 1715 – 1945 37

MANFRED KOCH UNTER MITWIRKUNG VON KATHRIN BOHLAND, ALOIS KAPINOS, CATHERINE WALZER
„Angekommen! Angenommen?"
Die Integration der Flüchtlinge und Heimatvertriebenen nach 1945 57

MANFRED KOCH
Zwischen Anwerbeabkommen und Anwerbestopp
Gastarbeiter und Gastarbeiterinnen 1960 – 1973 86

DANKWART VON LOEPER
Asylsuchende
Behördliche Betreuung und ehrenamtliche Unterstützung 113

SABINE LIEBIG
„Wir haben die Tür in die Welt aufgemacht"
Die Spätaussiedler und Spätaussiedlerinnen 131

MATTHIAS CHRIST
Bildungsmigranten in der Fächerstadt 159

NADJA TIYMA
Integration in Karlsruhe – Institutionen und Angebote 176

SABINE LIEBIG
Interviews mit Karlsruher Migrantinnen und Migranten
Ein Projekt der Pädagogischen Hochschule Karlsruhe 207

Anmerkungen 236
Verzeichnis der benutzten Literatur 251
Bildnachweis 254
Ortsregister 256
Personenregister 259
Sachregister 261

Geleitwort

Die Geschichte Europas ist auch eine Geschichte der Migration. Das zeigt sich gerade in den Städten, deren Entstehung und Entwicklung ohne transnationale Wanderungsprozesse und ohne nationale Binnenwanderung nicht denkbar ist. Migration von Menschen bedeutet Aufbruch, aber vor allem mit Hoffnungen verknüpfte Ankunft. Karlsruhe als frühneuzeitliche Stadtgründung ist davon in besonderem Maße seit seiner Gründung vor nunmehr fast dreihundert Jahren geprägt. Immer wieder wurde die Stadt in ihrer Geschichte von europäischen und in den letzten Jahrzehnten auch globalen, durch unterschiedlichste Ursachen bedingte Migrationsströme berührt und hatte Zuwanderer und Zuwanderinnen aufzunehmen.

Zur Wanderung als existentieller menschlicher Grunderfahrung gesellt sich die aus der Begegnung mit dem Fremden entstehende Spannung zwischen Ablehnung und Neugier, zwischen Verlustängsten und Bereicherung durch kulturellen Austausch oder zugespitzt zwischen Fremdenfeindlichkeit und Gastfreundschaft. Die vergangenen 50 Jahre haben uns allerdings vor Augen geführt, dass es nicht mehr nur um zeitweise gewährte Gastfreundschaft geht, sondern um die dauerhafte Aufnahme von Menschen anderer Herkunft mit anderen sozialen und kulturellen Wurzeln. Klar ist auch geworden, dass die in der ersten Hälfte des 20. Jahrhunderts noch gültige Alternative zwischen dem alle Unterschiede verwischenden Einfügen der Fremden in die aufnehmende Gesellschaft oder deren Verdrängung, zwischen vollkommener Assimilation oder Ausgrenzung längst verloren und ohne Zukunft ist.

Deutschland ist seit geraumer Zeit zu seinem eigenen Besten eine Einwanderergesellschaft und in dieser gilt es, ein gewisses Maß an unterschiedlichen kulturellen Werten, Traditionen, Lebensformen und Alltagspraktiken akzeptieren zu lernen. Mit der Anerkennung von Differenz verbindet sich aber notwendig deren Freihaltung von Diskriminierung. Die Integration der Zuwanderer und Zuwanderinnen ist demzufolge eine Leistung, die von der gesamten Gesellschaft zu erbringen ist. Dabei sind wir in der Praxis vor Ort, in den Kommunen, seit den 1970er Jahren trotz fehlender politischer Richtungsweisung zusammen mit den sozialen und karitativen Organisationen in der Integrationsarbeit vorangegangen.

Von den Zuwandernden wird gemäß dem Nationalen Integrationsplan von 2007 die Bereitschaft erwartet, unser Grundgesetz und unsere Rechtsordnung vorbehaltlos zu akzeptieren und durch das Erlernen der deutschen Sprache ein deutliches Zeichen der Zugehörigkeit zu Deutschland zu setzen. In der Aufnahmegesellschaft erfordert deren Integration Akzeptanz, Toleranz, zivilgesellschaftliches

Engagement und die Bereitschaft, die Menschen, die rechtmäßig in Deutschland leben, ehrlich willkommen zu heißen.

Integration, so haben wir es im „Karlsruher Masterplan 2015" ebenfalls 2007 formuliert, setzt gegenseitiges Kennenlernen, Verstehen und Akzeptieren voraus. In unserer Stadt leben derzeit knapp 40.000 Menschen, das sind 14 %, ohne deutschen Pass. Sie kommen von allen Kontinenten und aus etwa 140 Ländern. Sie leben unabhängig von ihrer sozialen und kulturellen Herkunft friedlich mit den Einheimischen zusammen. In allen Stadtteilen besteht – aktiv gefördert – eine Kultur der Begegnung und des Austauschs durch Feste und Stadtteilveranstaltungen, deren internationaler Charakter im Sinne einer gezielten sozialen Integration ausländischer Bürgerinnen und Bürger fester Bestandteil ist. Das führt, darüber sind wir uns bewusst, langfristig zu einer Kulturveränderung.

In den 2008 verabschiedeten und in dieser Publikation wiedergegebenen „Karlsruher Leitlinien zur Integration von Zuwanderinnen und Zuwanderern" haben wir uns einleitend dazu bekannt, diesen Gewinn an kultureller Vielfalt anzuerkennen und für unser Gemeinwesen zu nutzen. Wir haben uns vorgenommen, eine zuwanderungsfreundliche Stadt zu sein. Damit dies gelingt, wollen wir den Integrationsprozess so gestalten, dass alle Beteiligten – Einheimische wie Zuwanderer und Zuwanderinnen – lernen, den Standpunkt des anderen einzunehmen und von dort aus den eigenen Standpunkt neu wahrzunehmen. Die daraus erwachsenden sozialen Kompetenzen und die geschärfte Selbst- und Fremdwahrnehmung sind für das friedliche Zusammenleben in unserer Stadt und darüber hinaus unerlässlich und grundlegend. Wir sehen uns darin durchaus als Nachfahren unseres Stadtgründers Markgraf Karl Wilhelm, der mit seinem Privilegienbrief Menschen aus vielen Ländern und Regionen hierher holte zum gemeinsamen Aufbau eines friedlichen und prosperierenden Gemeinwesens.

Die vorliegende Publikation ist entstanden aus einer Kooperation zwischen dem Stadtarchiv, dem Büro für Integration der Stadt und der Pädagogischen Hochschule Karlsruhe. Sie spannt den Bogen von den Migranten und Migrantinnen, die an der Stadtgründung und deren früher Entwicklung beteiligt waren, über Flüchtlinge und Heimatvertriebene sowie Gastarbeiter und Gastarbeiterinnen bis zu den Asylsuchenden und den Spätaussiedlern und Spätaussiedlerinnen der vergangenen Jahrzehnte. Dadurch entfaltet sich am Beispiel der Stadt Karlsruhe ein breites Panorama der vielschichtigen Ursachen und Motive der Migrationsprozesse wie der sich ändernden Haltung gegenüber den Zuwandernden. Allen Beteiligten gilt mein Dank für ihre Arbeit. Möge der Blick möglichst vieler Leser und Leserinnen auf die wechselvolle Geschichte der Zuwanderung dazu beitragen, die aktuellen Entwicklungen besser zu verstehen.

HEINZ FENRICH
OBERBÜRGERMEISTER

ERNST OTTO BRÄUNCHE, MANFRED KOCH, SABINE LIEBIG

Einleitung

Warum wanderten und wandern Menschen? Was treibt die Menschen dazu, als Fremde in ihnen zum Teil unbekannte Länder zu wandern und dort für eine begrenzte oder unbegrenzte Zeit zu bleiben? Wie vollziehen sich Aufnahme und mögliche Integration aus Sicht der Eingewanderten? Diesen Fragen nachzugehen ist notwendig, weil akzeptiert werden muss, dass Migration der Normalfall ist. Sie ist Teil des menschlichen Verhaltensmusters, denn viele Entscheidungen, z. B. Partner- oder Berufswahl ziehen einen Ortswechsel nach sich. Die Geschichte des sozialen Lebens ist auch Migrationsgeschichte.

Völkerwanderungen sind so alt wie die Menschheit. Daher lebten schon immer „Fremde" unter den „Einheimischen". Das Römische Reich war ein Vielvölkerstaat, Fremde lebten im byzantinischen Reich, im Mittelalter migrierten die Menschen ebenso wie in der Frühen Neuzeit. Menschen wanderten ab dem 17. Jahrhundert nach Amerika aus und ab dem 18. Jahrhundert nach Australien. Es gibt riesige, von Europa kaum wahrgenommene Wanderbewegungen auf anderen Kontinenten wie in Asien, wo beispielsweise in China 400 Millionen Wanderarbeiter durchs Land ziehen. In der gesamten Menschheitsgeschichte sind deshalb keine ethnischen „reinen" Völker zu finden.

Es bestehen sowohl nationale als auch transnationale Wanderungsbewegungen aus wechselnde Ausgangsräume, aus denen Menschen weggehen. Es gibt selbstverständlich immer in ihrer Attraktivität wechselnde Zielgebiete, sowohl für die saisonale als auch für die dauerhafte Zuwanderung. Die Gründe für die Wanderbewegungen liegen einerseits in der Situation der Ausgangsgebiete, mit meist schlechtem Erwerbsangebot und schwierigen Lebensbedingungen, bedingt durch ökologische, ökonomische, demographische und soziale Ursachen. Die Gründe für die Auswahl der Zielgebiete sind ein hoher Arbeitskräftebedarf sowie ökonomische, soziale, ökologische und strukturelle Sicherheit.

Erst in den 1990er Jahren befasste sich die Forschung stärker mit der Frage nach der Eingliederung von Migranten und Migrantinnen. Doch während zunächst die Geschichte einzelner Gruppen in den Blick rückte, wurde der Gesamtprozess der Akkulturation, hier verstanden als Hineinwachsen der Zuwandernden in die kulturelle Umwelt, vernachlässigt. Studien befassten sich meist mit der ersten, ab und zu mit der zweiten Zuwanderergeneration, in der Regel unter dem Aspekt der „Fremdheit" mit Blick auf mögliches Scheitern der Integration. Zuwanderungsgruppen wurden lange als statisch und homogen betrachtet, der Fokus lag auf den Unterschieden, den Problemen und dem Scheitern. Inzwischen gibt es zunehmend mehr Untersuchungen darüber, wie wirkungsvoll und unterstützend die Arbeit von Behörden, Organisationen und Verbänden ist, die sich um Einwanderer kümmern. Es brauchte allerdings seine Zeit, bis in der Forschung ein Perspektivwechsel vollzogen war. Heute herrscht Einvernehmen darüber, dass Migration und Integration Teile übergreifender und lang währender politischer, wirtschaftlicher, sozialer und kultureller Prozesse sind. Voraussetzung dafür war die Einsicht, dass Integration kein linearer Prozess ist, mit bedingungsloser Anpassung einer einheitlichen Zuwanderergruppe an eine monolithische, homogene Aufnahmegesellschaft. Die Anpassung an die Aufnahmekultur erfolgt vielmehr langfristig und durch alltägliche, manchmal unmerkliche Anpassung von Individuen und nicht von fest gefügten Gruppen. Für die Untersuchung von Migrations- und Integrationsprozessen bedarf es also eines langen Zeitraums, der Geduld und mehrerer Perspektiven. Zu fragen ist darüber hinaus, wie eine gelungene Integration sowohl aus der Sicht der heterogenen Aufnahmegesellschaft als auch aus der Perspektive der Zuwanderer aussieht.

Die meisten Zuwanderer übernehmen nicht bedingungslos neue Werte und Gebräuche, sondern sie formen ihr eigenes Bild von der Aufnahmegesellschaft und gestalten ihren Akkulturationsprozess aktiv, indem sie ihre Identitäten multiplizieren und situationsabhängig nutzen. Sie sehen sich, so die Ergebnisse der Forschung, selten als Opfer eines Verdrängungs- oder Entwurzelungsprozesses und fühlen sich teilweise der Aufnahmegesellschaft durch andere Kriterien zugehörig, wie z. B. durch Geschlecht, Klasse, Religion, politische Gruppierung oder eine spezielle Subkultur in den Städten. Die Forschung hat zudem Unterschiede zwischen den Generationen herausgearbeitet. Die erste und häufig auch zweite Generation besticht demnach durch eine Selbstzentriertheit auf die eigene Gruppe, während die späteren Generationen sich eher aus folkloristischen Gründen auf die Geschichte der Migration und Integration ihrer Vorfahren beziehen und Traditionen aus nostalgischen Gründen pflegen, während sie im Alltag und im sozialen Verhalten (dazu gehört auch das Heiratsverhalten) weit reichend assimiliert sind.

Assimilation – wie sie heute verstanden wird – ist ein zweiseitiger sozialer Prozess, denn die Zuwanderer übernehmen ganz individuell wichtige Charakteristika der Aufnahmegesellschaft, vor allem die Sprache. Aber auch die Aufnahmegesellschaft zeigt Veränderungen, wobei sich dieser Prozess eher langsam und unauffällig vollzieht, so dass er weniger wahrgenommen wird und der Mythos der Homogenität der Aufnahmegesellschaft immer noch bestehen bleibt.

Der Charakter der Eingliederung ist abhängig von den wirtschaftlichen, sozialen, politischen und kulturellen Rahmenbedingungen der Aufnahmegesellschaft, aber auch des „kulturellen Gepäcks" der Migrantinnen und Migranten mit Unterschieden auf lokaler und nationaler Ebene. Die meisten Migranten und Migrantinnen gliedern sich über die Generationen hinweg ein, was sichtbar wird an Kriterien wie Arbeit, Wohnen, ethnische Kontakte, soziale Positionen. Integration ist allerdings kein zwangsläufiger Prozess. Er hängt neben der Bereitschaft der Zuwandernden auch von der Bereitschaft der Aufnahmegesellschaft ab, von ihren Strukturen und Gegebenheiten, vom Umgang mit den Unterschieden zwischen den so genannten Einheimischen und den Fremden.

Ziele von Migration sind von je her die Städte und Ballungsräume, in denen die Zuwanderer die Möglichkeiten zur Verwirklichung ihrer Träume vom besseren Leben suchten. Sie sind daher auch die Brennpunkte, in denen die Probleme der Zuwanderung zuerst sichtbar werden und wo die die Integrationsleistungen am unmittelbarsten fortwährend zu erbringen sind.

So ist es folgerichtig, wenn Migration seit wenigen Jahren zum Thema lokaler Geschichtsforschung und musealer Präsentation geworden ist.

Die frühneuzeitliche Stadtgründung Karlsruhe bietet sich in besonderer Weise für eine historische Längsschnittanalyse der Wanderungsprozesse der vergangenen knapp 300 Jahre und ihrer Wirkungen vor Ort an, denn ohne Migration wäre die Idee der Planstadt Karlsruhe nie mit Leben erfüllt worden. Im Zentrum der Untersuchung stehen die Fragen, aus welchen unterschiedlichen Herkunftsländern kamen im Verlauf der Zeit die Migranten und wie hat die Aufnahmegesellschaft auf die Zuwanderung reagiert. Der Schwerpunkt liegt dabei auf der Darstellung der strukturellen Ebene, also der Leistungen, die einerseits die Kommune für die Aufnahme der Migranten und Migrantinnen und die andererseits die sozialen und karitativen Institutionen bei der Betreuung erbrachten. Dafür bieten die Quellen im Stadtarchiv eine gute Grundlage. Dagegen können Fragen nach der Reaktion der Aufnahmegesellschaft aus den Quellen, es fehlen z. B. lokale Umfrageergebnisse zum Umgang mit Zuwanderern und Fremdenfeindlichkeit, nur schlaglichtartig beantwortet werden. Die Sicht der Zuwanderer auf die Aufnahmegesellschaft und auf ihre eigene Lage und Entwicklung ist ebenfalls mit Ausnahme einer Gastarbeiterbefragung von 1974 nicht durch Umfragen oder andere Erhebungen belegt. Um diese Innensicht wenigstens exemplarisch und keineswegs repräsentativ zu erfahren, haben Studierende der Pädagogischen Hochschule Migrantinnen und Migranten mit Fokus darauf interviewt, wie sie nach Karlsruhe kamen und wie sie ihr Leben in der Stadt sehen.

In neun Beiträge werden die Arbeitsergebnisse von mehreren Autoren und Autorinnen präsentiert. Ohne darauf im Einzelnen einzugehen, sollen einleitend die verschiedenen Migrantengruppen und die sich überschneidenden Migrationsformen, die in der Stadtgeschichte in der zeitlichen Abfolge zu verzeichnen sind, vorgestellt werden.

Jene Siedler, die in den ersten Jahren nach 1715 dem zur „Peuplierung" der Neugründung erlassenen Privilegienbrief des Markgrafen folgten, haben sich hier bessere Lebensbedingungen versprochen als in ihrer alten Heimat, sie gehörten somit zur Gruppe der Erwerbsmigranten. Sie kamen knapp zur Hälfte aus über 100 Kilometern Entfernung und knapp 20 % aus Ländern, die nicht zum Deutschen Reich gehörten.

Bemerkenswert ist die hohe Zahl jüdischer Neubürger, was mit den für eine Residenzstadt des 18. Jahrhunderts einzigartigen günstigen Niederlassungsbedingungen nicht nur für Angehörige der christlichen Konfessionen, sondern eben auch für Juden zusammenhängt. Die damals in die Stadt gezogenen Juden bildeten die Basis für das kontinuierliche Wachsen der jüdischen Gemeinde, die 1933 beim Beginn der nationalsozialistischen Verfolgungs- und Terrormaßnahmen die zweitgrößte in Baden war.

Mit Franzosen, die vor den Folgen der Revolution in Frankreich flohen, erlebte die Stadt in den 1790er Jahren erstmals eine Welle der Fluchtmigration, die allerdings nicht von Dauer war. Dies gilt jedoch für die verstärkte Zuwanderung im Zuge der Vereinigung der badischen Markgrafschaften 1771 und der Erhebung zum Großherzogtum 1806. Dem Sog der Residenz- und Hauptstadt folgten als Erwerbsmigranten berufsbedingt zahlreiche Beamte aus den neuen Landesteilen, aber auch Gewerbetreibende, die hier bessere Verdienstmöglichkeiten erwarteten. Diese Erwerbsmigration, mit der die Bevölkerung zwischen 1775 und 1815 von etwa 6.500 auf 15.000 anstieg, war zugleich im Hinblick auf die Herkunft der Migranten im Wesentlichen eine badische Binnenmigration.

Die zweite, weit größere Welle der Binnenwanderung folgte in der Phase der Hochindustrialisierung seit 1871. Sie führte zu einer Bevölkerungszunahme von 36.000 auf 134.000 im Jahr 1910. Der Großteil dieses Zuwachses resultierte aus den Eingemeindungen seit 1886 und der nahen Binnenwanderung, einer Land-Stadt-Flucht aus dem deutschen Südwesten und ist damit ebenfalls eine Erwerbsmigration zum besseren Arbeitsplatzangebot.

Eine zweite Fluchtmigration erlebte die Stadt nach dem Ersten Weltkrieg, mit dem das „Jahrhundert der Flüchtlinge" eröffnet wurde. Die neuen Grenzen, die die Siegermächte vor allem in Ost- und Südosteuropa zogen, führten im Zeichen von nationaler „Entmischung" zu millionenfachen Fluchtbewegungen und „Umsiedlungen". Da das Elsass und Lothringen wieder an Frankreich gefallen waren, wurde Karlsruhe von dieser Fluchtmigration insofern berührt, als die Stadt einen größeren Teil der 32.000 geflohenen Elsässer und Lothringer aufnahm, die sich eigene Verbände und Selbsthilfeorganisationen schufen.

Nachdem in der Zwischenkriegszeit die Arbeitsmigration durch staatliche protektionistische Abgrenzung der Arbeitsmärkte nahezu zum Erliegen gekommen war, erlebten die Karlsruher und Karlsruherinnen während des Zweiten Weltkrieges alltäglich die schlimmste Form der Arbeitsmigration. Insgesamt 17.000 Zwangsarbeiter, von den Nazis aus den besetzten Gebieten zwangsdeportierte Männer und Frauen, mussten in der Stadt, ihrer Freiheit beraubt und unter zumeist menschenunwürdigen Bedingungen, schwere körperliche Arbeit zur Aufrechterhaltung der deutschen Kriegsindustrie leisten.

Karlsruhe war aber nicht nur Ziel von Migration, sondern auch Ausgangspunkt sowohl von Erwerbsmigration wie von Fluchtmigration. Die Ursachen der insgesamt nur geringen Quote von Auswanderern waren in der Hauptsache demografisch und ökonomisch bedingt und sollten zur Verbesserung der Lebensbedingungen führen. Dabei änderte sich das Verhalten der Behörden von strengen Auflagen bei der Auswanderung hin zur Förderung der Auswanderung, mit der man den heimischen Arbeitsmarkt entlasten wollte. Politisch bedingt war die Auswanderungswelle nach der Revolution von 1848/49 mit der Verfolgung der Revolutionsteilnehmer. Von ganz anderer Intensität war dagegen die Fluchtmigration der Karlsruher Juden vor den zunehmend brutaleren „rassistischen" Verfolgungsmaßnahmen des NS-Regimes seit 1933. Vor dem Holocaust konnten sich durch fast immer teuer erkaufte Flucht etwas mehr als 2.000 Karlsruher Juden retten.

Den bei weitem größten Zustrom von Migranten erlebte Karlsruhe zwischen 1945 und 1960. Durch Flucht und Vertreibung am Ende des Zweiten Weltkrieges drängten etwa 65.000 Menschen in die stark kriegszerstörte Stadt. Diese Flucht- und Zwangsmigration betraf Deutsche aus den ehemaligen Ostgebieten des Reiches und den Siedlungsgebieten der „Volksdeutschen". Aus politischen und wirtschaftlichen Gründen erfolgte die Flucht aus der DDR. Die Integration dieser Menschen gelang in einem nicht immer einfachen Prozess im Zeichen des „Wirtschaftswunders", zu dem sie selbst einen wichtigen Beitrag leisteten.

Der anhaltende Wirtschaftsaufschwung der Nachkriegszeit war dann die Ursache für die nun folgende Erwerbsmigration, die zwischen 1960 und 1973 die so genannten Gastarbeiter und Gastarbeiterinnen in der Mehrzahl aus Spanien, Italien, Jugoslawien, Griechenland und der Türkei nach Karlsruhe führte. 1973 lebten etwa 17.500 Gastarbeiter in der Stadt, die Hälfte schon länger als fünf Jahre. Nationale und europäische rechtliche Bestimmungen machten zumeist aus nur vorübergehenden Aufenthalten seit 1973 Daueraufenthalte und durch den Familiennachzug Deutschland ungewollt zum Einwanderungsland.

Nach der Drosselung der Erwerbsmigration seit dem Anwerbestopp 1973 trat die Zuwanderung durch Asylsuchende in den Fokus der öffentlichen Wahrnehmung. Vornehmlich aus den Kriegs-, Bürgerkriegs- und Krisenregionen in Afrika, Asien und Osteuropa kamen Menschen, die wegen politischer Verfolgung um Asyl baten. Karlsruhe war von dieser Fluchtmigration insofern betroffen, als sich hier die Zentrale Aufnahmestelle des Landes befand und es bürgerschaftliches Engagement für einen besseren Umgang mit den Asylsuchenden und dem Asylrecht generell gab.

Die Zuwanderung von Spätaussiedlern – in Karlsruhe lebten 2009 etwa 14.000 – wurde erst seit dem Zerfall des „Ostblocks" Ende der 1980er Jahre zu einer Massenbewegung. Die Integration der zuvor nach Deutschland aus der Sowjetunion, aus Polen und Rumänien stetig gekommenen Aussiedler/Spätaussiedler verlief bis zum Ende der 1980er Jahre weitgehend im Stillen. Erst die große Zahl, abnehmende Sprachfertigkeit, mangelnde berufliche Qualifizierung und geringere Integrationshilfen machten die Aussiedlereingliederung in den 1990er Jahren zu einer gesellschaftlichen Herausforderung.

Eine spezielle Gruppe von Migranten sind die Bildungsmigranten. Für sie stellten und stellen die Karlsruher Hochschulen seit der Mitte des 19. Jahrhunderts ein attraktives Ziel für ihre Ausbildung dar. Das Auf und Ab der Zahlen einzelner Nationalitäten – im Sommer 2008 waren es über 16.000 – verweist dabei auf zwischenstaatliche politische Beziehungen und politische Verhältnisse in den Herkunftsländern. In etlichen Fällen endet die Bildungsmigration auch in der Bitte um politisches Asyl oder in der Erwerbsmigration.

Die Stadtgründung Karlsruhes lässt sich als gelungene Integrationsleistung verstehen. Auch die Integration späterer Zuwanderer, wie etwa der vielen katholischen Binnenwanderer um 1800 oder derjenigen um 1900, die aus den Einheimischen eine Minderheit machten, verlief in der von aufklärerischem Geist und Toleranz geprägten Stadt ohne größere Probleme. Seit den 1970er Jahren bietet die Stadt ihren meist fremdsprachlichen und aus anderen sozialen und kulturellen Lebenswelten stammenden Zuwanderern institutionelle Hilfe und Angebote zur Integration. Die seitdem stattgefundene Entwicklung führte zur Formulierung der Karlsruher Leitlinien zur Integration von Zuwanderinnen und Zuwanderern, mit denen die Stadt das Ziel vorgibt, im Sinne des Stadtgründers unter Einbeziehung von Migranten und Migrantinnen die Grundlagen für gelungene Integration zu schaffen.

Die strukturierte Wiedergabe von 21 Interviews mit Zuwanderern der einzelnen Migrationsgruppen seit 1945 belegen, dass wohl ein großer Teil der Zuwanderer heute gerne in Karlsruhe und Deutschland lebt, wenig Diskriminierung erfahren, sich auf individuelle Weise integriert hat und sehr gut zwischen und mit den diversen Kulturen und Sprachen zurecht kommt. Dabei spielte ein hohes Maß an Eigeninitiative beim Spracherwerb, der als grundlegend für die Integration gilt, sowie beim Aufbau von Freundeskreisen und beim Engagement in Vereinen und Organisationen eine Rolle.

Den Herausgebern dieses Bandes ist bewusst, das die Ergebnisse manche Fragen offen lassen, dass in einigen Bereichen noch detailliertere Darstellungen wünschenswert wären. Sie glauben aber, dass dennoch grundlegende Daten und Fakten und ein verlässlicher Überblick der Migrations- und Integrationsgeschichte in Karlsruhe vorliegen. Dies mag zu weiteren Untersuchungen anregen, soll aber vor allem dazu beitragen durch vertiefte historische Kenntnisse die aktuellen Debatten um Migration und Integration besser verstehen und einordnen zu können.

Die Publikation ist Teil, aber noch nicht der Abschluss des Projekts „Migration in Karlsruhe". Entstanden aus der Initiative des Büros für Integration der Stadt Karlsruhe, die Ausstellung des Südwestrundfunks „Gastarbeiter in Deutschland" zu zeigen, entstand daraus die Doppelausstellung „Gastarbeiter in Deutschland – Zuwanderung nach Karlsruhe", die vom 12. September bis 15. November 2009 als Ausstellung des Stadtmuseums und des SWR International in Kooperation mit dem Büro für Integration der Stadt Karlsruhe, dem Bundesamt für Migration, dem Museum für Literatur am Oberrhein und der Pädagogischen Hochschule Karlsruhe gezeigt wurde. Studentinnen und Studenten der letztgenannten Institution haben unter Anleitung von Frau Prof. Sabine Liebig umfangreiche Zeitzeugenbefragungen durchgeführt, die z. T. auch in diese Publikation eingeflossen sind. Sie sind Basis der Sicherung weiterer mündlicher und schriftlicher Quellen zum Thema Migration im Stadtarchiv Karlsruhe, die als gemeinsames Projekt mit der Pädagogischen Hochschule fortgesetzt werden soll. Darüber hinaus sammelt das Stadtmuseum Objekte zum Thema, die bei einer Neugestaltung der stadtgeschichtlichen Dauerausstellung präsentiert werden. Die im Rahmen des Projekts „Stadtmuseum der Zukunft" durchgeführten Workshops und die Ergebnisse einer Klausurtagung des Kulturausschusses haben bestätigt, dass die Migration als ein zentrales Karlsruher Thema auf jeden Fall weiterbearbeitet und in eine neue museale Präsentation an zentraler Stelle berücksichtigt werden soll.

Zu danken ist allen an dem Projekt beteiligten Kooperationspartner, den Autorinnen und Autoren dieser Publikation sowie allen, die Quellen zur Karlsruher Migrationsgeschichte zur Verfügung gestellt haben, darunter auch das Fotostudio Bauer, das uns die unentgeltliche Verwendung der Fotos von Erich Bauer gestattete.

ERNST OTTO BRÄUNCHE

Fremde in Karlsruhe
Ein Überblick

Als Friedrich Leopold in seinen 1791 herausgegebenen Briefen über Karlsruhe auch auf die Bevölkerung der erst am 17. Juni 1715 gegründeten Stadt einging, stellte er fest, dass ein großer Teil aus Fremden bestehe, „die aus sehr verschiedenen Ländern, hauptsächlich doch aus dem Württembergischen, hie her kamen."[1] Tatsächlich zielte der am 24. September 1715, ein Vierteljahr nach der feierlichen Grundsteinlegung zum Schloss, publizierte „Gründungsaufruf"[2] darauf ab, möglichst viele Ansiedlungswillige nach Karlsruhe zu locken. Der von Markgraf Karl Wilhelm am 29. Juli 1715 beauftragte Beamte Johann Georg Förderer von Richtenfels hatte einen Aufruf erarbeitet, der den Zuzugswilligen einen kostenlosen Bauplatz und Baumaterial, eine zwanzigjährige Steuerbefreiung, Befreiung von allen anderen landesherrlichen Abgaben und von Einquartierungen in Kriegszeiten versprach. Dazu kamen Leibs-, Fron- und Abzugsfreiheit und die Aussicht, dass Gewerbetreibende ihre Produkte dem Hofe verkaufen konnten. Niederlassen durften sich Angehörige nicht nur der lutherischen Konfession des Landesherrn, sondern aller christlichen Konfessionen.

Die Ansiedlungswilligen mussten sich dafür verpflichten, ihr Haus nach vorgegebenen Bauvorschriften zu errichten, und sie mussten über ein zunächst nicht näher spezifiziertes Eigenkapital verfügen. Diesem Aufruf, der in der Markgrafschaft von den jeweiligen Ortsvorgesetzten verlesen und in gedruckter Form im Ausland verbreitet wurde, folgten rasch zahlreiche Personen, so dass die Stadt schon 1719 knapp 2.000 Einwohner hatte.[3] Nach der Definition, dass „Migration ... die auf einen längerfristigen Aufenthalt angelegte räumliche Verlagerung des Lebensmittelpunktes von Individuen, Familien, Gruppen oder ganzen Bevölkerungen"[4] ist, war Karlsruhe also von seiner Gründung an eine Migrantenstadt par exellence. Im Folgenden soll deshalb diese Entwicklung bis zum Ende des Zweiten Weltkrieges verfolgt und die dabei ermittelten Daten in Bezug zur Gesamtstadtgeschichte gesetzt werden.[5]

Das 18. Jahrhundert

Die rund 2.000 Einwohner des Jahres 1719 stammten zu über 8 % aus mehr als 50 Kilometer entfernten Orten.[6] 31,4 % kamen aus Orten, die zwischen 50 und 100 Kilometer von Karlsruhe entfernt waren, vor allem aus dem Württembergischen (24 Neubürger mit Familien) mit den Schwerpunkten Stuttgart und Tübingen. Gut 48 % konnte man als Fernwanderer mit Geburtsorten in mehr als 100 Kilometern Entfernung bezeichnen, darunter zehn aus Sachsen.[7] 18,2 % zogen aus nicht dem Reich zugehörigen Gebieten zu wie der Schweizer

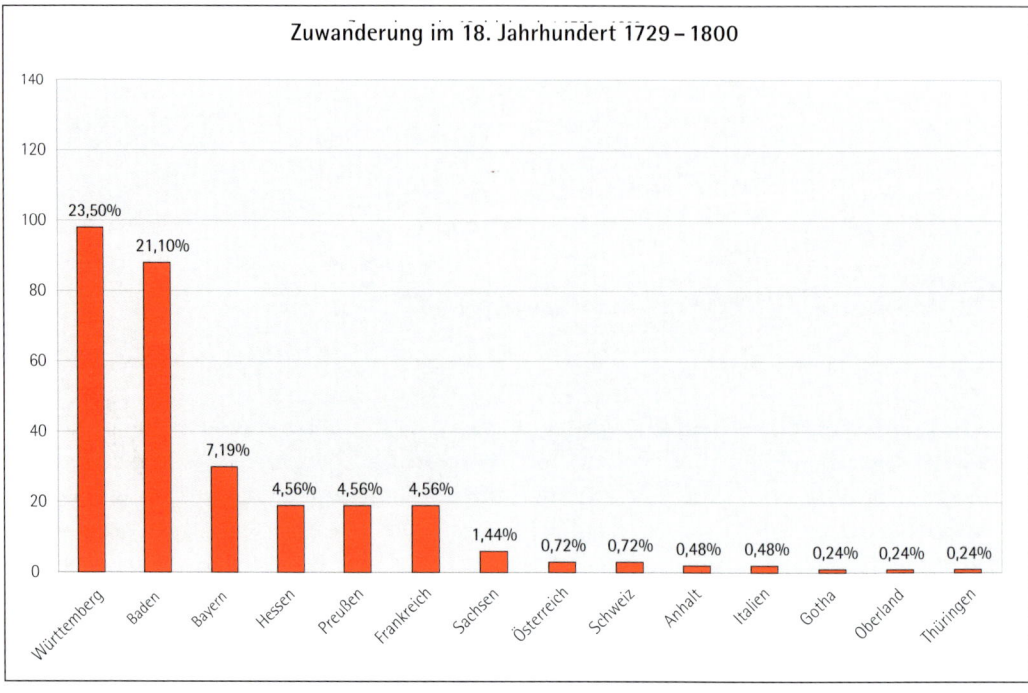

Eidgenossenschaft und dem Elsass (aus Straßburg 12 Neubürger mit Familien). Zu ihnen gehörte auch der erste Karlsruher Bürgermeister Johannes Sembach, der aus Straßburg stammte und über Durlach in die neu gegründete Stadt gezogen war. In Durlach hatte er sich während der Bauzeit seines Hauses als Hintersasse, d. h. als Gemeindemitglied ohne volle Bürgerrechte mit einer regelmäßigen Erneuerung des Aufenthaltsrechts, niedergelassen. Bereits 1715 wird er als Metzger und Waldhornwirt in Karlsruhe aufgeführt.[8] Es ist sicher kein Zufall, dass ein Wirt von den 55 wahlberechtigten Bürgern gewählt wurde. Sein Gasthaus war lange einziger Treffpunkt der Neubürger, wodurch er allen Hinzuziehenden vermutlich schnell bekannt geworden war.[9]

Aus der näheren Umgebung von Karlsruhe im Umkreis von 25 Kilometern kamen 4 % der Zuwanderer, darunter der größere Teil (12 Neubürger mit Familien) aus der vormaligen Residenz Durlach. Waren es zunächst mehrheitlich Personen, die noch nicht lange in Durlach gewohnt hatten, kamen seit 1717 mit der Verlegung der markgräflichen Behörden auch die Hofbediensteten hinzu, die sich bis zum Herbst des Jahres in der neuen Residenz niederlassen mussten. Das alteingesessene Durlacher Bürgertum verhielt sich dagegen abwartend, nutzte aber die mit dem Bau eines Hauses in Karlsruhe verbundenen Privilegien, indem sie sich eine Zweitwohnung zulegten, die sie zum Teil vermieteten, bei Bedarf aber auch selbst oder durch Familienangehörige nutzten.

Dies änderte sich aber im Lauf des 18. Jahrhunderts. Eine Auswertung der Karlsruher Stadtrechnungen 1729 bis 1800, die das bei der Bürgerannahme fällige Recognitionsgeld vermerken, weist nach, dass von 417 eindeutig zuzuordnenden Herkunftsorten Durlach mit 65 Nennungen (= 15,6 %) deutlich an der Spitze liegt.[10]

Die 65 Durlacher gehören zu den 125 Personen (= 30 %), die aus Orten kamen, die später nach Karlsruhe eingemeindet wurden (Vgl. Diagramm S. 16). 88 Neubürger (= 21 %) kamen aus Orten, die später zum Großherzogtum Baden gehörten, 98 (= 24 %) aus Württemberg, 30 (= 7,2 %) aus Bayern, davon 11 aus der benachbarten Pfalz, je 19 (= 4,6 %) aus Hessen, Preußen und Frankreich, darunter 15 aus dem Elsass. Diese Auswertung bestätigt, dass die Zuwanderung nach Karlsruhe in erster Linie eine Nahwanderung war und ihren Schwerpunkt insgesamt im süddeutschen Raum bzw. im benachbarten Elsass hatte.

Jüdische Zuwanderer

Zu dieser Gruppe gehörte auch der Durlacher Judenschultheiß Emanuel Reutlinger, der in Durlach wohnte und in Karlsruhe ein Haus besaß. Er war auch einer der relativ zahlreichen jüdischer Zuwanderer im ersten Jahrfünft nach der Stadtgründung. Obwohl der markgräfliche Aufruf vom 24. September 1715 noch keine ausdrücklichen Bestimmungen über die Aufnahme von Juden enthielt, lassen sich schon bald jüdische Einwohner in Karlsruhe nachweisen, 1720 waren es 14 Familien mit insgesamt 71 Personen (= 3,5 % der Bevölkerung). 13 Jahre später lebten bereits 62 Familien mit 282 Personen in Karlsruhe (= 12 % der Bevölkerung). Die Ursachen für diese starke Zuwanderung müssen in den im Vergleich mit anderen Residenzstädten günstigen Aufnahmebedingungen gesucht werden, die Juden in Karlsruhe antrafen. So wurde ihnen mit den auch für sie gültigen Stadtprivilegien von 1722 u. a. freie Religionsausübung, Leibfreiheit, Abgabenfreiheit für Person und Besitz sowie Abzugsfreiheit gewährt. Ebenso wie die christlichen Bürger erhielten sie einen kostenlosen Bauplatz und das erforderliche Bauholz gegen die Verpflichtung, ein Modellhaus zu erbauen. Außerdem wurden sie von Reichs- und Kreisabgaben befreit. Auch Kapitalien, die zur Anlage von Manufakturen verwandt wurden, und alles Hab und Gut blieben abgabefrei, solange sie keinem bürgerlichen Gewerbe nachgingen. Damit wurden ihnen Bedingungen geboten, die gegenüber der restriktiven und feindseligen Behandlung in früheren Zeiten ausgesprochen günstig waren. Die Mehrzahl der bis 1752 neu hinzugezogenen 98 jüdischen Schutzbürger kam zwar aus dem Gebiet des späteren Großherzogtums Baden, eine nennenswerte Zahl aber auch aus dem benachbarten Hessen, aus Bayern und aus Preußen. Aus Österreich zogen vier, aus Polen zwei sowie aus Ungarn und Frankreich je ein neuer Schutzbürger zu. Dies ist ein deutlicher Beleg für die Anziehungskraft der baden-durlachischen Residenz zu einem

Salomon Meyer, erster Karlsruher Judenschultheiß (verm. 1693-1774).

Zeitpunkt, als Städte wie Freiburg oder Konstanz noch jegliche Niederlassung von Juden verweigerten und Karlsruhe die einzige Residenzstadt war, die Juden aufnahm.[11] Zu den wenigen Bildern von Zuwanderern nach Karlsruhe, die in der ersten Hälfte des 18. Jahrhunderts nach Karlsruhe kamen, gehören die des ersten Karlsruher Judenschultheiß Salomon Meyer und seiner Frau Fradel, die 1724 nach Karlsruhe zogen. Der aus Oberwesel stammende Salomon Meyer kam über Pforzheim, wo er die Tochter des Hofjuden Model Fradel 1717 geheiratet hatte. In der Familiengeschichte wird vermutet, dass Meyer durch die Nachricht von der Gründung der Stadt angezogen zunächst gleich nach Karlsruhe ziehen wollte, aber dann nach Pforzheim ging, da ihm die im Aufbau begriffene Stadt noch nicht attraktiv genug erschien.[12] Ebenfalls im Bild festgehalten ist der in Stühlingen geborene Karlsruher Rabbiner Nathanael Weil, der 1750 sein Amt von Mühringen im Schwarzwaldkreis kommend in Karlsruhe antrat.[13]

Die Vereinigung der badischen Markgrafschaften 1771

Im Jahr 1771 wurden die seit 1535 getrennten badischen Markgrafschaften nach dem Aussterben der baden-badischen Linie aufgrund des sechs Jahre zuvor abgeschlossenen Erbvertrages wieder vereinigt. Dieser Zusammenschluss hatte nachhaltige Auswirkungen auf die Bevölkerungszahl, aber auch auf das Stadtbild, nicht zuletzt durch die Zunahme der Behörden und der Verstärkung des Militärs. Genaue Zahlen über die aus Baden-Baden hinzugezogenen Beamten liegen nicht vor, so dass deren Anteil am Anstieg der Bevölkerung offen bleiben muss. 1767 war die Einwohnerzahl erst auf 4.527 angestiegen (1719: 1994). Nach der Landesvereinigung stieg die Einwohnerzahl innerhalb von fünf Jahren immerhin auf 6.500 Personen.

Nur vorübergehend in der badischen Residenz weilten nach dem Ausbruch der Französischen Revolution zahlreiche Emigranten aus dem Nachbarland. Besonders nach der Einführung der Zivilverfassung für den französischen Klerus am 12. Juli 1790 und der gescheiterten Flucht Ludwig XVI. im Juni 1791 wurde Karlsruhe als bevorzugtes Ziel der Flüchtlinge von einer Emigrantenwelle überschwemmt.[14] Einem Zeitzeugen zufolge war die Stadt so voll, „ ... dass wir in mehreren Posthäusern und Gasthöfen kaum einen Stuhl und Tisch für uns erhalten können. Auch die Privathäuser liegen hier in Karlsruhe überall voll. Karlsruhe beherbergt die Vornehmsten, ja ganze Familien vom hohen französischen Hofadel."[15] Besondere Unterstützung erhielten sie von Erbprinzessin Amalie, die sich nicht nur bei Hofe für ihre

Fradel Meyer (1699–1780).

Belange einsetzte, sondern auch besondere Hofbälle für die Emigranten veranstaltete. Auch der Markgraf empfing in diesem Jahr fast täglich Mitglieder des französischen Adels zu Mittag oder zu einem Abendessen. Doch auch die Zahl der bürgerlichen Emigranten stieg nun an. Nach dem gescheiterten Versuch der österreichisch-preußischen Armee, das Elsass zu besetzen, flohen viele königstreue Elsässer, aber auch Flüchtlinge aus der Pfalz ins benachbarte Baden. Eine Zählung im Februar 1794 ergab 197 privat untergebrachte Personen, von denen 25 Unterkunft bei Verwandten gefunden hatten. Unter den Flüchtlingen waren auch drei jüdische Familien mit insgesamt 20 Personen, für die sich Mitglieder der jüdischen Gemeinde verbürgten, da die Versorgung der Flüchtlinge zu einem Problem zu werden drohte.[16] Etliche der Neuankömmlinge mussten sich darüber hinaus in Gasthäusern einquartieren. Zeitweise waren so über 500 Franzosen in der Residenzstadt, die weitgehend ohne Unterstützung der Stadt ihren Unterhalt bestritten.[17]

Nach dem Sturz und der Hinrichtung Robespierres und der damit verbundenen Beruhigung ging die Zahl der Emigranten in Baden zunächst nur langsam zurück. Erst als ein Dekret der französischen Nationalversammlung Anfang des Jahres 1795 den elsässischen Flüchtlingen die Möglichkeit eröffnete, ohne Nachteile in ihre Heimat zurückzukehren, meldeten sich etliche Rückkehrwillige bei den badischen Behörden. In Karlsruhe waren es 117, davon 46 Männer, 37 Frauen und 34 Kinder.[18]

Die Anzahl der geflüchteten Franzosen nahm aber weiter nur schleppend ab, da man offensichtlich auch der neuen Regierung nicht traute. Als im Sommer 1796 französische Revolutionstruppen über den Rhein kamen, blieb den Flüchtlingen nur die erneute Flucht in nicht gefährdete Territorien. Nach dem von Karl Friedrich Freiherr von Reitzenstein im Juli 1796 ausgehandelten Waffenstillstand kehrten diese aber wieder in die Markgrafschaft zurück, ihre Zahl wurde auf 4.000 geschätzt. Wie viele davon nach Karlsruhe zurückkamen, ist nicht bekannt. Die meisten von ihnen zogen aber Mitte des Jahres 1798 wieder zurück nach Frankreich, als der Markgraf alle für unbestimmte Zeit ausgestellten Aufenthaltsgenehmigungen für erloschen erklären ließ. Nur die als Arbeitskräfte noch willkommenen Elsässer durften bleiben. Ebenso kehrten fast alle adeligen Flüchtlinge bis 1800 nach Frankreich zurück, nur der Comte de Foucquet und der Sohn des Comte de Mondion blieben in Karlsruhe und traten in badische Dienste ein.[19]

Karlsruhes Aufstieg zur Großherzoglich Badischen Haupt- und Residenzstadt

Nach dem rasanten Anstieg der Karlsruher Bevölkerungszahl auf knapp 2.000 im Jahr 1719 dauerte es rund 50 Jahre, bis sich die Bevölkerung verdoppelt hatte.[20] Für eine weitere Verdoppelung waren nach der Vereinigung der beiden Markgrafschaften 1771 nur 30 Jahre erforderlich – 1801 lag die Karlsruher Einwohnerzahl bei 8.721. Im Jahr des 100-jährigen Gründungsjubiläums 1815 wurden 15.128 Einwohner gezählt. Von dem Aufstieg Karlsruhes zur Großherzoglichen Haupt- und Residenzstadt im Zuge der napoleonischen Kriege war also noch einmal ein deutlicher bevölkerungspolitischer Impuls ausgegangen.[21] Nun „machten sich viele Familien aus der vormaligen Rheinpfalz, dem Breisgau, dem Fürstenhume Bruchsal u.s.w. ansässig."[22] Die Herkunftsorte der Zuzügler können im Detail nicht ermittelt werden, doch liegt die Vermutung nahe, dass ein großer Teil tatsächlich aus den neuen Landesteilen in die Hauptstadt Karlsruhe zog. Ein Augenzeuge berichtet über die residenzstädtische Bevölkerung in dieser

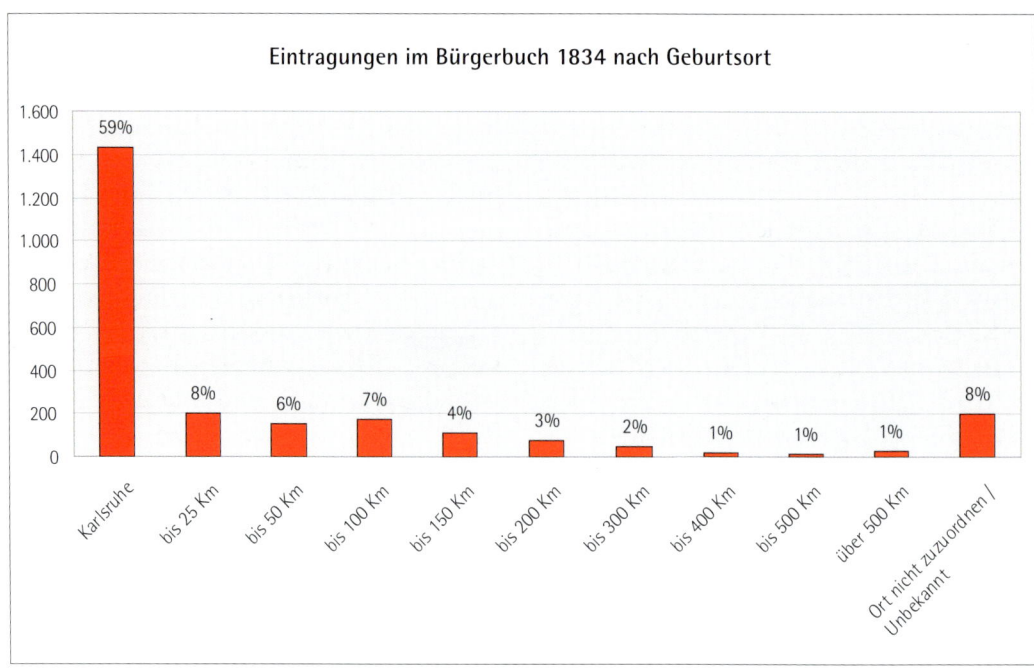

Zeit: „‚Überhaupt war damals', sagt der Adjunct des Hebel'schen Hausfreund (Kölle), ‚ein jugendliches Aufstreben in Karlsruhe, und eine große Zahl begabter und origineller Menschen der verschiedensten Art, der sonderbarsten Lebenswege, Ausländer wie Inländer, bewegten sich daselbst. Und ganz Karlsruhe hatte damals noch, ungleich mehr als jetzt [1858], den Charakter einer Colonie'."[23] Einen Hinweis darauf, dass ein großer Teil der Bildungsschicht von außerhalb zuzog, liefert eine Übersicht der 67 in Karlsruhe, 100 Jahre nach der Stadtgründung, tätigen Dichter und Schriftsteller, von denen nur 15 in Karlsruhe geboren waren.[24]

Offensichtlich strahlte die badische Residenz eine gewisse Anziehungskraft vor allem auf wohlhabende Familien aus, die, wie Friedrich von Weech in seiner Stadtgeschichte schreibt, „die stille, behagliche, von dem Drängen und Treiben einer Handelsstadt verschonte, dabei gar manche vortreffliche Einrichtungen auf allen Lebensgebieten besitzende Stadt gern zum Aufenthalte wählten, ohne dazu durch Beruf oder Erwerbszwecke veranlasst zu sein. Eine Zusammenstellung bei den Akten aus dem Jahre 1825 führt eine ganze Reihe solcher Familien auf, die in Karlsruhe zur Miete wohnten."[25] Diese der Oberschicht zugehörenden Karlsruher Neubürger waren allerdings nur ein Teil der von auswärts zugewanderten Personen. Einen Eindruck über die Herkunftsorte ermöglicht ein Blick in das 1834 angelegte Bürgerbuch der Stadt, das allerdings unvollständige Eintragungen von Bürgeraufnahmen von 1789 bis 1857 enthält. Die Empfehlung des Gemeinderats von 1834 unter Leitung des Oberbürgermeisters Karl Wilhelm Füeßlin an die „Dienstnachfolgenden, sorgfältig auf die pünctliche Führung"[26] des Bürgerbuchs zu achten, hatte offensichtlich nicht die gewünschte Wirkung. Es enthält eine Reihe von unvollständigen Einträgen, außerdem brechen die Einträge 1845 ab und setzen erst 1856 wieder ein. Von den 3.167 Neubürgern im Bürgerbuch aus der Zeit 1780er Jahre bis 1864 sind 955 nicht in Karlsruhe geboren, was einem Anteil von rund 30 % entspricht.[27] 701 Eintragungen enthalten keine Ortsangaben, so dass für die Auswertung 2.466 Personen zur Verfügung standen.

Trotz der Unvollständigkeit gibt die Auswertung des Bürgerbuchs zumindest Hinweise auf die Zusammensetzung der Stadtgesellschaft und deren geographische Herkunft. Knapp 60 % der eingetragenen Bürger waren in Karlsruhe geboren, 8 % kamen aus Orten in der näheren Umgebung bis zu einer Entfernung von 25 Kilometer, 6 % aus Orten bis zu 50 Kilometer, 7 % bis zu 100 km. Nur gut 10 % kamen aus Orten die mehr als 100 km entfernt lagen.[28] (Vgl. Diagramm S. 20) Die badische Residenzstadt, deren Einwohnerzahl um die Mitte des 19. Jahrhunderts noch unter 25.000 lag, übte ihre Anziehungskraft in erster Linie also auf die nähere Umgebung aus. Größere Firmen, die zusätzliche Arbeitsplätze für Zuzügler hätten bieten können, gab es noch wenige.

Industrialisierung in Karlsruhe

Größter Arbeitgeber um die Jahrhundertmitte war die 1836 gegründete Lokomotivenfabrik von Emil Kessler, die 1841 die erste badische Lokomotive, die Badenia, produziert hatte, und nach einem Konkurs seit 1852 Maschinenbaugesellschaft hieß. Die Firma beschäftigte 1858 rund 700 Arbeiter. Erst nach 1850 verstärkte sich der Industrialisierungsprozess in Karlsruhe. So entstand 1857 die Parfümerie- und Toiletteseifenfabrik F. Wolff & Sohn, die nach 1870 zu einer Weltfirma aufsteigen sollte. Drei Jahre später legten die beiden Mechaniker Georg Haid und Carl Neu die Grundlage für die ebenfalls weltweit bekannte Karlsruher Nähmaschinenindustrie, kurz vor der Reichsgründung gründeten Karl Junker und August Ruh eine weitere bedeutende Nähmaschinenfabrik.[29]

Dennoch dauerte es nach dem „Bevölkerungsboom" der ersten zwei Jahrzehnte des 19. Jahrhunderts wiederum rund 50 Jahre, bis sich die Bevölkerungszahl von 1818 (16.021) verdoppelte (1871: 36.814).

Einen Eindruck der Zusammensetzung der Karlsruher Bevölkerung zu Beginn des Kaiserreichs vermittelt ein Blick in das Sterbebuch von 1872. 61 % der in diesem Jahr Verstorbenen waren auch in Karlsruhe geboren, 5 % kamen aus Orten in der näheren Umgebung bis zu einer Entfernung von 25 Kilometern, 7 % aus Orten bis zu 50 Kilometern, 7 % bis zu 100 km. Nur 13 % kamen aus Orten, die mehr als 100 km entfernt lagen.[30] (vgl. Diagramm S. 23)

Nach der Reichsgründung wuchs die Bevölkerung auch in Karlsruhe explosionsartig, die Stadt wurde 1901 mit 100.000 Einwohnern Großstadt. Dieses Wachstum entstand zu über 50 Prozent durch die deutsche Binnenwanderung, die in der zweiten Hälfte des 19. Jahrhunderts zu einem „Massenphänomen" und damit „zu einer wesentlichen Komponente des demographischen Geschehens" wurde.[31] Schon für das Jahr 1874 hat Karl Gustav Fecht die Vielzahl der Nationalitäten hervorgehoben, die inzwischen in der Residenz wohnten: „1306 Württemberger, 1260 Preußen, 876 Baiern, 355 Hessen, 112 Sachsen, 89 Elsass-Lothringer, 215 aus anderen deutschen Staaten, 145 Russen, 139 Oestreicher, 109 Schweizer, 99 Amerikaner, 56 Engländer, 54 Franzosen, 15 Italiener, 14 Niederländer, 13 Belgier, 12 Dänen, 9 Griechen, 8 Norweger, 6 Rumänen, 3 Serben, 1 Spanier, 1 Türke und 1 Egypter".[32] Verantwortlich dafür machte Fecht u. a. den Umstand, „dass Karlsruhe durch seine trefflichen Lehr- und Bildungsanstalten, sowie durch die vielen Genüsse und Annehmlichkeiten, welche die Stadt in mancherlei Beziehung bietet, viele Fremde anzog, ...". Fecht hatte damit nur einen, für den

Maschinenfabrik von Kessler und Martiensen, vor 1850.

Wachstum sogar eher zweitrangigen Grund genannt. Entscheidender war, dass nach der Gründung des Deutschen Reiches auch in Karlsruhe ein wahrer Industrieboom einsetzte, der durch die als „Große Depression" von 1873 in die Geschichte eingegangene wirtschaftliche Krisenzeit, die bis in die 1890er Jahre Auswirkungen hatte, zwar gebremst, aber nicht aufgehalten werden konnte. So gab es 1882 trotz zahlreicher Konkurse 90 Fabriken mit 4.600 Arbeitern.[33] Um 1900 beschäftigten die 60 größeren Betriebe der Stadt mit mehr als 20 Arbeitern allein rund 9.000 Arbeiter, größter Arbeitgeber war die Deutsche Waffen- und Munitionsfabrik (DWM), die auf die 1872 gegründete Deutsche Metallpatronenfabrik Lorenz zurückging, mit knapp 2.400 Arbeitern. Die Zuwanderung in die Stadt Karlsruhe hatte wesentlichen Anteil daran, dass der Bezirk Karlsruhe neben dem Bezirk Mannheim seit 1891 positive Wanderungsbilanzen aufzuweisen hatte.[34]

Für diese Zeit liegen nun Unterlagen des städtischen Statistischen Amtes vor, die zuverlässige Zahlen über die Bevölkerungsentwicklung liefern. So waren im Jahr 1900 nur noch 33 % der knapp 100.000 Einwohner in Karlsruhe geboren. Das entspricht durchaus dem Befund in den anderen großen badischen Städten, wo der Anteil der am Ort Geborenen in den Jahren um 1900 ebenfalls nur noch bei einem Drittel lag, in Freiburg betrug er zum Beispiel weniger als 35 %.[35] Der weitaus größte Anteil der Karlsruher Bevölkerung war aus Baden zugezogen (43 %), gefolgt mit weitem Abstand von Württemberg (7 %) und Preußen (6 %). Damit wird bestätigt, dass die Zuwanderung vor dem Ersten Weltkrieg in Baden in

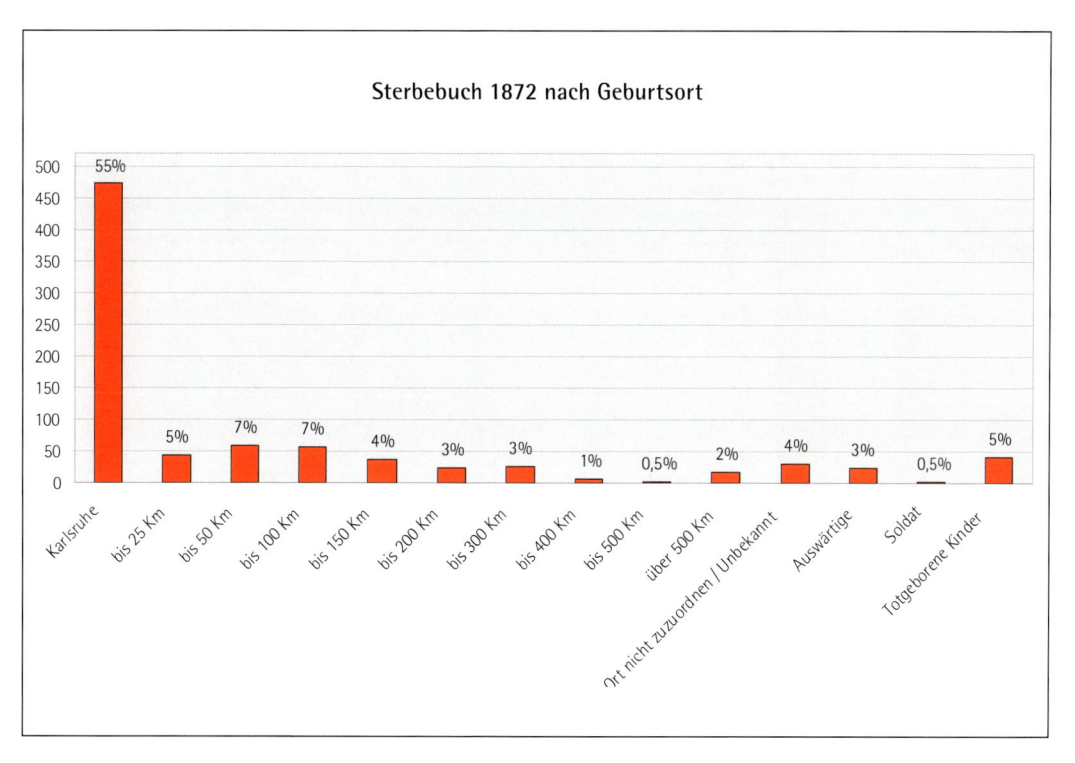

Sterbebuch 1872 nach Geburtsort

Kategorie	Prozent
Karlsruhe	55%
bis 25 Km	5%
bis 50 Km	7%
bis 100 Km	7%
bis 150 Km	4%
bis 200 Km	3%
bis 300 Km	3%
bis 400 Km	1%
bis 500 Km	0,5%
über 500 Km	2%
Ort nicht zuzuordnen / Unbekannt	4%
Auswärtige	3%
Soldat	0,5%
Totgeborene Kinder	5%

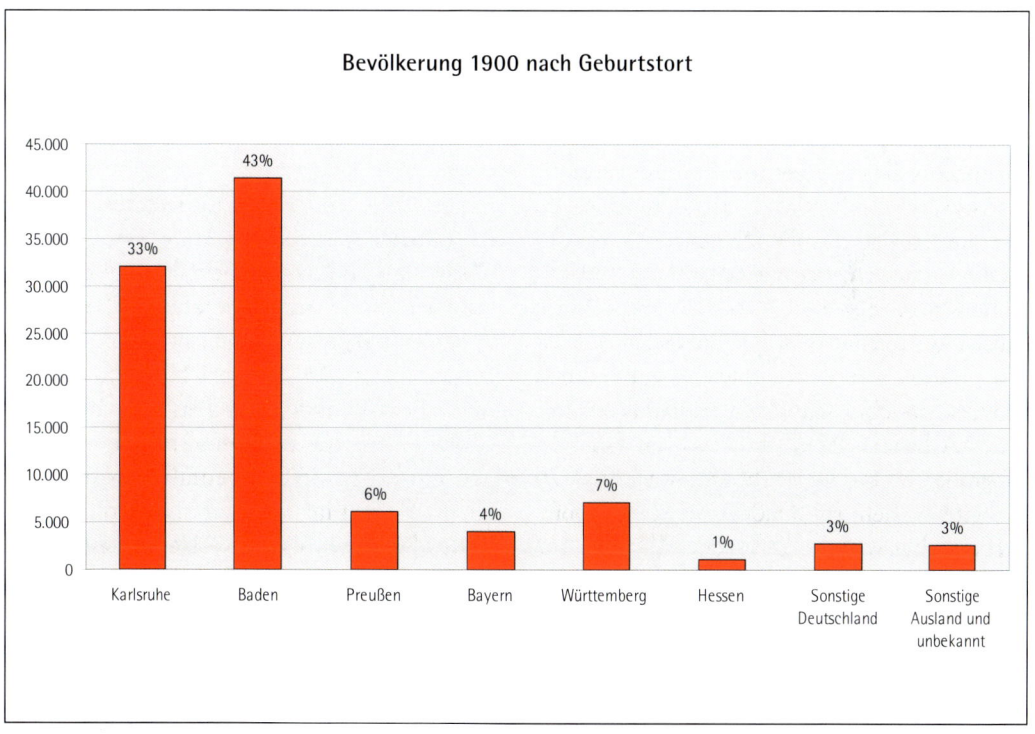

Bevölkerung 1900 nach Geburtsort

Kategorie	Prozent
Karlsruhe	33%
Baden	43%
Preußen	6%
Bayern	4%
Württemberg	7%
Hessen	1%
Sonstige Deutschland	3%
Sonstige Ausland und unbekannt	3%

Bevölkerung 1905 nach Geburtstort

Karlsruhe	33%
Baden	42%
Preußen	6%
Bayern	5%
Württemberg	7%
Hessen	1%
Sonstige Deutschland	3%
Sonstige Ausland und unbekannt	3%

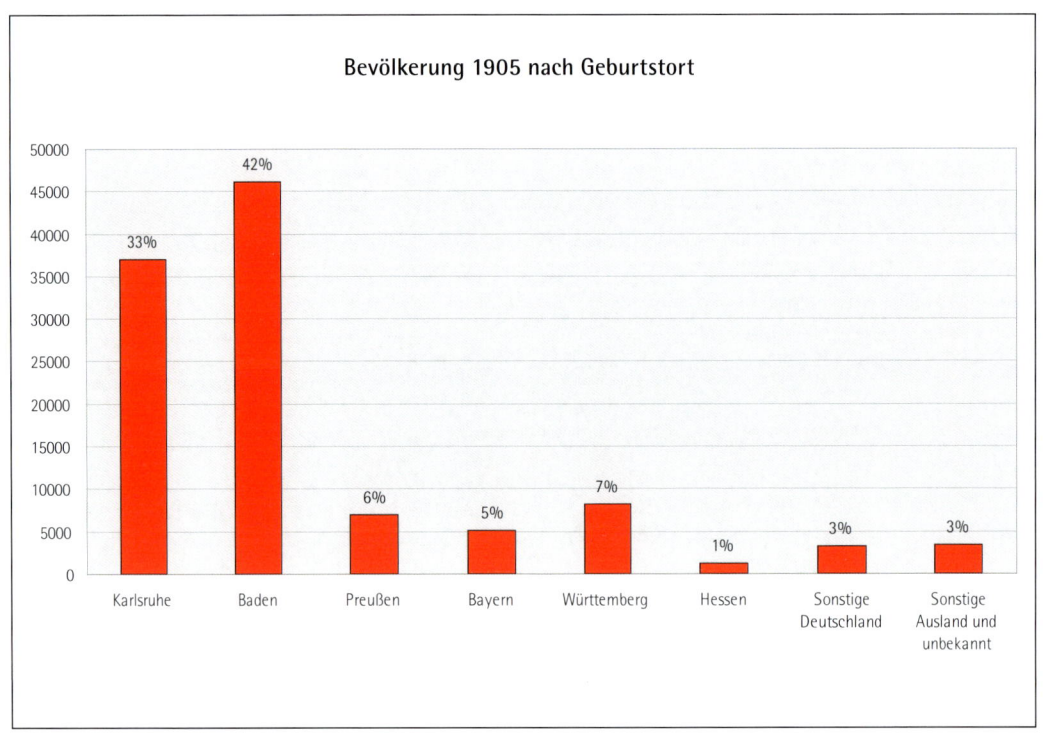

Bevölkerung 1907 nach Geburtstort

Karlsruhe	36%
Baden	40%
Preußen	5%
Bayern	4%
Württemberg	7%
Hessen	1%
Sonstige Deutschland	4%
Sonstige Ausland und unbekannt	3%

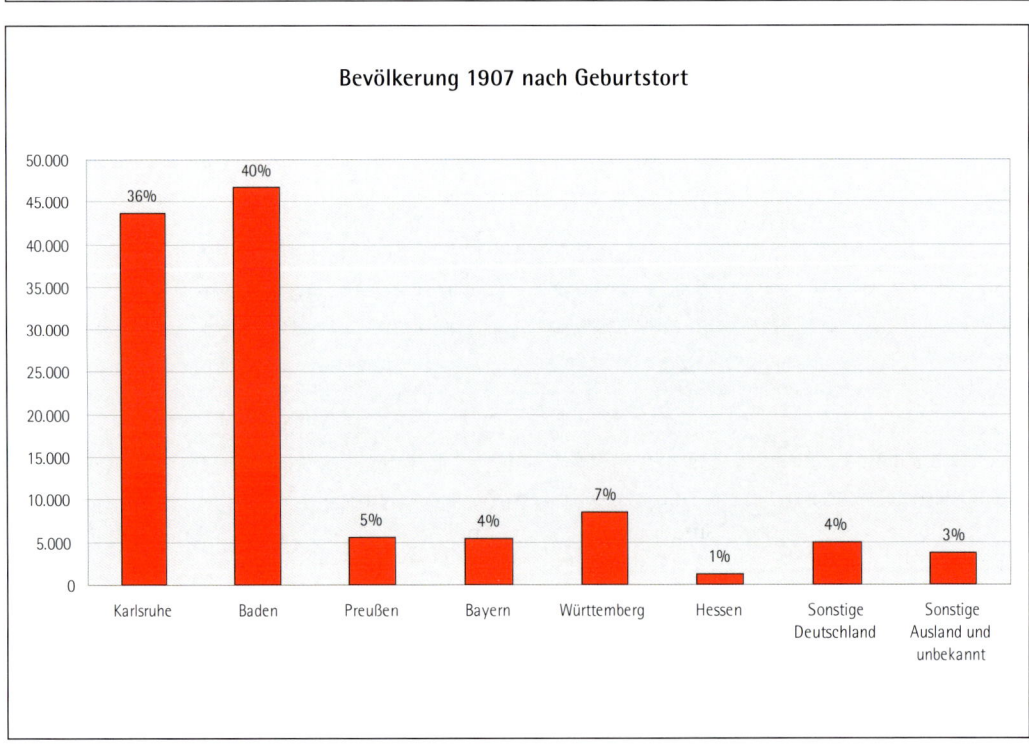

erster Linie eine Nahwanderung war. 2.783 Personen (= 3 %) kamen aus dem Ausland (vgl. Diagramm S. 23 u.).[36] Zu berücksichtigen ist dabei, dass es mit der boomenden Industriestadt Mannheim in nicht allzu großer Entfernung einen Konkurrenten gab, der ebenfalls einen großen Teil seines Zuwanderungsgewinns aus Baden rekrutierte und dabei sogar Personen aus dem Kreis Karlsruhe anzog.[37]

Diese Zahlen entsprechen im Wesentlichen den Zahlen von 1905 (vgl. Diagramm S. 24 o.), eine deutliche Verschiebung trat dagegen 1907 (Vgl. Diagramm S. 24 u.) auf, als sich der Anteil der in Karlsruhe Geborenen von 33 auf 36 % deutlich vergrößerte, was aber im Wesentlichen an der Eingemeindung gleich dreier Dörfer zum 1. Januar 1907 lag. Beiertheim, Rintheim und Rüppurr ließen die Einwohnerzahl von Karlsruhe um rund 7.000 Personen anwachsen, von denen offensichtlich für Dörfer nicht überraschend der größere Teil in den jeweiligen Orten geboren worden war. Aber auch dort war ein Wandel eingetreten. Lebten 1864 noch gut drei Viertel der badischen Bevölkerung in dem Ort, in dem sie geboren waren, waren es vor dem Ersten Weltkrieg nur noch drei Fünftel.[38]

Eine Analyse des Direktors des städtischen statistischen Amtes Otto Berendt hob später hervor, dass 1907 63,5 % aller Einwohner von auswärts stammten. Dafür machte er neben dem Militär und der Beamtenschaft, deren Angehörige zu einem sehr großen Teil von auswärts stammten, vor allem die Hochschulen der Stadt verantwortlich.[39] Der Trend, dass immer weniger Bewohnerinnen und Bewohner einer Stadt auch dort geboren sind, hat sich bis heute kontinuierlich verstärkt, 2009 waren von 278.616 Einwohnern nur 55.394 in Karlsruhe geboren, d. h. nur rund 20 % sind heute letztlich Einheimische.[40]

Tatsächlich lag der Anteil der auswärts geborenen Bewohner um fast sechs Prozent über dem Durchschnitt aller deutschen Großstädte, und auch der Anteil der aus dem Ausland Zugezogenen übertraf mit 3,15 % um fast ein halbes Prozent den Durchschnitt. Garnison und Hochschulen waren sicher zu einem Guten für den überproportional großen Anteil Auswärtiger an der Karlsruher Bevölkerung verantwortlich. Eine größere Anzahl von vor allem in Preußen vor dem Ersten Weltkrieg anzutreffenden Wanderarbeitern scheint es dagegen nicht gegeben zu haben.[41] Attraktiv war Karlsruhe besonders für die Landbevölkerung, denn der Anteil der vom Land Zugezogenen lag mit 30,32 % um vier Prozent über dem Durchschnitt aller deutschen Großstädte zusammen.[42]

Karlsruhe hatte also einerseits durch die relativ hohe Zahl von Ausländern einen „internationalen Anstrich"[43], andererseits wies es eine gewisse Bodenständigkeit auf durch die hohe Zahl der vom Lande Zugezogenen, die wohl in erster Linie aus weiter entfernten Dörfern stammten. Die in den Dörfern um Karlsruhe herum lebenden Arbeiter pendelten nämlich häufig in die Residenz, ohne in die Stadt zu ziehen. Im Jahr 1900 waren es allein 7.500 Personen, die in Karlsruhe arbeiteten und in der Umgebung wohnten. Häufig betrieben diese Pendler noch kleine Nebenerwerbslandwirtschaftsbetriebe. In Baden waren es 1900 rund zehn Prozent der nicht in der Landwirtschaft beschäftigten Arbeiter und Angestellten.[44] Dass es ein Kommen und Gehen war, belegen z. B. die Zahlen der Jahre 1910 bis 1913 als 107.600 Neubürgern 102.000 Abwanderer gegenüberstanden.[45] Dies stimmt mit dem Befund für die meisten deutschen Großstädte überein, die alle ein sehr hohes Mobilitätsvolumen von hochmobilen Zuwanderern aufwiesen, die oftmals nach wenigen Wochen die Stadt wieder verließen, um dann zu einem späteren Zeitpunkt wieder zurückzukehren.[46] Wie sehr der Zuzug nach Karlsruhe von der jeweiligen wirtschaftlichen Situation abhängig war, belegen die Jahre 1907 und 1908, als die Wirtschaft nach dem Abklingen der Großen Depression stagnierte und erst 1909 wieder in Fahrt kam, um 1912 wieder in eine Phase der Hochkonjunktur zu münden.[47] Infolgedessen hatten die Jahre 1907 und 1908 nach langer Zeit des Wanderungsgewinns wieder -verluste aufzuweisen.[48] Angezogen wurden die Neuankömmlinge also nicht zuletzt durch die Aussicht, in den in Karlsruhe prosperierenden Industriebetrieben Arbeit zu finden. Eine städtische Analyse aus dem Jahr 1934 hob deshalb hervor, dass in erster Linie Jugendliche und Erwachsene „die in das Erwerbsleben eintretend, in der Großstadt Verdienst suchten und alsdann auch dort sesshaft wurden", den Großteil der Zuwanderer ausmachte.[49] In Industrie, Handel und Verkehr fanden zwei Drittel der Karlsruher Berufstätigen Arbeit, womit die Stadt noch um zehn Prozent hinter dem Durchschnitt der deutschen Großstädte lag. Sie hatte den Sprung von der Beamtenstadt hin zu einer modernen Großstadt geschafft, wie auch die Handelskammer kurz vor dem Ersten Weltkrieg betonte: „Dank der zielbewussten Strebsamkeit und Arbeit herausragender Bürger und Unternehmer, dank der Fürsorge der Staatsregierung und der Kommunalverwaltung hat sich Karlsruhe aus einer mittleren Provinzial- und vorwiegenden Beamtenstadt zu einem Gemeinwesen entwickelt, in dem Industrie, Gewerbe und Handel einen immer breiteren Platz eingenommen und die frühere Einseitigkeit zugunsten eines mehr harmonischen Verhältnisses und Ausgleichs aller Berufsstände und Volksklassen aufgehoben haben."[50]

Größter Arbeitgeber vor dem Krieg war die Deutsche Waffen- und Munitionsfabrik mit rund 3.000 Beschäftigten, zu den Großen gehörten nach wie vor die Maschinenbaugesellschaft (1.100 Beschäftigte), die Nähmaschinenfabriken Haid & Neu sowie Junker & Ruh (jeweils ca. 1.500 Beschäftigte) und die Parfümerie- und Toiletteseifenfabrik Wolff & Sohn (900 Beschäftigte).

Erster Weltkrieg und Weimarer Republik

Der Erste Weltkrieg bedeutete für die Entwicklung der Stadt einen tiefen Einschnitt. Hatte bis dahin die Bevölkerung kontinuierlich zugenommen und die Wirtschaft ein nur von vorübergehenden Abschwüngen unterbrochenes stetiges Wachstum hinter sich, wurde dieser Aufwärtstrend jäh unterbrochen. Bei Kriegsende 1918 lag die Zahl der Karlsruher Einwohner unter der des Jahres 1913 und fiel mit 137.878 noch unter den Stand von 1912 (138.458). Erst 1926 wurde der Vorkriegsstand wieder erreicht und übertroffen. Der Rückgang der Bevölkerung während des Krieges erklärt sich vor allem durch die im Krieg Gefallenen oder bei einem der 14 Luftangriffe Umgekommenen. Karlsruhe hatte insgesamt 5.247 Todesopfer zu beklagen, von denen 1.805 (= 34,4 %) in Karlsruhe geboren waren. Dies entsprach also in etwa dem Anteil der hier Geborenen an der Karlsruher Bevölkerung insgesamt.[51]

Die Bevölkerungsverluste nach dem Ersten Weltkrieg waren zum einen durch den Wegzug der Garnison bedingt, denn Karlsruhe lag nach den Bestimmungen des Versailler Vertrages in der entmilitarisierten Zone. Entscheidender war aber, dass Elsass-Lothringen wieder an Frankreich fiel, wodurch die Karlsruher Industrie ein wichtiges Absatzgebiet und damit letztlich auch Arbeitsplätze verlor. Zudem traf die vorübergehende Unterbrechung der Auslandsbeziehungen die exportorientierte Karlsruher Maschinenindustrie besonders hart. So fiel z. B. Russland als ein Hauptabnehmer der florierenden Nähmaschinenindustrie lange völlig aus. Die Umstellung von der nicht unbedeutenden Rüstungs- auf Friedensprodukti-

Aufruf
an alle Alt-Elsass-Lothringer!

Es ist höchste Zeit, dass Ihr Eure Rechte an Eurem Vaterlande, Eurer Heimat wahrt.

Wollt Ihr, dass auch fernerhin Andere über das Schicksal Eures Landes bestimmen, oder wollt Ihr dessen Geschicke endlich selbst in die Hand bekommen?

Seht auf andere Völker und Volksstämme: die Finnen, Livländer, Tschechen und Polen! Sie haben ihre Selbständigkeit erkämpft und bilden heute eigene Staaten. Auch Ihr müsst kämpfen und eintreten für ein selbständiges Land, für den

Freistaat Elsass-Lothringen.

Wir wollen nicht mehr der

Zankapfel der Nationen,

nicht mehr die Ursache von Weltkriegen sein. Denkt an die unsäglichen Leiden der hinter uns liegenden Kriegsjahre! Deshalb wollen auch wir von französischer Herrschaft nichts wissen; auch sie ist für uns eine Fremdherrschaft. Was würde sie uns bringen? Wirtschaftlichen Rückschritt in Handel und Industrie; Verlust der Arbeiterfürsorge; Vernichtung unseres Weinbaues.

Nie werden Euch die Franzosen als französische Brüder behandeln. Eure Sprache, Eure Sitten, Euren Charakter werden sie verspotten und unterdrüken.

Darum erhebt Euch, ehe es zu spät ist! Nur noch ☛ **eine kurze Zeit** ☚ trennt uns von den letzten Entscheidungen. Wer jetzt nicht kommt, übt Verrat an seinem Lande. Tretet ein in die

Els.-Lothr. Autonomisten-Partei.

Ihr Männer und Frauen, meldet Euch ausnahmslos bei der

Alt-Elsass-Lothringischen Ortsgruppe Karlsruhe (Ostendstr. 4).

Druck der Badischen Druck- und Verlagsgesellschaft m. b. H. in Karlsruhe, Hirschstr. 9.

Aufruf an alle Alt-Elsass-Lothringer, der Elsass-Lothringischen Autonomistenpartei beizutreten, Plakat 1919.

on führte insgesamt zu einer hohen Labilität im Karlsruher Wirtschaftsleben und damit auch zu einer Verminderung des Arbeitsplatzangebots. Der Anteil der in Industrie und Handwerk Tätigen fiel von 37,49 % im Jahr 1907 auf 35,32 % im Jahr 1925.[52] Der Industriestandort Karlsruhe im Schatten der Grenze zu Frankreich war für Investoren bei weitem nicht mehr so attraktiv wie vor dem Krieg.

Der Rückgang der Bevölkerung wäre noch viel dramatischer ausgefallen, wenn nicht zahlreiche Flüchtlinge aus dem benachbarten Elsass-Lothringen nach Karlsruhe gekommen wären. Die französischen Behörden hatten schon wenige Tage nach Kriegsende mit der Ausweisung zahlreicher Deutscher begonnen. „Die ‚Commissions de triagé' traten in lebhafte Tätigkeit. Es genügte eine einfache Denunziation bei der ‚Commission de triagé' um den Beschuldigten – ohne Nachprüfung der erhobenen Beschuldigungen, ohne Zeugen, ohne die Möglichkeit eines Gegenbeweises, da die angeblichen Tatsachen nicht mitgeteilt wurden – binnen 24 Stunden, oft bei Nacht und Nebel, über die Grenzen abzuschieben."[53]

Die badische Landeshauptstadt musste knapp ein Fünftel der ca. 32.000 Elsass-Lothringer aufnehmen, die nach Kriegsende nach Baden flüchteten oder ausgewiesen wurden.[54] Darunter befanden sich „neben einer kleinen Anzahl von Einzelpersonen, niedrig gerechnet, 1.500 geschlossene Haushalte". Baden war nach Preußen (Rheinland und Westfalen), das 25 % der Zuwanderer aus Elsass-Lothringen aufnahm, mit 18 % das Land mit der zweithöchsten Übernahmequote.[55] Zu den Ausgewiesenen gehörte z. B. auch die erste Amtsleiterin der Stadt Karlsruhe Elisabeth Großwendt, die 1919 nach kurzen Aufenthalten in Württemberg und Halle ihre Stelle als Leiterin des Jugendamts antrat.[56]

Die Stadt sah sich durch diese enorme Zuwanderung im Bereich des Wohnungsmarktes einer zusätzlichen Belastung ausgesetzt, denn der Wohnraum war für die zahlreichen aus dem Krieg zurückgekehrten Soldaten, die nun eine Familie gründen wollten, bereits knapp geworden. Der Wohnungsbau war während des Krieges fast gänzlich zum Erliegen gekommen und setzte nach dem Krieg zunächst auch nur schleppend wieder ein. Bereits am 7. April 1919 wandte sich der Vorstand der kurz zuvor gegründeten Ortsgruppe Karlsruhe des Hilfsbundes der Elsass-Lothringer im Reich an die Stadt mit der Bitte, Flüchtlingswohnungen in den Kasernen einzurichten.[57] Tatsächlich waren 1919 nach Erhebungen des Wohnungsamtes von 2.700 Wohnungssuchenden rund 700 Elsass-Lothringer oder Auslandsdeutsche, 1920 waren noch einmal 500 dazugekommen. Da der Zustrom anhielt, schrieb die Stadt am 2. September 1921 an die Reichszentrale für El-

Elisabeth Großwendt, erste weibliche Amtsleiterin der Stadt Karlsruhe, gehörte zu den aus Elsass-Lothringen Vertriebenen.

Blick auf die 1927 fertig gestellten Wohnhäuser Neckarstraße 17 – 31 und Enzstraße 22 und 24 der Gemeinnützigen Siedlungsgenossenschaft vertriebener Elsass-Lothringer Karlsruhe.

sass-lothringische Vertriebenenfürsorge in Freiburg. Man wies darauf hin, dass Karlsruhe bis zu diesem Zeitpunkt 1.500 elsass-lothringische Familien mit rund 6.000 Köpfen und 500 auslandsdeutsche Familien mit weiteren 2.000 Köpfen aufgenommen und damit das Achtfache des Reichsdurchschnitts aufzuweisen habe – insgesamt waren rund 150.000 Personen aus Elsass-Lothringen ausgewiesen worden, die im ganzen Reichsgebiet untergebracht werden mussten.[58] Deshalb bat die Stadt, Karlsruhe nur noch Flüchtlinge zuzuweisen, die gebürtige Karlsruher waren oder von einer Karlsruher Familie abstammten. Die Reichszentrale zeigte in ihrem Antwortschreiben zwar Verständnis für die Notlage, lehnte aber eine Erfüllung der Karlsruher Forderung ab, da damit ein Präzedenzfall geschaffen würde. Sie sagte immerhin zu, die Errichtung von Wohnungen für Vertriebene nach Kräften zu fördern. Das Reichsinnenministerium gewährte so z. B. Zuschüsse über die in Berlin ansässige Zentralsiedlungsgesellschaft für vertriebene Elsass-Lothringer im Reich „Neue Heimat".[59] 1922 wurde in Karlsruhe wie in anderen badischen Städten eine eigene Baugenossenschaft, die Gemeinnützige Siedlungsgenossenschaft vertriebener Elsass-Lothringer m.b.H., gegründet.[60]

Nach rund fünf Jahren wirtschaftlicher Stabilität 1925 bis 1929 und einer positiven Wanderungsbilanz machte sich die Weltwirtschaftskrise im Jahr 1930 deutlich bemerkbar. Erstmals seit 1921 fiel die Wanderungsbewegung wieder negativ aus: 18.373 zugezogenen Personen standen 18.724 Weggezogene gegenüber. Eine Analyse der Stadtverwaltung machte die schlechte Wirtschaftslage dafür verantwortlich, die auch in anderen Großstädten zu negativen Wanderungsbilanzen geführt habe.[61] 1931 erhöhte sich der Wanderungsverlust auf 723 Personen, 1932 fiel er auf 384.

Drittes Reich

Dieser Trend hielt nicht nur in der Endphase der Weimarer Republik an, sondern setzte sich zunächst ungebremst nach der nationalsozialistischen Machtübernahme fort, 1933 lag der Verlust bei 378.[62] 1934 erreichte die Zahl sogar die Rekordhöhe von 1.338, die durch den Geburtenüberschuss nicht auszugleichen war, so dass die Bevölkerungszahl um 930 zurückging. Mit dieser Verdreifachung des Wanderungsverlustes gegenüber dem Vorjahr fiel Karlsruhe auch gegenüber den anderen deutschen Großstädten ab, in denen die Verluste auf dem Niveau des Vorjahres blieben.

In den Jahren 1930 bis 1936 betrug der Wanderungsverlust 4768: „Diese für Karlsruhe ungünstige Gestaltung der Wanderungsbewegung kann nur mit den nachteiligen wirtschaftlichen Verhältnissen in der südwestdeutschen Grenzmark in Zusammenhang gebracht werden."[63] Dass seit 1930 eine stärkere Abwanderung Einheimischer als Zugezogener zu beobachten war, wurde von der Verwaltung u. a. auf die nach wie vor ungünstige wirtschaftliche Entwicklung zurückgeführt.[64] Erst 1937 gab es wieder einen, wenn auch geringen, Wanderungsgewinn mit 499 Personen. Im letzten Friedensjahr hielt dieser Trend, begünstigt durch den Beginn des Westwallbaus, der viele Arbeiter nach Karlsruhe zog, mit 508 Personen an.[65] Der Westwall diente der Vorbereitung eines Krieges, den das nationalsozialistische Deutschland dann im folgenden Jahr mit dem Überfall auf Polen begann.

Der Kriegsbeginn löste in Karlsruhe anders als 1914 beim Ersten Weltkrieg kaum Begeisterung aus. Er bedeutete zunächst einmal für rund 90.000 Karlsruher die Evakuierung aus der Stadt, die in unmittelbarer Nachbarschaft zur französischen Grenze von den direkten Kriegshandlungen bedroht schien. Durch die nahe Front und die potentielle Bedrohung einer Beschießung mit Fernartillerie vom benachbarten Elsass aus aufgeschreckt, verließen zunächst mehr Menschen die Stadt als vorgesehen. Tatsächlich lag Karlsruhe im Bereich der mittleren und schweren französischen Fernartillerie, die zwischen 35 und 120 km weit schießen konnte. Vereinzelt kam es auch zu Panikausbrüchen, so als das Gerücht kursierte, der Karlsruher Bahnhof werde am 4. September beschossen. An diesem Morgen verließ der erste Sonderzug die Stadt, dem bis zum 6. September weitere 38 folgten, die jeweils zwischen 1.000 und 1.200 Personen nach Eppingen, Mosbach, Backnang und Marbach transportierten. Die Marschausweise waren seit dem Abend des 3. September von den Ortsgruppen mit Hilfe der HJ verteilt worden. Zuständig für die Organisation war die Partei. Deshalb leitete Kreisleiter Worch persönlich den Abtransport am Bahnhof. Bei dieser Aktion wurden allein 48.500 Menschen aus Karlsruhe evakuiert. Weitere verließen die Stadt mit regulären Zügen oder wurden von den rund 400 im Einsatz befindlichen Fahrzeugen des Nationalsozialistischen Kraftfahrer Korps (NSKK) abtransportiert. Die Aufnahme der Evakuierten, die z. T. nach Bayern und bis nach Salzburg fahren mussten, war durchaus unterschiedlich.[66] Nicht überall lösten die Zwangseinquartierungen Freude aus. Anderseits gab es aber auch Klagen der Gastfamilien, dass mancher sich wie ein Urlauber in der Sommerfrische aufführe. Deshalb waren die meisten der Beteiligten froh, als sich Frankreich nicht zu einem direkten Angriff entschloss und die Evakuierten bis Weihnachten 1939 wieder zurückkommen konnten.[67] Zu diesem Zeitpunkt waren schon Menschen in die Stadt gekommen, die dies freiwillig wohl kaum getan hätten und deshalb ebenso wenig wie die für kurze Zeit aus Karlsruhe Evakuierten Migranten oder Zuwanderer sind. Da sie aber über fünf Jahre hinweg zu der Stadt Karlsruhe hinzugehörten, gilt ihnen das abschließende Kapitel dieses knappen Überblicks über die Migration bis 1945.

Kriegsgefangene und Zwangsarbeit

Bereits im November 1939 hatte der Beauftragte für den Vierjahresplan Hermann Göring den Einsatz polnischer Männer und Frauen in der Landwirtschaft angeordnet. So kamen schon bald nach Kriegsbeginn polnische Kriegsgefangene nach Karlsruhe und in die umliegenden Dörfer, wo sie in landwirtschaftlichen und forstwirtschaftlichen Betrieben eingesetzt wurden.[68] Da in der Industrie ebenfalls dringend Arbeitskräfte benötigt wurden, hoffte man in Karlsruhe nach Beginn des Feldzuges gegen Frankreich im Mai 1940 auf die Zuweisung von Kriegsgefangenen und dadurch auf eine Entspannung der Situation.[69] Diese ließ auf sich warten, denn im Oktober 1940 waren z. B. von fast 1.000 angeforderten Kriegsgefangenen nur 120 zugeteilt worden. Auch Arbeitskräfte aus dem Elsass brachten nicht die gewünschte Besserung. Obwohl im Oktober 1940 über 750 Elsässer und Elsässerinnen im Arbeitsamtsbezirk Karlsruhe vermittelt werden konnten, fehlten immer noch über 1.100 Arbeitskräfte. Seit Februar 1941 wurden diese verstärkt wieder zurückgerufen für den Arbeitseinsatz in ihrer Heimat. Im Juni 1941 konnten 30 italienische Arbeitskräfte kaum für Entlastung sorgen.

Nach der deutlichen Zunahme des Einsatzes von Zwangsarbeitern richteten die ersten Karlsruher Betriebe im Frühjahr 1941 eigene Gefangenenlager ein, für deren Überwachung nach wie vor die Wehrmacht zuständig war. Die Stadt unterhielt ebenfalls ein Lager für die Kriegsgefangenen, die sie in den Bereichen Müllabfuhr, Kanalarbeiten, Straßenreinigung und -unterhaltung sowie im Rheinhafen einsetzte. Im August 1943 waren in dem städtischen Gemeinschaftslager in der Karl-Friedrichstr. 23 z. B. 69 Holländer, sechs Belgier, drei Franzosen und ein Grieche untergebracht. Insgesamt beschäftigte die Stadt zu diesem Zeitpunkt 108 Männer und 20 Frauen aus dem Ausland.[70] Größere Lager hatten vor allem die Deutschen Waffen- und Munitionsfabriken, die 1942 allein 1.465 Kriegsgefangene und Zwangsarbeiter in ihren Barackenlagern und in verschiedenen Gasthäusern untergebracht hatte, und das Reichsbahnausbesserungswerk, auf dessen Werksgelände in der Wielandstraße 412 sowjetische Frauen und Männer in Baracken wohnten.[71]

Zum Zweck der Organisation der Unterbringung und Versorgung der Zwangsarbeiter war im Januar 1942 die „Arbeitsgemeinschaft der Betriebe zur Versorgung der zivilen Zwangsarbeiterinnen und -arbeiter e.V." gegründet worden, der bald alle Karlsruher Betriebe angehörten, die Ausländer beschäftigten – Ende des Jahres waren es 238.[72] Zu diesem Zeitpunkt gab es 41 Lager in der Stadt, von denen das größte das der DWM in der Hardeckstraße am Westbahnhof war, in dem über 1.000 Menschen untergebracht werden konnten.

Nachdem die Umstellung auf Kriegsproduktion seit 1941 voll zum Tragen kam, nahm die Zahl der ausländischen Arbeitskräfte rapide zu. Die Vorbereitung des Überfalls auf die Sowjetunion erforderte neue Rüstungsbetriebe und die Erweiterung der bestehenden. Der Arbeitsamtsbezirk Karlsruhe, „der lange Jahre ein Abgabebezirk [an Arbeitskräften] erster Ordnung war", wurde nun zum Aufnahmebezirk.[73] Die DWM gingen bereits im Februar 1941 davon aus, dass sie weitere 2.000 Arbeitskräfte benötige. Als die Firma im Oktober 1941 ganz auf Kriegsproduktion umstellte, gab es immer noch einen Bedarf von 2.000 einheimischen und 1.000 ausländischen Arbeitskräften sowie von 400 Kriegsgefangenen. Außer den Munitionsfabriken profitierte die Karlsruher Wirt-

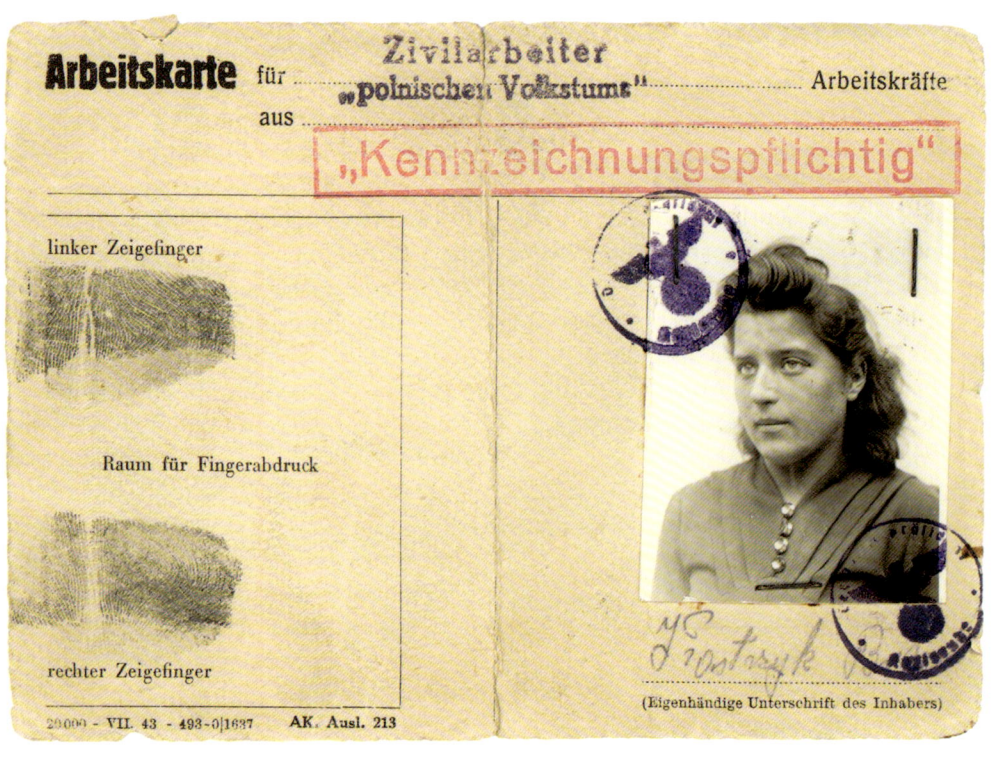

Arbeitskarte der polnischen Zwangsarbeiterin Bronislawa Kastrzyk, ausgestellt am 24. April 1944.

schaft insgesamt in hohem Maße von kriegsbedingten Aufträgen. Junker & Ruh bekam z. B. Ende 1939 zahlreiche Aufträge zur Lieferung von Großküchen an die Marine und Anfang 1941 einen Auftrag über 3.600 Öfen für Luftschutzräume und Baracken.[74]

Angesichts der immer größer werdenden Personalknappheit sahen sich die „Bedarfsbetriebe" veranlasst, „umfangreiche Anträge auf Zuteilung von ausländischen Zivilarbeitern zu stellen."[75] Die Rüstungsbetriebe – außer den DWM und der Munitionsfabrik Gustav Genschow in Durlach/Wolfartsweier kamen 1940 die Süddeutschen Arguswerke Heinrich Koppenberg und 1941/42 die Mauser-Werke mit Zweigniederlassungen hinzu – wiesen insgesamt den höchsten Anteil an Zwangsarbeitern auf.[76]

Mitte 1942 wurde der Bedarf an weiblichen Arbeitskräften weitgehend durch ausländische Arbeiterinnen gedeckt. Wie dringend neue ausländische Arbeitskräfte gebraucht wurden, zeigte sich immer deutlicher, als die im Arbeitsamtsbezirk Karlsruhe vorhandenen Reserven im Oktober 1942 erschöpft waren. Ein fest zugesagter erwarteter Ostarbeiterzug blieb aus und die Lücken konnten nicht mehr geschlossen werden.[77] Eine beim Statistischen Amt geführte Liste der Jahre 1943/44 führt im Januar 1943 insgesamt 9.160 Ausländer auf, die in Karlsruhe arbeiteten, davon mehr als die Hälfte „Ostarbeiter und Russen", davon waren wiederum deutlich mehr als die Hälfte Frauen (2.997 von 5.069). Bei den „sonstigen Ausländern" dominierten die Männer (2.889 von 4.091).[78] Die Zahl stieg bis Ende 1943 kontinuierlich auf 11.800 an. Im August 1944, als die Liste abbricht, waren es noch einmal über 1.000 mehr (12.740). Dieser hohe Anteil von zivilen und kriegsgefangenen Zwangsarbeitern in Karlsruhe entspricht durchaus dem Befund für das gesamte Deutsche Reich, wo diese 1944 etwa ein Viertel der Beschäftigten stellten.[79]

Durch die zahlreichen Zwangsarbeiter florierte die lange Zeit nicht voll ausgelastete Volksküche in der Scheffelstraße wieder. Zeitweise wurden dort bis zu 15.000 Essen gekocht, die an Betriebe ohne eigene Küche geliefert wurden.[80]

Bei der Versorgung und der Behandlung der „Arbeitervölker" kam die von der NS-Ideologie vorgesehene Hierarchisierung zum Tragen, an deren Spitze die „germanischen Völker" wie Holländer, Dänen, Norweger und Flamen standen. Die Hierarchie ging über die „Westvölker fremdvölkischer Abstammung", das waren Franzosen und Wallonen, bis zu den Polen und den „Ostarbeitern".[81] Entsprechend wurden die Zwangsarbeiter behandelt: „Die Arbeitskräfte aus dem Osten, und seit September 1943 auch die italienischen Militärinternierten [nach dem Ausscheiden Italiens aus dem Bündnis mit Deutschland] hatten mit Abstand die schlechtesten Lebensverhältnisse. Das Mittel des Terrors gegen Polen und Russen war durch besondere Erlasse staatlicherseits ausdrücklich vorgesehen." In der Praxis verschaffte man den Zwangsarbeitern im Einzelfall zwar durchaus Erleichterungen durch ausreichende Versorgung, griff aber auch zu den Mitteln der Bestrafung „bis hin zur Einweisung in Konzentrationslager und Hinrichtung, die das nationalsozialistische Sonderrecht bot."[82] Zwischen den Baracken der DWM an der Hardeckstraße stand ein weithin sichtbarer Galgen, an dem die Hingerichteten einen Tag lang zur Abschreckung hingen.[83] Als Karlsruhe am 4. April 1945 von französischen Truppen befreit wurde, waren die meisten Zwangsarbeiter noch in Karlsruhe. Nur wenige hatten vorher die Stadt in noch nicht besetzte Gebiete verlassen müssen. Die Befreiung durch die französischen Truppen, die damals noch nicht alle als Befreiung sehen wollten oder konnten, erlebten insgesamt nur rund 60.000 Menschen in der zerstörten Stadt. Auf diese und die nach Kriegsende langsam wieder nach Karlsruhe Zurückkehrenden wartete eine Aufbauarbeit, an der wiederum Migranten einen entscheidenden Anteil haben sollten.

Die ausländische Bevölkerung in Karlsruhe seit 1945

Bevor in den folgenden Beiträgen einzelne Gruppen von Migranten und Migrantinnen in der Stadt behandelt werden, soll noch ein Blick geworfen werden auf die zahlenmäßige Entwicklung der ausländischen Bevölkerung in Karlsruhe seit dem Ende des Zweiten Weltkrieges. Darin spiegeln sich sowohl die weltweit zunehmende Freizügigkeit des Aufenthalts- und Niederlassungsrechts, aber eben auch die anhaltende wirtschaftliche Not und die Repression in weiten Teilen der Welt.

Die Zahlen der in Karlsruhe lebenden Ausländer, d. h. jene Einwohner, die keinen deutschen Pass besitzen, erfassen nicht alle in den nachfolgenden Beiträgen behandelten Menschen. Die Integrationspolitik zielt auf einen deutlich weiteren Personenkreis mit ähnlichen Problemen (etwa dem der schlechten deutschen Sprachkenntnisse), der unter dem nicht unumstrittenen Begriff „Menschen mit Migrationshintergrund" zusammengefasst wird. Das Statistische Bundesamt versteht darunter „alle nach 1949 auf das heutige Gebiet der Bundesrepublik Deutschland Zugewanderten, sowie alle in Deutschland geborenen Ausländer und alle in Deutschland als Deutsche Geborenen mit zumindest einem nach 1949 zugewanderten oder als Ausländer in Deutschland geborenen Elternteil." Somit gehören auch Spätaussiedler und deren Kinder zu den Personen mit Migrationshintergrund. In Karlsruhe lebten 2006 neben den Ausländern 26.757 Menschen mit erkennbarem „Migrationshintergrund".[86] Für 2009 schätzte das Statistische Amt der Stadt, dass in Karlsruhe 34.987 Menschen mit persönlichem und familiärem Migrationshintergrund lebten. Das sind 26,6 Prozent der Einwohner.[87]

In einer differenzierten Aufarbeitung der statistischen Unterlagen zur Entwicklung der Zahl der in Karlsruhe lebenden Ausländer für die Jahre 1982–1991 hat das Statistische Amt der Stadt Karlsruhe vier Phasen der Entwicklung unterschieden.[88] Nachdem die Zahlen zunächst bei der 1-Prozent-Grenze verharrten, begann mit den verschiedenen Anwerbeabkommen für ausländische Arbeitnehmer seit Beginn der 1960er Jahre der steile Anstieg der Zahlen. Dieser wurde kurzfristig unterbrochen durch die wirtschaftliche Rezession 1966/67. Mit dem Anwerbestopp von 1973 verflachte die Kurve deutlich. Der Anwerbestopp erfolgte als Reaktion auf die zweite Nachkriegsrezession in der Folge der Ölkrise und auf gesamtwirtschaftliche Überlegungen zur Effizienz der Ausländerbeschäftigung. Eine erneute Anhebung des Ausländeranteils brachte das seit 1978 umgesetzte Politikkonzept der Eingliederung der langfristig in Deutschland lebenden Ausländer und der damit verbundenen Familienzusammenführung. Die Furcht vor sozialen und politischen Spannungen veranlasste die CDU/FDP-geführte Bundesregierung 1983 mit allerdings nur mäßigem Erfolg, Maßnahmen zur Rückführung von Ausländern in ihre Heimatländer zu ergreifen. Mit diesem Konzept sperrte sich die Regierung gegen die Einsicht, dass Deutschland zum Einwanderungsland geworden war. Die Umwälzungen am Ende der 1980er Jahre mit der Auflösung des politischen Systems des „Ostblocks" und der folgenden kriegerischen Auseinandersetzungen im ehemaligen Jugoslawien führten dann zu einem starken Anstieg in den 1990er Jahren durch Spätaussiedler, Kriegsflüchtlinge und Asylsuchende. Das erste Jahrzehnt des neuen Jahrhunderts zeigte eine wiederum deutlich geringere Zunahme.

Schon für die 1980er Jahre hatte das Statistische Amt darauf hingewiesen, dass sich nach der Konzentration auf Ausländer aus den so genannten Anwerbeländern für ausländische Arbeitnehmer bis zum Beginn der 1980er Jahre eine stärkere Differenzierung in der nationalen Herkunft der Ausländer anbahne.[89] Auf dem Höhepunkt der „Gastarbeiter"-Zahlen verzeichnete die Statistik 1974 aus Asien 1.119, aus Nord- und Südamerika 904 sowie aus Afrika 308 Einwohner in der Stadt. 1993 bzw. 2008 stammten aus Asien 3.588/5.747, aus Nord- und Südamerika 1.450/1.567 und aus Afrika 1.901/2.071. Damit stieg der Anteil der Nichteuropäer an der Gesamtzahl der Ausländer von 9,9 über 22,0 auf 23,6 Prozent. Insgesamt 77

Die ausländische Bevölkerung in Karlsruhe 1946–2009[84]

Jahr	Wohnbevölkerung insgesamt	davon sind Deutsche	Ausländer	%
1946	175.588	174.266	1.322	0,8
1947	184.376	182.953	1.423	0,8
1948	193.680	192.324	1.356	0,7
1949	195.071	193.043	2.028	1,0
1950	201.013	198.558	2.455	1,2
1951	203.836	200.966	2.870	1,4
1952	206.839	204.196	2.643	1,3
1953	209.571	206.830	2.741	1,3
1954	215.959	212.829	3.130	1,4
1955	219.374	216.038	3.336	1,5
1956	225.074	221.682	3.392	1,5
1957	228.492	225.075	3.417	1,5
1958	231.460	227.883	3.577	1,5
1959	234.699	230.668	4.031	1,7
1960	239.372	233.975	5.397	2,2
1961	244.942	237.714	7.228	2,9
1962	248.798	239.514	9.284	3,7
1963	250.741	239.837	10.904	4,3
1964	253.226	240.649	12.577	5,0
1965	254.501	240.188	14.313	5,6
1966	255.394	239.516	15.878	6,2
1967	255.192	241.713	13.479	5,3
1968	256.242	240.729	15.513	6,1
1969	257.869	239.411	18.458	7,2
1970	258.894	241.422	17.472	6,7
1971	258.675	239.831	18.844	7,3
1972	261.610	240.755	20.855	8,0
1973	262.644	239.838	22.806	8,7
1974	268.158	244.722	23.436	8,7
1975	281.745	258.310	23.435	8,3
1976	277.509	254.933	22.576	8,1
1977	275.650	253.555	22.095	8,0
1978	273.620	250.788	22.832	8,3
1979	271.175	247.337	23.838	8,8
1980	269.789	245.409	24.380	9,0
1981	268.810	243.476	25.334	9,4
1982	266.850	241.775	25.075	9,4
1983	264.053	238.953	25.100	9,5
1984	262.457	237.915	24.542	9,4
1985	258.580	234.856	23.724	9,2
1986	257.101	233.003	24.098	9,4
1987	260.862	235.915	24.947	9,6
1988	262.843	236.851	25.992	9,9
1989	267.284	240.068	27.216	10,2
1990	270.327	241.948	28.379	10,5
1991	272.962	242.394	30.568	11,2
1992	273.174	241.532	31.642	11,6
1993	271.032	239.567	31.465	11,6
1994	269.585	237.654	31.931	11,8
1995	269.322	236.313	33.009	12,3
1996	268.759	235.514	33.245	12,4
1997	267.677	234.528	33.149	12,4
1998	267.598	233.408	34.190	12,8
1999	267.959	232.701	35.258	13,2
2000	268.651	232.446	36.205	13,5
2001	269.785	232.916	36.869	13,7
2002	271.207	233.442	37.765	13,9
2003	272.262	233.904	38.358	14,1
2004	273.930	234.989	38.941	14,2
2005	275.049	235.729	39.320	14,3
2006	275.629	235.877	39.752	14,4
2007	278.047	237.771	40.276	14,5
2008	279.312	239.572	39.740	14,2
2009	280.327	240.734	39.593	14,1

Herkunftsländer verzeichnet die Statistik für 2008, wobei Länder mit zu geringen Fallzahlen nicht aufgeführt werden.[90]

Bilanziert man die Ausländerentwicklung für die Entwicklung Karlsruhes seit 1945, so ist zuerst festzuhalten, dass die Ausländer seit Jahrzehnten die positive Einwohnerentwicklung bestimmten und auch Dank der ausländischen Studierenden den Prozess der Überalterung zumindest verzögert haben. Sie waren und sind für die Wirtschaft unverzichtbare Arbeitskräfte, die zum Wohlstand in der Stadt beigetragen haben und immer noch beitragen. Und manche, die sich in Handel und Gewerbe selbständig gemacht haben, sind heute wiederum selbst Arbeitgeber für deutsche Arbeitnehmer. Andererseits gehört zur Bilanz auch die Feststellung, dass die soziale Struktur der Ausländer sich durch die unterschiedlichen Zuwanderergruppen deutlich verändert hat. Dadurch liegt die Arbeitslosigkeit der Ausländer seit den 1980er Jahren in der Regel über der der Deutschen und sie treten prozentual als Empfänger sozialer Hilfsmaßnahmen stärker in Erscheinung.[91] Den daraus resultierenden Herausforderungen stellte und stellt sich die Stadt Karlsruhe seit den 1980er Jahren mit zunehmend differenzierten Angeboten zur Integration für die Ausländer, die dauerhaft hier leben wollen.

MANFRED FELLHAUER

Der Traum vom besseren Leben
Auswanderungen 1715 – 1945

Der Historiker Friedrich von Weech stellt in seiner Karlsruher Stadtgeschichte fest, dass es auch nach dem Aufstieg der jungen Stadt Karlsruhe zur Großherzoglich Badischen Haupt- und Residenzstadt „kein seltener Anblick war, ganze Familien mit Kind und Kegel und ärmlichem Gepäck auf den Straßen zu sehen, die in mühseliger Wanderung in der Richtung nach Antwerpen, Amsterdam oder Norddeutschland einer unsicheren neuen Heimat, entgegenzogen."[1] Obwohl die großen Auswanderungswellen des 19. Jahrhunderts erst noch kommen sollten, hatte die Auswanderung aus Karlsruhe schon zu Beginn des 19. Jahrhunderts ein solches Ausmaß erreicht, dass es von Weech für bemerkenswert hielt. Die eher beiläufige Feststellung von Weechs wird im Folgenden zum Anlass genommen, einen detaillierteren Überblick über die Auswanderungen aus Karlsruhe in der Zeit zwischen 1715 und 1945 zu geben.

Eine wesentliche Quelle für die statistischen Daten stellt die so genannte Müller-Datei des Generallandesarchivs Karlsruhe dar, die Auswanderer aus Aufzeichnungen aus den unterschiedlichsten Quellen auflistet.[2] Statistische Erhebungen über die Zahl der Auswanderungen liegen für Baden erst ab etwa 1840 vor. Diese erfassen aber nur einen Teil der Auswanderer. Wer illegal auswanderte oder kein Vermögen hatte, kam nicht in die Akten und wurde somit nicht erfasst. Oft wurde in den Akten nur der Familienvater vermerkt. Weitere Familienangehörige wurden nur als Zusatz aufgenommen: „mit Familie" oder „mit Frau und mit ... Kindern". Zu den Schwierigkeiten der zahlenmäßigen Erfassung gesellen sich solche der Definition des Auswanderers. Im 18. Jahrhundert war jeder, der über die Landesgrenze zog, ein Auswanderer. In den Quellen erscheinen deshalb auch die Binnenwanderer, also diejenigen, die innerhalb des Reichgebiets in ein anderes Land zogen, als Auswanderer.

Die Auswanderungen des 18. Jahrhunderts

Auswanderungsursachen

Religiöse und politische Verfolgung sowie Enttäuschungen aller Art, angeborener Wandertrieb und vieles andere mehr haben Tausende von Deutschen in die Fremde geführt. Die Mehrzahl aller Auswanderer hat aus wirtschaftlichen Gründen die Heimat verlassen. Viele trieb die Not, viele die Hoffnung, es in der Fremde weiter zu bringen, als dies in der Heimat möglich schien. Nach dem Dreißigjährigen Krieg waren auch in Baden Fremde ins menschenleere Land gekommen. Aber schon die Enkel waren manchmal in Sorge, ob die eben erst erworbene Scholle ausreichen werde, den allmählich größer werdenden Kreis der Familie zu ernähren.

Meist kamen mehrere Gründe zusammen, die zur Auswanderung führten, häufig waren es schlechte allgemeine wirtschaftliche und soziale Zustände wie übersetztes Land und Handwerk, Heiratsbeschränkungen, Militärdienst, Kriegs- und Witterungsschäden. So galt es beispielsweise, sich in den Jahren 1688–92 während des pfälzischen Erbfolgekrieges den französischen Pressionen und ihrer Folgen zu entziehen, das Elsass, die Schweiz und Ungarn hielt man für sicherer. Nach Beendigung des österreichisch-bayrischen Erbfolgekrieges fanden 1748–1754 starke Auswanderungen nach Ungarn einschließlich Siebenbürgen statt. Die 1770/71 losbrechende Auswanderungswelle hatte als Ursache die Wetterkatastrophe mit Wasser- und Hochwasserschäden und die sie vernichtenden Ernten mit der daraus folgenden Teuerung und Hungersnot. Der Einfluss der französischen Revolution (1789), der erste Koalitionskrieg (1792–1797), Frankreich besetzt das linke Rheinufer), sehr kalte Winter (1788/89). Fruchtausfälle und Missernten führten zu einem erneuten Anschwellen der Auswanderungen. Durch die Expansionslust Frankreichs in den Koalitionskriegen kam es 1798 bis 1804 zu weiteren Auswanderungswellen.[3]

Entlassungsverfahren und Gebühren

Wer die Markgrafschaft verlassen wollte, brauchte dazu die herrschaftliche Erlaubnis, um die der Auswanderungswillige zu „supplizieren" (bitten) hatte. Sie wurde in der Form der Manumission, d. h. der Entlassung aus der Leibeigenschaft gegeben. Dieser Begriff meinte bei den Römern die Entlassung aus der Sklaverei. Die Leibeigenschaft im 18. Jahrhundert kann aber nicht der Sklaverei gleichgesetzt werden. Sie war ein Abhängigkeitsverhältnis zwischen dem Markgrafen und einem Teil seiner Untertanen, das sich in einer Reihe bestimmter Abgaben erschöpfte.

Nichtleibeigene, Leibfreie erhielten ein Attest ihrer Freiheit gegen 1 Gulden 30 Kreuzer bis 3 Gulden Taxe und 6 Kreuzer Stempel.[4] Leibeigene bekamen die Erlaubnis zur Emigration gegen eine Manumissionsgebühr von zehn Prozent des Vermögens für Männer, Frauen und für Haushaltungen und zusätzlich für Buben und Mädchen je 30 Kreuzer.[5] Im Gegensatz zur Markgrafschaft Baden-Baden machte man in Baden-Durlach keinen Unterschied, ob es sich um Männer oder Frauen, Ledige oder Verheiratete, Einzelne oder Familien handelte. Lediglich bei Armen setzte man fünf Gulden Mindestgebühr fest.[6] Neben der Manumissionsgebühr wurde der Abzug mit zehn Prozent des ausgeführten Vermögens erhoben, zwei Prozent Abzugspfundzoll und vier Gulden 12 Kreuzer für die Kanzleitaxe. Wer auswandern wollte bekam also nahezu 25 % seines Vermögens abgezogen. Mit Generalreskript vom 7./22. Oktober 1740 wurde zusätzlich noch die in Vergessenheit geratene Schutzabkündigungsgebühr (zwei Gulden für Männer, ein Gulden für Frauen und 30 Kreuzer für Kinder) wieder eingeführt. „Wer aus unseren Landen austritt, hat sich für gehabten Schutz und Schirm in etwas dankbar zu erzeigen", so die Begründung.[7]

Diesen frühen Auswanderern erteilte der Markgraf nicht in jedem Falle die Genehmigung das Land zu verlassen, weil er die vermögenden Bürger nicht verlieren wollte. Bei einem Vermögen über 200 Gulden sollte den Auswanderungswilligen die Ausreise verweigert werden. Eine weitere Maßnahme war die Anweisung des Hofrats, „allen denjenigen, welche sich um die Erlaubnis zu emigrieren melden, als eine festgesetzte und unabänderliche Entschließung zu bedeuten, dass keiner, wenn er wiederum in das Land zurückzukehren vermeinte, hernach in selbigem mehr angenommen oder geduldet werden würde."[8] Diese Warnung vor übereiltem Wegziehen hat tatsächlich abschreckend gewirkt. Als einige nach erhaltener Manumission um Wiederaufnahme baten, erging die Weisung: Wer das Land noch nicht verlassen hat, kann bleiben und erhält sogar das Manumissionsgeld zurück, Expeditionstaxe und Stempelgeld allerdings nicht. Das jus poenitendi, das Recht der Reue und des Rücktritts, soll nicht entzogen werden, wohl aber das Recht zur Wiederkehr (jus rivertendi); wer schon draußen war, sollte draußen bleiben.[9]

Zahl der Karlsruher Auswanderer und Auswanderungsziele im 18. Jahrhundert

Wie schon erwähnt, ist eine zahlenmäßige Erfassung der ausgewanderten Personen sehr schwer möglich. Ursachen hierfür sind die Uneinheitlichkeit im Wegzugsbestreben und in der Reaktion der Verwaltung. Viele Untertanen sind aus der Heimat „entwichen", teils mit behördlicher Genehmigung, teils ohne sie. Erschwerend kommt hinzu, dass den Auswanderungsakten in den Archiven früher weniger Bedeutung beigemessen wurde und sie deshalb auch nicht archiviert, sondern zur Kassation freigegeben wurden. Eine Auswertung der von Werner Hacker[10] anhand der Hofrats- und Rentkammerprotokolle zusammengestellten Auswanderer, ergänzt um die Ergebnisse der „Müller-Datenbank" des Generallandesarchivs, ergibt für den Zeitraum bis 1800 die nachstehende Übersicht zur Auswanderung aus Karlsruhe.

Ein Blick auf die Tabelle zeigt Auswanderer u. a. nach Amerika, Galizien, Ungarn, Preußen, Spanien und andere Reichsländer. Deutlich sind auch die Auswanderungswellen zu erkennen. Eine wesentliche Rolle, welche Länder als Ziel gewählt wurden, spielte immer die Religion. Seit 1760 wirkten sich auf alle Staaten die von dem Staatswissenschaftler Johann H. G. von Justi beherzigten Lehren aus, wonach eine hohe Bevölkerungszahl der Glückseligkeit des Staates und seiner Untertanen diene. Also versuchte jeder Staat, seine Bevölkerung zu vermehren: Abwanderungen versuchten die Verwaltungen zu bremsen, Einwanderungen wurden gefördert.[12]

So setzten mit mehr oder weniger versprechenden und anreizenden Bedingungen Werbemaßnahmen ein, um neue Ansiedler zu gewinnen. Dänemark warb für Jütland, Preußen für Kleve, Mark und Mindener Land, England für seine durch Kolonialkrieg vergrößerten Kolonien in Amerika (1763) und Frankreich für Cayenne. Kaiserin Katharina II. von Russland erließ 1763–64 zwei Manifeste für Deutsche, nachdem Maßnahmen zur Förderung der Ein-

Johann Kaspar Thürriegel (1722 – ca. 1795), Gründer einer Kolonie in der Sierra Morena.

Auswanderung aus Karlsruhe im 18. Jahrhundert [11]

Zielland	1723-1759	1760-1769	1770-1779	1780-1789	1790-1800	Gesamt
USA	–	2	–	6	4	12
Spanien	–	12	4	–	1	17
Ungarn	–	1	–	1	7	9
Schweiz	–	2	–	1	1	4
Dänemark	2	1	–	–	–	3
Galizien	–	–	–	2	1	3
Ostindien	–	1	1	1	–	3
Frankreich	–	–	–	–	2	2
England	1	–	–	–	–	1
Italien	1	–	–	–	–	1
Niederlande	–	–	–	–	1	1
Polen	–	–	–	1	–	1
Schweden	–	–	1	–	–	1
Reichsländer	1	–	1	22	8	32
Zielland unbekannt	1	–	1	–	8	10
	6	19	8	34	33	100*

*Die Gesamtzahl der Auswanderer lag in den aufgeführten Zeitabschnitten nie über 1 % der Gesamtbevölkerung.

wanderung 1760 unglücklich ausgegangen waren. 1762–1765 bzw. 1768–1771 ließ Kaiserin Maria Theresia katholische Bauern in Ungarn ansiedeln. Mit der spanischen Regierung vereinbarte Oberst Johann Kaspar Thürriegel, 6.000 katholische deutsche Bauern und Handwerker für die Gründung einer Kolonie in der Sierra Morena anzuwerben.[13]

Die Sierra Morena ist ein im Durchschnitt 800–1000 Meter hohes Mittelgebirge, das Andalusien nach Norden hin von der Hochebene von Kastilien und Extremadura trennt. Dort hatte der Bevölkerungsmangel seit den Araberkriegen, Erbfolgekriegen und der Bourbonischen Herrschaft unter Karl III. in den 1760er Jahren zu einem großzügigen Programm zur Bevölkerungsentwicklung geführt. In dem Abenteurer Thürriegel, einem Bayern, der 1767 zum spanischen Kommissar für Kolonistenbeschaffung ernannt wurde, hatte man ein geeignetes Werkzeug gefunden. Die außerordentlich geschickten und marktschreierischen Methoden Thürriegels sind kennzeichnend für ihn. Auf die Werbung verstand er sich wie kein anderer. An Vorteilen in Spanien wurden hierbei zehn steuerfreie Jahre, Übernahme der Materialkosten für den Hausbau durch den Staat und Stellung von Wirtschaftsinventar und Saatgetreide für das erste Jahr geboten. Verschwiegen wurde von Thürriegel die verlangte vollkommene Assimilierung der Einwanderer, die auch eine besondere Seelsorge ausschloss.[14] Besonders verlockend war dagegen die genaue Schilderung der Überfahrt: bei schlechtem Wind in zwölf Tagen, mit Mittelwind in acht und mit gutem Wind in vier bis fünf Tagen. In aufdringlichen Werbeschriften pries Thürriegel die Schönheiten Spaniens und schilderte die schlechte soziale Lage in der Heimat.

Dies machte auch bei Angehörigen der evangelischen Kirche in Karlsruhe starken Eindruck. Hier fielen Thürriegels Werbeaktionen auf fruchtbaren Boden. Die treibende Kraft scheint hier Lehrer Bertel in Mühlburg gewesen zu sein, der die Hoffnung hatte, in Spanien Pfarrer zu werden. Seine Äußerungen waren jedenfalls so, dass andere Lust bekamen, nach Spanien auszuwandern. Zusammenkünfte fanden im Hause des Schlossers Weihlöhner in Karlsruhe statt, der schon einmal in Jütland gewesen war.

Am 20. April 1769 wurden sämtliche Auswanderungswilligen in das Karlsruher Rathaus geladen. Einige Interessenten erklärten, wenn sie nicht ihrer Religion wegen versichert würden, dann würden sie nicht wegziehen. Spanien war für Protestanten kein verlockendes Auswanderungsziel. Gerade auf die Gefahr der Katholisierung wurden die Auswanderungswilligen jedoch hingewiesen. Daher wollte man sie eher in ein anderes Land als gerade Spanien ziehen lassen. Auch auf den Verlust des Schutzes in der Markgrafschaft und die Ausweisung aus derselben, falls sie zurück wollten, wurde hingewiesen. Einige von ihnen, leider nicht alle namentlich bekannt, traten daraufhin von ihrem Vorhaben zurück, so u. a. der Hofsporer Brenner, der durch den französischen Proviantbeamten des Mars in Schlettstadt angeworben worden war. Am 29. April erging die Verfügung, den Auswanderungswilligen die Erlaubnis zur Ausreise nach Spanien zu versagen.

„Die Gesuchsteller hätten bei Zuchthausstrafe von der von den betrügerischen Werbern auf nichts als Unglück und für Leib und Seele gefährlichen Betrug gebauten Emigration nach Spanien abzusehen."[15] Vermerke in den Hofratsprotokollen lassen darauf schließen, dass einige der Auswanderungswilligen „heimlich" d. h. illegal, ausgewandert sind.[16]

Mitte Oktober 1769 kamen der aus dem Speyerischen gebürtige, aber als Hintersasse in Eggenstein lebende Johann Christian Kleber sowie Jacob Fuchs aus Mühlburg mit seiner Frau aus Spanien zurück. Was sie erzählten, kam für eine öffentliche Warnung vor einer Auswanderung nach Spanien sehr gelegen. Das Klima in Spanien sei für die Gesundheit nachteilig. Das Wasser sei immer lauwarm, so dass man den Durst nie recht löschen könne. Im Sommer werde das Land ausgebrannt und im Winter durch lang anhaltende Regengüsse derart überschwemmt, dass fast aller Anbau wieder zugrunde gehe. Die Protestanten würden mit Weib und Kindern katholisch gemacht und bekämen keinen evangelischen Gottesdienst. Bei ihrer Ankunft hätten sie statt des Hausrats nur einen steinernen Krug, einen Strohsack, einen Teppich, eine Hacke und einen Pickel zum Arbeiten bekommen.

Der Hintersasse Baumann ging 1770 mit Frau und zwei Kindern illegal nach Spanien. 1771 kam er wieder zurück. Bei der Vernehmung gab er an, man habe ihn gezwungen, katholisch zu werden. Das habe ihm nicht angestanden, deshalb sei er nach Madrid, wo er einen Pass nach Deutschland erhalten habe. Er wolle wieder lutherisch werden, was er allezeit im Herzen gewesen sei aber aus Furcht vor Strafe habe er die katholische Religion angenommen. Das alles war sicherlich weit überzogen, aber es gab den Ämtern Argumente, um im Karlsruher Wochenblatt etwaige Auswanderungswillige vor einer Spanienauswanderung zu warnen.[17]

Trotz aller Schwierigkeiten, Anfeindungen, Missgriffe und Rückschläge gedieh das Besiedlungswerk in Spanien rasch. Bis 1774 waren 15 Städte und Dörfer mit 2.446 Familien, insgesamt 10.420 Menschen entstanden, deren Entwicklung aber 1782–1788 schon wieder rückläufig war. Die Einziehung der „Intendanz" der Kolonie 1813 und 1834/35, die völlige Gleichstellung des besiedelten Gebietes mit den übrigen Provinzen bedeutete das staatsrechtliche Ende der Thürriegelschen „Kolonie". Schon 1847 schreibt Moritz Willkomm: „Noch erinnern blonde Haare und blaue Augen an die Herkunft der Bewohner, die sich sonst völlig hispanisiert haben."[18]

Auswanderer aus Klein-Karlsruhe

Wer in Klein-Karlsruhe wohnte, galt nicht als Karlsruher Einwohner. Im behördlichen Schriftverkehr erscheinen die Klein-Karlsruher stets mit dem Zusatz „in" oder „aus Klein-Karlsruhe", das erst 1795 das Gemeindeprivileg erhielt aber bereits 1812 nach Karlsruhe eingemeindet wurde. So ist es zu verstehen, dass die Einwohner auch für die Auswanderungsgenehmigungen nicht unter denen der Stadt Karlsruhe aufgelistet werden.

Auffällig sind auch hier die Auswanderungen mehrerer Familien 1769 nach Spanien. Ihnen widerfuhr das gleiche Schicksal wie allen anderen willigen Spanienauswanderern. Das soziale Umfeld ist nach den Bemerkungen in den Hofratsprotokollen das gleiche. Exemplarisch sei hier Johann Wolff genannt: „Will sein ‚Häusl' verkaufen und nach Spanien." „Serenissimo" (der regierende Fürst) verbietet ihm die Emigration nach Spanien.[19] Er ist katholisch, Hintersasse, hat vier Töchter, „zwei Häusl auf dem Hof, wenig Schulden. Macht meisterhaft Backöfen. Seine Frau und er sind gute Haushalter. Er würde hier bleiben, wenn der Meister ihm den Winter über den Profit des Ofengewölbebaus allein überließe. Schließlich wurde er vor einer Auswanderung nach Spanien gewarnt. Wolff wanderte aber trotzdem aus. Über das Schicksal der Familie ist nichts Weiteres bekannt. Es zeigt aber, wie man von staatlicher Seite versuchte, etwas vermögende, fleißige Untertanen nicht in die Fremde ziehen zu lassen.

Die Auswanderungen des 19. Jahrhunderts

Auswanderungsgründe

Auch im 19. Jahrhundert waren es vorwiegend wirtschaftliche Gründe, die die Menschen zur Auswanderung bewogen. Seit dem ausgehenden 18. Jahrhundert war Auswanderung das Ventil für das von Überbevölkerung bedrohte Europa.[20] Fortschritte in Medizin und Hygiene führten innerhalb weniger Jahrzehnte zu einer Verdoppelung der Bevölkerung und die traditionellen Erwerbsformen in Landwirtschaft und Handwerk waren nicht mehr imstande, ausreichend Arbeit für alle zu bieten. Hinzu kamen Missernten infolge Nässe, insbesondere in den Jahren 1816/17 und 1846/47 und die konjunkturellen Krisen der deutschen Wirtschaft in der Phase ihrer beginnenden Industrialisierung. Wachsende Gemeindelasten führten zu einer steigenden Überschuldung der Gemeinden.[21] Erst das Zusammentreffen der verschiedenen Missstände machte die Lage katastrophal.

Die Hungerkatastrophe der Notjahre 1816/17 löste wie eine Initialzündung einen langfristigen Auswanderungsprozess aus, der das ganze 19. Jahrhundert über andauern sollte. Wenn auch in den Jahren danach die Auswanderungszahlen wieder zurückgingen, so riss der Strom der Auswanderer nie ab. Wieder sind es Mitte des 19. Jahrhunderts dieselben Argumente und

Auswanderung aus Klein-Karlsruhe im 18. Jahrhundert

Zielland	1723–1759	1760–1769	1770–1779	1780–1789	1790–1800	Jahr unbek.	
Spanien	–	4	–	–	–	–	4
Ungarn	1	1	–	–	1	1	4
Dänemark	–	1	–	–	–	–	1
England	–	–	–	–	1	–	1
Reichsländer	–	–	3	–	–	1	4
Zielland unbekannt	1	1	2	–	1	–	5
	2	7	5	0	3	2	19*

*Die Gesamtzahl der Auswanderer lag in den aufgeführten Zeitabschnitten nie über 1 % der Gesamtbevölkerung.

Der Holzschnitt „Die kleinen Holzdiebe" thematisiert die Not der „kleinen Leute" auf dem Land, die viele zur Auswanderung veranlasste. Die Armen waren gezwungen, sich ihr Brennholz im Wald zu holen, ein Eigentumsdelikt gegenüber den (zumeist adeligen) Waldbesitzern. Die Landbevölkerung verlangte bei ihren revolutionären Erhebungen im März 1848 unter anderem auch freie Waldnutzung wie das Recht auf die Jagd.

Klagen, die die Menschen dazu bewogen, ihre Heimat zu verlassen.[22]

Die wirtschaftliche Not veranlasste nun auch die badische Regierung, ihre Haltung zu den Auswanderungswilligen gegenüber dem 18. Jahrhundert zu ändern. An die Stelle der Auswanderungsverbote trat jetzt nicht nur die Duldung, sondern sogar die Förderung der Auswanderungen durch Zuschüsse zu den Reisekosten. Einer Denkschrift des badischen

Diese Karikatur von 1819 „Der Denkerclub" oder „Wie lange möchte uns das Denken wohl noch erlaubt bleiben?", verweist auf die Unterdrückung der Meinungsfreiheit während der Zeit der Restauration, insbesondere wegen der Karlsbader Beschlüsse. Lithographie, 1819.

Innenministeriums vom Januar 1849 an das Staatsministerium ist die Haltung der badischen Regierung zu entnehmen: „Dass die Bewohner einer Anzahl Gemeinden des Landes infolge eingetretener Überbevölkerung außer Stande sind, sich und ihre Familien ehrlich zu ernähren, müssen wir als eine beklagenswerte, aber unwiderlegbare Wahrheit annehmen. Dass aber eine wirksame Beihilfe nur durch eine massenhafte Auswanderung jener Bewohner erzielt werden kann, ist nicht minder richtig. Es sei deshalb Pflicht des Staates, jenen Gemeinden, welche den Gemeindeaufwand einschließlich der Armenunterstützung nicht mehr selbst bestreiten können, die Auswanderungen in Gegenden möglich zu machen, wo die Arbeit einen reichlichen Lohn findet."[23]

Neben hohen Steuerlasten und Beamtenwillkür spielten die politischen Spannungen zwischen den auf Verfassungs-, Rechts- und Sozialreformen drängenden bürgerlich-liberalen Kräften und deren Unterdrückung durch die herrschenden Monarchien, besonders im Vormärz wie nach dem Scheitern der Revolution von 1848/49 als Motiv eine Rolle für die Auswanderungswilligkeit nach Nordamerika. Hier zeigt sich, dass die Gründe für die Revolution von 1848/49 und für die Auswanderungen ursächlich die gleichen sind. Neben den wirtschaftlichen Chancen des menschenleeren Kontinents lockte auch die politische Freiheit der jungen amerikanischen Republik. Nordamerika war nicht das einzige Land und schon gar nicht das erste Ziel der Auswanderer. Aber es wurde nach den vorwiegend in Europa gelegenen Zielen im 18. Jahrhundert das wichtigste Ziel für Auswanderer im 19. Jahrhundert, nicht nur in Baden, sondern auch für die Karlsruher.

Das amtliche Verfahren seit 1804

Das förmliche Verfahren einer Auswanderung regelte ab 1804 das Gesetz vom 16. Dezember 1803.[24] Danach musste der Ortsvorgesetzte die Auswanderungsabsicht sofort dem Amt mitteilen, das Vermögen und etwaige künftige Erbansprüche der Auswanderungswilligen feststellen und die Gründe für die Auswanderungsabsicht erfragen.

Daneben war die Finanzierung der Reise aufzustellen.

Der Zeitraum zwischen Auswanderungsantrag und Auswanderungsgenehmigung lag meistens bei vier bis sechs Wochen. Junge, noch kontributionspflichtige Männer mussten ihre Freistellung vom Militär beantragen. Erst wenn alles erledigt war, reichte die Gemeinde das Auswanderungsgesuch an das zuständige Landamt. Hierbei wurde von der Gemeinde eine Erklärung angefordert, ob der Auswanderungsgenehmigung Hindernisse im Wege stehen. Ein Auswanderungsgesuch musste abgelehnt werden, wenn die Ehefrau eines Auswanderungswilligen nicht mit der Auswanderung einverstanden war, wenn die Kinder eines auswanderungswilligen Vaters „nicht selbst Lust zur Auswanderung haben", keine genügende Reisefinanzierung oder kein Freistellungsantrag vom Militärdienst beim Kriegsministerium vorlag.[25] Die Genehmigung war für militärpflichtige Männer zu erteilen, „so lange nicht ein Krieg bevorsteht und deshalb andere Bestimmungen getroffen sind."[26]

Anzahl der Auswanderungen

Die tatsächliche Zahl der Auswanderer lässt sich heute nicht mehr genau feststellen. Die Gemeinden haben erst ab etwa 1800 die Auswanderer in den Gemeindeakten verzeichnet und dies meist lückenhaft. Anmerkungen in den Akten tauchen nur dann auf, wenn die Gemeindeverwaltung oder das Land- bzw. Bezirksamt mit der Auswanderung befasst war. Aktenkundig wurden die Vorgänge dann, wenn ein offizielles Auswanderungsgesuch gestellt wurde oder Schulden zurückblieben. Wer keinen Besitz hatte und keine Schulden hinterließ, kam also nicht in die Akten.

Eine große Anzahl von Personen hat sich ohne Genehmigung oder Abmeldung entfernt. Bis 1809 musste für die Entlassung aus dem Untertanenverhältnis die Manumissiongebühr bezahlt werden, die viele nicht zahlen wollten oder auch nicht konnten. Schätzungen gehen davon aus, dass 30 bis 40 % der Auswanderer im 19. Jahrhundert heimlich, d. h. illegal ausgewandert sind. Manchmal waren die Gemeinden froh, einzelne Personen losgeworden zu

Entlassungsurkunde für den Grünwinkler Anton Rolle und seine Familie aus der badischen Staatsbürgerschaft im Jahr 1882 zur Auswanderung nach Nordamerika.

Auswanderung aus Karlsruhe im 19. Jahrhundert [28]

Zielland	1800 bis 1809	1810 bis 1819	1820 bis 1829	1830 bis 1839	1840 bis 1849	1850 bis 1859	1860 bis 1869	1870 bis 1879	1880 bis 1889	1890 bis 1899	Jahr unbek.	Gesamt
Afrika	–	–	–	–	–	–	–	1	2	1	–	4
Argentinien	–	–	–	–	–	–	–	–	–	2	–	2
Australien	–	–	–	2	–	–	1	–	1	1	–	5
Belgien	–	–	–	–	–	–	–	1	2	6	–	9
Brasilien	–	–	–	–	–	–	6	1	1	7	–	15
Elsass	–	–	–	–	–	–	–	–	5	–	–	5
England	–	–	–	–	–	–	4	13	4	3	–	24
Equador	–	–	–	–	–	–	–	–	–	1	–	1
Frankreich	2	–	6	3	–	2	2	5	5	1	–	26
Griechenl.	–	–	–	–	–	–	1	–	–	–	–	1
Holland	1	–	–	2	–	–	6	3	6	–	–	18
Indien	–	–	–	1	–	–	–	2	1	1	–	5
Italien	–	–	–	–	–	1	1	–	1	1	–	4
Java/Sum.	–	–	–	–	–	–	–	2	–	–	–	2
Kalifornien	–	–	–	–	–	–	–	1	–	–	–	1
Mexiko	–	–	–	–	–	–	–	1	–	–	–	1
Norwegen	–	–	–	–	–	–	–	3	–	–	–	3
Reichsländer	2	–	11	9	5	9	13	10	7	13	–	79
Österreich	1	–	2	2	–	2	1	10	13	9	–	40
Peru	–	–	–	–	–	–	–	–	1	–	–	1
Polen	–	–	–	–	–	–	–	1	–	–	–	1
Rumämien	–	–	1	–	–	–	–	–	2	–	–	3
Russland	1	2	–	1	–	–	–	5	2	6	–	17
Schweden	–	–	–	–	–	–	–	1	–	–	–	1
Schweiz	–	–	–	–	1	–	2	5	9	25	–	42
Südamerika	–	–	–	1	–	–	–	–	–	–	–	1
Ungarn	–	–	–	–	–	1	–	2	2	1	–	6
USA	10	2	9	26	68	190	114	113	302	220	–	1054
Zielland unbekannt	4	4	19	4	7	15	22	57	115	18	38	303
Gesamt	21	8	48	51	81	220	166	241	471	329	38	1674*

*Die Gesamtzahl der Auswanderer lag in den aufgeführten Zeitabschnitten nie über 1 % der Gesamtbevölkerung.

Beim Einzug der pfälzischen Freischaren auf dem Marktplatz in Karlsruhe am 19. Juni 1849 war auch Franziska Mathilde Anneke dabei (Bildmitte). Sie gehörte zu den Teilnehmern und Teilnehmerinnen, die nach der Niederschlagung der Revolution in die Vereinigten Staaten von Amerika emigrierten.

sein und schweigen deshalb über deren Verschwinden. So haben viele Angehörige der badischen Armee im Zusammenhang mit den Revolutionsereignissen 1848/49 und der Besetzung des Landes durch die Preußen die Flucht nach Übersee angetreten. Diesen Auswanderern folgten in den 1850er Jahren wiederum Verwandte. Die Gemeinden hatten kein Interesse daran, im Zusammenhang mit den Nachwanderungen die Namen der „Flüchtlinge" bloßzustellen.[27]

Die Tabelle zeigt deutlich, dass unter allen Ländern der Welt die Vereinigten Staaten von Amerika das Land war, in dem die meisten emigrierten Karlsruher eine neue Existenz zu suchen gedachten. Das entspricht dem seit dem Ende des 18. Jahrhunderts festzustellenden Trend der Auswanderer aus Baden, die anders als die Württemberger, die eher nach Südost- und Osteuropa auswanderten, ihr Glück in Übersee suchten.[29] Eine kleine Anzahl Karlsruher wanderte auch nach Bessarabien aus, das zu Beginn des 19. Jahrhunderts von Russland erobert worden war und zu dessen Kultivierung Russland ab 1813 im Ausland gezielt Siedler anwarb. Eine Liste der badischen Auswanderer nach Russland und Polen im 18./19. Jahrhundert enthält auch zehn Personen aus Karlsruhe, von denen sich je drei in Teplitz und in Klöstitz in Bessarabien niederließen.[30] Es gab sogar einen Ort, der Karlsruhe genannt wurde, in dem 1811 71 Familien mit 203 Personen wohnten, die zum größten Teil aus Nordbaden kamen.[31]

Die Überfahrt in die USA

Schon die Anreise zum Überseehafen war beschwerlich. Einschiffungshäfen waren Le Havre, Liverpool, Antwerpen, Bremerhaven und Hamburg. Die natürlichen Häfen für Auswanderer aus Süd- und Westdeutschland lagen in den Niederlanden an der Rheinmündung. Diese Häfen waren auf dem Schiffswege zu erreichen. Le Havre zog durch seine guten Verkehrsverbindungen viele Auswanderer an. Die Lage an der Seinemündung, schon ganz dem Atlantik zugewandt, verschaffte dem französischen Hafen für lange Zeit einen erheblichen Vorteil. Wer sich hier einschiffte, ersparte sich im Vergleich zu einer Abreise von Hamburg oder Bremerhaven unter Umständen mehr als zwei Wochen Seefahrt auf der oft stürmischen Nordsee und im Ärmelkanal.

Für Mittel- und Ostdeutschland dagegen war Hamburg das natürliche Tor zur Welt. Durch die Spezialisierung auf das Verbringen von Auswanderern nach den USA und den Transport von Rohstoffen (Baumwolle, Reis, Tabak) von dort nach Europa entwickelte sich Bremen zum bedeutendsten Ausgangspunkt für Auswanderer. Die eigens hierfür gegründete Hafenstadt Bremerhaven war für mehr als hundert Jahre Ablegestelle für Auswandererschiffe. 1850 wählten etwas mehr als ein Drittel den Weg nach Le Havre, ein knappes Drittel schiffte sich in Bremerhaven ein. Jeweils zehn Prozent der Emigranten begannen ihre Überfahrt in Antwerpen, Liverpool oder Hamburg, der kleine Rest verteilt sich auf die übrigen Häfen wie London oder Rotterdam.[32]

Nach Antwerpen konnten die Auswanderer den Schiffsweg ab Mannheim auf dem Rhein nehmen, nach Bremen auf der Weser ab Hannoverschmünden. Mit der Fertigstellung der Eisenbahnlinien erhielten die Auswanderungshäfen zunehmend Eisenbahnanschluss. Le Havre war schon 1850 von Köln aus mit der Eisenbahn zu erreichen. Dabei mussten die Reisenden lediglich einmal in Paris den Zug wechseln. Nach Köln wiederum verkehrten auf dem Rhein bereits sehr früh Dampfboote, bereits 1835 gab es eine durchgehende Verbindung von Straßburg bis zur Strommündung.

Anzeige einer Mannheimer Auswanderungsagentur in der Karlsruher Zeitung vom 24. März 1849.

„Auswanderer auf dem Rhein", Stahlstich 1864.

Agenturen in Mannheim und Straßburg, später in Karlsruhe, vermittelten die Kontrakte mit den Reedereien und amerikanischen Verkehrsunternehmen. Sie sorgten in Zusammenarbeit mit dem „Badischen Verein zur Förderung der Auswanderung" ab 1849 für eine Reisebetreuung.[33] So erging im Juli 1854 ein Bericht des Vereins an das Bürgermeisteramt Grünwinkel, der Erfahrungen und Ratschläge für Auswanderer enthält. Darin werden die deutschen Häfen vor den französischen bzw. niederländischen empfohlen und „insbesondere diejenigen, welche den Westen der Vereinigten Staaten aufsuchen, rathen wir, den Weg lieber über New-York, als über New-Orleans zu nehmen. Im Sommer herrscht dort immer das gelbe Fieber[34] und macht man die Fahrt im Winter, so ist die Fahrt den Mississippi hinauf im höchsten Grad bedenklich."[35] Anlegehäfen in den USA waren im 18. Jahrhundert ausschließlich Philadelphia, im 19. Jahrhundert New-York und New Orleans, in wenigen Fällen Baltimore.

Weit mehr als die Hälfte der deutschen Auswanderer, die im 19. Jahrhundert in die Vereinigten Staaten gekommen waren, hat ihre neue Heimat an Bord eines Segelschiffs erreicht, die meisten davon im Zwischendeck.[36] Auf den Schiffen richteten sich die Fahrpreise nach der Ausstattung der Unterbringung. Die Fahrt in der ersten Klasse war natürlich wesentlich teurer als die Passage in den sehr beengten Verhältnissen des Zwischendecks.

Da es Anfang des 19. Jahrhunderts noch keine ausgesprochenen Passagierschiffe gab, wurden Frachtschiffe, nachdem sie ihre Ladung gelöscht hatten, für die Rückfahrt nach Nordamerika in Passagierschiffe umgewandelt.

AUSWANDERUNGEN 1715 – 1945

Der Holzstich zeigt die Essenausgabe im Zwischendeck eines Auswandererseglers 1849. In dem nicht unterteilten Raum befanden sich an beiden Seiten doppelstöckige Schlafkojen, dazwischen der Aufenthaltsraum für die Passagiere.

Der Querschnitt durch ein zum Passagierschiff umgebautes Frachtschiff verdeutlicht die räumliche Enge während der Schiffspassage nach Amerika.

Hierzu wurde ca. 1,70 Meter unter dem Verdeck im Laderaum eine provisorische Holzdecke eingezogen. Innerhalb dieses 1,70 Meter hohen Raums wurden sodann zweistöckige notdürftig ausgestattete Bettstätten errichtet, die von je zwei bis drei Personen benutzt wurden. Männer, Frauen und Kinder verbrachten hier sechs, acht oder mehr Wochen mit wenig Tageslicht und Luft und oft ohne sanitäre Einrichtungen.[37]

In einer Verordnung über die Beförderung von Schiffspassagieren von 1847 ist u. a. festgelegt, dass das Zwischendeck von Deck zu Deck mindestens sechs Fuß[38] hoch und das Deckenholz mindestens 1½ Zoll[39] dick sein muss. Führte das Schiff mehr als 125 Passagiere, so mussten mindestens vier Toiletten vorhanden sein. Die Kojen und sonstigen Schlafstellen durften nicht mehr als in zwei Reihen übereinander angebracht werden.[40]

Die Dauer der Überfahrt war recht ungewiss. Es konnten günstige Winde für einen geraden Kurs unter vollen Segeln sorgen, aber auch lange Wochen lähmender Flaute oder widriger Stürme die Reise endlos werden lassen. Die kürzeste Überfahrt von Bremerhaven nach New-York wird 1854 mit 17 Tagen, die längste 1866 mit 94 Tagen angegeben. Für die 1850er Jahre wurden Durchschnittswerte der Bremer Segelschiffe von 42 bis 65 Tagen für die Überfahrt in Westrichtung ermittelt.[41]

Die Ankunft in den USA

Die deutschsprachigen Auswanderer waren gegenüber den englischsprachigen Auswanderern im Nachteil, weil sie die Sprache ihrer neuen Heimat nicht beherrschten. Sie waren nach einer niederdrückenden Überfahrt im Zwischendeck eine leichte Beute betrügerischer Agenten. Deren Ratschläge, Hinweise oder Empfehlungen hinsichtlich Übernachtungen, Arbeitsvermittlung usw. wurden um so lieber befolgt, wenn sie in deutscher Sprache gegeben wurden, zielten aber in vielen Fällen nur darauf ab, dem „Greenhorn", wie der Neuangekommene verächtlich genannt wurde, das letzte Geld aus der Tasche zu ziehen. Gerade wer über wenig Mittel und gar keine Beziehungen verfügte, zahlte so bitteres Lehrgeld.[42]

Briefe von Auswanderern vermitteln oft die Zufriedenheit des Absenders. Gerühmt wurde die Höhe des Taglohns, der für einen gewöhnlichen Arbeiter einen Dollar pro Tag betrug (im Vergleich hierzu 15 Pfennig in Baden). Handwerker verdienten leicht das Doppelte. Eine bedeutende Anzahl von Auswanderinnen konnte in den USA heiraten, was in Baden nur schwer möglich gewesen wäre. Bei diesen Umständen sei es natürlich, dass die Leute – ein bisschen Heimweh abgerechnet – mit ihrem Schicksal wohl zufrieden seien und über den Fleischtöpfen Amerikas die mageren Kartoffeln der Heimat bald vergessen würden.[43]

Zu diesem Schluss kommt auch das badische Innenministerium in einem Bericht im Jahr 1857. Darin heißt es: „Die Nachrichten von jenen Auswanderern, deren Reiseziel Nordamerika war, lauteten mit einigen wenigen Ausnahmen sehr günstig. Wer zur rechten Jahreszeit in Amerika ankam und arbeiten wollte, fand bald reichlichen Verdienst, was auch aus den bedeutenden Summen hervorgeht, welche die Auswanderer in ihre frühere Heimat senden, um zurückgebliebene arbeitsunfähige Verwandte zu unterstützen und arbeitsfähige Verwandte in die neue Heimat nachkommen zu lassen".[44]

Ein Artikel in der Karlsruher Zeitung vom 3. September 1848 gibt Aufschluss, wie man nunmehr Auswanderer beurteilte: „Seit einiger Zeit ist die Lust zur Auswanderung nach Amerika in unserer Gegend wieder sehr rege geworden. So wollen z. B. aus einem einzigen Orte, der nicht über 450 Seelen zählt, 20 Familien,

AUSWANDERUNGEN 1715 – 1945

Jubelnde Auswanderer bei ihrer Ankunft in New York 1886, im Hintergrund die in diesem Jahr errichtete Freiheitsstatue.

also wenigstens 100 Köpfe auswandern. Außer dem Umstande, dass die Bevölkerung seit einigen Jahren rasch zugenommen hat, während nirgendwo mehr eine Scholle Erde urbar zu machen ist, trägt dazu besonders der in diesem Jahre so sehr fühlbare Mangel an Verdienst, infolge der Stockung aller Geschäfte und insbesondere der so tief gesunkene Holzpreis, das Meiste bei. Da nun diese Auswanderungslustigen nicht als arbeitsscheue und genußsüchtige Leute auswandern, sondern weil sie sehen, daß ihnen in ihrer Heimath bei allem ihrem Fleiße und bei allen Entbehrungen, denen sie sich unterziehen, das Stücklein Brot täglich immer kleiner werden wird, so wird gewiß auch jeder Menschenfreund wünschen, daß diesen wackeren Leuten allerwärts hilfreiche Hand geboten werde, damit sie sich jenseits des großen Weltmeeres einen Herd aufbauen können, der ihnen und ihren Kindern hinreichende Nahrung liefert.

Mögen daher auch alle Gemeinden unserer Gegend solche nothgedrungenen Auswanderer (und noch in Betracht, daß den Rückbleibenden dadurch große Vortheile wieder erwachsen) aus Kräften unterstützen, was sie bei ihrem Gemeindevermögen wohl können: Dadurch nämlich, daß sie die Güter dieser Auswanderer, welche sie um ihren wahren Werth nicht loswerden können, ankaufen. Sicherlich werden hierzu auch die höheren Staatsbehörden ihre Einwilligung geben, deßgleichen den Auswanderern auf dem Wege in die neue Heimath mit Rath und Tath an die Hand gehen."[45]

Und doch war die Auswanderung in ein so reiches Land wie die Vereinigten Staaten von Amerika ein Sprung ins Ungewisse. Einfache Menschen, die in einer überschaubaren Dorfgemeinschaft gelebt hatten und kaum je in ihrem Leben über die Grenzen ihrer engeren Heimat hinausgekommen waren, begaben sich auf eine keineswegs ungefährliche Seereise in ein Land, dessen Sprache sie nicht verstanden und dessen Lebensweise ihnen fremd war. Viele von ihnen ließen schon bald Verwandte nachkommen. Als Gruppe glaubten sie in der fremden Umwelt besser bestehen zu können.

Die Auswanderungen des 20. Jahrhunderts

Zu Beginn des 20. Jahrhunderts gingen die Auswanderungen zahlenmäßig deutlich zurück. Zwar waren die Schlafsäle der großen Atlantikdampfer nach wie vor mit Emigranten gefüllt, doch kamen diese Passagiere ausschließlich aus osteuropäischen Ländern. Der Beginn des Ersten Weltkriegs brachte die Auswanderung dann völlig zum Erliegen.

Infolge des verlorenen Krieges musste das um 13 Prozent seiner Fläche verkleinerte Deutsche Reich fast eineinhalb Millionen Deutsche aus abgetretenen Provinzen, aus den Kolonien und überseeischen Gebieten aufnehmen. Die wirtschaftliche Entwicklung litt nachhaltig unter den Folgen des Ersten Weltkrieges und den harten Friedensbedingungen, die die Siegermächte im Friedensvertrag von Versailles Deutschland auferlegten. Eine Auswanderung musste unter diesen Umständen vielen als Befreiung von allen Nöten erscheinen. Schließlich sicherte die Verfassung von 1919 in Artikel 112 zu: „Jeder Deutsche ist berechtigt, nach außerdeutschen Ländern auszuwandern." Während 1910 bis 1919 22 Karlsruher emigrierten, sind es in der Dekade 1920 bis 1929 54, die ihr Heil in anderen Ländern suchen.

Mit der Berufung Adolf Hitlers zum Reichskanzler hatten die Nationalsozialisten die notwendige Machtposition zur Durchsetzung ihrer politischen Ziele erreicht. Schon im März 1933 verkündete die neue Regierung das so genannte Ermächtigungsgesetz, das ihr nun erlaubte, Gesetze auch ohne Zustimmung des Reichstags und ohne Übereinstimmung mit der Verfassung zu erlassen.

Auswanderung aus Karlsruhe im 20. Jahrhundert

Zielland	1900-1909	1910-1919	1920-1929	1930-1939	1940-1945	Jahr unbek.	Gesamt
Afrika	–	–	–	2	–	–	2
Argentinien	–	–	–	42	1	–	43
Asien	–	–	1	8	–	–	9
Australien	–	–	–	10	–	–	10
Belgien	–	–	–	10	–	–	10
Brasilien	–	1	2	13	2	–	18
Chile	–	1	1	–	–	–	2
Dänemark	–	1	1	–	–	–	2
Elsass	–	–	–	1	–	–	1
England	3	–	–	126	1	–	130
Frankreich	2	1	–	86	3	–	92
Griechenl.	–	–	–	–	–	–	0
Holland	3	1	–	62	–	–	66
Indien	–	–	–	–	–	–	0
Israel	–	–	–	139	2	–	141
Italien	1	–	–	19	–	–	20
Kanada	1	–	3	2	–	–	6
Kolumbien	–	–	–	3	–	–	3
Kuba	–	–	–	3	–	–	3
Luxemburg	–	–	1	6	–	–	7
Mexiko	–	–	–	1	–	–	1
Neuseeland	–	–	–	6	–	–	6
Reichsländer	13	–	–	–	–	–	13
Österreich	5	–	1	1	–	–	7
Paraguay	–	–	2	–	–	–	2
Peru	–	–	1	–	–	–	1
Polen	–	–	–	1	–	–	1
Portugal	–	–	–	10	1	–	11
Rumämien	–	–	–	1	–	–	1
Russland	–	–	–	1	–	–	1
Schweden	1	1	–	2	1	–	5
Südafrika	–	–	–	19	–	–	19
Südamerika	–	–	–	56	–	–	56
Schottland	–	–	–	1	–	–	1
Tschechoslowakei	–	–	–	1	–	–	1
Schweiz	13	3	4	59	1	–	80
Spanien	–	–	–	1	–	–	1
Ungarn	–	–	–	–	–	–	0
USA	13	5	24	654	47	–	743

Venezuela	–	–	–	1	–	–	1
Zielland unbekannt	2	8	13	172	25	–	220
Gesamt	57	22	54	1.519	84	–	1.736*

*Die Gesamtzahl der Auswanderer lag in den aufgeführten Zeitabschnitten nie über 1 % der Gesamtbevölkerung.

Durch eine Reihe von Maßnahmen wurde der jüdische Teil der Bevölkerung diskriminiert, in seiner Existenz aufs Äußerste eingeschränkt, teilweise außer Landes getrieben und schließlich vernichtet. Schon 1935 hatten die Nazis den Juden mit den Nürnberger Gesetzen das Bürgerrecht genommen, Heiraten zwischen „Juden und Ariern" verboten und alle bestehenden Mischehen für ungültig erklärt. Als im November 1938 in der „Reichspogromnacht" die Synagogen in Flammen aufgingen, die jüdischen Geschäfte zerstört wurden und das Menetekel der totalen Vernichtung sich abzuzeichnen begann, wurde den Geächteten die Auswanderung zur letzten Hoffnung. Viele wechselten in das benachbarte Ausland wie Frankreich, die Tschechoslowakei, Belgien oder Holland, um dann auch dort im Verlauf der kriegerischen Ereignisse seit 1939 dem Zugriff der NS-Schergen zum Opfer zu fallen. Gerettet war, wem eine Auswanderung in die Schweiz, England oder Schweden gelang, doch waren diese Länder nicht zur unbegrenzten Aufnahme von Flüchtlingen bereit oder in der Lage.[46]

Das traf auch für die Vereinigten Staaten zu, dem neben Palästina begehrtesten Ziel jüdischer Emigranten. Dort galt die strenge und niedrige Einwandererquote, und bei der Erteilung der Visa wurden strenge Maßstäbe angelegt. Vielen der Auswanderungswilligen wurden aus verschiedenen Gründen von den amerikanischen Konsulaten die Visa verweigert, teils weil sie nicht über ausreichende Mittel verfügten, teils weil sie keinen Bürgen nachweisen konnten oder weil ihre Papiere für ungültig befunden wurden. Als dann im November 1938 die Lage mit der so genannten Reichkristallnacht eskalierte, gestattete man über 12.000 Flüchtlingen, die gerade mit einem Besuchervisum in den Staaten weilten, im Lande zu bleiben. Unter den 104.000 deutschen Staatsbürgern, denen überhaupt in den Jahren des Dritten Reiches die Auswanderung in die Staaten gelang, lag der Anteil der Juden bei über 80 Prozent.[47] 193 Juden verließen Karlsruhe vor 1938 nach Amerika, insgesamt waren zu diesem Zeitpunkt 748 Juden vor dem NS-Terror geflohen.[48]

Dem Regime lag sehr daran, die Juden durch Auswanderung loszuwerden. Mit einem Erlass erteilte der Reichs- und Preußische Minister des Innern die Anweisung, Juden Reisepässe zur Auswanderung auszustellen. In einem Lagebericht für die Zeit vom 1.–31. Dezember 1935 bedauert das Geheime Staatspolizeiamt Karlsruhe, dass wegen der Schwierigkeit beim Verschieben von Vermögenswerten ins Ausland „leider" ein Großteil der Juden auf die Auswanderung verzichte.[49] Darin kommt der unmissverständliche Wunsch nach einer Lösung des „Judenproblems" durch Auswanderung auch auf der regionalen Ebene zum Ausdruck.

Dass nach der Pogromnacht vom 9./10. November 1938 dem NS-Regime an einer Beschleunigung der Auswanderung gelegen war, beweist ein Erlass des badischen Ministers des Innern vom 17. Dezember 1938.[50] Darin wurden die Bezirksämter, Polizeipräsidien und Polizeidirektionen angewiesen „Anträge auf Ausstellung der Reisepässe" mit aller Beschleunigung zu behandeln. Es müsse unbedingt vermieden werden, dass Juden die Auswanderung verschieben müssten, weil die Reisepässe nicht rechtzeitig ausgestellt worden seien. Mit der 10. Verordnung zum Reichsbürgergesetz vom 4. Juli 1939 verordneten die Nazis die Zwangsvereinigung aller jüdischen Verbände zu der „Reichsvereinigung der Juden in Deutschland". Sie erhielt die Verantwortung für die Organisation und Finanzierung der jüdischen Wohlfahrtspflege und des jüdischen Schulwesens. Zudem hatte sie Aufgabe die jüdische Auswanderung zu forcieren.

Bei den Karlsruher Juden war der Wunsch zur Auswanderung nur zögernd aufgekommen. Die überwiegende Mehrheit der jüdischen Einwohner hatte in den ersten Jahren des „Dritten Reiches" gehofft, die antijüdische Agitation werde sich beruhigen. Das galt auch für einen Teil jener 50 Karlsruher Juden, die schon im Jahr der „Machtergreifung" nach Frankreich ausgewandert waren, von dort aber, als sie glaubten, die Lage habe sich entspannt, zurückkehrten, um später dann erneut zu emigrieren.

Im Gegensatz zu manchen, die in der Hoffnung auf Rückkehr nach Westeuropa ausgewandert waren, stand für die nach Palästina Ausgewanderten das Ziel unumkehrbar fest. Bei ihnen handelte es sich so gut wie ausschließlich um Zionisten, die schon vorher von der Idee erfüllt waren, bei der Schaffung von „Erez Israel" mitzuhelfen. Für sie war die Machtergreifung durch die Nationalsozialisten nur der letzte Anstoß, um ihre Absicht umzusetzen.

In unzähligen Fällen scheiterte die geforderte Auswanderung der Juden an den finanziellen Gegebenheiten. Anfangs war Auswanderern noch die Mitnahme von bis zu 2.000 RM gestattet. Devisenmangel, aber auch Rücksichtslosigkeit gegenüber den Auswanderungswilligen führten im Jahr 1937 dazu, dass Juden bei der Auswanderung nur noch die Mitnahme von 10 RM erlaubt war. Zu dem Umstand, dass bei der Auswanderung das Vermögen weitgehend verloren ging, trug die Einführung einer Reichsfluchtsteuer wesentlich bei. Alle diese Vermögensverluste aufgrund hoher Sonderausgaben bewirkten, dass die überwiegende Zahl der ab 1937 ausgewanderten Juden, insbesondere jener, die nach der „Reichskristallnacht" emigrierten, fast ihr ganzes Vermögen verloren und verarmt im Ausland ein neues Leben beginnen mussten.[51]

Auswanderung – Hoffnung auf einen Neubeginn

Auswanderung war von jeher der Versuch gewesen, den Wunsch nach besseren Lebensbedingungen in einem anderen Land zu verwirklichen. Millionen Deutsche haben in den vergangenen drei Jahrhunderten Deutschland verlassen. Viele sind dabei gescheitert oder zurückgekehrt aber die meisten haben sich durchgesetzt. Durch konsequente Anpassung, gewiss die wichtigste aller Auswanderungstugenden, wurde die Integration erleichtert.

Heute ist Deutschland kein Auswanderungsland, obwohl immer noch Menschen und Familien auswandern. Deutschland ist zum Haupteinwanderungsland geworden. Wer unter manchmal sehr schwierigen Bedingungen nach Deutschland kommt, dem geht es sehr oft nicht allein um politisches Asyl, der will hier für sich und die Seinen ein größeres, besseres Stück vom Lebenskuchen als die bescheidenen Krümel dort, wo er bisher zu Hause war. Es sind letztendlich die gleichen Beweggründe, die viele unserer Vorfahren das Abenteuer Auswanderung auf sich nehmen ließen: die Hoffnung auf einen Neubeginn, auf die Chance zu einem besseren Leben.

MANFRED KOCH
UNTER MITWIRKUNG VON KATHRIN BOHLAND, ALOIS KAPINOS, CATHERINE WALZER

„Angekommen! Angenommen?"
Die Integration der Flüchtlinge und Heimatvertriebenen nach 1945

„Angekommen! Angenommen?" Mit dieser Fragestellung befasste sich 1995 ein Symposium des Hauses der Heimat des Landes Baden-Württemberg in Karlsruhe. Im Mittelpunkt standen die gesellschaftlichen Aspekte der durch den Zweiten Weltkrieg ausgelösten Flucht und Vertreibung von Millionen Deutschen aus den ehemaligen deutschen Gebieten in Ost- und Südosteuropa sowie östlich der Oder-Neiße-Grenze.[1] Bei dem Blick auf die lokalen Folgen dieser Zwangsmigration kann es nicht um deren Ursachen oder die Vorgeschichte sowie die Ursprungsländer der in Karlsruhe aufgenommenen Flüchtlinge und Vertriebenen gehen. Im Vordergrund des Interesses steht vielmehr zwangsläufig die Frage, wie einerseits die aufnehmende Gemeinde die Probleme bewältigte, die sich mit der Ankunft einer sehr großen Zahl Fremder stellte. Andererseits ist zu fragen, wie sich der Prozess der Integration aus der Sicht der Einheimischen und der Vertriebenen in der Zeitspanne zwischen 1945 und dem Beginn der 1960er Jahre vollzog.[2]

Den Prozess des Einlebens in die neue Heimat, den Integrationsprozess, der den Alt- wie den Neubürgern große Anstrengung abverlangte, hat der Bundesminister für Vertriebene, Flüchtlinge und Kriegsgeschädigte (1953 – 1960), Theodor Oberländer, in ein Drei-Phasen-Modell unterteilt:[3]

1. Beschaffung von Wohnraum; 2. Sicherung der herkömmlichen sozialen Lage; 3. „innere" Eingliederung. Ausgehend von diesen drei Phasen wird der an Vielseitigkeit kaum zu übertreffende Themenbereich strukturiert: Der Beschreibung der Ankunftssituation in Lagern folgt die Darstellung der Probleme gemeinsamen Wohnens von Alt- und Neubürgern, deren Lösung in einem Boom des Wohnungsbaus in den 1950er Jahren gelang. Die Integration in die Aufnahmegesellschaft wird in den Feldern Arbeitsmarkt, Politik und Flüchtlingsschule behandelt. Schließlich wird auf die Verwaltung eingegangen, die sich mit der Flüchtlingsfrage zu befassen hatte.

Vor dem Hintergrund der umfangreichen und in den Fragestellungen ausdifferenzierten Literatur über Flucht und Vertreibung für den deutschen Südwesten wird die Entwicklung in Karlsruhe skizziert, wofür vor allem Quellen aus dem Stadtarchiv Karlsruhe ausgewertet wurden. Zudem ergänzen die für diesen Beitrag geführten Zeitzeugeninterviews, aus denen an geeigneter Stelle zitiert wird, das aus den Akten gewonnene Bild (s. Seite 207 ff.). Gleichwohl sind sich die Autorinnen und Autoren bewusst, dass dieser Beitrag nur ein Mosaikstein zu einer umfassenden Darstellung der Geschichte der Flüchtlinge und Heimatvertriebenen in Karlsruhe sein kann.

Flucht und Vertreibung

Mit dem Beginn des Zweiten Weltkrieges am 1. September 1939 begannen Flucht und Vertreibung großer Bevölkerungsteile. Während des Zweiten Weltkrieges wurden schätzungsweise 50–60 Millionen Menschen deportiert, zur Zwangsarbeit herangezogen, umgesiedelt, vertrieben oder flohen vor heranrückenden Armeen. Zwischen 1939 und 1944 wurden allein etwa neun Millionen Menschen Opfer der nationalsozialistischen Umsiedlungspolitik, mit der die eroberten Gebiete „eingedeutscht" oder „germanisiert" werden sollten. Der „Heimholung" von etwa einer Million „Reichsdeutschern" aus ihren außerhalb der Reichsgrenzen gelegenen Siedlungsgebieten ging dabei die Vertreibung der jeweils einheimischen Bevölkerung voran. Der „Generalplan Ost" zeigte den Wahnsinn der nationalsozialistischen Politik: für das gesamte Osteuropa war die Vertreibung von 45 Millionen Menschen geplant.[4]

Am 8./9. Mai 1945 endete der Zweite Weltkrieg mit der bedingungslosen Kapitulation Deutschlands. Insgesamt wurden mindestens 55 Millionen Soldaten und Zivilisten getötet.[5] Das bereits 1944 absehbare Kriegsende löste nach den von den Nazis erzwungenen „Umsiedlungen" weitere Wellen von Flucht und Vertreibung aus. Zwischen 1944 und 1951 verloren durch Flucht, Vertreibung und Verschleppung 12,5 Millionen Menschen aus den damaligen Ostgebieten und den südosteuropäischen Siedlungsgebieten ihre Heimat, die sie zum Teil erst während des Krieges bezogen hatten. Davon wurden 7,9 Millionen in den drei von den Westalliierten militärisch besetzten Zonen aufgenommen, aus denen 1949 die Bundesrepublik entstand, und 4,06 Millionen in der sowjetisch besetzten Zone, aus der 1949 die DDR entstand. Die Vertreibung der Deutschen hatten die Alliierten auf ihren großen Kriegskonferenzen in Teheran (November/Dezember 1943), Jalta (Februar 1945) und Potsdam (Juli/August 1945) beschlossen. Mit der geordneten Überführung deutscher Staatsangehöriger in das durch Gebietsabtrennungen verkleinerte Deutschland sollten Minderheitenkonflikte bzw. die politische Instrumentalisierung von Minderheiten mit dem Ziel der Rückgabe dieser Territorien durch künftige deutsche Regierungen ausgeschlossen werden.

Die heranrückende Front überrollte alle, die auf ihrer Flucht, nicht die sicheren Gebiete erreichten. Die zurückbleibenden Deutschen kamen entweder in Lager, wurden deportiert oder erlitten andere Repressalien. Nun musste die deutsche Bevölkerung das erleiden, was zuvor die Wehrmacht und die SS in den besetzten Gebieten an Brutalität und Menschenverachtung durchgeführt hatten: Enteignungen, Verhaftungen und Verhöre, Erschießungen, Vergewaltigungen und einen zeitweisen Status der Rechtlosigkeit.

Angesichts des Krieges und seiner Folgen gab es keine „geordnete" und in „humanen Bahnen" verlaufende Vertreibung, wie es auf den Konferenzen formuliert worden war. Die später durchgeführten Vertreibungen verliefen ebenfalls keineswegs „ordnungsgemäß organisiert". In Güter- und Viehwaggons, nur mit dem Notwendigsten ausgestattet, ohne Verpflegung, unter katastrophalen hygienischen Bedingungen und ständig von Ausplünderung bedroht, mussten die Menschen ihre Heimat verlassen. Etwa zwei Millionen Deutsche verloren während der Flucht oder durch die Vertreibung ihr Leben.

Besonders Mütter, Kleinkinder und alte Leute hatten unter der Vertreibung zu leiden, wie die aus dem Sudetenland stammende Zeitzeugin Frau W. bestätigt: „Und die kleinen Kinder in dem Zug. Die haben Hunger gehabt und Durst. Meine Schwester war sechs Jahre alt und wir haben ihr oben auf den Kisten eine Liegestatt gemacht. Und da hat die so geweint, da oben: ‚Ich hab Durst.'" [6] Diejenigen, die Flucht und Vertreibung überlebten, mussten in den sie aufnehmenden Städten und Gemeinden ein neues Leben aufbauen, da ihnen bald klar wurde, dass eine Rückkehr in die Heimat nicht möglich war.

„Und auf einmal hat's geheißen: Wir kommen nach Karlsruhe." [7]

Mit dem Ende des Zweiten Weltkrieges und den Bestimmungen der Potsdamer Konferenz kam auf die Städte und Landkreise, die Flüchtlinge und Vertriebene aufnehmen mussten, ein großer Verwaltungsaufwand zu, wie auch im Fall der schwer kriegsgeschädigten Stadt Karlsruhe. Zunächst soll mit einem Überblick über die Zahl der in den Jahren 1946 bis 1960 nach Karlsruhe gelangten Flüchtlinge und Vertriebenen der Umfang der Aufgaben quantitativ erfasst werden.

Den Verantwortlichen in den Flüchtlingsverwaltungen war durchaus bewusst, dass mit der ersten großen Welle der Vertreibungen von 1946 bis 1947/48 die Maßnahmen nicht beendet waren. Der Leiter der städtischen Flüchtlingsstelle, Alfred Behnle, schrieb dazu 1949: „Der Zustrom von bis jetzt zurückgehaltenen Flüchtlingen besteht heute noch. Dies liegt darin begründet, dass anfänglich die ausweisenden Länder die Facharbeiter zurückbehielten, um durch Heranbildung von Nachwuchskräften, bzw. Heranholen entsprechender eigener Facharbeiter, die durch die Ausweisung der deutschen Facharbeiter erwachsene Lücke zu schließen." [8] Was er nicht erwähnt, ist, dass deutsche Arbeitskräfte auch verschleppt wurden und z. B. in Bergwerken schwere Arbeiten verrichten mussten. Gerechnet wurde 1950 noch mit der Vertreibung von 100.000 Volksdeutschen aus Österreich, 500.000 Men-

Karlsruher Wohnbevölkerung und
Vertriebene/Flüchtlinge 1946 – 1960[8]

Stand zum 31.12.	Wohnbevölkerung	davon Vertriebene (in % der Wohnbevölkerung)
1946	175.588	12.852 (7,32)
1947	184.376	14.838 (8,05)
1948	193.680	20.502 (10,59)
1949	195.071	21.444 (10,99)
1950	201.013	24.104 (11,99)
1951	203.836	23.853 (11,70)
1952	206.839	25.788 (12,47)
1953	209.571	26.868 (12,82)
1954	215.959	29.141 (13,49)
1955	219.374	31.470 (14,35)
1956	225.074	35.727 (15,87)
1957	228.642	37.496 (16,40)
1958	231.660	39.270 (16,95)
1959	235.008	40.741 (17,32)
1960	240.421	42.467 (17,66)

Der Leiter der Karlsruher Flüchtlingsstelle und später des Ausgleichsamtes, Alfred Behnle (1914-1987).

schen aus Polen und 20.000 aus der Tschechoslowakei.[10] Ferner erfolgte in Baden-Württemberg im Rahmen des Flüchtlingsausgleichs zwischen den Bundesländern von 1950 bis 1958 der Zuzug von fast 79.000 Vertriebenen.[11] Die Herkunft der Flüchtlinge und Vertriebenen wurde in der Statistik bis 1952 ausgewiesen.

Herkunftsgebiete der in Karlsruhe aufgenommenen Flüchtlinge und Vertriebenen Ende 1952[12]

CSR (Tschechoslowakei)	12.060
Ehem. deutsche Reichsgebiete östlich der Oder und Neiße	7.230
Jugoslawien	2.376
Polen	1.859
Ungarn	942
Österreich	944
Rumänien	327
Russland	155
Sonstige Länder	2.271

Damit ist jedoch die Zuwanderung in die Stadt in der Folge des Zweiten Weltkrieges noch nicht vollständig erfasst. Leider nur für die Jahre 1954 und 1955 weist die Statistik eine weitere große Gruppe von Zuwanderern aus. Es sind die Menschen, die nicht in der sowjetischen Besatzungszone (SBZ) bzw. der DDR und dem erst ab 1957 wieder zu Deutschland gehörenden Saarland leben wollten oder konnten.

Aus der SBZ/DDR und dem Saarland Zugewanderte[13]

Stand zum 31.12.	Zugewanderte (in % der Bevölkerung)
1954	13.906 (6,44)
1955	15.513 (7,01)

Ob in diesen Zahlen auch die schon vor 1949 nach Karlsruhe gekommenen Flüchtlinge aus der SBZ erfasst sind, ist ungewiss. Da die Zahl der „Zonenflüchtlinge", wie man in der Bundesrepublik, oder der „Republikflüchtigen", wie man in der DDR sagte, bis zum Bau der Mauer 1961 fast ungebrochen anhielt, erhöhte sich die Zahl der seit 1949 registrierten Zuwanderer bis 1960 um noch einmal geschätzte 7.500.[14] Somit dürfte die Zahl der 1960 in Karlsruhe lebenden Zuwanderer insgesamt etwa 65.000 oder 27 % der Gesamtbevölkerung betragen haben, wobei die Zahl der Binnenwanderer nicht erfasst wird.

Ankunft und Unterbringung der Neuankömmlinge – Erste Schritte in ein neues Leben

Zweifellos waren für die Verantwortlichen die ersten Jahre bis etwa 1950 die schwierigsten in der Bewältigung des Flüchtlingsproblems. Danach führte ein globaler Konjunkturaufschwung, der das deutsche „Wirtschaftswunder" beförderte, zu verbesserten ökonomischen Rahmenbedingungen. Das erleichterte zusammen mit dem 1952 verabschiedeten Lastenausgleichsgesetz (s. Seite 84 ff.) die Bewältigung der schwierigen Aufgabe.

Noch bevor die ersten Flüchtlingstransporte in Karlsruhe ankamen, hatte die Stadtverwaltung schon für zahlreiche Menschen zu sorgen, die aus ihrer Heimat geflohen waren. Bis Mitte Oktober 1945 kamen 12.700 Zuwanderer, darunter waren nach damaligen Schätzungen 50 % Flüchtlinge aus den Ostgebieten des vormaligen Deutschen Reichs. Die rege Wanderungsbewegung dieser Monate belegen die Zahlen vom September: Wöchentlich erreichten rund 3.500 Menschen die Stadt, von denen etwa 2.500 wieder abwanderten. Für diese Menschen hatte die Stadtverwaltung in der Helmholtz-Schule ein Lager eingerichtet, in dem bis zu 1.000 Menschen untergebracht werden konnten.[15]

Der erste Flüchtlingstransport kam bereits am 22. Juli 1945 nach Karlsruhe-Knielingen.

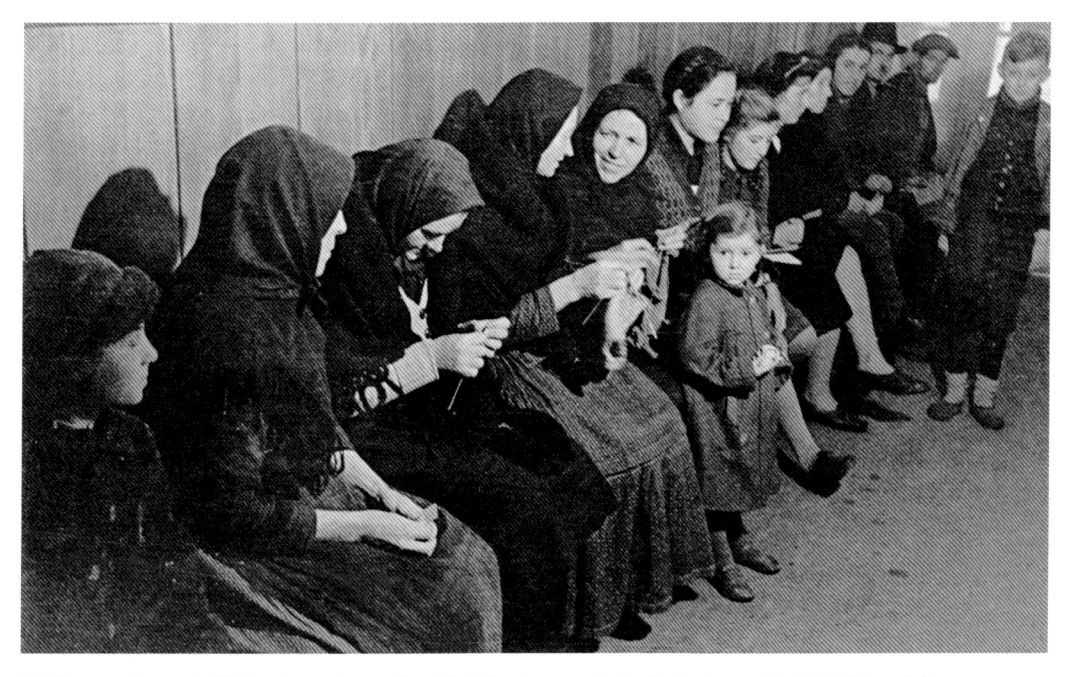

360 Donauschwaben bildeten den ersten großen Flüchtlingstransport, der Karlsruhe am 22. Juli 1945 erreichte.

Die 360 Donauschwaben aus Jugoslawien fanden zunächst notdürftig in der dortigen Kaserne Unterkunft.[16] Weitere 1.429 Flüchtlinge aus Slawonien und Kroatien kamen mit einem Transportzug Anfang August nach Karlsruhe, wo sie ebenfalls in Knielingen untergebracht wurden. Dort befanden sich Anfang September 2.229 deutsche Flüchtlinge. Dieses Lager war aber für ehemalige Zwangsarbeiter eingerichtet worden, die auf die Rückführung in ihre Heimatländer warteten und unter der Zuständigkeit der United Nations Relief and Rehabilitation Administration (UNRRA) fielen.[17] Die Flüchtlinge erhielten hier die gleiche Verpflegung wie diese so genannten Displaced Persons, die allerdings deutlich mehr Kalorien vorsah als die für die Flüchtlinge bestimmte Menge. Im September 1945 bemerkte ein neuer Lagerverwalter diesen Irrtum und forderte die Verlegung der Flüchtlinge aus Knielingen in ein anderes Lager.

Da im Oktober 1945 zudem die Ankunft großer Massentransporte von der Militärregierung angekündigt wurde, verschärfte sich das Problem. Zuständig für dessen Bewältigung wurde am 5. August August Alfred Behnle, den der durch die Amerikaner gerade ernannte Oberbürgermeister Hermann Veit als Referenten für das Flüchtlingswesen einsetzte. Da zu diesem Zeitpunkt ein Transport von 5.000 – 10.000 Menschen angekündigt war, erinnert sich Behnle: „Ich setzte mich zuerst einmal auf einen Stuhl, um das eben gehörte zu verdauen. [...] Ich überlegte mir was man tun muß, wenn 5.000 bis 10.000 Menschen hier ankommen. Daß ich in dieser Nacht kein Auge zumachte, dürfte verständlich sein."[18] Zum Glück hatte Behnle dann doch noch bis 1946 Zeit, ehe die großen Flüchtlingstransporte in dichter Folge in Karlsruhe eintrafen. In Behnles Aufzeichnungen findet sich manche dankbare Erinnerung an abenteuerliche Beschaffungsaktivitäten, bei denen er und seine Mitarbeiter und Mitarbeiterinnen von wohlwollenden Karlsruher Besatzungsoffizieren zum Wohl der Vertriebenen kräftig unterstützt wurden.[19]

Die Stadtverwaltung erreichte die Freigabe der Artilleriekaserne durch die Militärverwaltung für die Einrichtung eines Durchgangslagers für Flüchtlinge. Die bisher hier wohnenden ehemaligen polnischen Zwangsarbeiter wurden in die Mackensen-Kaserne umquartiert. Die Räume der ehemaligen Artilleriekaserne in der Moltkestraße waren in einem sehr schlechten Zustand, da die bis September dort untergebrachten „verschleppten Polen" in ihrer Not Fußböden, Türen und Fensterrahmen als Heizmaterial verfeuert hatten. Der Umbau der praktisch nicht mehr bewohnbaren Kaserne in eine einigermaßen wohnliche, vor allem aber funktionsfähige Unterkunft für mehrere tausend Menschen stellte unter den damaligen Verhältnissen eine besondere organisatorische Leistung von Alfred Behnle und seinen Mitarbeiterinnen und Mitarbeitern dar. Bereits Ende November 1945 war der Umbau der Kaserne vollendet, die als zentrales Flüchtlingsauffang- und -durchgangslager mit einer Aufnahmekapazität von 2.500 Menschen für Mittelbaden genutzt wurde.[20] Es war damit das größte Lager in Nordbaden.[21] Allein bis Ende 1947 wurden nach Angaben von Behnle fast 42.000 Menschen durch das Lager geschleust, d. h. von hier aus in ihre Aufnahmegemeinden weitergeleitet.[22] Für den Stadtkreis Karlsruhe war eine Aufnahmequote von 10–15 % der Bevölkerung von 1939 vorgesehen, d. h. 19.000 bis 28.500 Menschen. Die Landkreise Karlsruhe, Heidelberg, Sinsheim, Tauberbischofsheim, gefolgt vom Stadtkreis Karlsruhe verzeichneten in Nordbaden die höchste Neubürger-Quote.[23] Am 1. November 1945 hatte Karlsruhe bereits 11.058 Flüchtlinge aufgenommen. In der stärker zerstörten Stadt Mannheim lebten zu diesem Zeitpunkt erst 3.353 Flüchtlinge.[24]

Ankunft im Durchgangslager – Das Lager als Erstunterkunft

Am 24. November 1945 wurde das Durchgangslager in der Artilleriekaserne mit den etwa 2.200 umquartierten Flüchtlingen aus dem Lager in der Knielinger Kaserne belegt. Der erste Transport, der fast gleichzeitig übernommen wurde, bestand aus überwiegend bäuerlicher Bevölkerung, die in die umliegenden Landkreise weitergeleitet wurden. Bis November 1946 war laut Behnle der größte Zugang zu bewältigen. Von Februar bis November 1946 kamen 24 Transporte mit 20.580 Menschen in Karlsruhe an, das waren pro Transport 857 Vertriebene.[25] Denen waren die Strapazen des beschwerlichen und langen Weges deutlich anzusehen: „Wir waren so dreckig gewesen, die Kleider so verrissen und alles,"[26] berichtet Frau K., eine Heimatvertriebene aus dem jugoslawischen Soltur. Sie hatte bereits zwei Durchgangslager passiert, bevor sie über Österreich endlich Karlsruhe erreichte.

Zur ersten Versorgung der Ankommenden wurde am Karlsruher Hauptbahnhof eine Verpflegungs- und Unterkunftsbaracke zur Aufnahme von 2.000 bis 3.000 Menschen eingerichtet. Die Bunkerräume unter den Bahnsteigen dienten als Schlafkammern. Auch der Luftschutzbunker im Dammerstock wurde als Notunterkunft eingerichtet. Größere Transporte wurden zum Westbahnhof geleitet, wo jeder Flüchtling zunächst einen Entlausungs- und Seuchenzug zu durchlaufen hatte.[27] Anschließend wurden die Neuankömmlinge auf amerikanische Lastwagen verfrachtet und in das Durchgangslager in der Moltkestraße gebracht, wo sie Lagerausweise, Essensmarken, eine Erstausstattung mit Hausrat, welcher meist aus amerikanischen Spenden stammte, sowie Taschengeld erhielten, um im lagereigenen Laden einkaufen zu können. Dies alles war mit einem erheblichem Verwaltungsaufwand sei-

FLÜCHTLINGE UND HEIMATVERTRIEBENE

Das Aufnahmebüro des Karlsruher Flüchtlingslagers in der Artilleriekaserne 1947.

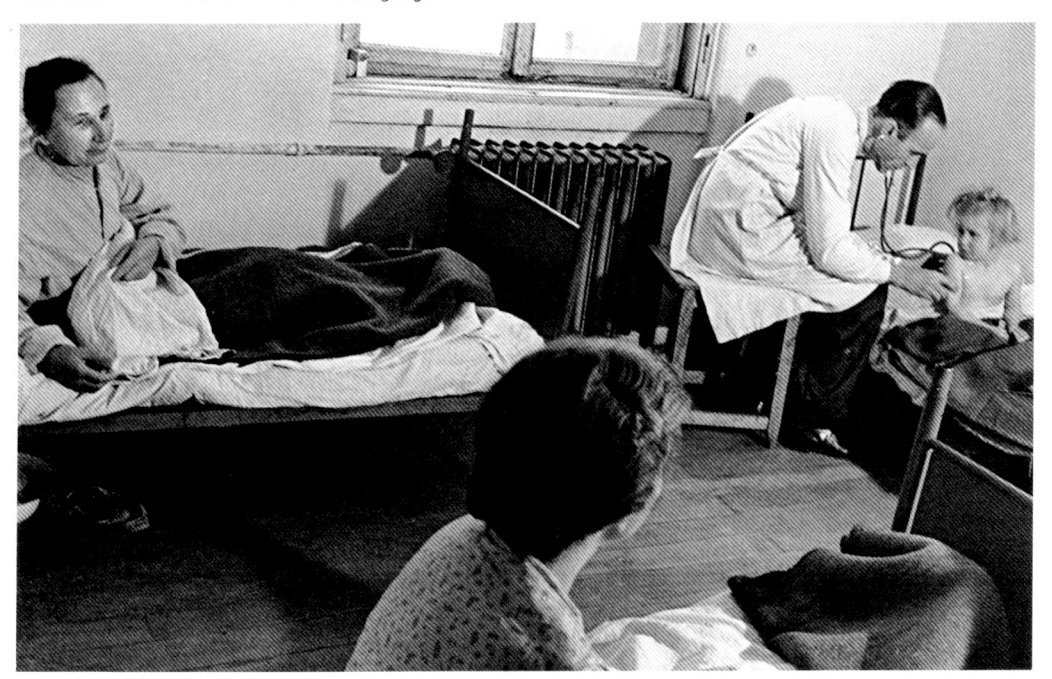

Blick in einen Raum der Krankenstation 1947.

Schlafraum mit Feldbetten in der Artilleriekaserne 1947.

tens des Flüchtlingsbeauftragten Behnle und dessen Mitarbeiterinnen und Mitarbeitern verbunden, die sich zum größten Teil aus kompetenten städtischen Beamten und Angestellten zusammensetzten, die wegen ihrer Zugehörigkeit zur und Funktionärstätigkeit in der NSDAP nach 1945 aus ihren vorherigen Ämtern entlassen worden waren und die nun für einen Hilfsarbeiterlohn von 50 Pfennig pro Stunde im Lager eingesetzt werden konnten. Zu ihren Aufgaben gehörte neben der Organisation der Weiterleitung von Flüchtlingen, die nicht in Karlsruhe bleiben sollten, das Anlegen von Karteikarten von ankommenden Frauen, Männern und Kindern sowie einer zusätzlichen Suchkartei zur Erleichterung der Zusammenführung auseinander gerissener Familien. So konnte bereits bis 1947, als die Verwaltung des Flüchtlingswesens durch das Flüchtlingsgesetz geregelt und durch das Regierungspräsidium übernommen wurde, eine effektive Flüchtlingsverwaltung in Karlsruhe eingerichtet werden.[28]

Die Flüchtlinge und Vertriebenen sollten das Lager wenigstens etwas erholt und stabilisiert verlassen.[29] Die Neuankömmlinge wurden deshalb sofort nach ihrer Ankunft ärztlich untersucht, und im Lager kümmerten sich zwei hier stationierte Ärzte und ein Team von Krankenschwestern um die Kranken. Für diejenigen, für die jede Hilfe zu spät kam, hielt das Lager ein Sterbezimmer bereit, mit einer Betreuung durch einen Lagergeistlichen, der darüber hinaus die sonntags auf dem Dachboden der Kaserne stattfindenden Gottesdienste abhielt. Viele der ankommenden Frauen waren schwanger und bedurften ebenfalls einer ärztlichen Betreuung. Für die Neugeborenen wurde eine Säuglingsstation mit 100 Betten eingerichtet und die Kleinkinder besuchten den lagerinternen Kindergarten.[30]

Neben der körperlichen Regeneration sollte auch die Kultur nicht zu kurz kommen. So bot das Lager eine Bibliothek und zahlreiche Veranstaltungen, wie beispielsweise zweimal wöchentlich bunte Abende mit Karlsruher Künstlern.[31] Auch Vorträge, um den Heimatvertriebenen und Flüchtlingen die ‚hiesige Lebensweise' näher zu bringen, zählten zum breit gefächerten Veranstaltungsangebot und waren ganz im Sinne der amerikanischen Politik, die auf vollständige politische, soziale und wirtschaftliche Assimilation der Neubürger in ihrer neuen Heimat zielte.[32] Die Lagerverantwortlichen waren sehr darauf bedacht, den Neuankömmlingen das Einleben in die ihnen fremde Gesellschaft zu erleichtern und gegenseitiges Verständnis mit der aufnehmenden Gesellschaft zu erreichen. Die Stadt begrüßte

Lagerordnung
für das Flüchtlingsdurchgangslager Karlsruhe

1. Das Flüchtlingslager Karlsruhe ist von dem Landesbeauftragten für das Flüchtlingswesen in Nordbaden als Durchgangs- und Auffanglager für Flüchtlinge, illegale Grenzgänger und entlassene heimatlose Kriegsgefangene bestimmt.

   Das Lager ist eine Staatseinrichtung; jeder Lagerinsasse befindet sich während des Aufenthaltes in Staatsobhut und Betreuung. Daraus erwachsen Verpflichtungen, die die Lagerinsassen befolgen müssen.

2. Lageraufnahme erfolgt nur nach vorhergehender Prüfung, ob die zur Aufnahme erforderlichen Voraussetzungen gegeben sind.

3. Vor Einweisung in das Lager hat sich jeder Neuankommende einer Entlausung zu unterziehen.
   Während der Nacht ankommende Personen werden in einem bsonderen hierfür vorgesehenen Raum untergebracht und erst nach erfolgter Überprüfung eingewiesen.

4. Jeder Lagerinsasse wird vom Lagerarzt vor Aufnahme in das Lager untersucht.

5. Die Unterkunftsanweisung erfolgt über das Aufnahmebüro, der Lagerleitung durch die Bauaufsichten.

6. Großes Gepäck wird durch den Lagermeister in dem dafür vorgesehenen Raum untergebracht und in Verwahrung gegeben.

7. Mit dem Betreten des Lagers ist jeder Neuankommende der Lagerordnung unterworfen.
   Den Anordnungen des Lagerleiters, des Wach- und Aufsichtspersonals ist, soweit es sich um Maßnahmen zur Aufrechterhaltung der Ordnung und Sauberkeit im Lager handelt, Folge zu leisten.

8. Jeder Lagerinsasse erhält im Augenblick der Einweisung einen Lagerausweis, den er stets bei sich führt. Der Verlust dieses Ausweises ist sofort der Lagerleitung über die Bauaufsicht zu melden. Personen, die, ohne im Besitze eines Lagerausweises oder einer Besuchskarte zu sein, im Lager angetroffen werden, laufen Gefahr, festgenommen zu werden.

9. Jeder Lagerinsasse hat die auf dem Lagerausweis bezeichnete Unterkunft zu beziehen. Eine Umlegung kann nur auf Vorschlag der Bauaufsichten veranlaßt werden.
   Selbständiges Umziehen ist untersagt. Änderungen der Eintragungen auf dem Lagerausweis können nur durch die Lagerleitung vorgenommen werden.

10. Der Lagerausweis ist nicht übertragbar.
    Mißbräuchliche Benützung zieht strafrechtliche Verfolgung nach sich.

11. Ledige und alleinstehende Personen werden getrennt nach Geschlechtern in eigens hierfür bestimmten Unterkünften untergebracht.
    Familien mit Kindern bis zu 16 Jahren werden zusammen eingewiesen.
    Weibliche und männliche Personen über 16 Jahre werden getrennt nach Geschlechtern untergebracht.

12. Männlichen Lagerinsassen ist das Betreten der Frauenunterkünfte untersagt, wie umgekehrt weiblichen Personen das Betreten der männlichen Unterkünfte verboten ist.
    Männlichem Lagerpersonal ist das Betreten der Frauenunterkünfte nur im Vollzug eines dienstlichen Auftrages gestattet. Das Gleiche gilt für weibliches Personal im Männerbau.

13. Der Zutritt zur Säuglings- und Kleinkinderstation ist nur den Angehörigen der Kinder sowie dem Aufsichts- und Hilfspersonal mit Genehmigung des Arztes gestattet.

14. Auf wohnliche Ordnung und Sauberkeit in den Zimmern, Fluren, Toiletten, Wasch- und Aufenthaltsräumen ist ständig zu achten.
    Für jeden Raum wird durch die Bauaufsicht ein für die Durchführung der Reinigung Verantwortlicher bestimmt.
    Die Reinigung der Flure, Toiletten, Wasch- und Aufenthaltsräume wird durch die Bauaufsicht überwacht, die hierzu die Lagerinsassen zimmerweise in täglichem Wechsel einteilt. Die Reinigung der Unterkünfte, Flure, Toiletten, Wasch- und Aufenthaltsräume muß täglich bis 10 Uhr vollendet sein.

15. Die Lagerinsassen erhalten Gemeinschaftsverpflegung.
    Für Kleinstkinder wird besondere Kost ausgegeben.
    Die Essenausgabe erfolgt nur gegen Abgabe von Essenmarken. Jeglicher Mißbrauch von Essenmarken ist verboten. Die Ausgabezeiten der Essenmarken sowie die Ausgabezeiten des Essens werden durch Aushang bekanntgegeben. Die Ausgabezeiten sind pünktlich einzuhalten. Wer bei der Essen- und Essenmarkenausgabe 2 mal unentschuldigt fehlt, verliert die weitere Aufenthaltsberechtigung und wird aus dem Lager entlassen. Die Essenmarken sind **persönlich** in Empfang zu nehmen.

16. Illegale Grenzgänger haben die Kosten der Verpflegung zu erstatten.

17. Alle arbeitsfähigen Männer werden für die Zeit ihres Lageraufenthaltes zur Arbeit herangezogen. Der Arbeitseinsatz erfolgt durch das Arbeitsamt.
    Selbständige Arbeitsaufnahme während der Zeit des Lageraufenthaltes ist untersagt.
    Der Arbeitseinsatz durch das Arbeitsamt erfolgt unter den derzeitigen gültigen tariflichen Bedingungen unter Sicherstellung sozialer Betreuung.
    Sofern durch das Arbeitsamt für vorübergehenden Einsatz weibliche Hilfskräfte benötigt werden, können auch alleinstehende arbeitsfähige Frauen zum Arbeitseinsatz herangezogen werden.
    Neben dem Einsatz durch das Arbeitsamt können zur Durchführung wichtiger interner Arbeiten im Lager Arbeitskräfte aus den Reihen der Lagerinsassen herangezogen werden.
    Wer grundlos die Arbeit verweigert, verliert den Anspruch auf Verpflegung und der Aufenthaltsberechtigung im Lager.

18. Während der allgemeinen Ausgangszeiten von 14–17 Uhr kann das Lager nur mit einer Passierkarte verlassen werden. Diese ist bei Verlassen des Lagers auf der Wache in Empfang zu nehmen und bei Rückkehr dort wieder abzugeben.
    Außerhalb dieser Zeiten darf das Lager nur in begründeten Fällen mit einem von der Lagerleitung ausgefertigten Passierschein verlassen werden.
    Wer die auf den Passierscheinen festgelegten Ausgangszeiten nicht einhält, erhält keinen Zutritt mehr zum Lager.

19. In der Zeit von 22 Uhr bis 5.30 Uhr ist der Zugang zum Lager gesperrt.
    Personen, die während dieser Zeit das Lager betreten bzw. verlassen müssen, erhalten einen besonderen Ausweis.

20. Ab 22 Uhr muß im Lager Ruhe herrschen.
    Verstöße sind der Bauaufsicht zu melden.
    Ab 22 Uhr werden die Beleuchtungen in den Zimmern abgeschaltet.

21. Jegliches Aneignen von Mobiliar, Beleuchtungseinrichtungen, Schlössern usw. wird strafrechtlich verfolgt.

22. Diebstähle und sonstige besondere Vorkommnisse krimineller Art sind sofort der Bauaufsicht bzw. der Wache zu melden, die die Meldung an die Lagerleitung zur weiteren Veranlassung übermittel.

23. Beschwerden jeglicher Art sind unmittelbar bei der Lagerleitung vorzubringen.

24. Sprechstunden der Lagerleitung finden täglich von 8 bis 12 Uhr statt. Nachmittags ist die Lagerleitung für den Publikumsverkehr geschlossen.
    Auskünfte werden ausnahmslos durch die **Aufnahme** erteilt.

25. Jeder Verstoß gegen die Lagerordnung wird disziplinär, in schweren Fällen durch Ausschluß aus dem Lager geahndet.

26. Alle Personen haben beim Betreten und Verlassen des Lagers die Lagerwache zu passieren.
    Personen, die nicht im Besitze einer Passierkarte, eines Passierscheines oder eines sonstigen amtlichen Ausweises sind, aus dem hervorgeht, daß sie Bedienstete des Lagers oder des Landesbeauftragten für das Flüchtlingswesen sind, sind ausnahmslos bei der Lagerwache zu registrieren.
    Personen, die verbotener Weise das Lager betreten, werden festgenommen und wegen Hausfriedensbruches zur Anzeige gebracht.

Die vorstehende Lagerordnung wurde auf Anordnung und mit Genehmigung des Landesbeauftragten für das Flüchtlingswesen in Nordbaden ausgefertigt und wird zur Bekanntgabe in jedem Stockwerk der Unterkünfte zum Aushang gebracht. In jedem Zimmer wird ein Auszug aus der Lagerordnung angeschlagen.

Karlsruhe, den 8. Oktober 1947.

Die Lagerordnung des Jahres 1947.

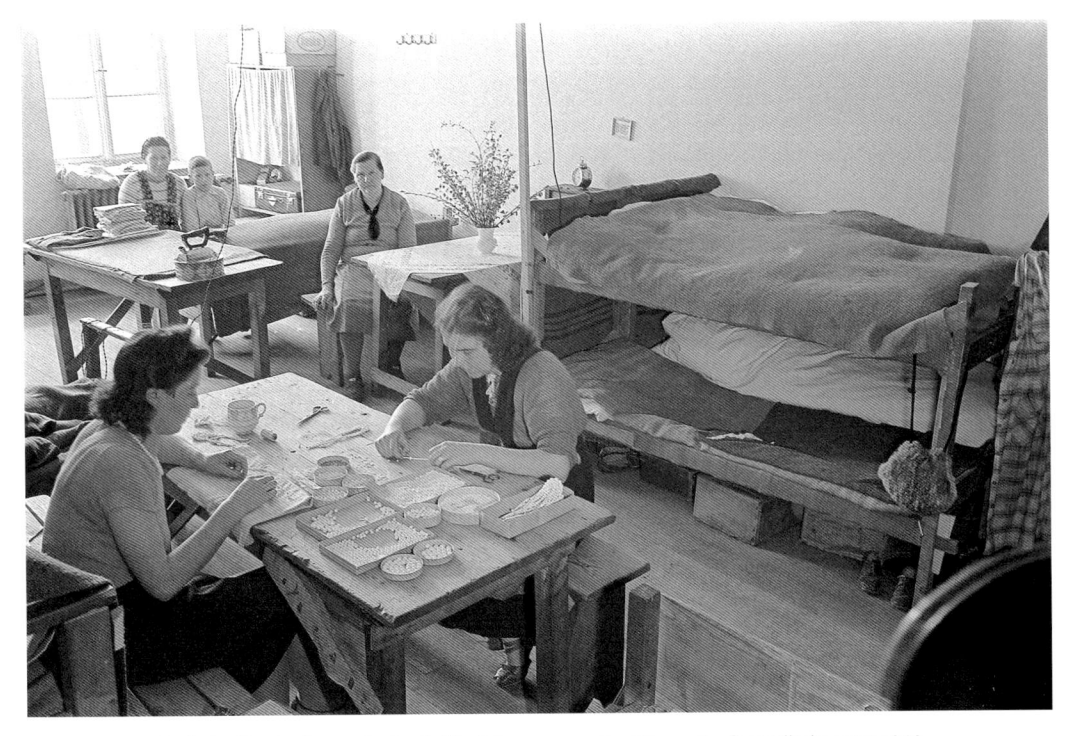

Wegen Raumbedarfs des Krankenhauses in der Artilleriekaserne wurden Räume der Grenadierkaserne 1948 für das Flüchtlingslager hergerichtet. Die Aufnahme entstand 1951.

ihre „Neubürger" in so genannten Neubürgerversammlungen und es gab für die Vertriebenen Gelegenheiten, ihre eigenen kulturellen Traditionen vorzuführen, wie bei den „Kulturtagen der Neubürger". Dort wurden 1947 zum Beispiel unter der Schirmherrschaft von Oberbürgermeister Friedrich Töpper an zehn aufeinander folgenden Tagen 24 Veranstaltungen angeboten, womit u. a. der Grundstein für die landsmannschaftlichen Treffen der Vertriebenen und Flüchtlinge in Württemberg-Baden gelegt worden war.[33]

Von der Ausstattung her glich das für 2.500 Menschen ausgelegte Lager einer kleinen Stadt, in der strenge Regeln herrschten.[34] Die ehemalige Kaserne konnte beispielsweise nur von 14 bis 17 Uhr mit einer Passierkarte verlassen werden. Zudem musste ab 20 Uhr im Lager Ruhe herrschen, wobei mit Ausnahme von Familien strenge Geschlechtertrennung herrschte. Den Männern war es verboten die Frauenunterkünfte zu betreten und umgekehrt, doch schienen diese Regeln wenig zu nutzen, beschweren sich die Verantwortlichen des Lagers doch immer wieder über „unsittliche Zustände im Lager,"[35] während die Insassen ihrerseits fortwährend die beengte Wohnsituation beklagten: „Also das Lager war schrecklich. Da sind wir zwei Familien in einem Zimmer gewesen. Und da waren lauter Stockbetten rundherum und in der Mitte da haben wir eine Kiste hingestellt, dass wir haben essen können."[36] Von einer Privatsphäre konnte im Lager also nicht gesprochen werden, denn tatsächlich waren die großen Kasernenräume mit bis zu 20 mehrstöckigen Betten belegt.

1953 entstand vorwiegend für Flüchtlinge aus der DDR in der Rittnertstraße 70 das Lager Lerchenberg.

Neben dem beengten Schlafplatz mussten die Lagerinsassen sich auch mit einem zu kleinen Speisesaal begnügen, in dem lediglich 300 bis 400 Personen speisen konnten, während der Küchenbau der Kaserne ausreichte, um 2.000 Personen zu bekochen.[37] Trotz dieser Einschränkungen konnten vor allem die Flüchtlingskinder Bekanntschaft mit bislang unbekannten Speisen machen, wie eine Zeitzeugin zu berichten weiß: „[…] in dieser Kaserne waren gleichzeitig auch die Amerikaner stationiert und da haben wir ab und zu mal von denen was abgekriegt […] Grapefruit, das war ja uns unbekannt oder auch so Vollkornbrot in Dosen. Die haben uns da also was geschenkt."[38]

Das Durchgangslager in der Artilleriekaserne blieb bis Ende 1947 in der Verwaltung durch die Stadt Karlsruhe, danach wurde es vom Land übernommen. Verbunden war damit auch eine teilweise Verlegung von der Artilleriekaserne in die Grenadierkaserne, weil der Raumbedarf des Städtischen Krankenhauses die Überlassung von Räumlichkeiten in der Artilleriekaserne erforderte. Für kurze Zeit mussten deshalb auch Zwischenlager in verschiedenen Gasthäusern u. a. in Daxlanden eingerichtet werden.[39]

Als 1951 die nun befreundete Besatzungsmacht die Grenadierkaserne beanspruchte, stand der Neubau eines Durchgangslagers des Landes an. Es wurde bei der Ruine des ehemaligen Schlosses und der späteren Kaserne Gottesaue an der Wolfartsweierer Straße errichtet und bot Platz für 900 Menschen. Bevor es aber im Frühjahr 1952 belegt werden konnte, mussten kurzfristig Zwischenlager in der Daxlander

Appenmühle und auch außerhalb Karlsruhes eingerichtet werden.⁴⁰

Die Einrichtung eines weiteren Lagers machte der „Massenzustrom von Sowjetzonen-Flüchtlingen nach Westberlin" notwendig, wovon das Regierungspräsidium Nordbaden am 11. März 1953 die Städte informierte. 13.000 der aus Berlin-West ausgeflogenen SBZ-Flüchtlinge mussten in Baden-Württemberg untergebracht werden.⁴¹ Die Stadtverwaltung hatte bis August ein Gelände auf dem Durlacher Lerchenberg als geeignet ausfindig gemacht und gemäß dem so genannten Flüchtlingsnotleistungsgesetz vom 9. März 1953 beschlagnahmt. Hier, wo bis 1939 ein Naturtheater betrieben wurde,⁴² gab es eine seit 1952 leer stehende „Stadiongaststätte", die nach einem am 15. August begonnenen Umbau für 155 Flüchtlinge ab 3. September 1953 als Zwischenlager der Stadt Karlsruhe bereit stand. Im Herbst wurde der für den Sommerbetrieb bestimmte Bau, der nur über einen Hohlweg erreichbar war, mit einer Zentralheizung „winterfest" gemacht und 1956 an die Kanalisation angeschlossen.⁴³

Zweck dieses Zwischenlagers wie auch des für 200 Flüchtlinge weiterbetriebenen Lagers Appenmühle war laut Lagerordnung von 1953 die „Aufnahme und Durchschleusung von Heimatvertriebenen, Vertriebenen und Sowjetzonenflüchtlingen, die vom Regierungslager in Karlsruhe überwiesen werden und für Karlsruhe-Stadt mit festem Wohnsitz vorgesehen sind."⁴⁴ Die Belegung des Lagers schwankte zwischen knapp unter 100 und der Vollbelegung mit 155, die laut dem 1956 erstatteten Verwaltungsbericht im April bis Oktober 1954 erreicht wurde. Vom 1. April 1956 bis 31. März 1957 hielten sich durchschnittlich 134 Personen täglich im Lager auf.⁴⁵ Allerdings herrschte ein ständiges Kommen und Gehen, denn die Stadt war bemüht, den Lageraufenthalt so kurz wie möglich zu halten. Schon 1953 hatte sie aus Mitteln eines Sonderbauprogramms des Bundes 165 Wohnungen für SBZ-Flüchtlinge an der Lindenallee erstellt und auch in den folgenden Jahren wurden von verschiedenen Bauträgern entsprechende Wohnungen fertig gestellt.⁴⁶

Das Wohnraumproblem

Angesichts der zuvor beschriebenen äußeren Umstände waren viele der im Lager untergebrachten Heimatvertriebenen und Flüchtlinge froh, dieses nach 10–14 Tagen wieder verlassen zu dürfen, um das nächste Domizil ansteuern zu können. Tatsächlich verbesserte sich ihre Lage jedoch meist nur geringfügig. Diejenigen, die in Karlsruhe Aufnahme finden sollten, kamen nicht wie andernorts in Zwischenlager, sondern konnten dank der vorbereitenden Arbeit der Flüchtlingsdienststelle und des Wohnungsamtes direkt in hierfür bereitgestellte Wohnräume eingewiesen werden.⁴⁷

Das Bestreben der Karlsruher Flüchtlingsstelle, keine dauerhaften Zwischenlager für die Vertriebenen einzurichten, sondern sie mit eigenem Wohnraum zu versorgen, war ein durchaus ehrgeiziges und auch menschliches Unterfangen, das aber dennoch, wenn auch nicht ohne Probleme bewältigt werden konnte.⁴⁸ Mit dem im Februar 1947 erlassenen Flüchtlingsgesetz, das die Verweildauer in Auffanglagern auf zwei Wochen begrenzte und danach die Einweisung in Wohnungen vorsah, wurde die bisherige Karlsruher Praxis Gesetz.

Wohnraum war angesichts der Kriegszerstörungen in Karlsruhe knapp, denn von 57.227 Wohnungen aus dem Jahr 1939 für 190.000 Einwohner waren nur 25.409 lediglich leicht beschädigt oder unzerstört geblieben. Die für den Wohnraum zuständige Behörde sah sich damit vor der enormen organisatorischen Herausforderung, für diese Menschen Unterkünfte zu schaffen.

Zerstörungsgrad des Wohnungsbestandes nach 1945[49]

Unbeschädigt	21 % (10.550)
Leicht beschädigt	26 % (14.859)
Mittelschwer	18 % (10.864)
Schwer	13 % (7.450)
Total beschädigt	22 % (12.037)

Zwar galten Ende 1948 etwa 30.000 Wohnungen als nicht mehr reparaturbedürftig und 15.000 als reparaturbedürftig aber dennoch bewohnbar, diesen 45.000 Wohnungen standen aber zugleich 198.000 Einwohner gegenüber.[50] Es mussten sich also mehr Einwohner deutlich weniger Wohnungen teilen. Als „wohnwürdig" wurden dabei auch Unterkünfte in Wirtschaftsgebäuden, Bunkern, Baracken, Wochenendhäusern und notdürftig hergerichtete Wohnungen mit mehr als sechs Quadratmetern betrachtet. Viele lebten noch schlechter in Ruinen oder Massenquartieren.

Schon im Frühjahr 1946 informierte die Stadtverwaltung Karlsruhe die Einwohner mit einem Plakat über die massenhafte Ankunft weiterer „Ostflüchtlinge" und die zwingende Notwendigkeit, diese in der Stadt unterzubringen, auch wenn diese „räumlich noch so beengt" sei.[51] Unterbelegte Wohnräume müssten restlos zur Verfügung gestellt werden. Das kaum zu lösende und zudem konfliktträchtige Problem verlangte beiden Seiten viel ab, sowohl den Neubürgern als auch den alteingesessenen Bürgern. „Überall, wo noch ein Raum war, haben sie jemand reingesteckt. Bei Familien in die Wohnung sogar rein. Es war ja kein Wunder gewesen, dass sie dann bös waren, die Leute, die Einheimischen."[52] Das Zusammenleben auf engstem Raum führte nicht selten zu Spannungen und Streitereien. Das Gefühl des Nichtwillkommenseins war zu Anfang ein steter Begleiter der zugewiesenen Neuankömmlinge: „Die ersten paar Tage waren sehr schlimm gewesen. Du hast nicht gewusst, was sagen sollst. Du hast nicht gewusst, was sagen darfst."[53] Behnle installierte zur Schlichtung von möglichen Streitigkeiten stadtteilweise von den Flüchtlingen gewählte Vertrauensmänner, die mit den städtischen Ämtern gemeinsam Probleme lösen sollten.[54]

1948 fand Bürgermeister Fridolin Heurich (CDU) für die Altbürger Verständnis: „In der Wohnung, die bisher ihrem Inhaber alleine gehörte und die er möglicherweise sogar unter Einsatz seines Lebens gegen Brand und Bomben verteidigt hat, erscheinen nacheinander fremde Menschen aus verschiedenen Ländern, die als einzige Legitimation einen Schein vom Wohnungsamt vorweisen und fordern Einlaß und Aufnahme in ein Heim, das sie vorher nicht gesehen haben und zu dem sie auch nicht die geringste Beziehung besitzen. Verständlich, daß sie nicht mit Begeisterung und Liebe empfangen werden." So richtig diese Einschätzung sicher war, so versäumte Heurich doch die Klarstellung, dass es für diese Haltung keine moralische Berechtigung gab, sondern Hilfe für die Flüchtlinge das Gebot der Stunde war. So hatte es sein Kollege Berthold Riedinger (KPD) in dem Plakat, das die Ankunft der Flüchtlinge und Vertriebenen ankündigte, formuliert.[55] Viele Einheimische gaben den Wohnraum für die neuen Nachbarn oft nur nach amtlicher Beschlagnahme frei. Bei besonders uneinsichtigen und unnachgiebigen Vermietern wirkte in der Regel die Androhung der Einweisung ins Flüchtlingslager, wo sie „einen kleinen Ausschnitt der Flüchtlingsnot" kennen lernen sollten.[56]

Das oftmals als ablehnend empfundene Verhalten der Altbürger gegenüber den Neuankömmlingen wird vom Historiker Christian Habbe so erklärt: „In Zeiten strenger Lebensmittelrationierung und verwüsteter Woh-

KARLSRUHER!

Ostflüchtlinge kommen!

Hunderttausende von ausgewiesenen Menschen aus dem Osten werden in den nächsten Wochen und Monaten in den stark beengten deutschen Lebensraum einfluten. Mit dieser Tatsache müssen wir uns abfinden.

Alle offenen und versteckten Proteste gegen die von den Alliierten angeordneten Maßnahmen sind zwecklos.

Es steht uns als Volk, das einen totalen militärischen Zusammenbruch erlebt hat, kein Recht der Kritik zu. Wenn jemanden der Fluch treffen soll für die grausigen Dinge, die sich uns als Folgeerscheinung bieten, so muß er jene gewissenlosen Abenteuerer und Verbrecher treffen, die diesen Krieg entfesselt haben, vor allem die Führer und aktivistischen Anhänger der Nazipartei, deren imperialistischen Auftraggeber und die reaktionären Militärs. Keinesfalls darf sich ein Unwille gegen diejenigen zeigen, die selbst das Opfer der Katastrophenpolitik Hitlers geworden sind, gegen die jetzt aus dem Osten Ausgewiesenen.

So schwer es auch sein mag, wir müssen diesen Unglücklichen eine neue Heimat bieten, selbst wenn wir auf Grund der starken Beschädigungen unserer Stadt räumlich noch so beengt sind.

Die zu uns kommenden Menschen dürfen wir nicht als Eindringlinge betrachten, sie sollen unsere endgültigen Mitbürger und Mithelfer beim Wiederaufbau unserer Stadt werden. Es geht auch daher nicht an, sie dauernd in geschlossenen Unterkünften, die auch garnicht ausreichen würden, unterzubringen.

Unsere Wohnräume, soweit sie unterbelegt sind, müssen restlos zur Verfügung gestellt werden.

Es wird ganz von dem sozialen Verständnis der Karlsruher Bevölkerung abhängen, das bisher immer ein Gutes war, ob sich diese Einweisungen reibungslos abspielen, oder ob behördlicher Druck angewendet werden muß. Bei dem wohnlichen Zusammenleben müssen beide Teile bemüht sein, gegenseitiges Vertrauen zueinander zu erwerben, der gute Wille wird dabei über vieles hinweghelfen.

Der Flüchtlingskommissar für den Stadtkreis Karlsruhe
Riedinger, 2. Bürgermeister

Mit diesem Plakat bereitete die Stadtverwaltung die Bürger auf die „Ostflüchtlinge" und die daraus resultierenden Belastungen im Frühjahr 1946 vor.

nungen war unter Einheimischen Solidarität ein rares Gut. In Deutschland prallten nach Kriegsende zwei Elendsfronten aufeinander. Auf der einen Seite die abgebrannten Einheimischen, die sich nur ungern ausmalen mochten, dass man noch mehr verlieren kann, als sie selbst verloren hatten. Es fehlte ihnen der Sinn für fremde Klagelieder über Heimatverlust, Erfrierungstod und Panzerketten. Die Gleichgültigkeit gegenüber dem Schicksal der Vertriebenen wirkte verletzend."[57] Folglich wurde von den Vertriebenen nicht selten das fehlende Verständnis für ihre schwierige Situation sowie die mangelnde Bereitschaft, ihnen gleiche Rechte zuzugestehen und das wenige Vorhandene zu teilen, beklagt. Das Verhältnis zwischen Neuankömmlingen und Karlsruhern wurde überdies durch ein weit verbreitetes Misstrauen gegenüber den „Fremden" überschattet:[58] „Die waren schon vorsichtig gewesen. Die haben Angst gehabt, wir klauen denen was […] Als Flüchtling bist du verrufen […] Sie waren nicht so arg gut auf uns zu sprechen, aber wir als Kinder haben das nicht so empfunden. Wir waren ja vorher nichts anderes gewöhnt gewesen. Wir waren all die Jahre überall, wo wir gewesen waren, bloß geduldet."[59]

Entscheidend für die Reaktion der Einheimischen bei der Erstaufnahme war folglich die Wohnraumfrage, die zum zentralen und lang anhaltenden Konfliktpotenzial zwischen Alt- und Neubürgern führte. Mit zunehmender Zahl der Zwangseingewiesenen und steigender Wohndichte erhöhte sich die Spannungen zwischen den Bevölkerungsgruppen merklich, so dass eine „breite Ablehnungsfront" seitens der Einheimischen entstand:[60] „Meine Mutter hat oft gesagt: O, heute haben sie mich wieder zusammengeschimpft. ,Die Flüchtlinge, die faulen Flüchtlinge'. Aber uns Kinder haben sie eigentlich in Ruhe gelassen."[61]

Neben dieser Ablehnung gab es durchaus auch hilfsbereite, wohlwollende Einheimische, von denen vor allem die Kinder profitierten: „Ich erinnere mich, dass der Pfarrer von der Frauenkirche [gemeint ist die Liebfrauenkirche in der Südstadt] zu Besuch kam und der hatte uns von der Caritas Butter gebracht und hat mich dann auch in die Kirche gebracht. Ich bin dann zur Erstkommunion in die Frauenkirche gegangen. Dann kann ich mich an Frauen in der Südstadt erinnern, die haben Geld gespendet und haben mir ein Kränzchen und ne Kerze gekauft. Sie haben auch Stoff gespendet. Eine Bekannte von meinen Eltern, die Schneiderin war, hat mir dann ein Kommunionkleid genäht. An diese Erstkommunion denke ich so oft. Es war die erste Kommunion, die man so kennt. Das war so ein schöner Tag."[62]

Insgesamt war die Ausstattung der den Heimatvertriebenen und Flüchtlingen zugewiesenen Zimmer in der Regel meist sehr dürftig. So wurden die Zimmer häufig unmöbliert vermietet. In einigen gab es noch nicht einmal eine Glühlampe. Mehr als ein Drittel der Flüchtlinge und Vertriebenen musste mit einem Raum zum Essen, Schlafen, Wohnen und Kochen für drei bis fünf Personen auskommen. „In der Küche haben wir alle aufeinander stehen müssen […] Für einen wäre die Wohnung gerade recht gewesen. Aber für Fünfe war sie zu klein."[63] Trotz der beengten Wohnsituation hatte die hier zitierte Zeitzeugin immerhin eine eigene Küche zur Verfügung gehabt, ein Glück, welches der Familie von Frau R. nicht beschieden war. Wie die meisten der Flüchtlinge musste die Küche mit den Hauptmietern geteilt werden, was oft zu Spannungen führte.

Das Problem der Küchenmitbenutzung wird auch von Alfred Behnle in einem Bericht thematisiert: „Die Neubürgerfrau muss sich erst langsam zurechtfinden. Monatelang brauchte sie in den Lagern nicht zu kochen. Jetzt muss sie wieder selbst dafür sorgen, dass etwas auf den Tisch kommt. Nachdem sie alle Formalitäten erfüllt hat und in den Besitz von Lebensmittelkarten gekommen ist, versucht sie ihr Glück. Als Fremde wird sie zunächst überall scheel angesehen. An ihrer Aussprache erkennt man den Flüchtling. Das ändert im einen oder anderen Fall die Sachlage und man kommt ihr entgegen. Der Mann hat glücklich Arbeit gefunden und er kommt um 12 Uhr heim zum Essen. Desgleichen der Hausherr. Wer kocht zuerst? Man kann nicht gut Stunden vorkochen; auch nicht miteinander, da die Kochtöpfe fehlen und zuwenig Platz ist. Die ersten Unstimmigkeiten treten auf."[64]

An anderer Stelle räumt Behnle allerdings ein, „daß in der Mehrzahl der so genannten Mietehen ein gutes Einvernehmen herrscht", wobei „der innere Friede [erst dann] nähergerückt sein wird […] wenn jede Hausfrau wieder an ihrem eigenen Herd in eigener Küche kochen kann"[65], eine Zielvorstellung, die zu diesem Zeitpunkt allerdings noch in weiter Ferne zu liegen schien: „Die haben gesagt: Es sind doch nur zwei Wochen, dann kriegt ihr eine Wohnung. Und dann sind wir eineinhalb Jahre bei denen gewesen."[66]

Die Wohnraumbeschaffung

Da klar war, dass der noch vorhandene Wohnungsbestand nicht ausreichen würde, um die Heimatvertriebenen und Flüchtlinge angemessen unterzubringen, wurden auch Pläne zum Neubau von Flüchtlingswohnungen angefertigt. Das ging einher mit der von Alfred Behnle 1947 initiierten Gründung einer „Neubürgersiedlungsbaugenossenschaft", der „Neubürgersiedlung GmbH", deren Gründungskapital von der Stadtverwaltung und von den zur Gründungsveranstaltung anwesenden Genossenschaften aufgebracht wurde. So konnten bereits im Jahr 1947 68 eineinhalbstöckige Einfamilienhäuser mit Wohnküche, Bad und Garten am Klosterweg in der Oststadt errichtet werden, wodurch Karlsruhe in Württemberg-Baden, wenn nicht in ganz Deutschland eine Vorreiterrolle eingenommen hatte. Diese Häuser mussten jedoch, da mit schlechtestem Material und möglichst billig gebaut, in den 1980er Jahren wieder abgerissen werden. Lediglich das „Laubenganghaus" in der Dammerstocksiedlung in Karlsruhe-Weiherfeld und einige Reiheneinfamilienhäuser stehen heute noch.[67]

Mit dem ersten Wohnungsbaugesetz von 1950 begann dann ein einmaliger Bauboom, der in Karlsruhe zwischen 1950 und 1960 zum Bau von 27.000 Wohnungen führte. Der Mann, der in Karlsruhe als Motor hinter dieser Entwicklung stand, war der seit 1952 als Oberbürgermeister amtierende Günther Klotz.

In den 1960er Jahren kamen noch einmal gut 25.000 Wohnungen dazu. In Karlsruhe entstanden ganze Stadtteile wie das Mühlburger, das Beiertheimer und das Rintheimer Feld, die Waldstadt seit 1956 – hier wurden die Straßen nach Städten in den ehemaligen Ostgebieten benannt –, die Binsenschlauchsiedlung und die Rennbuckelbebauung.[68] Überall wurden in den Neubaugebieten auch Vertriebene und Flüchtlinge untergebracht. Es gab aber auch geschlossene Siedlungen, die ausschließlich für bzw. von diesen errichtet wurden. Bis 1960 entstand, im Anschluss an die alte 1929 – 1935 errichtete Kirchfeldsiedlung in dem 1975 eingemeindeten Stadtteil Neureut, eine neue Siedlung mit 296 Siedlerstellen und zirka 4.000 Einwohnern, die vorwiegend von Donauschwaben und von Sudentendeutschen errichtet wurde.[69]

In dem 1971 eingemeindeten Stadtteil Hohenwettersbach waren 1946 250 Flüchtlinge aufgenommen worden, wodurch bei vorher 740 Einwohnern die Wohnraumversorgung ähnlich dramatisch war wie in der nahen Großstadt Karlsruhe. Schon 1947 wurde deshalb

Modellfoto der von der Neubürgersiedlung GmbH am Klosterweg schon 1947 errichteten Einfamilienhäuser.

Blick auf die 1952 noch im Bau befindliche Kirchfeldsiedlung, in der Donauschwaben und Sudetendeutsche eine Neue Heimat fanden.

versucht, das Gewann Seewiese als Bauland auszuweisen. Das gelang allerdings erst 1951, so dass dann 1953 die ersten Nebenerwerbssiedlerstellen errichtet werden konnten. In vier Bauabschnitten wurde die Siedlung bis 1963 mit 50 Häusern bebaut – wie überall, wo Ein- und Zweifamilienhäuser entstanden, in Eigenarbeit und Nachbarschaftshilfe. Bei den Bauherren musste in Hohenwettersbach das Verhältnis zwischen Vertrieben und Einheimischen zwei zu eins betragen, vorgeschrieben war zudem die Haltung von Kleinvieh und die Vermietung der jeweils zweiten Wohnung in den Häusern als Sozialwohnung für die Dauer von zehn Jahren.[70]

Wie groß diese Aufgabe der Wohnraumbeschaffung für ganz Baden-Württemberg war, zeigen folgende Zahlen: Nach einem Bericht des Staatsbeauftragten für das Flüchtlingswesen vom 1. September 1952 waren in Württemberg-Baden am 17. Mai 1939 etwa 3,2 Millionen Personen in knapp 900.000 Wohnungen untergebracht. Bis zum 13. September 1950 nahm die Wohnbevölkerung auf etwa 3,9 Millionen Bewohner zu. Ende 1946 befanden sich in Württemberg-Baden bereits 520.000 Heimatvertriebene. Bis 1949 kamen noch jährlich zirka 35.000 Personen hinzu.[71]

Die beispiellose Leistung des Wohnungsbaus beendete spätestens um die Mitte der 1960er Jahre die Wohnungsnot. Mit der Erfüllung dieses dringendsten Lebensbedarfs war die von Behnle formulierte Voraussetzung geschaffen für die seelische Befriedung der Flüchtlinge und Heimatvertriebenen. Im Bereich des Wohnens hatte der schwierige und konfliktreiche Integrationsprozess zu einem guten Ende geführt.

Die Integration auf dem Arbeitsmarkt

Der Bauboom der 1950er Jahre war Teil des wirtschaftlichen Aufschwungs in der Bundesrepublik, der wiederum Voraussetzung dafür war, dass die Heimatvertriebenen und Flüchtlinge sich eine neue Existenz aufbauen konnten. Die Flüchtlinge waren eine sozial durchaus heterogene Gruppe, sie kamen zum Teil aus der Landwirtschaft, hatten eine fundierte handwerkliche Ausbildung oder andere qualifizierte Abschlüsse. Viele ehemals in der Landwirtschaft Beschäftigte fanden bald Arbeit in der nach Mitarbeitern suchenden Industrie. Diejenigen, die im Öffentlichen Dienst eine Anstellung erhielten, zählten bald zur Mittel- und Oberschicht.[72] Die einzige entsprechende Statistik für Karlsruhe aus dem Jahr 1949 vor Einführung der Gewerbefreiheit am 1. November deutet diese Entwicklung bereits an. In der Karlsruher Land- und Forstwirtschaft waren von den knapp 8.000 Beschäftigten Neubürgern nur 385 tätig, mit 4.780 waren dagegen weit mehr als die Hälfte in der Industrie und im Handwerk beschäftigt. Im Bereich Handel und Verkehr hatten 1.313, im Sektor Öffentlicher und Privater Dienst 971 und im Häuslichen Dienst 538 Neubürger eine Einkommen gefunden.[73]

Insgesamt allerdings verlief die Integration der Neubürger in den Arbeitsmarkt mit einer zeitlichen Verzögerung gegenüber den Altbürgern. Die Arbeitslosigkeit war unter den Neubürgern bis mindestens in die Mitte der 1950er Jahre deutlich höher.

Mit den Heimatvertriebenen und Flüchtlinge kamen aber nicht nur die zumeist mittellosen Menschen, sondern auch deren Kenntnisse und in wenigen Fällen auch ganze Betriebe, die ihren Standort nach Karlsruhe verlegten. So kam aus Stettin die Stahlbaufirma Gollnow und Söhne, die 1948 etwa 400 Arbeitnehmer beschäftigte. Aus Berlin verlegte die Firma Siemens 1947 das Werner-Werk für Messtechnik nach Karlsruhe, das sich in den 1950 Jahren mit etwa 5.000 Mitarbeitern zum größten industriellen Arbeitgeber der Stadt entwickelte. Hier fanden viele der aus der CSR gekommenen Vertriebenen, die dort in Siemenswerken beschäftigt waren, wieder Arbeit.[75] Aus der SBZ kamen eine Textilfirma und die Arzneimittelfirma Willmar Schwabe.

Besondere Beachtung verdient die Ansiedlung der Gablonzer-Industrie ab 1947 in Karls-

Arbeitslose Alt- und Neubürger 1949-1956*[74]

Stand 31.12.	Arbeitslose Altbürger (% der Gesamtbevölkerung)	Arbeitslose Neubürger (% der Gesamtbevölkerung)	%-Anteil der Neubürger an den Arbeitslosen	%-Anteil der Neubürger an der Gesamtbevölkerung
1949	4.650 (2,67)	707 (3,29)	13,19	10,99
1950	4.133 (2,33)	637 (2,64)	13,35	11,99
1951	4.162 (2,31)	723 (3,03)	14,80	11,70
1952	4.199 (2,31)	779 (3,02)	15,64	12,74
1953	3.386 (1,85)	594 (2,21)	14,92	12,82
1954	3.263 (1,74)	519 (1,78)	13,72	13,49
1955	1.813 (0,96)	264 (0,83)	12,71	14,35
1956	1.922 (1,01)	363 (1,01)	13,52	15,87

* Da es keine differenzierenden Angaben über die Gesamtzahl der beschäftigten Alt- und Neubürger gibt, wurde hilfsweise der Anteil der Arbeitslosen an der Gesamteinwohnerzahl bzw. an der Gesamtarbeitslosenzahl errechnet. Dies ergibt möglicherweise eine Verschiebung zuungunsten der Neubürger, dürfte aber dennoch nicht zu einer generell anderen Einschätzung des Integrationsprozesses auf dem Arbeitsmarkt führen. Seit 1957 verzeichnet die Karlsruher Statistik die Arbeitslosen im Stadtgebiet nicht mehr getrennt nach Alt- und Neubürgern.

Teilansicht der Gablonzer Industriesiedlung 1955 mit der 1947 bis 1980 hier ansässigen Firma A. Knobloch.

ruhe. Die im nordböhmischen Kreis Gablonz beheimatete Schmuckwarenindustrie besaß Weltgeltung und beschäftigte zeitweise bis zu 90.000 Menschen. Nach ihrer Vertreibung sammelten sich die „Gablonzer" in verschiedenen Zentren, u. a. in Karlsruhe, um ihre Produktion wieder aufzunehmen. „Der Schwerpunkt der Gablonzer Industrie in Karlsruhe lag von Beginn an im metall- und kunststoffverarbeitenden Sektor. Es gab nur wenige glasverarbeitende Betriebe und keine Glashütte. Viele Firmen erweiterten nach der Währungsreform ihre Produktion um technische Artikel, weil sie dadurch Umsatzschwankungen im krisenanfälligen Schmuckbereich besser ausgleichen konnten. Zu Beginn der fünfziger Jahre produzierten Gablonzer Betriebe bereits Signallichter, Rückstrahler, Verpackungen aller Art sowie verschiedene Zulieferteile für die Elektro- und Phonoindustrie."[76] In den 1950er Jahren entstand zwischen den Stadtteilen Mühlburg und Knielingen im Bereich Gablonzer Straße/Daimlerstraße/Boschstraße eine kleine Gablonzer Industriesiedlung. Wenn auch landesweit die „Gablonzer" von nur geringer Bedeutung blieben,[77] so hatten sie doch in Karlsruhe einen hohen Stellenwert. 1956/57 zählte die „Arbeitsgemeinschaft der Gablonzer Industrie in Karlsruhe" 43 Mitgliedsbetriebe. Vier weitere Gablonzer-Firmen hatten sich der Genossenschaft nicht angeschlossen. Von den damals etwa 35.000 Beschäftigten in verschiedenen Industriezweigen entfielen rund 2.300 auf die Gablonzer Industrie. Das waren etwa 6,5 % der Erwerbstätigen des produzierenden Gewerbes.

Die Aufstiegs- und Leistungsorientierung vieler Vertriebener ist zudem ablesbar im Aufbau eigener Unternehmungen. Die Statistik weist für das Jahr 1961 insgesamt 1.170 Arbeitsstätten im Besitz von Vertriebenen auf mit 7.832 Beschäftigten, das macht einen Anteil von 9,8 % der Arbeitsstätten und 5,0 % der Beschäftigten in Karlsruhe aus.[78] Damit leisteten sie einen nicht geringen Beitrag zum Wiederaufbau und „Wirtschaftswunder" in der Stadt.

Die politische Integration

Parallel zur ökonomischen Integration erfolgte die politische Integration der Vertriebenen. Ablesbar ist dies auch in Karlsruhe an den Wahlergebnissen der politischen Vertretung der Heimatvertriebenen und Flüchtlinge. 1946 hatten die Alliierten ein Koalitionsverbot für die Vertriebenen erlassen wegen der Befürchtungen vor einem riesigen Oppositionspotential und einer Radikalisierung nach rechts. Die mit dem Verbot verbundenen Erwartungen, dass sich die Heimatvertriebenen den bestehenden Parteien anschließen würden, erfüllten sich allerdings nur teilweise, da diese sich der besonderen Bedürfnisse und Belange dieser Bevölkerungs- und damit auch Wählergruppe nur unzureichend annahmen.

So organisierten sich Vertriebene in Nordbaden in der schon 1947 gegründeten „Interessengemeinschaft der ausgesiedelten Deutschen" (IDAD), die sich als landsmannschaftlich und politisch neutrale Interessenorganisation verstand.[79] In Karlsruhe wurde die achte Ortsgruppe am 12. Juni 1948 gegründet, woran der Mitbegründer der IDAD, Karl Bartunek, der seit 1948 seinen Wohnsitz in Karlsruhe hatte, sicher maßgeblich beteiligt war. Da sich im Vorfeld der ersten Bundestagswahl abzeichnete, dass sich die Parteien der ausreichenden Aufnahme von Neubürgern auf ihren Wahllisten verschlossen, bildete sich in Württemberg-Baden die Notgemeinschaft der Flüchtlinge und Fliegergeschädigten. Dies geschah um das Verbot einer Flüchtlingspartei zu umgehen. Obgleich die Lizenzierung dieser „Notgemeinschaft" ausblieb, beteiligte sie sich an der Bun-

IDAD NACHRICHTEN

Mitteilungsblatt der Interessengemeinschaft der ausgesiedelten Deutschen Landesverband e.V.

Jahrgang 1 — Karlsruhe, Januar 1949 — Nummer 1

ZUM GELEIT!

Seit dem Bestehen der IDAD war es für mich ein Gebot der Notwendigkeit und für viele von Euch ein dringender Wunsch gewesen, ein eigenes Nachrichtenblatt herausgeben zu können. Denn nur eine Zeitung kann ein lebendiges Bindeglied zwischen allen Mitgliedern und der Landesleitung darstellen. Nur das gedruckte Wort kann aufklären, unterrichten, anregen und das fehlende gesprochene Wort ersetzen; es ist allein in der Lage, zu allen zu sprechen, denn die Durchführung von regelmäßigen Versammlungen und Kundgebungen stößt auf große Schwierigkeiten, begründet u. a. durch die finanzielle Frage. Dieser Grund und die Kontingentierung von Papier haben auch die Herausgabe unserer Zeitung bisher verhindert. Heute sind wir nun in der Lage, unsere eigenen IDAD-Nachrichten regelmäßig erscheinen zu lassen und damit den Wunsch und Ruf unserer Mitglieder „wann bekommen wir unsere eigene Zeitung?" erfüllen zu können.

Doch auch hier gebietet die finanzielle Frage einen Rahmen. Um den Preis tragbar zu machen, muß eine Mindestzahl von regelmäßigen Beziehern sein. Um den Inhalt ansprechend zu gestalten, muß sich eine Reihe von Mitarbeitern zur Verfügung stellen. Trotz der immer größeren Mehrarbeit, zu der mir ja nur wenige Freizeitstunden zur Verfügung stehen, habe ich die Zusammenstellung übernommen und will für die Nachrichten verantwortlich zeichnen. An Euch allen liegt es nun, mitzuhelfen, um dem Mitteilungsblatt durch aktive und passive Mitarbeit das gewünschte und erforderliche Aussehen zu geben. Durch zahlreiche Werbung von Abnehmern können und werden wir den Umfang erweitern, durch Einsendung von wertvollen Beiträgen den Inhalt bereichern können.

Die IDAD-Nachrichten bringen Euch alles Wissenswerte, das Euch betrifft, die Nachrichten des Verbandes, in der Presseschau wollen wir das Vertriebenenproblem im Spiegel der Presse beleuchten und Nachrichten aus dem Leben der IDAD sollen über Tätigkeit der Kreise und der Ortsgruppen berichten und gegenseitig befruchtend zu Leben und Schaffen anregen. Wir wollen das positive Schaffen anerkennen, aber wir wollen auch Fehler offen kritisieren.

So erwarte ich auch von Euch Kritiken und Anregungen, und ich rufe Euch auf, mitzuarbeiten an der Gestaltung der IDAD-Nachrichten, um das äußere und innere Bild zu prägen, das Ihr erwartet und verlangt.

In ein bescheidenes Gewand wollen wir die erste Nummer der IDAD-Nachrichten kleiden in der Hoffnung und Überzeugung, daß mit Euerer aller Hilfe sie das Kleid bekommt, das sie verdient.

Dr. Bartunek.
Landesvorsitzender

Das Mitteilungsblatt der „Interessengemeinschaft der ausgesiedelten Deutschen" erschien in Karlsruhe.

destagswahl. Sie erzielte in Württemberg-Baden 15,4 % gültige Stimmen, womit sie nur knapp unter dem Bevölkerungsanteil der Neubürger von 17,8 % blieb. In Karlsruhe, wo die Notgemeinschaft wie in den anderen Städten mit einem Kandidaten der Fliegergeschädigten antrat, erreichte sie 9,3 % bei einem Bevölkerungsanteil von 11 %.[80]

Auch nachträglich erhielt die Notgemeinschaft keine Lizenzierung. Das gute Ergebnis der Wahl erzielte jedoch Wirkung. Nachdem mit dem Inkrafttreten des Grundgesetzes das Koalitionsverbot gefallen war, entstand als bundesweite politische Flüchtlingsvertretung der „Block der Heimatvertriebenen und Entrechteten", der 1952 in „Gesamtdeutscher Block/BHE umbenannt wurde.[81] Der GB/BHE vertrat die ökonomisch-sozialen Interessen der Vertriebenen in einer Gesellschaft, die diesen Neubürgern lange in weiten Teilen ablehnend gegenüberstand. Mit der Betonung des „Lebensrechts im Westen" gelang es der Partei, die Vertriebenen aus ihrer Außenseiterrolle in der bundesrepublikanischen Gesellschaft herauszuführen. Parallel dazu verblasste mit dem fortschreitenden Integrationsprozess und den außenpolitischen Entwicklungen die Hoffnung auf die Rückkehr in die alte Heimat und damit die Programmatik des „Heimatrechts im Osten". Mit der Angleichung der Lebensverhältnisse von Alt- und Neubürgern verlor der GB/BHE zunehmend Bindungskraft für die Vertriebenen, die auch durch nationalistische bzw. revisionistische Agitation nicht gesichert werden konnte. Die Anhänger- und Wählerschaft der Partei wanderte in den 1960er Jahren überwiegend zu CDU/CSU und FDP ab.

Der GB/BHE war im Bundestag von 1953 –1957 vertreten, im Landtag von Baden-Württemberg bzw. dessen Vorläufern von 1950–1964 und im Karlsruher Gemeinderat von 1951–1965. In Karlsruhe kam die Partei bei den Bundestagswahlen jedoch nie über die 5 %-Hürde, ihr Anteil sank von 4 % 1953 auf 2,2 % 1961. Bei den Landtagswahlen hatte sie 1950 ihren höchsten Anteil von 10,4 %, 1952 schaffte sie mit guten 6 % noch die Hürde, um danach jedoch deutlich darunter zu liegen. Im Karlsruher Gemeinderat waren die Vertriebenen durch vier Gemeinderäte bei unterschiedlichen Parteien seit 1947 vertreten.[82] Bei den Gemeinderatswahlen trat der BHE bzw. GB/BHE erstmals 1951 an und gewann mit 5,9 % einen Sitz. 1953 – damals wurde noch rouliered alle zwei Jahre jeweils die Hälfte der Gemeinderäte neu gewählt – errang sie zwei Sitze mit 5,4 %, 1956 einen Sitz mit 3,8 %, 1959 drei Sitze mit 4,4 % und 1962 letztmals einen Sitz mit 3,2 %. Der Wähleranteil des GB/BHE lag in Karlsruhe also weit unter dem Bevölkerungsanteil der Vertriebenen (siehe Tabelle S. 61) und sank bei den Bundes- und Landtagswahlen kontinuierlich ab. Bei den Gemeinderatswahlen hätte eine dem Bevölkerungsanteil entsprechende Stimmabgabe eine wesentlich höhere Zahl von Gemeinderäten ergeben. Aber auch hier sank die Zustimmung deutlich ab. Der GB/BHE hatte seine soziale Basis und damit seine politische Wirksamkeit verloren, oder positiv ausgedrückt: Die Heimatvertriebenen hatten sich auch politisch in die Aufnahmegesellschaft eingegliedert.

Obwohl der GB/BHE nach und nach den Rückhalt bei den Vertriebenen verlor und damit seine Einflussmöglichkeiten in den politischen Gremien sanken, blieben den Vertriebenen doch mit den Landsmannschaften Organisationen, in denen sie ihre kulturellen Traditionen bewahren wollten und pflegen konnten. Zeitgleich mit der Entstehung der IDAD als Interessenvertretung der Vertriebenen entstand diese zweite organisatorische Ebene für die Vertriebenen. Schon in den Flüchtlingslagern bildeten sich landsmannschaftliche Kontakte, die nach dem Fall des Koalitionsverbots zur Bildung von Ortsgruppen führten, aus denen schon 1949 die ersten Dachorganisationen hervorgingen. Der 1952 gegründete „Verband der Landsmannschaften" schloss sich 1957 mit dem auf Landesebene operierenden „Bund der vertriebenen Deutschen" zum „Bund der Vertriebenen" zusammen, der bis heute als einziger Dachverband auch die politischen Interessen der Vertriebenen wahrnimmt. Da auch Nachkommen und deren Ehepartner sowie Nichtvertriebene dem Verband beitreten können, stellen Vertriebene inzwischen eine Minderheit im BdV.

In Karlsruhe hatten sich ebenfalls 1948/49 die ersten Landsmannschaften gebildet, die seit 1958 im Kreisverband Karlsruhe zusammengeschlossen sind. 16 Landsmannschaften gehörten 2002 dem Verband in der Stadt an. Als Hauptziele der Landsmannschaften gelten die Pflege heimatlicher Traditionen, gegenseitige Hilfe sowie die Vertretung gemeinsamer Rechte und Interessen. Nach der vielfach gelungenen Eingliederung in der neuen Heimat „drängte sich die Verpflichtung immer mehr in den Vordergrund, ihr kulturelles Heimatgut, ihr Brauchtum, Musik, Literatur und Kunst zu bewahren und in die Hände der jüngeren Generation weiterzugeben."[83] Dazu diente weithin sichtbar der seit 1950 jährlich veranstaltete „Tag der Heimat". In Karlsruhe wird er seit 1984 vom „Haus der Heimat e. V." ausgerichtet. Diesem Verein stellte die Stadt 1987 in der Moltkestraße das „Haus der Heimat" als Mittelpunkt der kulturellen Aktivitäten der Vertriebenen zur Verfügung. Hier erhalten aber auch Spätaussiedler Unterstützung und Beratung. Zu den Merkzeichen der städtischen Kulturpolitik gehört darüber hinaus das Karpatendeutsche Museum in der Karlsburg in Durlach, das nach langer Sammlungstätigkeit seit den 1960er Jahren 1985 eröffnet wurde. Bereits 1957 hatte die Stadt die Patenschaft für die Karpatendeutsche Landsmannschaft übernommen.

Die Karlsruher Flüchtlingsschule

Auch im Bereich des Schulwesens verlief die Integration der Flüchtlinge und Vertriebenen nicht ohne Probleme. Bis zur vollständigen Eingliederung der Flüchtlingskinder in die Karlsruher Regelschule verging viel Zeit. Die ersten sechs Jahre nach dem Zweiten Weltkrieg wurden Kinder der Flüchtlinge und Heimatvertriebenen unter 14 Jahren beliebig auf die Karlsruher Schulen verteilt, was zu einer restlosen Überfüllung vieler Klassen führte.

Zeitzeugin Frau K. aus Karlsruhe-Knielingen, die bei ihrer Ankunft in Karlsruhe 14 Jahre alt war, erinnert sich noch daran, dass sie auf Grund ihres Alters von ihren Eltern nicht mehr in die Schule geschickt wurde: „Ich bin nicht mehr gegangen. Ich war schon zu alt für die erste Klasse. Das haben sie mir nicht antun wollen, dass ich als so großes Mädchen in die erste Klasse gehe, weil die zwei Jahre, die ich daheim in die Schule gegangen bin, von den zwei Jahren habe ich nichts mehr gewusst." [84]

Im Mai 1952 stellte der damalige Schulrat bei einem Besuch der Tullaschule fest, dass die Klassen mit über 150 Flüchtlingskindern überbelegt waren. In einem Brief an den Präsidenten des Landesbezirks Baden wies er außerdem darauf hin, dass ein „weiterer Zuzug [...] zu erwarten [sei]." [85] Durch ein Gespräch mit dem Schulleiter der Tullaschule erfuhr der Schulrat von dem Vorhaben, im neu erbauten Flüchtlingslager bei der Gottesauer Kaserne zusätzliche Unterrichtsräume herzurichten, in denen die Kinder der Heimatvertriebenen ab Pfingsten in Räumen unterrichtet werden sollten, die mit den alten Schulmöbeln aus der früheren „Flüchtlingsschule" in der Grenadierkaserne ausgestattet wurden.

Über die Errichtung dieser Schule hatte das Stadtschulamt bis zu diesem Zeitpunkt nichts gewusst, auch die Stadtverwaltung war darüber nicht in Kenntnis gesetzt worden. Aus diesem Grund wandte sich das Schulamt in einem Brief an die Landesbezirksdirektion Baden für Kultus und Unterricht, in welchem die genannten Umstände aufgeführt und die Direktion darum gebeten wurde, „dafür zu sorgen, dass die Errichtung der Schule in ordentlicher Weise durchgeführt wird." [86] Des Weiteren wurden schnellstmöglich drei Lehrer für den Unterricht angefordert.

Ab Juli 1952 unterrichteten in der Flüchtlingsschule zwei Lehrer 162 Schülerinnen und Schüler in vier Klassen. In einem weiteren Brief an die Landesbezirksdirektion forderte das Stadtschulamt drei weitere Lehrer an. Im Dezember 1952 kam schließlich eine Lehrkraft hinzu. Ab Februar 1953 gab es Streit bezüglich der Übernahme der Aufwandskosten für die Flüchtlingsschule, denn die Stadt Karlsruhe war nicht bereit, die bereits entstanden Kosten zu übernehmen: „In dieser Schule werden nämlich nicht nur diejenigen Kinder unterrichtet, deren Eltern später in Karlsruhe oder Umgebung, sondern an anderen Orten des nordbadischen Raumes angesiedelt werden sollen. Sie ist also nicht zur Befriedigung eines rein örtlichen Bedürfnisses erstanden. Die Stadt Karlsruhe kann daher nicht mit den Kosten dieser Schulen belastet werden." [87] Stattdessen wurde der Vorschlag gemacht, die Flüchtlingsschule aus Mitteln der Kriegsfolgehilfe zu finanzieren.

Weitere Diskussionen um unzureichende Lernmittel folgten, verfügten die Flüchtlingskinder doch oftmals nicht einmal über grundsätzliche Lernmaterialien wie Hefte, Bleistifte, Federn etc. Diese Dinge erhielten die Kinder von der Stadt Karlsruhe, die sich aber bald nicht mehr dazu im Stande sah, die Unkosten für die Lernmittelbeschaffung zu bestreiten. Selbst zwei Jahre nach der Eröffnung der Flüchtlingsschule fehlten immer noch grundsätzliche Lern- und Lehrmaterialien.[88] Schließlich wandte sich die Stadtverwaltung Karlsruhe an das Regierungspräsidium Nordbaden, von welchem sie die Deckung des nötigen Lernmittelbedarfs einforderte. Das Regierungspräsidium stimmte der Kostenübernahme zu, bat jedoch die Stadtverwaltung darum, das Stadtschulamt zu kontaktieren, um vermeintlich unwichtige Dinge wie eine in der Bedarfsliste aufgeführte Geige zu streichen.

Im Jahr 1959 wurde die Flüchtlingsschule geschlossen. In einem Bestätigungsschreiben des Stadtschulamtes Karlsruhe hieß es: „Im Vollzug des Erlasses des Oberschulamtes vom 7.1.1959 [...] und vom 24.3.1959 [...] wird mitgeteilt, daß die Flüchtlingsschule in Karlsruhe mit sofortiger Wirkung als aufgehoben gilt. Die Lagerkinder werden auf die Tullaschulen I + II und auf die Schillerschule aufgeteilt."[89] An anderer Stelle wurde eingeräumt, dass 21 Schulanfänger, denen die „gefahrenvolle Überquerung der Durlacher Allee noch nicht zugemutet werden kann und 27 Lagerkinder, die die deutsche Sprache noch nicht oder nur mangelhaft beherrschen" in der Schule verbleiben dürften. Aus einem Brief der Lagerschule an das Stadtschulamt vom 6. Oktober 1959 geht hervor, dass die Schule zu diesem Zeitpunkt noch existierte. Die endgültige Auflösung der Flüchtlingsschule zog sich bis zum Juni 1960 hin. „Nach einer Mitteilung des Stadtschulamtes vom 27. Juni 1960 ist die Lagerschule Wolfartsweierer Straße nunmehr restlos aufgelöst."[90]

Das Ministerium für Vertriebene, Flüchtlinge und Kriegsgeschädigte, das die Unkosten für die Lagerschule bisher übernommen hatte, sah sich aber „außerstande weitere Geldmittel für die Rechnungsjahre 1959 und 1960" aufzubringen, da die Schule offiziell seit Mai 1959 aufgehoben war. Aus den Unterlagen geht nicht hervor, wer die Kosten letztendlich trug, wobei anzunehmen ist, dass die Stadt Karlsruhe am Ende für die Kosten aufkam.

Das Bestehen der Schule bis 1960 verdeutlicht, wie lange die Eingliederung der Flüchtlings- und Aussiedlerkinder in die Regelschule dauerte und dass es bis zuletzt Kinder gab, deren Deutschkenntnisse nicht ausreichten, um in eine Regelschule in Karlsruhe aufgenommen werden zu können. Das eigentliche Einleben, nämlich die innere Eingliederung der Kinder und Jugendlichen, in die Aufnahmegesellschaft war bis zu diesem Zeitpunkt freilich noch lange nicht abgeschlossen, aber ein wichtiger, erster Schritt in diese Richtung war getan.

Die Flüchtlingsverwaltung in Karlsruhe

Für die Eingliederung der Flüchtlinge und Vertriebenen war eine funktionierende Verwaltung unabdingbar. Mit einem Schreiben vom 9. Oktober 1946 erklärte sich der damalige Oberbürgermeister der Stadt Karlsruhe, Hermann Veit, mit der Errichtung einer Flüchtlingsberatungsstelle in der Artilleriekaserne, Moltkestraße 18–20, einverstanden, da die Notwendigkeit einer strukturierten und organisierten Flüchtlingsbetreuung erkannt worden war. Eine Flüchtlingsberatungsstelle wurde geschaffen, deren Mitarbeiterinnen und Mitarbeiter im Lauf der Jahre folgende Aufgaben wahrnahmen: Geldbeschaffung für den gesamten Lebensunterhalt der Flüchtlinge; Staatsangehörigkeitsfragen; Einwanderungsbestimmungen; Einrichtung von Durchgangslagern für Flüchtlinge; Aufenthalts- und Zuzugsrechte; Rückwanderungsmöglichkeiten; Übernahme heimatloser Ausländer; Verhinderung illegaler Zuwanderung; Fürsorge und Rentenansprüche; Ausstellung von Ausweisen; Beschlagnahmung von Wohnungen; Umsiedlung von Flüchtlingen innerhalb der Bundesrepublik; Regelungen mit der Deutschen Bahn wegen der Transporte von Flüchtlingen; Familienzusammenführung; Erbrecht.

Ein zentraler Bereich waren die Versorgungsbezüge und Beihilfen, denn aufgrund des Runderlasses Nr. 75 des Innenministeriums wurde vom Finanzministerium beziehungsweise von anderen staatlichen Kassen Vorschusszahlungen auf Versorgungsbezüge geleistet. „Antragsberechtigt für Vorschusszahlungen auf Versorgungsbezüge sind die Flüchtlinge aus dem Sudetenland und aus dem böhmisch-mährischen Raum, wenn diese noch vor dem Zusammenbruch des Dritten Reiches von einer deutschen Kasse übernommen wurden. Flüchtlinge aus der Tschechoslowakei, die ihre Ruhestandbezüge nicht von einer deutschen Kasse, sondern von einer tschechischen Kasse erhielten, haben noch keinen Anspruch auf Vorschusszahlungen. Dasselbe gilt auch für die Flüchtlinge aus den drei baltischen Ländern, Polen, der Slowakei, Ungarn, Jugoslawien und Rumänien. Wenn die Voraussetzungen für die Vorschusszahlungen auf Versorgungsbezüge gegeben sind, so kann der Flüchtling beim badischen Landesdirektor der Finanzen den Antrag stellen. Die Antragsformulare und die politischen Fragebögen sind dort selbst in Empfang zu nehmen. Ehemalige Zoll- und Steuerbeamte, sofern die Voraussetzungen bestehen, stellen den diesbezüglichen Antrag beim Landesfinanzamt in der Moltkestraße 10."

Diejenigen Flüchtlinge, die die oben genannten Voraussetzungen nicht erfüllten und unterstützungsbedürftig waren, erhielten eine soziale Beihilfe von den öffentlichen Wohlfahrtsämtern. Die Beratungsstelle war berechtigt, in dringenden Fällen Unterstützungsbedürftige mit einer Dringlichkeitsbescheinigung an die Caritas beziehungsweise an das evangelische Hilfswerk zu verweisen.

Schnell wurde klar, dass die finanzielle Unterstützung alleine nicht ausreiche, sondern dass gerade im zwischenmenschlichen Bereich Unterstützungsmöglichkeiten für Neubürger und Einheimische notwendig waren. Ein Aspekt war die Schlichtung von vermehrt auftretenden Streitfällen zwischen Vermietern und Mietern bzw. Untermietern. Dazu wurde es notwendig, ein Verfahren zur Lösung der Probleme festzulegen, „ohne dass dadurch das Ansehen des Staates und seiner Organe Schaden erleidet", so das damalige Amtsdeutsch. Aus diesem Grund wurde mit dem Referenten für das Flüchtlingswesen, dem Oberrechtsrat Fritz Gut, und dem Amtsgerichtsrat Schneibel, folgendes Verfahren festgelegt: Die Beratungsstelle versuchte nach Anhörung beider Parteien auf gütlichem Wege den Streit beizulegen, wenn notwendig an Ort und Stelle, um eine praktikable Lösung zu finden. Konnte keine Einigung erzielt werden, so durfte die Beratungsstelle polizeiliche Hilfe einschalten, die in 25 Fällen notwendig war.[91]

Eine weitere Notwendigkeit ergab sich in der Beratung zu Wirtschaftsfragen, denn gerade in diesem Bereich brauchten die Flüchtlinge und Vertriebenen Hilfe. Die Nachfrage nach Bezugsscheinen für Öfen, Matratzen, Kleider, Schuhe, Hausgeräte und Möbelstücke war sehr groß. Auch wenn die Flüchtlinge auf die allgemeinen Schwierigkeiten infolge des Warenmangels hingewiesen wurden, war eine große Unzufriedenheit zu verzeichnen, da die Ausgabe der Bezugsscheine zumeist ohne vorherige Bekanntmachung wenig transparent verlief, so dass die meisten nur durch Zufall einen Bezugschein erhielten. Für die Zahlung von Spinnstoffen, Schuhen und Hausgeräten konnte die Beratungsstelle aufgrund einer Überprüfung vor Ort die Dringlichkeit bescheinigen, um so eine bevorzugte Behandlung seitens des Wirtschaftsamtes zu erreichen, damit die an die Ostflüchtlinge ausgegebenen Sonderbezugsscheine gegen allgemein gültige Bezugsscheine eingelöst werden konnten. Weitere Hilfestellung benötigten die Neubürger im Hinblick auf die Finanzen, denn die Devisenanmeldung musste bei der Reichsbank vorgenommen werden.[92]

Um die Eingliederung der Flüchtlinge in die einheimische Bevölkerung zu fördern, wurden nach § 11 Absatz 2 des Flüchtlingsgesetzes vom 14. Februar 1947[93] und Artikel IX Ziffer 2 der 1. Ausführungsverordnung vom 3. Dezember 1947[94] die bisherigen Kreisbeauftragten für das Flüchtlingswesen abberufen und dafür die Landräte beziehungsweise Oberbürgermeister durch den Präsidenten des Landesbezirkes Baden zu Kreisbeauftragten für das Flüchtlingswesen im Mai 1948 bestellt.[95] Noch im Juni 1948 entstand die städtische Flüchtlingsstelle, die dem damaligen Bürgermeister Emil Gutenkunst unterstand. Die Flüchtlingsstelle war zunächst in der Moltkestraße 12 und ab August 1948 in der Durlacher Allee 60 untergebracht.

Der Lastenausgleich

Wohl einer der wichtigsten Aufgabenbereiche der Flüchtlingsstelle lag in der Hilfe zum Lastenausgleich. Unter diesem Begriff wurde das Bemühen zur Bewältigung der Folgelasten des NS-Systems, der Kriegszerstörungen und der Kriegsniederlage sowie der Vertreibungen verstanden. Ziel des Lastenausgleichs war es, die Verluste und Schäden des verlorenen Krieges gerechter und gleichmäßiger auf die Gesamtbevölkerung zu verteilen. Dies war schon 1948 im Zusammenhang mit der Währungsreform vorgesehen, da diese einseitig die Besitzer von Sachwerten begünstigte, denn das Eigentum an Grund und Boden, an Produktionsmitteln und Waren wurde von der Neuordnung des Geldwesens nicht betroffen. Es dauerte aber noch bis 1952 ehe die größten Härten der Währungsreform durch Gesetze ausgeglichen wurden.

Zunächst gab es das Gesetz zur Milderung drängender sozialer Notstände (Soforthilfegesetz), das vom Wirtschaftsrat am 24. Mai 1949 verabschiedet wurde und am 3. August 1949 die Zustimmung des Zweimächtekontrollamtes erhielt. Das Soforthilfegesetz war der Vorgänger des Lastenausgleichgesetzes (LAG). Am 15. Dezember 1949 wurde die Feststellungsbehörde für Kriegsschäden in das Amt für Soforthilfe eingegliedert und später zum Ausgleichsamt-Feststellungsamt umbenannt.[96]

Am 1. September 1952 trat das LAG in Kraft. Es verfügte Vermögens-, Hypothekengewinn- und Kreditgewinnabgaben, aus denen ein Ausgleichsfonds geschaffen wurde. Aus diesem wurden Leistungen gewährt wie die Hauptentschädigung, Kriegsschadensrente, Hausratsentschädigung oder Währungsausgleich für Sparguthaben an den Personenkreis, der durch Vertreibung und Verluste in der Kriegs- und Nachkriegszeit große Schäden erlitten hatte. Außerdem sollten die Härten, die infolge der Währungsreform im Geltungsbereich des Grundgesetzes, einschließlich Berlin-West, eingetreten waren, gemildert werden. Zugleich wurden im Jahr 1952 das Gesetz über den Währungsausgleich für Sparguthaben Vertriebener und das Feststellungsgesetz verabschiedet.

Der Bundesminister für Finanzen hatte damals zur Antragstellung nach dem LAG für den Bereich Kriegsschadensrente (Unterhaltshilfe, Entschädigungsrente) Hausratsentschädigung (Hausrathilfe) im Amtsblatt für den

AMTSBLATT
FÜR DEN STADTKREIS KARLSRUHE

Herausgeber: Oberbürgermeister der Stadt Karlsruhe
Verlag: Nachrichtenamt der Stadt Karlsruhe

Nr. 33 — Donnerstag, 14. August 1952 — PREIS 10 Pfg.

Feststellung von Vertreibungsschäden, Kriegssachschäden und Ostschäden

Die Bundesregierung hat durch öffentliche Bekanntmachung zur Anmeldung von Vertreibungsschäden, Kriegssachschäden und Ostschäden aufgerufen.

I. Welche Schäden werden festgestellt?

1. Ein **Vertreibungsschaden** ist ein Schaden, der einem Vertriebenen in demjenigen Gebiet, aus dem er ausgewiesen worden, oder geflüchtet ist, durch Vertreibungsmaßnahmen oder vorausgegangene Kriegshandlungen an land- und forstwirtschaftlichem Vermögen, an Grundvermögen, an Betriebsvermögen, an Gegenständen der Berufsausübung, an Hausrat, an Reichsmarkspareinlagen und an anderen privatrechtlichen geldwerten Ansprüchen sowie an Anteilsrechten entstanden ist. Vertriebener ist, wer als deutscher Staatsangehöriger oder als deutscher Volkszugehöriger aus den deutschen Gebieten jenseits der Oder-Neiße-Linie oder aus Gebieten außerhalb der Grenzen des Deutschen Reichs (Gebietsstand vom 31. Dezember 1937) ausgewiesen worden oder geflüchtet ist. Es können bei Vertreibungsschäden an folgenden Vermögensarten festgestellt werden:

a) Wirtschaftsgüter, die zum land- und forstwirtschaftlichen Vermögen, Grundvermögen (insbesondere Wohnhäusern) und Betriebsvermögen (gewerbliche Vermögen aller Art),
b) an Gegenständen der Berufsausübung und wissenschaftlichen Forschung,
c) an Hausrat,
d) an privatrechtlichen geldwerten Ansprüchen,
e) an Anteilen bei Kapitalgesellschaften, sowie an Genossenschaftsguthaben bei Genossenschaften.

2. Ein **Kriegssachschaden** ist ein Schaden, der in der Zeit vom 26. August 1939 bis zum 31. Juli 1945 unmittelbar durch Kriegshandlungen an land- und forstwirtschaftlichem Vermögen, an Grundvermögen, an Betriebsvermögen, an Gegenständen der Berufsausübung oder an Hausrat im Bundesgebiet oder in Berlin (West) entstanden ist.

Feststellbar sind Schäden an land-, und forstwirtschaftlichen Vermögen, Grundvermögen oder Betriebsvermögen gehören, ferner Hausrat und Gegenstände der Berufsausübung. Dagegen kommen Kriegssachschäden an Forderungsrechten oder aus Beteiligungen an juristischen Personen nicht in Betracht.

3. Ein **Ostschaden** ist ein Schaden, der einer Person, die nicht Vertriebener ist und die am 31. Dezember 1944 ihren Wohnsitz im Gebiet des Deutschen Reichs (Stand 31. Dezember 1937) hatte, in Zusammenhang mit den Ereignissen des 2. Weltkrieges durch Vermögensentziehung oder an Wirtschaftsgütern in den Ostgebieten entstanden ist. Ostgebiete sind diejenigen östlich der Oder-Neisse-Linie gelegenen Gebiete des Deutschen Reichs nach dem Gebietsstand vom 31. Dezember 1937.

Nicht festgestellt werden alle Schäden, die nicht Vertreibungsschäden, Kriegssachschäden oder Ostschäden sind, sowie
a) Verluste an barem Geld, Verluste an Edelmetallen, Schmuck, oder sonstigen Luxusgegenständen, Kunstgegenständen und Sammlungen,
b) Nutzungsschäden,

c) Verluste, die zusammen nicht mehr als 500,— Reichsmark ausmachen,
d) Verluste an Hausrat, wenn wertmäßig nicht mehr als 50 v. H. an Hausrat verloren gegangen ist,
e) Verluste für die bereits Entschädigungen nach der Kriegssachschäden-Verordnung von mehr als 50 v. H. des nach den Grundsätzen dieser Verordnung anzuerkennenden Betrages gewährt worden ist,
f) Verluste an Forderungen gegen das Reich und gegen Schuldner aus § 14 des Umstellungsgesetzes,
g) Währungsschäden, die im Bundesgebiet durch Umstellung der Reichsmark in Deutsche Mark entstanden sind,
h) Reichsmarkguthaben Vertriebener (bzw. Tschechenkronen) bei Geldinstituten östlich der Oder-Neiße-Linie oder außerhalb der Grenzen des Deutschen Reichs, die nach dem Gesetz über einen Währungsausgleich für Sparguthaben Vertriebener vom 27. 3. 1952 zur Entschädigung kommen.
i) Zu beachten ist, daß nach dem Lastenausgleichsgesetz Hauptentschädigungen nur dann in Betracht kommen, wenn der Geschädigte durch die Schädigung mehr als die Hälfte seines früheren Vermögens eingebüßt hat. Ist dies aber nicht der Fall, dann ist eine Schadensfeststellung zwar möglich, aber für Zwecke des Lastenausgleichs bedeutungslos und daher im allgemeinen zwecklos.
k) Kriegssachschäden in der russischen Besatzungszone und in Berlin (Ost),
l) Schäden bei Flucht aus der russischen Besatzungszone und Berlin (Ost), (insbesondere polit. Flüchtlinge),
m) Schäden durch Beschlagnahme von Wohnungen und Hausrat seitens der Besatzungsmacht und Requisitionsschäden,
n) Schäden, die lediglich durch Herabsetzung oder Erlaß der Ausgleichsabgaben berücksichtigt werden, sind nicht nach dem Feststellungsgesetz festzustellen, sondern werden im Verfahren vor den Finanzämtern erfaßt.

Eine Antragstellung für die unter a—n genannten Schäden kommt somit nicht in Betracht.

II. Wer ist antragsberechtigt?

Antragsberechtigt sind nur natürliche Personen, und zwar nur der unmittelbar Geschädigte selbst, oder, falls dieser verstorben ist, Erben. Kriegssachgeschädigte können die Feststellung von Kriegssachschäden nach Ziffer I Nr. 2 beantragen, auch wenn sie nicht im Bundesgebiet oder in Berlin (West) ständigen Aufenthalt haben. Vertriebene und Ostgeschädigte können die Feststellung von Schäden nach Ziffer I Nr. 1 und 3 beantragen, wenn sie am 31. Dezember 1950 im Bundesgebiet oder in Berlin (West) ständigen Aufenthalt gehabt haben und zwar auch dann, wenn sie zuvor außerhalb des Bundesgebietes, insbesondere in der sowjetischen Besatzungszone gewohnt haben. Ausnahmen, insbesondere im Falle der nachträglichen Aussiedlung, der Familienzusammenführung und für Spätheimkehrer.

III. Ausgabe der amtlichen Vordrucke

Die Anträge sind auf **amtlichen Formblättern** zu stellen. Die Ausgabe dieser Formblätter wird nach den Anfangsbuchstaben der in Karlsruhe wohnhaften Antragsberechtigten vorgenommen:

A und B am Dienstag, den 19. August 1952,
C und D am Mittwoch, den 20. August 1952,
E und F am Donnerstag, den 21. August 1952,
G und H am Freitag, den 22. August 1952,
I und K am Montag, den 25. August 1952,
L und M am Dienstag, den 26. August 1952,
N, O und P am Mittwoch, den 27. August 1952,
Q, R und S am Donnerstag, den 28. August 1952,
S und T am Freitag, den 29. August 1952,
U, V und W am Montag, 1. September 1952,
Z am Dienstag, den 2. September 1952,
jeweils **durchgehend von 8—16 Uhr.**

Die Vordrucke werden an folgenden Stellen ausgegeben:

1. Hans-Thoma-Schule, Ecke Kreuz- und Markgrafenstraße, für die östlich der Ettlinger- und Karl-Friedrich-Straße wohnende Antragsteller.
2. Feststellungsamt, Mathystraße 44 (Baracke), Ecke Otto-Sachs-Straße und Mathystraße, für die zwischen Ettlinger Straße, Karl-Friedrich-Straße und Lessingstraße wohnhaften Antragsteller.
3. Gutenbergschule, Eingang Goethestraße 34, 1. Stock, Zimmer Nr. 5, für die westlich der Lessingstraße wohnenden Antragsteller.
4. Rathaus in Durlach, für die in Durlach und Aue wohnenden Antragsteller.
5. für die in den Vororten wohnenden Antragsteller bei den Gemeindesekretariaten:

Beiertheim-Bulach-Weiherfeld: Breitestr. 90.
Daxlanden: Turnerstraße 20.
Grünwinkel: Koelreuter-Straße 7.
Knielingen: Saarlandstraße 16.
Rintheim: Schulhaus, Hauptstraße 52.
Hagsfeld: Ruschgraben 11.

Rüppurr-Dammerstock, Langestraße 69 und Schule Rüppurr, Langestraße 58 (ehemaliges Schlößle).

Nach dem oben genannten Zeitpunkt werden Antragsformulare nur noch beim Feststellungsamt, beim Rathaus Durlach und bei den Gemeindesekretariaten ausgegeben.

Für die Anträge auf Schadensfeststellung kommen folgende Formblätter zur Ausgabe:
Formblatt LA 1: Antrag auf Feststellung von Vertreibungsschäden, Kriegssachschäden oder Ostschäden.

Dieser Vordruck, sogenannter Hauptantrag, ist von jedem Antragsteller, gleichgültig welcher Geschädigtengruppe, in **doppelter Fertigung** auszufüllen und einzureichen.

Für die Feststellung eines Schadens an land- und forstwirtschaftlichen Vermögen, Grundvermögen oder Betriebsvermögen ist neben dem Hauptantrag LA 2 das hierfür vorgesehene besondere Beiblatt, ebenfalls in **doppelter Ausfertigung**, auszufüllen und einzureichen und zwar für jede Vermögenseinheit ein besonderes Beiblatt; beispielsweise bei Kriegssachschäden an 2 Häusern getrennt auf 2 Beiblättern. Es werden hierzu folgende Beiblätter ausgegeben:
Formblatt LA 2a: Beiblatt Landwirtschaft (für Schäden und Verluste an land- und forstwirtschaftlichem Vermögen),
Formblatt LA 2b: Beiblatt Grundvermögen (für Schäden und Verluste an Grundvermögen),
Formblatt LA 2c: Beiblatt Betriebsvermögen (für Schäden und Verluste an Betriebsvermögen).

Bei Vertreibungsschäden und Ostschäden ist außerdem, wenn Beiblätter eingereicht werden, das **Formblatt LA 2d: Karteikarte** für Vertreibungsschäden und Ostschäden in

Das Amtsblatt der Stadt Karlsruhe mit der Bekanntmachung zur Anmeldung von Leistungen nach dem Lastenausgleichsgesetz.

Stadtkreis Karlsruhe vom 14. August 1952 aufgerufen.[97] Die amtlichen Formblätter wurden seinerzeit von Montag bis Samstag für die jeweiligen Buchstabengruppen ausgegeben. Für den Zuständigkeitsbereich der Stadt Karlsruhe waren folgende Stellen tätig: Ausgleichsamt; Rathaus Durlach; die Gemeindesekretariate Beiertheim, Bulach-Weiherfeld, Daxlanden, Grünwinkel, Knielingen, Rüppurr, Hagsfeld und Rintheim. Bei der Abholung waren Ausweise (Flüchtlingsausweise, Ausweise als Fliegergeschädigte, Schadensanmeldung beim Feststellungsamt oder den Feststellungsbehörden und andere damals gültige Ausweise) als Nachweis der Antragsberechtigung beziehungsweise erlittener Schäden vorzulegen. Auch die Geschädigten, die bereits Unterhaltshilfen nach dem Soforthilfegesetz erhielten oder einen Antrag auf Hausrathilfen nach dem Soforthilfegesetz gestellt hatten, mussten neue Anträge nach dem LAG stellen. Bis zum 31. März 1961 waren insgesamt 21.715 Anträge gestellt worden, davon 6.363 Hausrats- und 15.352 Vermögensschäden. Für Sparguthaben erhielten bis 31. Dezember 1961 9.248 Vertriebene einen Währungsausgleich, dessen Gesamtsumme rund 2,4 Millionen DM betrug, das waren im Schnitt pro Einzelfall 263,60 DM.[98]

Mit dem LAG vom 1. September 1952 wurde die gesetzliche Grundlage dafür geschaffen, dass Millionen von Vertriebenen und Flüchtlingen neu in der Bundesrepublik beginnen konnten. Dieses Gesetz bildete die rechtliche Grundlage für die Entschädigung von Vertriebenen und Flüchtlingen sowie der Kriegssachgeschädigten des Zweiten Weltkrieges. Da mit Hilfe des LAG die menschliche, soziale und wirtschaftliche Eingliederung von Millionen von Deutschen gelang, kann es als eines der bedeutendsten Gesetzeswerke der Nachkriegszeit bezeichnet werden. Mit dem LAG wurde auch die größte Umverteilung von Vermögen in der Geschichte der Bundesrepublik vorgenommen. Das unbestreitbare Verdienst des Lastenausgleichs liegt darin, dass er den Vertriebenen und Flüchtlingen sowie den Kriegssachgeschädigten das Gefühl gab, dass das Gemeinwesen Bundesrepublik Deutschland auf Solidarität baut. Der Lastenausgleich trug dazu bei, den Ausgleich zwischen den Besitzenden und den Heimatvertriebenen, Flüchtlingen sowie den einheimischen Kriegssachgeschädigten im Rahmen der wirtschaftlichen Möglichkeiten zu sichern und damit den sozialen Frieden auch in Karlsruhe wieder herzustellen.

Geglückte Integration – trotz aller Probleme

In Karlsruhe erhielten nach dem Zweiten Weltkrieg bis 1960 etwa 65.000 Heimatvertriebene und Flüchtlinge einschließlich der „Zonenflüchtlinge" eine neue Heimat. Jeder vierte Karlsruher gehört somit zu dieser Personengruppe. Die Integration dieser Menschen ist in der Geschichte Karlsruhes eine beispielhafte Leistung, denn durch diese erfolgreiche Eingliederung wurde das Ziel des sozialen Ausgleichs und sozialen Friedens verwirklicht.

Ein entscheidendes Bindeglied zwischen Neubürgerinnen und Neubürgern und den Alteingesessenen war die deutsche Sprache, selbst wenn sie in unterschiedlichen Ausprägungen, Dialekten und Begriffen genutzt wurde. Dennoch muss diese „geglückte Integration" auch kritisch hinterfragt werden, fiel den Heimatsuchenden das Einleben – die innere Eingliederung – in der Fremde doch nicht immer leicht, wie der Historiker Andreas Kossert in seinem Buch „Kalte Heimat" zu berichten weiß: „Die erlittenen Traumata während der Vertreibung, soziale Isolation und Deklassierung sowie das Ringen um eine Identität zwischen Hier und Dort machte das Heimischwerden in der fremden Umgebung oft geradezu unmöglich. Die Betroffenen schweigen oder öffnen sich allenfalls spät und nur zögernd ihren nächsten Angehörigen."[99]

Die Aussage des Historikers wird durch das Zitat der Zeitzeugin K. nochmals bestätigt: „Erzählt habe ich davon erst meinem Enkelkind. Mit meinen Söhnen habe ich nie darüber gesprochen."[100] Diese für die damalige Zeit typische Form der Verdrängung war einerseits tragisch, andererseits vielleicht sogar die einzige Möglichkeit, sich möglichst gut an die neue, anfangs noch „kalte" Heimat anzupassen, neue Bekanntschaften zu knüpfen und schließlich nach und nach die alte Heimat hinter sich zu lassen: „Ich hätt auch nicht mehr heimgewollt, ich hätte auch nicht mehr heim gewollt. Nein. Wenn ich zu Haus geblieben wäre, was hätte ich gehabt? [...] Ich hätte Gelegenheit gehabt, mal heim zu fahren [...] Ich wollte nicht. Was soll ich denn dort?"[101] Ähnlich wie Frau K. erging es zahlreichen Vertriebenen und Flüchtlingen, die nach einer zum Teil sehr langen Eingewöhnungszeit die Stadt Karlsruhe nicht nur als Zufluchtsort, sondern vielmehr als neue Heimat erleben durften. Viele der Flüchtlinge und Vertriebenen haben die Stadt durch ihr Engagement politisch, wirtschaftlich und kulturell geprägt und hatten ebenfalls großen Anteil am Karlsruher „Wirtschaftswunder". Gemeinsam mit den Einheimischen bauten sie die kriegszerstörte Stadt wieder auf, so dass das Karlsruhe, das wir heute kennen, sich entwickeln konnte.

Die Eisdiele Capri in der Kaiserpassage gehört seit den späten 1950er Jahren zum
vertrauten Erscheinungsbild der Stadt. Die Aufnahme entstand 1959 zur Saisoneröffnung.

MANFRED KOCH

Zwischen Anwerbeabkommen und Anwerbestopp
Gastarbeiter und Gastarbeiterinnen 1960–1973

Sie hießen Massimo, Sciatti, Guarnierie oder Bortoluzzi. Sie waren Italiener und lebten in Karlsruhe.[1] Mit ihren Fertigkeiten als spezialisierte Handwerker, Künstler oder Hersteller und Verkäufer von Speiseeis und Pizza bereicherten sie die Stadt lange bevor in großer Zahl Italiener, Spanier, Griechen, Türken und schließlich Jugoslawen als begehrte Arbeitskräfte für die boomende deutsche Nachkriegswirtschaft in die Stadt geholt wurden. Auch diese neuen Arbeitskräfte veränderten das Leben in der Stadt: Neben den bereits vertrauten italienischen Eisdielen[2] – sie gab es in Karlsruhe seit spätestens den 1920er Jahren – entstanden nun die Restaurants und die kleinen Lebensmittelläden mit den jeweiligen landestypischen Angeboten. Gerne wurden diese von den Einheimischen auch in Erinnerung an ihre Ferienreisen als Bereicherung des Alltags genutzt. Die Begegnung mit den Ausländern gehörte seit den 1960er Jahren zur alltäglichen Erfahrung auch in Karlsruhe. Sie haben das Straßenbild, die Wochenmärkte, unser Geschäftsleben, unsere Küche und die Mode beeinflusst und bereichert.

Mit den Gastarbeitern und Gastarbeiterinnen vorwiegend diese Veränderungen und Erfahrungen zu assoziieren, greift jedoch bei weitem zu kurz. Übersehen würde damit, dass sie in den vergangenen Jahrzehnten wesentlich zur Vermehrung unseres Wohlstands beigetragen haben. Ausgeblendet wäre so die ökonomische, soziale, demografische, humanitäre und schließlich gesellschaftspolitische Dimension der Beschäftigung ausländischer Arbeitskräfte. Dafür stehen Begriffe wie Anwerbeabkommen, industrielle Reservearmee, Modernisierungsdefizite, Unterschichtung, Wohnungsprobleme, Familiennachzug, soziale Infrastrukturfolgekosten, Rückkehroption, Rotationsprinzip oder Anwerbestopp, auf die es im Folgenden einzugehen gilt.

Ursachen der Anwerbeabkommen

Die Wirtschaftswissenschaften skizzieren grob folgendes Bild des Arbeitsmarktes und der Konjunkturentwicklung der Nachkriegszeit:[3] Am Ende des Zweiten Weltkrieges war die deutsche Industrie erheblich erweitert und auch qualitativ verbessert worden, d. h. 55 % der Industrieanlagen war nicht älter als zehn Jahre. Diese Ausweitung der Industrieproduktion während des Krieges war nur mit Hilfe von Millionen Zwangsarbeitern möglich gewesen. 1945 zeigte sich zudem, dass die Industrieanlagen weit weniger stark vom Bombenkrieg betroffen waren als die Wohngebiete.

Für die Jahre zwischen dem Kriegsende 1945 und Währungsreform 1948 wurde für die Westzonen, die spätere Bundesrepublik, eine „Lähmungskrise" der Wirtschaft auch wegen der Zerstörung der Transportwege konstatiert. Nach der Währungsreform erlebten die Deutschen, wie sich das Wirtschaftswachstum zwischen 1950 und 1960 mehr als verdoppelte. Dieses von der englischen Londoner Times schon anfangs der 1950er Jahre so bezeichnete „Wirtschaftswunder" hatte allerdings ganz konkrete Ursachen. Zum einen der genannte Zustand der Produktionsanlagen, zum anderen das Kapital der Marshallplan-Hilfe und schließlich der globale Konjunkturaufschwung infolge des Koreakrieges seit 1950.

Das Arbeitskräftepotential in Deutschland war durch die infolge des Weltkrieges um vier Millionen gegenüber 1939 verringerte Bevölkerung deutlich dezimiert und die 1944 etwa vier Millionen Zwangsarbeiter standen natürlich nicht mehr zur Verfügung. Die so entstandene Arbeitskräftelücke schlossen die 8,3 Millionen Vertriebenen und Flüchtlinge auch aus der SBZ/DDR, die 1950 in der Bundesrepublik lebten. Den stetig weiter wachsenden Arbeitskräftebedarf der Wirtschaft deckten in den 1950er Jahren die etwa 3,3 Millionen DDR-Flüchtlinge – zumeist gut qualifizierte Fachkräfte –, die bis zum Mauerbau 1961 relativ leicht ihre Heimat verlassen konnten, und weitere 1,8 Millionen deutschstämmige Aussiedler aus Ost- und Südosteuropa. Die Gesamtzahl der Erwerbstätigen konnte somit zwischen 1950 und 1960 von 22,5 auf 26,5 Millionen wachsen.[4]

Zugespitzt lässt sich somit feststellen, dass ohne das Wirtschaftswunder die Integration der Vertriebenen und Flüchtlinge in die sich neu formierende deutsche Gesellschaft nicht möglich gewesen wäre. Und ohne das Arbeitskräftepotential der Vertriebenen wäre das Wirtschaftswunder nicht geschehen.[5] Man darf dabei aber nicht übersehen, dass deren Integration, so gelungen sie am Ende auch gewesen sein mag, kein einfacher Prozess war (s. den Beitrag S. 57 ff.). Allerdings gab es wegen der deutschen Nationalität und Sprache der Zugewanderten keine ausländerrechtlichen und sprachlichen Probleme und sie hatten anders als die ausländischen Arbeitskräfte keine Rückkehrperspektive.

Das Wirtschaftswachstum in Deutschland war jedoch so nachhaltig und andauernd, dass bereits um die Mitte der 1950er Jahre ein Arbeitskräftemangel prognostiziert wurde. In Karlsruhe gab es 1955 die ersten Zeitungsmeldungen über fehlende Arbeitskräfte. In einzelnen Branchen wie der Landwirtschaft holten die Bauern schon vor 1955 ausländische Saisonarbeiter. Die Überlegungen der deutschen Wirtschaft und der Bundesregierung zum Einsatz ausländischer Arbeitskräfte trafen sich mit den Interessen der italienischen Regierung.[6] Die Italiener, die zu Gesprächen aufgefordert hatten, wollten die Arbeitslosigkeit im eigenen Land durch den Export von Arbeitskräften verringern und ihre negative Handels- und Zahlungsbilanz durch die Überweisungen dieser Arbeiter in die Heimat verbessern. Im Bundeswirtschaftsministerium traf das Gesprächsangebot auf Überlegungen, die darauf abzielten angesichts des Aufbaus der Bundeswehr ab 1956 und der dadurch erwarteten Rüstungskonjunktur und des Berufseintritts geburtenschwacher Jahrgänge auf ausländische Arbeitskräfte zurückzugreifen.

Diese Überlegungen stießen nicht auf ungeteilte Zustimmung.[7] Das Vertriebenenministerium widersprach und wollte dem nur zustimmen, wenn alle Vertriebenen in den Arbeitsprozess integriert sein würden. Auch das Arbeitsministerium und die Gewerkschaften sahen in der Vollbeschäftigung die grundlegende Voraussetzung für eine Ausländerbeschäftigung. Die Arbeitgeber stimmten dagegen zu. Sie sahen die Möglichkeit, Lohnzugeständnisse angesichts des leergefegten Arbeitsmarktes vermeiden zu können. Schließlich stimmten aber auch die Gewerkschaften zu. Sie verlangten aber nachdrücklich, erstens die Einheimischen zuerst zu beschäftigen und zweitens die Gleichstellung der ausländischen Arbeitskräfte hinsichtlich der Lohn- und Arbeitsbestimmungen. Damit sollte das Unterlaufen der sozialen und tarifvertraglichen Arbeitnehmerrechte und das Lohndumping verhindert werden. Aus der Sicht des Wirtschaftsministers Ludwig Erhard spielte ein weiterer Gesichtspunkt eine Rolle: Er sah angesichts der technischen Entwicklungen die Notwendigkeit, deutsche Arbeitnehmer zu Facharbeitern weiter zu bilden: „Um das aber besorgen zu können, müssen wir natürlich dann die relativ primitiveren Arbeiten in Deutschland bei Anhalten dieser Konjunktur schließlich doch mal von ausländischen Arbeitskräften besorgen lassen."[8]

Im September 1955 war es dann so weit. Zwischen Deutschland und Italien wurde ein Anwerbeabkommen geschlossen, das zum Vorbild für alle noch folgenden wurde. Es regelte das Verfahren der Anwerbung, das von den beiden staatlichen Arbeitsverwaltungen gesteuert wurde. Vorgegeben war ein Musterarbeitsvertrag der enthielt: Die prinzipielle sozialpolitische Gleichstellung der angeworbenen mit vergleichbaren deutschen Arbeitskräften; die Garantie des Tariflohns; die Vertragsdauer von einem Jahr mit Verlängerungsmöglichkeit; die Zusicherung einer „angemessenen Unterkunft" durch die Arbeitgeber; das Recht auf Lohntransfer in die Heimat. Der Vertrag enthielt auch einen Passus, der die wohlwollende Prüfung von Anträgen auf Familiennachzug bei Nachweis ausreichenden Wohnraums zusicherte.

Die Öffentlichkeit interessierte sich 1955 wenig für dieses Abkommen. Zum einen sah man darin lediglich den Versuch, kurzfristigen Spitzenbedarf vor allem von saisonalen Arbeitskräften in der Landwirtschaft zu decken.

Noch 1959 betrug die Zahl der beschäftigten Italiener in Deutschland auch nur etwa 50.000.[9] Zum anderen wurde betont, es gäbe zur Ausländerbeschäftigung keine wirtschaftlich und politisch sinnvollen Alternativen, wenn es um das Wirtschaftswachstum gehe. Diese Argumentation findet sich auch bei allen nachfolgenden Anwerbeabkommen mit Griechenland und Spanien 1960, mit der Türkei 1961, mit Marokko 1963, mit Portugal 1964, mit Tunesien 1965 und mit Jugoslawien 1968, von wo aber bereits in den Jahren zuvor „Arbeitswanderer" gekommen waren.[10] Die Zahl der afrikanischen Arbeiter blieb allerdings so gering, dass sie in vielen Statistiken keinen Niederschlag fand.

Zum sprachlichen Umgang mit diesen Arbeitnehmern schrieb der Präsident des Landesarbeitsamts Alfred Seifriz 1960 vor dem Hintergrund der unter Zwang im Zweiten Weltkrieg nach NS-Deutschland verschleppten Arbeitskräfte und ihrer Bezeichnung als „Fremdarbeiter" mahnend: „Die ausländischen Arbeitskräfte sind nicht mehr Fremdarbeiter im früheren Sinn, sie sind unsere Partner und unsere Helfer."[11] Entsprechend diesem von vielen Seiten erfolgten Hinweis bürgerte sich bald im öffentlichen Sprachgebrauch die Bezeichnung „Gastarbeiter" ein.[12] Sie findet in den Karlsruher Akten und auch in der lokalen Presse eher zurückhaltend und als Sammelbegriff für mehrere Nationalitäten Anwendung. Wo immer möglich, wurde von italienischen, spanischen usw. Arbeitern gesprochen. Im Folgenden wird der Begriff Gastarbeiter benutzt für jene Arbeitskräfte aus den fünf in Karlsruhe am stärksten vertretenen Anwerbeländern – Italien, Türkei, Jugoslawien, Spanien und Griechenland[13] – in Unterscheidung zu den übrigen ausländischen Arbeitskräften aus aller Welt.

Zur Entwicklung der Ausländerbeschäftigung

1959 waren in Deutschland 166.800 Ausländer beschäftigt, darunter 62.400 aus den Anwerbeländern. Seit 1960 konnte die Beschäftigung von 329.400 ausländischen Arbeitskräften nicht mehr nur als geringfügig gelten. Ihre Zahl stieg in der Bundesrepublik rasch, wie die Tabelle zeigt. Vergleichszahlen die sich nur auf die Stadt Karlsruhe beziehen liefern die vom Statistischen Amt der Stadt Karlsruhe veröffentlichten Zahlen nicht. Herangezogen werden daher die Zahlen des Hauptamts Karlsruhe des Arbeitsamtsbezirks Karlsruhe, die seit 1964 (nicht jedoch für 1967 und 1973) in den Jahresberichten enthalten sind. Das Hauptamt mit den etwas schneller wachsenden umliegenden Gemeinden umfasst im Schnitt der Jahre 1964–1972 etwa 110.000 Einwohner mehr als die Stadt Karlsruhe mit ihren 257.000 Einwohnern.

Die Gesamtzahl der Erwerbstätigen in Deutschland bewegte sich zwischen 1959 und 1973 relativ konstant zwischen 26 und 27 Millionen. Die stetig wachsende Zahl der Gastarbeiter verdeutlicht, dass der Anteil der Deutschen an der Gesamtzahl der Erwerbstätigen rückläufig war. Gründe dafür waren geburten-

Ausländische Erwerbspersonen des Hauptamtes Karlsruhe, des Arbeitsamtsbezirks Karlsruhe und in Deutschland 1959-1973

Jahr	Hauptamt Karlsruhe	darunter Gastarbeiter / Gastarbeiterinnen	Deutschland / % von allen Erwerbstätigen	darunter Gastarbeiter
1959	–	–	166.800 / 0,8 %	62.400
1960	–	–	329.400 / 1,5 %	192.800
1961	–	–	548.900 / 2,5 %	339.600
1962	–	–	711.500 / 3,2 %	493.700
1963	–	–	828.700 / 3,7 %	600.900
1964	8.644	5.005 / 1.213	985.600 / 4,4 %	740.300
1965	10.688	5.817 / 1.576	1.216.800 / 5,7 %	939.200
1966	9.864	5.114 / 1.990	1.313.500 / 6,3 %	1.021.800
1967	–	–	991.300 / 4,7 %	842.000
1968	9.831	5.219 / 1.797	1.089.900 / 5,2 %	836.600
1969	13.373	6.991 / 2.800	1.501.400 / 7,0 %	1.192.500
1970	17.864**	8.844 / 2.593	1.949.000 / 9,0 %	1.572.800
1971	20.099	10.774 / 3.945	2.240.800 / 10,3 %	1.794.700
1972	21.609	10.937 / 4.138	2.352.400 / 10,8 %	1.866.700
1973	22.249	–	2.595.000 / 11,9 %	2.030.000

* Davon entfielen auf das heutige Stadtgebiet 5.254 / 1.189 (s. Anm. 20).
** Laut der Volkszählung von 1970 entfielen davon auf die Stadt Karlsruhe 11.691 ausländische Arbeitnehmer.[14]

Alljährlich zu Weihnachten fuhren viele Gastarbeiter auch mit Sonderzügen in ihre Heimat.
Manche kamen auf ihren Arbeitsplatz zurück, andere aber sahen ihre Zeit als Gastarbeiter beendet.

schwache Jahrgänge, früherer Eintritt ins Rentenalter aufgrund besserer Rentenversorgung durch die Rentenreform von 1957 und die Verlängerung der Ausbildungszeiten. Da mit dem Mauerbau 1961 auch die DDR-Flüchtlinge ausblieben, entbrannte, wie der „Spiegel" schon im Sommer 1959 konstatierte, zwischen den Personalverwaltungen der Industrieunternehmen der „Kampf um Arbeiter".[15] Und 1960 sah der damalige Arbeitsminister Theodor Blank keine Alternative zur Ausländerbeschäftigung, denn das deutsche Arbeitskräftepotential werde schrumpfen.

Dieser „Kampf um Arbeiter" hatte 1965 in Karlsruhe sehr konkrete Auswirkungen. Nachdem gerüchteweise Verhandlungen der Stadt über die Ansiedlung eines elektronischen Großbetriebs mit 2.000 Beschäftigten bekannt geworden waren, forderten Karlsruher Industriebetriebe über den Industrieausschuss der Industrie- und Handelskammer ultimativ: „Die Stadt Karlsruhe muß in der gegenwärtigen Situation der örtlichen Wirtschaft zu dem Entschluß kommen, dass zur Zeit jede Expansion der örtlichen Industrie durch Neuansiedlung, soweit dies nennenswerte Belastungen des Arbeitsmarktes mit sich bringt, zu unterbleiben hat." Argumentiert wurde u. a. damit, dass bereits Produktionen heimischer Unternehmen wegen fehlender Arbeitskräfte ins Ausland verlagert werden mussten. Die Stadt beugte sich den Forderungen.[16]

Die Tabelle lässt auch Rückschlüsse auf einzelne Phasen der Entwicklung zu. In der ersten Phase seit dem Anwerbeabkommen mit Italien wuchs deutschlandweit bis 1959 die Zahl der Gastarbeiter nur auf 62.400. Danach folgte ein stetiger Anstieg auf 1 Million im Jahr 1966. Der darauf folgende Rückgang 1967/68 um 180.000 auf etwa 840.000 ist Ausdruck der ersten Wirtschaftskrise im Nachkriegsdeutschland, in der es zu einem geringfügigen Rückgang des Bruttosozialprodukts kam. Die Folgen waren eine Arbeitslosenquote von 2,5 % und 350.000 Kurzarbeiter. Dies betraf natürlich in stärkerem Maße die Gastarbeiter, die in der Krise in größerer Zahl Deutschland verließen und damit die Arbeitslosenstatistik verbesserten.[17] Nach dem Ende der Rezession kam es ab 1969 zu einem steilen Anstieg der Gastarbeiterzahlen auf zwei Millionen im Jahr 1973. Insgesamt erhöhte sich in den dreizehn Jahren zwischen 1961 und 1973 die Zahl der Gastarbeiter in Deutschland somit um etwa das Sechsfache.

In Karlsruhe kamen die ersten Sammeltransporte mit zusammen 918 italienischen Gastarbeitern 1960 an. Insgesamt waren in diesem Jahr etwa 1.980 Gastarbeiter in der Stadt beschäftigt.[18] Deren Zahl stieg dann rasch an. Die Rezession von 1966/67 verlief in und um Karlsruhe nach den Zahlen der Tabelle milder als im Bundesdurchschnitt, die Arbeitslosenzahl lag in der Stadt nur bei 1,6 %. Aber auch hier sank die Zahl der Gastarbeiter 1966 – allerdings weniger deutlich. Sie erreichte jedoch bereits 1968 – anders als auf Bundesebene – wieder das Niveau von 1966. Das verweist auf die weniger für Konjunkturausschläge anfällige Karlsruher Wirtschaftsstruktur mit ihrer Mischung aus Behörden-, Industrie- sowie Handels- und Gewerbearbeitsplätzen. Dazu kamen die im Rezessionsjahr 1967 hohen, für Beschäftigung sorgenden Investitionen der Stadt für die Bundesgartenschau.[19]

1965 waren 185 Firmen innerhalb der heutigen Gemarkungsgrenzen Arbeitgeber für insgesamt 6.434 Gastarbeiter (5.254 Männer und 1.189 Frauen).[20] 102 Firmen beschäftigten bis zu 20 Gastarbeiter und Gastarbeiterinnen, 63 zwischen 20 und 100 sowie 20 über 100. Die meisten Gastarbeiter und -arbeiterinnen beschäftigte mit 512 (276 Männer, 236 Frauen) der damals größte Arbeitgeber in der Stadt, die Firma Siemens. Dort waren zudem weitere 512 ausländische Arbeitnehmer tätig. An zweiter Stelle folgte die Baufirma Züblin mit 438 und dichtauf die Nähmaschinenfabrik Singer mit 412 Gastarbeitern. Auch die Stadtverwaltung hatte zur Bewältigung der Arbeit im Tiefbauamt vorwiegend bei der Müllabfuhr und der Straßenreinigung sowie im Krankenhaus 292 Gastarbeiter und -arbeiterinnen eingestellt. Bei den Firmen mit über 50 ausländischen Arbeitnehmern lagen die metallverarbeitenden Betriebe mit 2.753 vor dem Baugewerbe mit 1.388.

Im Rahmen der Volkszählung von 1970 wurden auch die Daten aller ausländischen Arbeitskräfte in der Stadt für ihre Beschäftigung nach Wirtschaftszweigen erhoben. Danach betrug die Gesamtzahl der beschäftigten Ausländer 8.044 Männer (68,8 %) und 3.647 (31,2 %) Frauen. Die 11.691 Ausländer machten 7,3 % aller Beschäftigten in der Stadt Karlsruhe aus. Die allermeisten, nämlich 80 %, waren im verarbeitenden Gewerbe (60,6 %) und im Baugewerbe (19,4 %) tätig. Damit war jede siebte Stelle in der Produktion und Verarbeitung mit einem Ausländer oder einer Ausländerin besetzt. Innerhalb des verarbeitenden Gewerbes führten der Maschinenbau und die Elektrotechnik mit jeweils fast 2.000 Beschäftigten die Liste an. Es folgten die Gummi- und Asbestverarbeitung (ca. 900), Textil- und Bekleidung (500) und Papier und Druck (275).[21] Bezogen auf die einzelnen Wirtschaftsabteilungen war im Baugewerbe mit 20 % der

Anteil der ausländischer Arbeitskräfte am höchsten. Diese Konzentration in zwei Wirtschaftsabteilungen belegen auch die Zahlen für den Hauptamtsbezirk Karlsruhe, die seit 1964 veröffentlicht sind.[22] Betrachtet man die Verteilung der weiblichen Beschäftigten auf die Wirtschaftsabteilungen, so ergibt sich, dass 71,7 % im verarbeitenden Gewerbe und 15,5 % im Dienstleistungssektor tätig waren.[23]

Über die Stellung der Ausländer im Beruf gibt eine 1974 im Auftrag der Stadt Karlsruhe durchgeführte Umfrage unter den Gastarbeitern Auskunft. In der Präsentation der Ergebnisse wird festgestellt, dass sich die berufliche Situation der im Bundesgebiet tätigen ausländischen Arbeitnehmer und Arbeitnehmerinnen vor allem durch die Tatsache charakterisieren lasse, dass „im Durchschnitt mehr als vier Fünftel der Gastarbeiter einen Arbeitsplatz einnehmen, der lediglich angelernte oder überhaupt keine besonderen Fertigkeiten zur Voraussetzung hat. Dennoch erzielen viele, vor allem die mit ihren Familien zusammenlebenden Gastarbeiter vergleichsweise hohe Haushaltseinkommen. Dies ist meist auf eine entsprechende Beteiligung der Ehefrauen und Kinder am Erwerbsleben oder aber auf die Eingehung mehrerer Arbeitsverhältnisse zurückzuführen." Die Karlsruher Umfrage wird so resümiert: „Von den ... Arbeitnehmern waren nach deren eigenen Angaben 55 % als ungelernte oder angelernte Arbeiter, 37 % als Facharbeiter und 8 % als Angestellte tätig. Der Anteil der Facharbeiter dürfte dabei allerdings vor allem im Vergleich mit den angelernten und ungelernten Arbeitern etwas zu hoch ausgefallen sein, was sowohl auf die bei Selbsteinschätzungen nicht ungewöhnliche Tendenz zur ‚Selbstüberschätzung' als auch auf die höhere Rücksendequote bei den qualifizierteren Arbeitskräften zurückgeführt werden muß. Überdurchschnittlich viele Arbeiter bzw. Hilfsarbeiter gab es bei den Türken und Italienern, während bei den Facharbeitern besonders die Griechen und Jugoslawen und bei den Angestellten die Spanier überproportionale Anteile erzielten."[24]

Dieser Karlsruher Befund von 1974 deckt sich mit den nationalen Erhebungen, die schon Mitte der 1960er Jahre präsentiert wurden. Demnach waren 90 % der ausländischen Männer als Arbeiter beschäftigt, 72 % als an- oder ungelernte Kräfte. Auch mit dem Beschäftigungsschwerpunkt in der Eisen- und Metallindustrie und im Baugewerbe decken sich nationale und lokale Ergebnisse.[25] In der Karlsruher Untersuchung wird zudem auf folgenden Umstand besonders verwiesen: „Vergleicht man die Stellung im Beruf mit dem Geschlecht der ausländischen Arbeitnehmer, so fallen die ungewöhnlich hohen Anteile der Frauen bei den Hilfsarbeitern und – in etwas eingeschränktem Maße – bei den Angestellten auf. Facharbeiter sind dagegen fast ausschließlich männlichen Geschlechts."[26] Nicht erfasst wurde allerdings der Anteil der Selbständigen, die als Betreiber von Gaststätten, Pizzerien und Eisdielen oder als Einzelhändler wiederum Arbeitgeber für eigene Landsleute geworden sind.

Auswirkungen der Gastarbeiterbeschäftigung

Die Gegenwart der Gastarbeiter und Gastarbeiterinnen ist spätestens seit den 1970er Jahren zum Dauerzustand geworden. Das war allerdings beim Abschluss der Anwerbeabkommen so weder geplant noch erwartet worden. Die ins Land geholten Arbeitskräfte sollten nach den Vorstellungen der Unternehmer parallel zur wirtschaftlichen Entwicklung eine flexible und kostengünstige Reservearmee des Arbeitsmarktes bilden. Der starke Rückgang der Gastarbeiterzahlen in der Rezession 1966/67 ist deutlicher Beleg dafür.[27]

Die zu 90 % männlichen Arbeiter im Alter zwischen 18 und 45 Jahren fanden im unteren

Bereich des Arbeitsmarktes Beschäftigung. Die Wirtschaft profitierte dadurch, dass für die Gastarbeiter in der Regel keine Sozialkosten für betriebliche Altersversorgung, Sonderzuwendungen und Heilverfahren anfielen. Sie verhinderten zudem einen Anstieg des Lohnniveaus. Für den Staat bzw. die Sozialsysteme fiel durch Lohnsteuern und Sozialabgaben die Bilanz vorerst durchaus positiv aus, Folgekosten für die öffentliche Infrastruktur entstanden nicht. Zudem vergaß kein Politiker in den 1960er Jahren den Hinweis darauf, dass – wie der Arbeitsminister es 1964 sagte – die Beschäftigung von Ausländern „die Verschmelzung Europas und die Annäherung von Menschen verschiedenster Herkunft und Gesittung in Freundschaft" Realität werden lasse.[28]

Für die Gastarbeiter selbst stand laut frühen Befragungen ein Daueraufenthalt ebenfalls nicht zur Debatte. Sie wollten sparen, die Familie zu Hause unterstützen, sich beruflich entwickeln oder auch ein Auto kaufen. Dafür waren sie bereit, sowohl schmutzige, schwere und gesundheitsgefährdende Arbeit wie auch Schichtdienst zu verrichten. Die Gastarbeiter arbeiteten im Akkord und machten mehr Überstunden und sie lebten in bescheidenen Verhältnissen im Hinblick auf Konsum und Wohnung. Ihr Vergleichsmaßstab waren die Verhältnisse in der Heimat mit hoher Arbeitslosigkeit und niedrigen Löhnen. So blieben sie vorwiegend schlecht qualifizierte Hilfsarbeiter im unteren Bereich der Arbeitsplatzhierarchie, sie bildeten ein Subproletariat.

Die Wirtschaftshistoriker verweisen zum einen darauf, dass in der Folge dieser „Unterschichtung" viele Deutschen die Gewinner der Gastarbeiterbeschäftigung waren. Denn diese schuf die Voraussetzung für eine massive soziale Aufwärtsmobilität der deutschen Arbeitnehmer. Allein 2,3 Millionen stiegen 1960–70 vom Arbeiter zum Angestellten auf weitere Millionen qualifizierten sich zu Fachkräften.

Zum anderen aber konstatierten die Wirtschaftshistoriker mit dem „Modernisierungsdefizit" eine negative Folge der Ausländerbeschäftigung. Dieses Defizit entstand mit der Beschäftigung preiswerter ausländischer Arbeitskräfte, durch die an sich rationalisierungsbedürftige Arbeitsplätze erhalten blieben, bzw. die Rationalisierung und Mechanisierung von Arbeitsplätzen verzögert wurde.[29]

Die Entwicklung der ausländischen Wohnbevölkerung

Bei all den Beschäftigtenzahlen muss immer gesehen werden, dass dies jeweils Momentaufnahmen meist am Ende eines Jahres waren. Sie verbergen ein wesentliches Element der Arbeitsmigration – das ständige Kommen und Gehen. Bei den Menschen hinter den Zahlen handelt es sich zum größten Teil nicht um dieselben Personen. Insofern erfüllten jene, die wieder in ihre Heimat zurückkehren, die Vorstellungen von Bundesregierung und Industrie, die keinen Daueraufenthalt für diese Arbeitskräfte vorgesehen hatten. Die aber, deren Aufenthalt immer länger währte, holten ihre Familien nach oder gründeten meist mit Frauen aus der Heimat eine Familie. Die sich daraus ergebende Entwicklung ist an der Statistik der ausländischen Wohnbevölkerung abzulesen (s. Tabelle, S. 35). Die Zahl der in Karlsruhe lebenden Ausländer wuchs zwischen 1960 und 1973 von 5.397 auf 22.806, wobei der bereits bei den Beschäftigtenzahlen beobachtete Rückgang während der Rezession sich auch in dieser Statistik widerspiegelt. Das Wachstum verursachten aber, wie der differenzierende Blick auf die Aufschlüsselung der Gastarbeiter nach einzelnen Nationalitäten zeigt, nicht allein immer neue und mehr Gastarbeiter, sondern auch der Nachzug von Familien und die wachsende Zahl von Kindern.

Ausländische Wohnbevölkerung in Karlsruhe nach einzelnen Nationalitäten, Geschlecht und Kindern 1960-1973 [31]

Jahr	Italien			Jugoslawien			Türkei		
	insg	% Frauen	% Kinder unter 16	insg.	% Frauen	% Kinder unter 16	insg.	% Frauen	% Kinder unter 16
1960	1.126	12,2	6,2	144	22,2	19,4	143	10,5	4,2
1961	1.912	10,0	4,9	257	11,7	9,7	187	18,2	3,7
1962	2.648	12,4	5,0	620	9,8	5,3	228	12,7	8,3
1963	2.587	14,6	7,0	891	11,1	4,2	272	21,0	8,8
1964	3.008	11,3	8,6	1.015	7,7	4,6	554	18,1	4,9
1965	3.504	11,6	10,8	1.423	15,4	4,1	1.365	22,4	3,9
1966	4.201	11,8	14,9	1.676	24,4	5,1	1.516	28,6	6,9
1967	3.915	18,0	9,6	1.425	34,4	8,6	1.266	34,0	12,0
1968	5.192	15,2	10,6	1.480	40,7	7,5	1.290	34,3	12,9
1969	5.729	15,4	13,4	2.858	31,9	2,2	1.681	33,7	4,6
1970	6.478	13,7	14,6	4.264	32,0	7,6	2.281	30,0	7,8
1971	6.870	14,2	16,9	4.858	32,9	10,0	2.966	29,8	14,4
1972	4.713	22,4	24,3	5.327	32,3	11,4	3.229	27,5	12,9
1973	5.073	22,5	25,7	5.779	32,4	13,6	3.968	26,6	22,0

Jahr	Spanien			Griechenland			Gesamt		% Gastarb./ Ausl.
	insg.	% Frauen	% Kinder unter 16	insg.	% Frauen	% Kinder unter 16	Gastarb.	Ausl.	
1960	289	23,9	10,0	278	11,9	1,8	1.980	5.397	37,0
1961	763	20,1	6,7	359	17,0	2,8	3.478	7.228	48,1
1962	1.151	24,2	8,9	412	19,9	3,6	5.059	9.284	54,5
1963	1.889	16,8	6,0	601	22,0	3,0	6.240	10.904	57,2
1964	2.372	17,2	6,6	600	25,0	4,3	7.549	12.577	60,0
1965	2.429	18,4	7,3	649	26,5	8,2	9.370	14.313	65,5
1966	2.577	17,2	11,2	496	9,1	14,5	10.043	15.878	63,2
1967	1.637	38,4	21,6	542	31,5	12,4	8.745	13.479	64,9
1968	1.581	38,6	24,1	516	35,3	18,0	10.058	15.513	64,8
1969	1.777	36,0	24,6	543	35,0	18,8	12.588	18.458	68,2
1970	1.933	34,6	25,0	783	37,3	17,9	15.739	21.683	72,6
1971	2.019	34,3	26,3	870	31,6	22,5	17.583	24.287	72,4
1972	1.829	27,6	18,6	866	30,5	22,4	15.964	21.744	73,4
1973	1.885	28,3	21,3	909	29,7	25,1	17.614	23.707	74,3

Aus der Sicht der Bevölkerungsstatistik hatte die Anwesenheit von ausländischen Arbeitskräften und ihren Familien weit reichende Folgen. Seit 1963 übertraf die Geburtenziffer der Ausländer diejenige der Deutschen deutlich, während zugleich die Sterbeziffer der Ausländer dauerhaft weit unter derjenigen der Deutschen lag. In der Bilanz von 1978 bedeutete das, dass „das ganze Ausmaß des natürlichen Bevölkerungsrückganges lange Zeit durch die steigende Zahl ausländischer Lebendgeburten überdeckt worden ist und dass der geringe Geburtenüberschuss von 852 im gesamten Zeitraum zwischen 1960 bis 1978 ausschließlich auf den ausländischen Bevölkerungsteil zurückgeführt werden kann."[30] Der Prozess des Bevölkerungsrückgangs und der Überalterung der Gesellschaft wurde also durch die Ausländer, vornehmlich die Gastarbeiter und ihren Kinderreichtum, zumindest verzögert.

Aus der Tabelle Seite 97 ist abzuleiten, dass der Anteil der Gastarbeiter und ihrer Familien an der gesamten ausländischen Wohnbevölkerung in Karlsruhe von 37,0 % (1.980) im Jahr 1960 auf 74,3 % (17.614) im Jahr 1973 anstieg. Bezogen auf die Gesamtbevölkerung stieg der Anteil der Gastarbeiter im gleichen Zeitraum von 0,8 % auf 6,7 %. Für das Verhältnis der einzelnen Nationalitäten gilt, dass in Karlsruhe die Italiener unangefochten bis 1972 die stärkste Gruppe bildeten und die Griechen seit 1965 mit nie über 1.000 die kleinste Gruppe blieben. Die Spanier belegten bis 1968 den zweiten Rang, den danach die Jugoslawen übernahmen – das Anwerbeabkommen mit diesem „Ostblockstaat" war in diesem Jahr abgeschlossen worden. 1972 rückten die Jugoslawen dann auf Rang eins vor die Italiener. Die Türken nahmen ab 1970 den dritten Rang vor den Spaniern ein.

Dies ergibt ein anderes Bild als auf nationaler Ebene. Dort stellten die Italiener bis 1969 die größte nationale Gruppe. Ihnen folgten die Griechen und Spanier, die bis 1966 etwa gleich stark blieben. 1968 nahmen die Türken erstmals den zweiten Rang ein verloren ihn aber 1970 an die Jugoslawen. 1971 überflügelte dann die Türken die anderen nationalen Gruppen.[32]

Der Blick auf das Geschlechterverhältnis und die Zahl der Kinder der Gastarbeiter macht eindringlich klar, dass die insgesamt wachsende Zahl der Gastarbeiter und Gastarbeiterinnen überproportional den Frauen und Kindern zu verdanken war. Die Zahl der Arbeiterinnen über 16 Jahren betrug 1960 nur 287 und stieg bis 1973 auf 4.869. Damit wuchs ihr Anteil bei den über 16-jährigen um mehr als das Doppelte von 15,6 % auf 34,7 %. Die Zahl der nachgeholten und hier geborenen Kinder unter 16 Jahren wuchs von 138 auf 3.596, ihr Anteil an den Gastarbeitern stieg damit um das Dreifache von 7 % auf 20,4 %. Der erste Antrag auf Familiennachzug findet sich in den Akten bereits 1961, als ein Spanier seine Frau und acht Kinder zu sich holen wollte.[33] 1964 berichtete die Stadt an den Deutschen Städtetag, dass bislang „etwa 200 Ausländer ihre Familien nachgeholt" haben. Wie viele dies noch vorhätten sei nicht abschätzbar. Dass es viele waren, belegt die Statistik. Und auch 1974 gaben bei der städtischen Gastarbeiterbefragung 80 % an verheiratet zu sein, deren Ehepartner und Kinder aber nur zu 77 % in Karlsruhe lebten. 42 % der Befragten gaben an, Familienmitglieder und in selteneren Fällen auch weitere Verwandte nachholen zu wollen.[34]

Mit dem Familiennachzug und der zunehmenden Zahl von Kindern zeichnete sich seit den späten 1960er Jahren die Verlagerung des Lebensmittelpunktes vieler Gastarbeiter von ihren Heimatländern in das Zielgebiet ihrer Arbeitsmigration ab. Diesen Wandel vom Aufenthalt auf Zeit zum Daueraufenthalt belegt auch die Statistik für Karlsruhe.

Aufenthaltsdauer der Gastarbeiter
in Karlsruhe 1974 (in %) [35]

Nationalität	1–2 Jahre	3–5 Jahre	6–10 Jahre	über 10 Jahre
Italien	12	23	34	31
Jugoslawien	19	57	19	5
Türkei	24	45	25	6
Spanien	8	18	27	47
Griechenland	13	36	21	30
Gesamt	15	36	25	24

Etwa die Hälfte der Karlsruher Gastarbeiter und Gastarbeiterinnen lebte also 1974 schon seit 1968 in der Stadt. Diese Entwicklung hatte der Präsident des Landesarbeitsamtes Baden-Württemberg, Alfred Seifriz, schon 1960 mit der Feststellung vorausgesehen, dass aus den Saisonarbeitern „durch ihre Verwendung im industriellen Produktionsprozess in wachsender Zahl Dauerarbeitskräfte werden." [36] Die daraus sich ergebenden Probleme und Schlussfolgerungen fanden ihren Niederschlag in der Karlsruher Gastarbeiterstudie von 1975. Eine Begründung für diese Studie lautet: „Auch die Stadt Karlsruhe ist bestrebt, ihre Maßnahmen zur Ausländerpolitik mit den auf dem Gebiet der Ausländerbetreuung tätigen Kirchen und caritativen Verbänden wie auch mit den Bedürfnissen der Ausländer selbst zu koordinieren und ihre Zielvorstellungen in eine längerfristige Rahmenplanung einzubringen." Man kann diese Feststellung auch als Korrektur einer allgemeinen verbreiteten und auch in Karlsruhe seit Beginn der 1960er Jahre immer wieder vertretenen Auffassung verstehen, wonach die Verantwortung für die Folgeprobleme der Ausländerbeschäftigung allein bei Arbeitgebern, Arbeitsverwaltungen, Gewerkschaften und sozialen Organisationen liege.

Die Kommunalpolitik und die Gastarbeiter

Schon 1960 begann sich der Deutsche Städtetag mit den Auswirkungen der Anwesenheit einer steigenden Zahl von ausländischen Arbeitskräften in den Städten zu beschäftigen. Dessen Mitarbeiter Hinrich Lehmann-Grube schrieb 1962: „Die Städte haben praktisch keine Möglichkeit, auf den Zuzug ausländischer Arbeitskräfte hemmenden oder fördernden Einfluss zu nehmen. Sie müssen mit den gegebenen Tatsachen fertig werden." [37] Gleichwohl aber sah er für die Städte besondere Aufgabenfelder, in denen sie als Akteure gefordert waren: Bei der Unterbringung waren das Arbeits-, Bau- und Gesundheitsamt mit Genehmigungs- und Überwachungsaufgaben befasst; wegen ihres Interesses daran, dass die auf Zeit in der Stadt lebenden Gastarbeiter sich wohl fühlen, sei die „planvollen Zusammenarbeit" mit den betreuenden karitativen Organisationen wichtig; durch den Familiennachzug seien Aufgaben in der Kinderbetreuung und beim Schulbesuch zu erwarten; die „organische Eingliederung in das Leben der Stadt" liege sowohl im Interesse der städtischen Bürger wie in dem der Ausländer. Diese Aufgabenfelder spiegeln sich auch in den Themen der städtischen Ausländerbefragung von 1974 wieder, als schon bekannt war, dass die Aufwendungen für ausländische Arbeitnehmer in der Stadt 1971 inklusive des größten Postens der Investitionskosten für Kinderbetreuungseinrichtungen und Schulplätze etwa 4,3 Millionen DM betrugen. [38] Im Hinblick auf die Tendenz zu immer längeren Aufenthalten der Gastarbeiter, die der Stadt ja auch Steuereinnahmen brachten, war damit aber auch klar, dass dieser seit Beginn der 1960er Jahre zunehmend Verantwortung und aktive Teilnahme an Problemlösungen im Zusammenhang mit der Ausländerbeschäftigung zugewachsen waren.

Unterbringung und Wohnraum

Von Anfang an waren die Unternehmen gemäß den Anwerbeabkommen für die Unterbringung der Gastarbeiter selbst verantwortlich. Allerdings erhielten die städtischen Arbeits-, Gesundheits- und Gewerbeaufsichtsämter Kontrollaufgaben im Hinblick auf die Qualität der Unterkünfte. Der Deutsche Städtetag und die Caritas hatten zwar 1960 vor dem Aufkommen einer „Barackenmentalität" gewarnt. Es wurde darauf hingewiesen, dass die Gemeinden gerade bemüht seien die letzten Baracken aus der Kriegs- und Nachkriegszeit zu beseitigen und man deshalb jetzt nicht neue Baracken errichten sollte. Es wurden dennoch schnell zusammen gezimmerte Barackenunterkünfte gebaut. So lebten in Karlsruhe nach der Zusammenstellung des Arbeitsamtes von 1965 fast 30 % der Gastarbeiter in Baracken, die anderen in Wohnheimen, firmeneigenen Massivbauten oder in Privatquartieren.[39] Bis 1974 hatte sich die Situation verbessert, aber immer noch lebten 8 % in Baracken, Kellerwohnungen oder in Wohnwagen und 16 % in Gemeinschaftsunterkünften.[40]

Diese Verbesserung ist auch der Förderung des Baus von Gastarbeiterunterkünften mit Sondermitteln der Bundesarbeitsverwaltung zu danken. 648 Wohnheimplätze entstanden in Karlsruhe in den Jahren 1960–1969, für den Mietwohnungsbau für Gastarbeiter wurden allerdings keine Mittel in Anspruch genommen, „trotz intensiver Bemühungen der Stadtverwaltung". Das Wohnungsamt erkannte dennoch an, dass selbst Firmen mit hohem Gastarbeiteranteil „genügend Unterkünfte sowohl für Alleinstehende, als auch Familienwohnräume angemietet" hätten.[41]

Gemäß den Anwerbeabkommen mussten die Betriebe, die Gastarbeiter bei den Arbeitsämtern anforderten den Nachweis von men-

Blick in eine der unzumutbaren Barackenunterkünfte für Gastarbeiter 1961, in denen laut Vorschrift jedem Bewohner vier Quadratmeter zustanden.

GASTARBEITER UND GASTARBEITERINNEN

Ansicht einer Wohnbaracke für Gastarbeiter in der Pulverhausstraße.

Der Neubau eines Wohnheims für Gastarbeiter in der Pulverhausstraße 1964.

schenwürdigen, den Bauvorschriften genügenden Unterbringungsmöglichkeiten erbringen. Vorgeschrieben waren bis 1972 folgende Minimalstandards: In einem Raum durften bis zu sechs Personen untergebracht werden, wobei pro Person mindestens vier Quadratmeter zur Verfügung stehen mussten. Waschmöglichkeiten und WC sollten vorhanden sein und für Kochgelegenheit war ebenfalls Sorge zu tragen. Dies vor allem deshalb, weil man den Gastarbeitern die Möglichkeit zur Selbstversorgung mit heimischer Kost geben musste, die damals in Deutschland noch nicht alltäglich war. Erst 1971 veränderte der Gesetzgeber diese eigentlich unzumutbaren Vorschriften. Nun mussten sich bis zu vier Personen mit Anspruch auf je acht Quadratmeter einen Raum teilen, es sollte neben den Schlafräumen einen Tagesraum und einen Waschraum für Kleidung geben, für je zwei Personen sollte eine Kochstelle und für je zehn eine Toilette vorhanden sein.[42]

Aber selbst die Minimalstandards wurden oft genug noch unterschritten. Das lag zum einen daran, dass die Kontrollen nicht in ausreichendem Maße durchgeführt wurden, weil die Abstimmung unter den beteiligten Behörden – wenn z. B. der Firmensitz in einer anderen Stadt lag – nicht funktionierte, diese nicht genügend Kompetenzen hatten und die Kontrolle privater Vermieter kaum durchführbar war. Ferner kamen nicht alle Gastarbeiter und nachziehende Familienangehörige auf offiziellem Weg nach Deutschland, so dass sich auch ihre Unterbringung der Kontrolle entzog.[43] Missstände in der Unterbringung der Gastarbeiter waren denn auch sehr früh Gegenstand der Presseberichterstattung, mit der die Öffentlichkeit auf die unzumutbaren Zustände aufmerksam gemacht werden sollte. Die BNN berichteten im Februar 1961 über „menschenunwürdige" Verhältnisse: „So etwa, wenn in kleinen, fast baufälligen Baracken zwischen 28

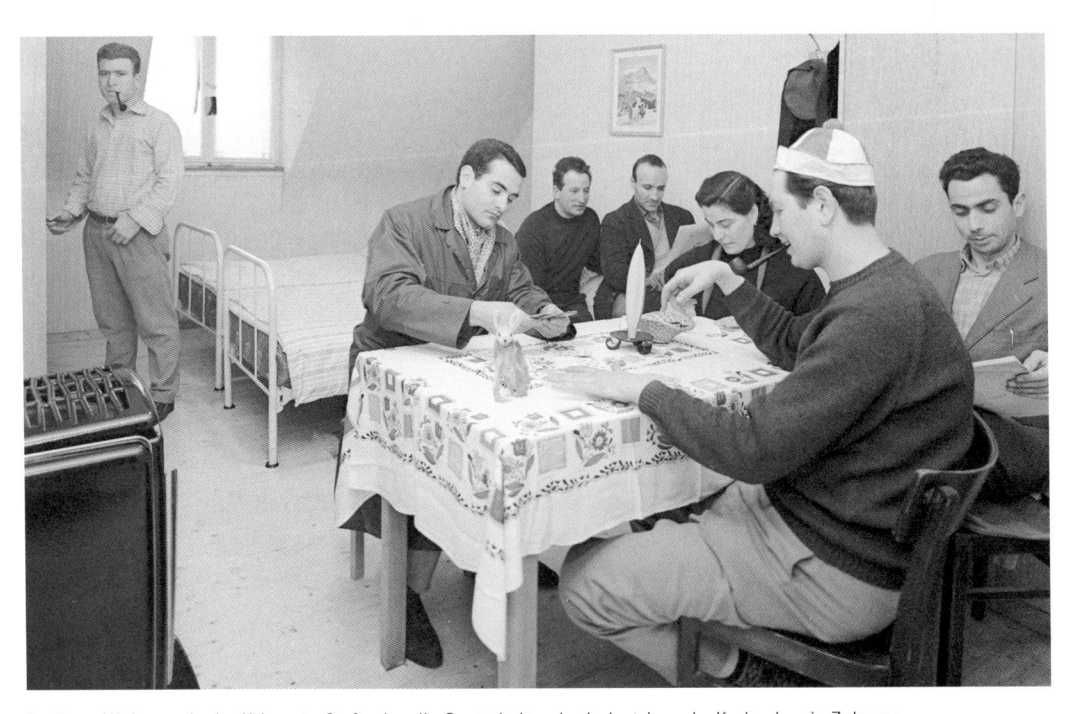

In dieser Wohnung in der Kriegsstraße fanden die Gastarbeiter der Industriewerke Karlsruhe ein Zuhause.

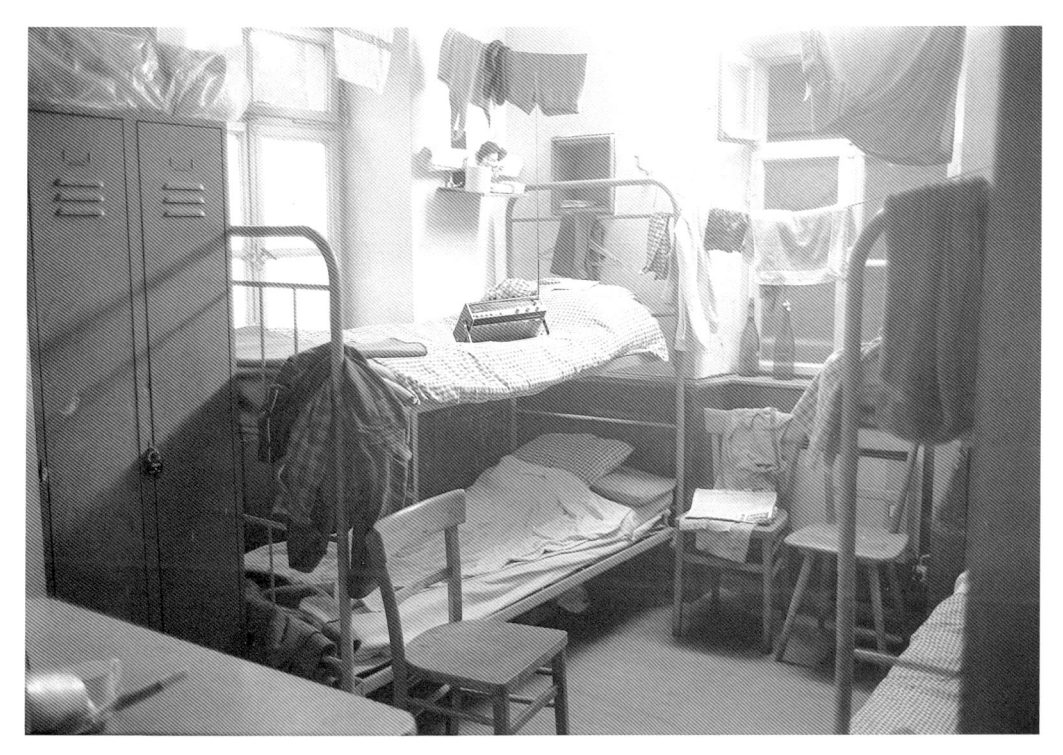

Selbst 1971 scheuten sich manche Unternehmer nicht, ihre Arbeiter in solchen Quartieren unterzubringen. Die Aufnahme zeigt eine Gastarbeiterunterkunft der „Deutschen Asphalt" im ehemaligen Gasthof „Zum schwarzen Adler" in Daxlanden.

und 30 Männer in drangvoller Enge und bei völlig unzureichenden sanitären Verhältnissen hausen müssen. […] ‚Lieber sterbe ich in meiner Heimat an Hunger, als hier länger leben zu müssen', klagte uns ein der Verzweiflung naher Italiener." Und der Autor mahnt in Anspielung auf die NS-Zeit: „Solche Fremdarbeiterquartiere sind eine Schande!", denn „was sie einmal mit heimnehmen sind auch Erinnerungen und sehr kritische Wertungen über die Deutschen. Sie sollten nicht unnötig belastet werden." In demselben Artikel stellten die BNN eine Wohnung für mehrere Gastarbeiter der Industriewerke Karlsruhe in der Kriegsstraße als positives Beispiel vor.[44]

Soweit die Stadtverwaltung Kenntnis von Missständen hatte schritt sie auch ein. In der Südstadt mussten z. B. nach dem Bekanntwerden von üblen Missständen ganze Häuser, mit denen die Besitzer satte Renditen von den Gastarbeitern erwirtschaftet hatten, auf Anordnung des Bauordnungsamtes abgerissen werden.[45] Verbesserungen musste die Stadt aber auch selbst auf Drängen des Gemeinderats und Stadtpfarrers Gerhard Leiser in ihren Gastarbeiterunterkünften in der Zähringerstr. 1 und 3 vornehmen. Die Zahl von 140 Schlafstellen musste den Räumlichkeiten entsprechend reduziert werden.[46] Gerhard Leiser wies aber auch darauf hin, dass der Schutz der Gastarbeiter vor Ausbeutung und schlechter Unterbringung durch die Vermieter schwierig sei, da diese von sich aus möglichst einfache und billige Unterkünfte suchen würden. Gegen einen privaten Vermieter der 1970 in der Oberfeldstraße in 21 Räumen von 64 Mietern 3.703 DM Monatsmiete „erwirtschaftete" wurde ein Verfahren wegen Mietwucher eingeleitet.[47] Und 1971 machte die Presse mehrere Fälle unzumutbarer Unterbringung öffentlich – in Daxlanden eine überbelegte ehemalige Gastwirtschaft mit unzureichenden Sanitäranlagen, in Hagsfeld die überbelegte Baracke einer Baufirma und in Durlach-Aue die überbelegte Unterkunft einer Gärtnerei mit Gastarbeitern für die keine Steuern und keine Rentenbeiträge abgeführt wurden.[48] In einem Leserbrief unterstrich der Verein türkischer Arbeitnehmer diese unhaltbaren Zustände, sprach zudem von anderen Misshelligkeiten, denen Gastarbeiter durch Arbeitgeber und Behörden ausgesetzt seien und schloss mit dem Appell: „Wir wollen die Öffentlichkeit und alle zuständigen Behörden noch einmal daran erinnern, dass auch ein Gastarbeiter ein Mensch ist."[49]

Dass für die Gastarbeiter und speziell ihre würdige Unterbringung noch einiges getan werden müsse, betonten alle Teilnehmer – nur die Arbeitgeber hatten abgesagt – einer von den BNN im September 1971 veranstalteten Diskussion. Dies galt auch drei Jahre später noch als die Befragung der Gastarbeiter ergab, dass immer noch 6 % der an der Befragung teilnehmenden ausländischen Arbeitnehmer über keine eigene Toilette verfügten, 37 % kein Bad bzw. keine Duschgelegenheit und 7 % keine Kochmöglichkeit hatten. 7 % der Gastarbeiterunterkünfte hatten überhaupt keine Heizung und 41 % waren nur teilweise beheizbar. Und 25% der Haushalte mit sechs und mehr Personen lebten in Wohnungen mit weniger als 50 Quadratmetern.[50] 71 % der befragten Gastarbeiter lebten 1974 in Mietwohnungen, die sie zu 84 % als gut bzw. befriedigend einstuften. Unzufrieden waren dennoch 48 % wegen der zu kleinen Wohnung, wegen eines fehlenden Bades oder der zu hohen Miete. Als Tendenz formulierte die Studie das Bestreben, die Wohnqualität zu verbessern je länger die Aufenthaltsdauer währt und die Absicht besteht, Familienangehörige nachkommen zu lassen.

Da die Ansprüche an die Wohnungsausstattung bei den Gastarbeitern erst allmählich wuchsen, kam es in allen Städten zur selben Problemlage: „Ausländische Arbeitnehmer und Ihre Familien konzentrierten sich vorwiegend auf jene Wohngebiete, die wegen ihrer veralteten bzw. schlechten Bausubstanz, der unzureichenden sanitären Ausstattung der Wohnungen und einer mangelhaften Infrastruktur von deutscher Wohnbevölkerung teilweise schon verlassen wurden."[51] In Karlsruhe lagen die von den Gastarbeitern bevorzugten Wohnquartiere 1974 in der Innenstadt-Ost (dem „Dörfle") mit 21,7 % Ausländeranteil, der Südstadt mit 17,4 %, der Innenstadt-West mit 14,5 %, Hagsfeld mit 13,4 % und Knielingen mit 12,4 %. Betrachtet man nur die absoluten Zahlen, so war die Reihenfolge Südstadt 2.697 Gastarbeiter, Durlach-Aue 2.578, Weststadt 2.465 und Mühlburg 2.269.[52]

Beratung und Betreuung

Nach der Einschätzung des Landesarbeitsamtes von 1960 bedurften die italienischen Arbeiter – und das galt genauso für die später kommenden Arbeiter anderer Nationen – der Betreuung und Beratung. Im Ergebnisprotokoll einer Besprechung im Arbeitsamt von Januar 1960 heißt es: „Die italienischen Arbeitskräfte seien Menschen aus einem anderen Lebenskreis mit anderen Lebensgewohnheiten, die sich auf die Verhältnisse in unserem Land zuerst umstellen müssen, die Heimat und Familie vermissen und die für jede menschliche Hilfe dankbar sind. Je leichter sich die Eingewöhnung ... gestaltet, umso leichter geht auch die Eingewöhnung am Arbeitsplatz vor sich; dies wiederum verbessert

Aufnahme von der Eröffnungsfeier des „Centro Italiano" im Luisenhaus in der Scheffelstraße am 15. April 1961.
Vorne links die erste Betreuerin des Caritasverbandes Maria de Nigris.

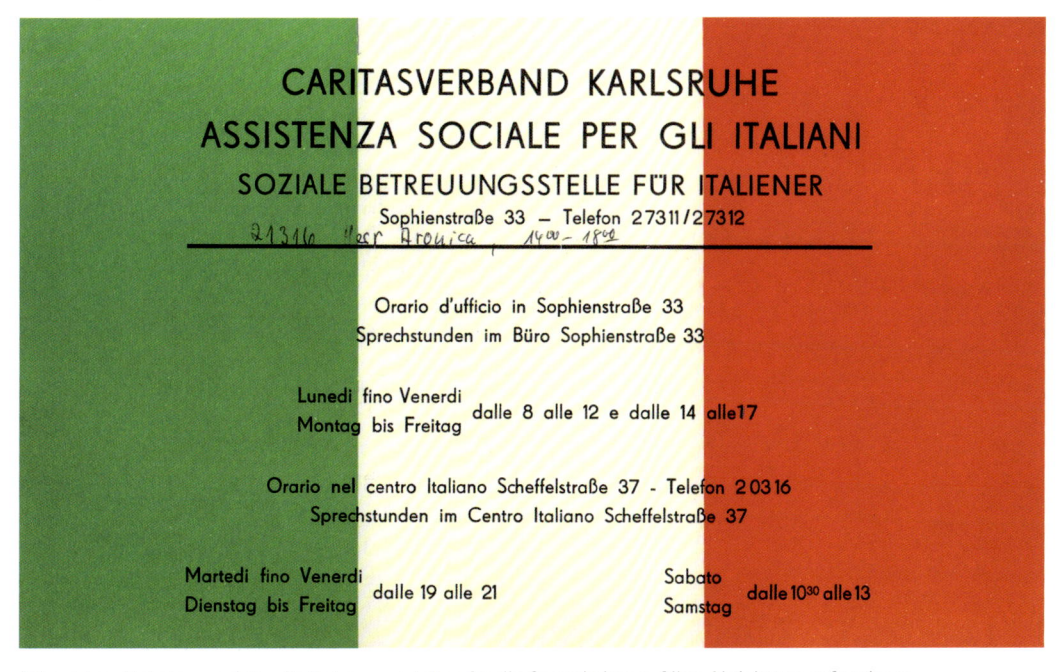

CARITASVERBAND KARLSRUHE
ASSISTENZA SOCIALE PER GLI ITALIANI
SOZIALE BETREUUNGSSTELLE FÜR ITALIENER
Sophienstraße 33 – Telefon 27311/27312

Orario d'ufficio in Sophienstraße 33
Sprechstunden im Büro Sophienstraße 33

Lunedi fino Venerdi
Montag bis Freitag   dalle 8 alle 12 e dalle 14 alle17

Orario nel centro Italiano Scheffelstraße 37 - Telefon 2 03 16
Sprechstunden im Centro Italiano Scheffelstraße 37

Martedi fino Venerdi
Dienstag bis Freitag   dalle 19 alle 21   Sabato
                                                   Samstag   dalle 10³⁰ alle 13

Mit solchen Plakaten machten die Betreuungsstellen für die Gastarbeiter auf ihre Aktivitäten aufmerksam.

GASTARBEITER UND GASTARBEITERINNEN

Weihnachtsfeier im Griechischen Zentrum 1968.

Blick in die Beratungsstelle für türkische Gastarbeiter in der Kronenstraße 1969.

die Leistungsfähigkeit der italienischen Arbeitskräfte in den Betrieben." [53] Diese weniger humanitäre als mehr ökonomische Begründung der Betreuungsmaßnahmen veranlasste in der Folgezeit das städtische Sozialamt immer wieder, auf die Verpflichtung der Arbeitgeber hinzuweisen, deshalb auch vorrangig selbst tätig zu werden. Im Oktober 1962 verlautete der Städtetag, dass „der Kommunalpolitiker und Verwaltungsmann einsehen muss, auch wenn es seinem funktionalen Denken schwer fällt, dass der Ausländer zuerst Mensch ist ..." [54] Es wurde also zumindest eine Mitverantwortung der Städte gesehen. Als Hauptträger menschlicher und seelsorgerischer Betreuung sah der Städtetag aber die christlichen Verbände der freien Wohlfahrtspflege, die sich schon in früherer Zeit auf diesem Feld große Verdienste erworben hätten. Diese hatten mit der Bundesregierung die Übernahme der Sozialberatung vereinbart.

Die wichtige Rolle der Betreuung der zumeist sprachlich nicht vorgebildeten und auf die Lebensweise einer Industriegesellschaft nicht vorbereiteten Gastarbeiter unterstrich 1975 auch die Karlsruher Gastarbeiterstudie. Neben der Arbeitsverwaltung, die für die Probleme am Arbeitsplatz zuständig sei, hätten die karitativen Verbände umfangreiche Aufgabe übernommen.

Wie überall kam es dabei auch in Karlsruhe zu einer Arbeitsteilung: Der Caritasverband betreute die mehrheitlich katholischen Italiener, Spanier und Kroaten, das Diakonische

Werk kümmerte sich um die Griechen und die Arbeiterwohlfahrt um die mehrheitlich muslimischen Türken und Jugoslawen. Inhalte der Betreuungstätigkeit waren, wie die Praxis schnell zeigte, zunächst Arbeitsverträge, Aufenthaltsbewilligung, Lohn, Kranken- und Sozialversicherung, die Anerkennung beruflicher Ausbildung oder Weiterbildungen.[55] Ein besonderes Problem stellte die berufliche Anerkennung durch die Deutschen dar, denn die Deutschen schätzten die Arbeit der Gastarbeiter weniger und traten ihnen gegenüber zum Teil auch arrogant auf. Die Caritas z. B. betreute in den Jahren 1965 bis 1969 durchschnittlich knapp über 10.000 italienische und spanische Gastarbeiter. Mit dem verstärkten Familiennachzug kamen u. a. die Themen Wohnungsvermittlung vor allem für kinderreiche Familien, Kindergeld, Jugendschutzgesetz, BAföG, Ehegesetz, Kindergartenplätze und Schulpflicht hinzu. Zu den ersten Betreuerinnen der Italiener zählte die gebürtige Ettlingerin Maria de Nigris, die 32 Jahre in Bari gelebt hatte. „Sehr temperamentvoll," – so stellten sie die BNN vor – „erfüllt von ihrer Mission, beliebt und geschätzt bei ihren Landsleuten ... will sie den Söhnen ihrer italienischen Wahlheimat helfen, wo es nur geht."[56] 1964 beschäftigte die Caritas bereits drei Mitarbeiter. Ansprechpartnerin für die Griechen war Sofia Gakis, die in Österreich Germanistik studiert hatte und 1969 nach Karlsruhe gekommen war.[57]

Vielen Deutschen fiel das „Herumlungern" der Gastarbeiter in und bei den Bahnhöfen unangenehm auf. Dabei wurde nur allzu gerne übersehen, dass dies nur eine Flucht aus den unwohnlichen Unterkünften und Folge mangelnder sonstiger Freizeitangebote war. So wurde die Freizeitgestaltung durch die Schaffung spezieller Clubräume und die Veranstaltung von Festen, Weihnachtsfeiern und kulturellen Darbietungen eine wichtige Aufgabe.[58] Deshalb schufen die Caritas in Karlsruhe 1961 das „Centro Italiano", 1963 das „Centro Espagnol", das Diakonische Werk 1965 das Griechische Zentrum und 1966 wurde mit Hilfe der Arbeiterwohlfahrt ein Türkisches Zentrum eröffnet. Von der Lokalpresse als „Inseln der Heimat" apostrophiert, boten sie neben Beratungsstunden auch Sprachkurse, den Gedankenaustausch mit anderen Gastarbeitern, die Lektüre heimischer Tageszeitungen und Zeitschriften, durch Fernseher und Plattenspieler die Möglichkeit Filme zu schauen und Musik aus der Heimat zu hören. Sie waren somit auch eine „Zuflucht" vor der Ausnutzung von „Unkenntnis und Not, Sprachschwierigkeiten und Unbeholfenheit".[59]

Im „Centro Italiano" meldeten sich bereits in der ersten Woche 150 Italiener zu Deutschkursen an. 23.000 Italiener und Spanier betreute der Caritasverband 1964 in den Gemeinschaftsräumen und 1965 wurden 120 Gottesdienste und 430 Veranstaltungen, wie Filmvorführungen oder Gemeinschaftsabende für ausländische Mitbürger, organisiert. 1965–69 wurden durchschnittlich ca. 800 Behördengänge der Caritas-Mitarbeiter für die Ratsuchenden registriert. 1967 ermöglichte der Caritasverband im „Centro Italiano" den Bau einer Espressobar mit Büffet und Küche.

1971 schließlich richtete die Karlsruher Deutsch-Italienische Gesellschaft ein Kultur- und Schulungszentrum ein, das auch Gastarbeitern für den Deutschunterricht offen stand. Die Stadt Karlsruhe sah diese Bemühungen wie andere Städte zwar nicht als ihre Aufgabe an, erfüllte aber dennoch Hilfeersuchen für die Einrichtung der Zentren und zahlte als freiwillige Leistung allerdings nur geringfügige jeweils von der Zahl der Gastarbeiter abhängige Zuschüsse zwischen 700 DM und 4.200 DM jährlich für die laufende Betreuungsarbeit der Hilfsorganisationen.[60] Die Gastarbeiter selbst ergriffen zudem für ihre Freizeitgestaltung die Initiativen zur Gründung eigener Vereine. Bis

1974 entstanden unter anderen eine jugoslawische Fußballmannschaft beim FC Nordwest, eine kroatische Instrumentalgruppe, der spanische Club de Amiga, ein Verein türkischer Arbeitnehmer, ein türkischer Sportverein und ein türkisch-islamischer Verein.[61]

Bei der Befragung der Gastarbeiter 1974 hielten 68 % der Befragten die Betreuungsstellen für ausreichend. Dagegen wünschten 77 % eine Vermehrung des Freizeitangebots. Dabei standen Versammlungsräume an der Spitze, gefolgt von Sportplätzen, Büchereien/Lesestuben und Kinos. Auffallend war bei den Ergebnissen, dass Gastarbeiter mit guten Deutschkenntnissen überdurchschnittlich oft mehr Sportstätten und Büchereien wünschten, während bei denen mit schlechten Sprachkenntnissen Versammlungsräume und Gaststätten favorisiert wurden.[62]

Sprachkenntnisse und Verhältnis zu den Deutschen

Ausreichende Sprachkenntnisse, darauf wurde bei vielen Anlässen und auch in Interviews von Gastarbeitern und -arbeiterinnen selbst immer wieder verwiesen, galten sowohl für die Bewältigung des Alltags mit der einheimischen Bevölkerung wie mit deutschen Dienststellen und darüber hinaus für berufliches Fortkommen und damit sozialen Aufstieg und Anerkennung durch die Kollegen als entscheidende Voraussetzung. Von der Eröffnung des neuen türkischen Zentrums berichteten die BNN 1969: „Aus all dem Lob über die Tüchtigkeit türkischer Arbeiter, das vom Arbeitsamt, Firmen und Arbeiterwohlfahrt gemeinsam gespendet wird, dringt doch immer wieder Bedauern über die geringen Deutschkenntnisse durch. So wird z. B. in der Metallindustrie der Einsatz bei der Produktion von Einzelteilen oft deshalb unmöglich, weil es dazu erforderlich ist, nicht nur die Zeichnungen zu lesen, sondern auch schriftliche Anweisungen zu befolgen."[63] Sprachkenntnisse könnten zudem verhindern, dass Gastarbeiter betrügerischen Unternehmern und eigenen Landsleuten zum Opfer fallen. In der Rückschau betont ein 1966 als 17-jähriger nach Karlsruhe gekommener Sizilianer: „Der Weg aus der Isolation konnte nur die Sprache sein."[64] Ein anderer, der erste türkische Handwerksmeister in Baden-Württemberg, meinte: „Die erste Generation hatte es schon sehr schwer, weil sie es nicht für nötig befunden hatten, die Sprache zu lernen."

Die bei der Befragung ermittelten Selbstauskünfte der Karlsruher Gastarbeiter ergaben, dass 62 % über gute bis ausreichende Sprachkenntnisse verfügten. Das scheint allerdings etwas zu hoch, zumal für das gesamte Bundesgebiet 1971 ein Anteil von 68 % mit wenig oder gar keinen Deutschkenntnissen ermittelt wurde. Darauf verweist auch die Angabe von über der Hälfte der Befragten, grundsätzlich an deutschen Sprachkursen und an beruflicher Fortbildung interessiert zu sein.[65] Der Spracherwerb führte zumeist über Kontakte im Alltag, für Kinder in der Schule und für Erwachsene am Arbeitsplatz. In den 2009 geführten Interviews mit früheren Gastarbeitern wird keine Klage über das Verhältnis zu den Deutschen geführt. Vielmehr wird auf Hilfsbereitschaft und Freundlichkeit am Arbeitsplatz oder in der Nachbarschaft verwiesen. Ein italienischer Interviewpartner führte allerdings aus, dass die Integration nicht einfach gewesen sei. „Es gab immer Möglichkeiten dieses Ausländersein einen auch spüren zu lassen, letztendlich hat man das auch heute noch." Damals habe man Schimpfwörter wie „Spaghettifresser, Itaker, Kanake und Partisan immer wieder gehört." Er habe übrigens erst nach einiger Zeit begriffen, dass Partisan ein Schimpfwort war. Deshalb habe man sich auch in der Gruppe mit eigenen

In Durlach-Aue ging die Italienerin Comita (vorne rechts) 1961 in die Grundschule.

Landsleuten „besser gefühlt, sicher gefühlt und irgendwie geborgener."[66]

Die freundliche Behandlung durch die deutsche Bevölkerung bestätigen 79 % der Befragten 1974. Dass das Verhältnis zwischen Gastarbeitern und deutscher Bevölkerung dennoch nicht spannungsfrei war, offenbart die einleitende Feststellung zum Abschnitt „Soziale Integration" der Gastarbeiterumfrage. Nach dem Verweis auf die Herkunft der Gastarbeiter aus stark in der Tradition verwurzelten Agrargebieten und auf den völlig anders gearteten Lebensrhythmus in industrialisierten Gesellschaften heißt es: „Ein hohes Maß an Verhaltensunsicherheiten und Verhaltensspannungen belasten daher ihren Umgang mit der Deutschen Bevölkerung von vornherein, ehe sich Vorurteile, diskriminierende Einstellungen und Handlungsweisen der letzteren hinzugesellen." In die Zukunft gerichtet wird deshalb formuliert: „Sowohl wirtschaftliche als auch und vor allem humanitäre Gründe ... machen Bemühungen unumgänglich, die eine Anpassung der ausländischen Arbeitnehmer an die gesellschaftlichen Rahmenbedingungen des Gastgeberlandes zum Inhalt haben. Neben ihrer arbeits- und sozialrechtlichen Gleichstellung haben die ausländischen Arbeitnehmer in jedem Fall ein Anrecht auf ausreichende Lebensbedingungen und auf einen Abbau der teilweise nicht zu übersehenden Benachteiligungen in Wirtschaft und Gesellschaft."[67] In den Karlsruher Leitlinien zur Integration liest sich das 33 Jahre später deutlich verändert: „Integration zielt auf die gleichberechtigte Teilhabe der Zuwanderer am wirtschaftlichen und gesellschaftlichen, politischen und kulturellen Leben unter Respektierung der jeweiligen kulturellen Eigenart."[68]

Im Kulturzentrum der Deutsch-Italienischen Gesellschaft betreute die Lehrerin Maria Almendola 1971 Gastarbeiterkinder bei der Erledigung der Hausaufgaben.

*Familiäre Verhältnisse
und Schulbesuch der Kinder*

„Die soziale Integration der ausländischen Arbeitnehmer wird nicht selten dadurch beeinträchtigt, dass verheiratete Personen von ihrem Ehepartner und Eltern von ihren Kindern getrennt leben. Bei der hohen Bedeutung, die dem Familienverband in den meisten Herkunftsländern zukommt, sind die daraus resultierenden seelischen Belastungen, welche die Anpassung der Gastarbeiter an die deutschen Lebens- und Arbeitsbedingungen erschweren, nicht zu unterschätzen. Die Probleme der Familienzusammenführung dürfen deshalb nicht nur unter dem Aspekt der sozialen Infrastruktur des Gastgeberlandes gesehen werden. Die Bereitstellung angemessenen Wohnraums und die Versorgung mit Plätzen an Kindertagesstätten müssen vielmehr Bestandteil der Bemühungen sein, den ausländischen ‚Bürgern auf Zeit' menschlich vertretbare Aufenthaltsbedingungen zu gewährleisten." [69]

Das war 1975 noch lange nicht erreicht und in den Jahren davor stellte das familiäre Zusammenleben für die Gastarbeiter ein Problem dar. 80 % der Befragten waren 1974 verheiratet, aber davon lebten nur 77 % mit ihren Ehepartnern und ihren Kindern zusammen. Dementsprechend konzentrierte sich ein Großteil des Nachholbedarfs auf ein oder zwei noch in der Heimat lebende Kinder unter 15 Jahren.[70]

Neben der beengten Wohnraumsituation lagen die Probleme darin, dass in 42 % der Fälle beide Eltern berufstätig waren, aber nur 32 % der Kinder unter sechs Jahren einen Kindergarten- oder Krippenplatz hatten, wobei nicht zu klären war, ob dies am unzureichenden Angebot oder am Willen der Eltern lag. Nur 15 % der schulpflichtigen Kinder hielten sich tagsüber in einem Kinderhort auf. Von den verbleibenden befanden sich tagsüber mehr als die Hälfte bei nicht berufstätigen Elternteilen, Verwandten oder Bekannten. Knapp ein Drittel hielt sich alleine in der Wohnung auf und gut 10 % wurde von einer deutschen Gastfamilie betreut. Weitaus am schlechtesten stellte sich die Situation für die türkischen Kinder dar, die zu 41 % sich selbst überlassen blieben.[71]

Im Schuljahr 1973/74 besuchten 1.569 ausländische Schüler und Schülerinnen die Karlsruher Grund-, Haupt- und Sonderschulen. Trotz bestehender Schulpflicht gingen etwa 15–20 % der Kinder, das waren zwischen 276 und 408 Kinder, gar nicht zur Schule. Die Frage nach dem Besuch weiterführender Schulen wurde nicht untersucht.[72] Aber bereits 1979/80 verzeichnet die Schulstatistik neben 2.241 ausländischen Grund-, Haupt- und Sonderschülern 1.075 ausländische Schüler an weiterführenden Schulen, darunter 354 an Realschulen und Gymnasien und 559 an Berufschulen.[73]

Großen Wert legten die Eltern in der Umfrage auf den heimatsprachlichen Unterricht, worin die Bewahrung der nationalen Wurzeln und deren Weitergabe an die Nachkommen Ausdruck findet. Allerdings stellte das Gutachten fest, dass diese Wünsche zu hoch gesteckt seien. In den Grund- und Hauptschulen gab es insgesamt nur sechs internationale Klassen, in denen italienisch, spanisch oder griechisch unterrichtet wurde. Zudem diente dieser muttersprachliche Unterricht durch Lehrer aus dem Herkunftsland hauptsächlich dazu, die deutsche Sprache zu lernen, damit die Kinder möglichst rasch in Klassen der Schule ihres Wohnbezirks eingegliedert werden konnten.[74]

Eine gründliche Ausbildung der Gastarbeiterkinder, vor allem die Überwindung der Sprachbarriere, sahen die Gutachter zu Recht als unabdingbar an für eine gesellschaftliche Anpassung der Ausländerkinder. „Eine unzureichende Einbeziehung der in wachsendem Ausmaße bereits im Bundesgebiet geborenen Ausländerkinder in das deutsche Schulsystem brächte die Gefahr mit sich, durch die Heranbildung eines Subproletariats den Nährboden für schwerwiegende soziale Konflikte zu schaffen."[75] Welche Probleme sich hier bereits andeuten, zeigt der Befund von 1980, wonach drei Viertel aller 15–24-jährigen Gastarbeiterkinder keinen Hauptschulabschluss hatten.[76]

Inwieweit darin auch Identitätskrisen der Gastarbeiter der zweiten Generation ihren Ausdruck fanden, kann hier nicht beantwortet werden. Deutlich wird aber aus den Erfahrungen in den Beratungsstellen und den Interviews mit ehemaligen Gastarbeitern, dass die Entscheidung nach dem Anwerbestopp von 1973, in Deutschland zu bleiben, Probleme mit sich brachte. Fragen nach der eigenen Identität wurden gestellt: Wo bin ich zuhause? Wo sind meine Wurzeln? Wie kann ich zwei Kulturen in mein Leben integrieren?[77] Für die ältere Generation war zumeist klar, dass sie nach den Arbeitsjahren in Deutschland ihren Lebensabend in den eigenen Immobilien in den Heimatländern verbringen würden. Manche jedoch hielten die Kinder und Enkelkinder, die in Deutschland aufwuchsen, davon ab für immer zurückzukehren. Sie führen wie viele der zweiten Generation ein Doppelleben, fühlen sich in zwei Kulturen zuhause. Sie leben gerne in Karlsruhe fühlen sich aber nicht als Deutsche, sondern betonen Europäer zu sein.[78]

Der Anwerbestopp von 1973

Die mehrfach zitierte Karlsruher Untersuchung zu den hier lebenden Gastarbeitern aus dem Jahr 1974 ist Ausdruck der intensiveren Beschäftigung mit dem Problemfeld, das die Ausländerbeschäftigung den Kommunen zunehmend bereitete. Sie muss aber auch gesehen werden vor dem Hintergrund der Sorge der Verantwortlichen in Wirtschaft und Behörden, dass die Ausländerbeschäftigung die Gefahr einer sich verstärkenden finanziellen Belastung in sich berge. Der auch in Karlsruhe beobachtete Familiennachzug, der steigende Anteil der Frauen an den Erwerbstätigen wie die zunehmende Zahl nichterwerbstätiger Ausländer und vor allem die immer länger werdende Aufenthaltsdauer war für diese Befürchtungen der Auslöser. Mit Beginn der 1970er Jahre hatte die Diskussion über Vor- und Nachteile der Ausländerbeschäftigung begonnen. Es entstand die Sorge, dass die Gastarbeiter die wichtige Funktion des Puffers auf dem Arbeitsmarkt in einer Rezession durch ihre Rückkehr in die Heimat nicht mehr erfüllen könnten. Seit 1970 bestand für Angehörige von Staaten der Europäischen Gemeinschaft die Freizügigkeit der Arbeit. Von diesem Recht, sich Arbeit überall in der EG suchen zu können, waren etwa 500.000 Italiener betroffen. 1971 trat zudem eine Arbeitserlaubnisverordnung in Kraft, die all jenen, die bereits fünf Jahre im Land gearbeitet hatten, unabhängig von der Entwicklung des Arbeitsmarktes eine Arbeitserlaubnis für weitere fünf Jahre gewährte. Das galt für weitere 400.000 ausländische Arbeitskräfte, so dass fast 40 % der ausländischen Arbeitnehmer durch Entzug der Arbeitserlaubnis nicht mehr zur Rückkehr in ihre Heimatländer gezwungen werden konnten.[79]

Die Arbeitgeberverbände sahen die Schwelle erreicht an der eine ursprünglich sinnvolle Maßnahme wirtschafts- und arbeitspolitisch uneffizient wird. In der Wirtschaftspresse war dazu in ungeschminkter und auch diskriminierender Deutlichkeit zu lesen: „Der nicht integrierte, auf sehr niedrigem Lebensstandard vegetierende Gastarbeiter verursacht relativ geringe Kosten von vielleicht 30.000 DM. Bei Vollintegration muss jedoch eine Inanspruchnahme der Infrastruktur (Wohnraum, Kindergarten- und Schulbesuch, öffentliche Einrichtungen, Sozialkassen) von 150.000 bis 200.000 DM je Arbeitnehmer angesetzt werden."[80] Seitens der Regierung sah man ebenfalls in der Zahl und der Aufenthaltsdauer der Gastarbeiter Ursachen für deren abnehmende regionale Mobilität, außerdem könnten arbeitssparende Investitionen unterbleiben und es entstünden erhöhte Belastungen der Infrastrukturen.

Nachdem das von den Arbeitgeberverbänden vorgeschlagene „Rotationsprinzip", der automatische Rückkehrzwang nach wenigen Jahren, von den Unternehmern wegen der Kosten der immer neuen Einarbeitung abgelehnt worden war, wurde am 23. November 1973 mit dem „Anwerbestopp" der anhaltende Zustrom von Gastarbeitern aus nicht EG-Ländern beendet. Es waren also die seit Beginn der 1970er Jahre anhaltenden Kosten-Nutzen-Überlegungen, die zu diesem Schritt führten. Die neuerliche konjunkturelle Krise in der Folge des Ölboykotts der arabischen Ölstaaten von 1973, war dagegen nicht die Ursache für den Anwerbestopp, sondern nur willkommener Anlass, öffentliche Diskussionen im Keim zu ersticken. Ganz in diesem Sinne schrieb die Frankfurter Rundschau: „So verderben die Araber mit ihrem Ölboykott auch so manchem muslimischen Glaubensbruder den Traum vom Taxibetrieb in Istanbul."[81]

Der Anwerbestopp war auf den ersten Blick erfolgreich. Die Zahl der Gastarbeiter ging bundesweit von 1973 bis 1979 von 2,6 auf 1,8 Millionen zurück. Dennoch lebten 1980 eine Million Ausländer mehr in der Bundesrepublik als 1972, darunter vor allem verstärkt Frauen und Kinder. In Karlsruhe sank die Zahl der Gastarbeiter bis 1977 um knapp 10 %, um dann wieder anzusteigen und 1981 mit 17.844 die Zahl von 1973 zu übertreffen. Bereits 1975 war der Anteil der Frauen und Kinder gegenüber 1973 von 34,7 % auf 38,6 % bzw. von 20,4 % auf 25,4 % gestiegen.[82] Offensichtlich hatte der

Anwerbestopp, der die Gastarbeiter abrupt vor die Alternative „Gehen oder Bleiben" stellte, bei vielen Gastarbeitern die Entscheidung zu bleiben verusacht, um eine drohende berufliche Dequalifikation im Heimatland und eine Minderung des inzwischen erreichten Lebensstandards zu vermeiden. Verbunden mit der Entscheidung zu bleiben, war die Realisierung des Familiennachzugs.[83] Sie zogen nun aus den Gemeinschaftsunterkünften in Wohnungen, richteten sich also auf Dauer in der Bundesrepublik ein, die Verbindungen zur Heimat begannen sich zu lockern, was vor allem für die Kinder und speziell für die hier geborenen Kinder galt. Damit aber war, wie die Zahlen der Ausländerentwicklung zeigen, das zentrale Anliegen des Anwerbestopps verfehlt worden.

Bilanz und Ausblick

Die Hoffnungen der Entsendeländer, mit dem Export von Arbeitskräften den heimischen Arbeitsmarkt zu entlasten, erfüllten sich nur marginal. Sie gerieten jedoch durch die Rückwandererwellen etwa 1966/67 in Abhängigkeit von der Konjunktur des Aufnahmelandes Deutschland. Auch die Hoffnungen auf einen Nutzen der beruflichen Qualifizierung der Rückkehrer erfüllten sich kaum. Da die beruflichen Qualifikationen der Rückkehrer nicht adäquat genutzt wurden, blieben Modernisierungsschübe in den Entsendeländern aus. Einzig für Jugoslawien und die Türkei verbesserten die Überweisungen der Gastarbeiter an ihre Familien zu Hause die Handelsbilanz ein wenig.[84]

In der westdeutschen Gesellschaft war die Anwerbung von Gastarbeitern bis zum Beginn der 1970er Jahre völlig unumstritten. Nicht nur Wirtschaft und Staat, sondern auch Millionen deutsche Arbeitnehmer profitierten durch sozialen Aufstieg von jenen, die schwere, gesundheitsgefährdende und schmutzige Arbeit zu geringen Löhnen verrichteten. Die Deutschen betrachteten die Gastarbeiter als flexibel einsetzbare „Wachstumsmotoren ohne Folgekosten".[85] Mit dem letztlich erfolglosen Anwerbestopp wurde nun auf einmal deutlich, dass diese Prämissen nicht mehr stimmten, dass sich niemand darüber Gedanken gemacht hatte, was getan werden müsste, wenn die Gastarbeiter nicht mehr gebraucht würden. Die Langzeitwirkungen der Beschäftigung ausländischer Arbeitskräfte, sie begannen sichtbar zu werden.

Mit dem Wandel der Arbeitsaufenthalte zu Daueraufenthalten verbunden mit dem Familiennachzug war Deutschland zum Einwanderungsland geworden, d. h. die Zahl der Zuwanderer übertraf dauerhaft die der Auswanderer. Als Eingeständnis der Konzeptlosigkeit der Bundesregierungen angesichts dieser unerwarteten Lage mag die Einschätzung des Arbeitsministeriums von 1976 stehen: „Die Hoffnung nach der die Bundesregierung mit einem Abbau der Ausländerbeschäftigung auch die Probleme der Eingliederung lösen wollte, (haben sich) nicht erfüllt. Es ist im Gegenteil zu weiteren Fehlentwicklungen gekommen. Zu den Problemfeldern der heutigen Ausländerpolitik gehören ... der Familiennachzug, die Geburtenentwicklung, die Ghettobildung, die soziologische Umschichtung der Stadtbevölkerung, Schul- und Berufsprobleme sowie Rechts- und Statusunsicherheit."[86] Mit dem aus heutiger Sicht seit 1973 zu konstatierenden objektiven Einwanderungsprozess war aus der Beschäftigung von Gastarbeitern und Gastarbeiterinnen eine Vielzahl von langfristig wirkenden, kostenintensiven und sozial brisanten Folgeproblemen entstanden.

DANKWART VON LOEPER

Asylsuchende
Behördliche Betreuung und ehrenamtliche Unterstützung

„Eine Zeit lang hatte ich gehofft, dass ich wieder nach Karlsruhe zurückgehen kann. Diese Stadt hat mir bis jetzt am besten gefallen. Dort habe ich Freunde und es gibt mehr Möglichkeiten für einen Jugendlichen als in einer Kleinstadt ... Vielleicht hätte ich sogar auf eine Schule gehen können. Aber ein Wechsel nach Karlsruhe war nicht möglich, weil die Behörden es nicht zugelassen haben."[1] Dieses Zitat eines damals 14-jährigen liberianischen Flüchtlingskindes macht deutlich, wie positiv Karlsruhe von manchen Flüchtlingen – für viele die erste Station ihres Exils in Deutschland – gesehen wird.

Viele Flüchtlinge, die ihre Heimat oft unter dramatischen und traumatisierenden Bedingungen verlassen hatten und meist unter existentieller Spannung und Not standen, erlebten ihre Situation in dieser Stadt allerdings nicht nur positiv, sondern oft auch durchaus zwiespältig und hart. Dies war zum einen den bundesdeutschen Gesetzen geschuldet, die ab 1980 zunehmend restriktiver wurden, zum anderen landespolitischen Regelungen, die oft für Deutschland eine – für die Flüchtlinge zumeist negative – Vorreiter-Rolle spielen sollten.

Dieser Beitrag versucht, die Entwicklung der Asylsituation der letzten dreißig Jahre in Karlsruhe nachzuzeichnen, muss aber notgedrungen immer wieder auf bundesweite Entscheidungen und Debatten Bezug nehmen.

Denn nur wenige Politikbereiche waren und sind so von den Rahmenbedingungen geprägt wie die Asylpolitik. Die bundesdeutschen Gesetze wurden in Bonn und werden in Berlin gemacht, landesweit gültige Verordnungen und Gesetze sind Angelegenheiten der Landesregierung in Stuttgart. Und doch ist gerade die Stadt Karlsruhe häufig in diesem Zusammenhang – positiv wie negativ – besonders in Erscheinung getreten. Einige asylpolitische Strategien wurden in Karlsruhe zum ersten Mal erprobt und vollzogen – nicht ohne starken Widerstand bei den Betroffenen und Engagierten hervorzurufen. Und auch das zivilgesellschaftliche Engagement entwickelte sich in Karlsruhe in besonderer Weise. Trotz aller Hinweise auf Gesetze, Verordnungen sowie innere und äußere Debatten soll der Versuch unternommen werden, immer wieder die Betroffenen selbst, die schutzsuchenden Flüchtlinge, in den Mittelpunkt zu rücken und ihre besondere Situation zu beleuchten.

Ein schlichter Satz – und die Folgen

Seit Gründung der Bundesrepublik hatte sich die Zahl der Asylsuchenden bis in die späten 1970er Jahre in extrem niedrigen Größenordnungen bewegt. Zwar hatten die Mütter und Väter des Grundgesetzes in Art. 16 den schlich-

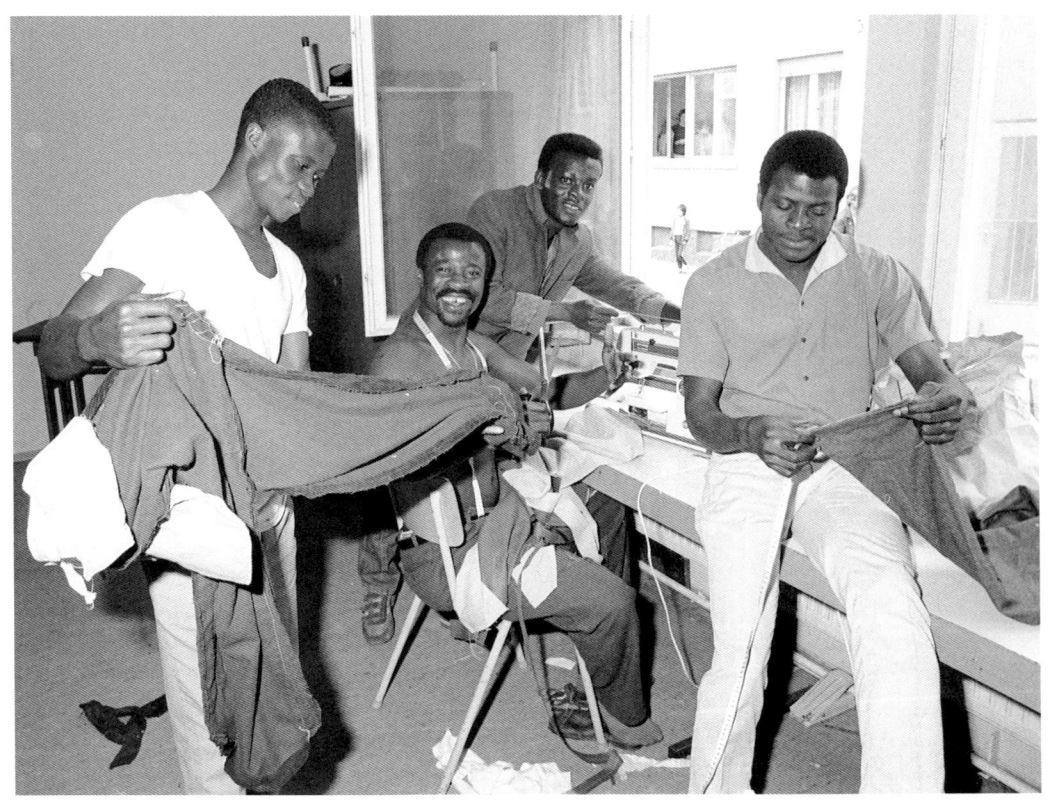

Eine der wenigen Beschäftigungsmöglichkeiten in der überfüllten Zentralen Aufnahmestelle für Asylbewerber in der Wolfartsweiererstraße: Das Ausbessern der eigenen Kleidung, Aufnahme von 1985.

ten aber folgenreichen Satz verankert: „Politisch Verfolgte genießen Asyl." Dies war eine Lehre aus den schrecklichen Erfahrungen des Dritten Reiches und der daraus resultierenden besonderen Verantwortung Deutschlands. Viele Verfolgte hatten aus Deutschland fliehen müssen und – wenigstens zum Teil – in anderen Ländern Asyl gefunden. Bei einer Weihnachtsfeier für Asylbewerber 1981 wies der damalige Regierungspräsident Trudpert Müller auf diesen Umstand hin: „Wir Deutsche wissen sehr gut, was Asyl heißt."[2] Doch als Flüchtlinge wurden seit 1945 vor allem die aus ehemals deutschen Gebieten Geflohenen bezeichnet. Asylsuchende gab es noch sehr wenige. So wurden z. B. 1975 deutschlandweit nur 9.627 Asylbewerber gezählt, eine Zahl die 1979 auf 51.495 anstieg. Durch den Militärputsch in der Türkei, die Kriege und kriegsähnlichen Auseinandersetzungen in Sri Lanka, Afghanistan und Äthiopien erreichte die Zahl der Asylbewerber 1980 einen ersten Höhepunkt von bundesweit 107.818, gemessen an der Bevölkerungszahl eine verschwindend kleine Gruppe. Gleichzeitig sank die Zahl der Gastarbeiter, bedingt durch den Anwerbestopp, geringfügig. Waren vorher die Gastarbeiter im Zentrum der politischen Wahrnehmung und oft genug der Anfeindung gestanden, so rückten nun mehr und mehr die Asylsuchenden in den Blickpunkt der Öffentlichkeit und mussten deren Rolle als angefeindete Gruppe übernehmen.

Sri Lanka, Afghanistan, die Türkei und Äthiopien, also genau jene Länder, aus denen die meisten Flüchtlinge kamen, wurden 1980 mit einem Visumszwang belegt, was eine reguläre Einreise nach Deutschland faktisch unmöglich machte. Um Flüchtlinge, denen man in erster Linie ein wirtschaftliches Interesse unterstellte, möglichst von der Flucht nach Deutschland abzuhalten, wurde ebenfalls 1980 ein einjähriges Arbeitsverbot für Asylbewerber verhängt. 1981 wurde dieses Arbeitsverbot für alle Flüchtlinge, die nicht aus dem Ostblock stammten, sogar auf zwei Jahre ausgeweitet. Das im Jahr 1980 erlassene Beschleunigungsgesetz übertrug die Entscheidung für einen Asylantrag einem Einzelbeamten des Bundesamtes und beseitigte die Widerspruchsmöglichkeiten.

Karlsruhe – erste Station für viele Flüchtlinge

Im Zentrum der Entwicklungen und politischen Auseinandersetzungen in Karlsruhe steht zunächst ein Gebäudekomplex in der Wolfartsweierer Straße: die Zentrale Anlaufstelle für Asylbewerber (ZASt), deren Aufgabe später und bis zum heutigen Tag die so genannte Landesaufnahmestelle (LASt) in der Durlacher Allee übernimmt.

In den 1980er Jahren nutzte die Stadt zunächst die in relativ schlechtem Zustand befindlichen, 1952 als Flüchtlingsdurchgangslager errichteten Häuserblocks nahe dem zu dieser Zeit noch als Ruine da stehenden Schloss Gottesaue. Im Juli 1983 vereinbarten die Stadt Karlsruhe und das Land Baden-Württemberg den Wiederaufbau der Schlossruine Gottesaue bis 1987, wobei das Flüchtlingslager in diesem Zusammenhang störte. Die ZASt und andere Häuser sollten nach 1993 abgerissen werden. Die bis dahin genutzten Baulichkeiten hatten zunächst Flüchtlingen u. a. aus der DDR und seit den 1970er Jahren Aussiedlern als Notquartier gedient. Schon damals galt das Lager mit 600 Menschen als überbelegt. 1979/80 wurden die alten Wohnblocks notdürftig als Flüchtlingslager für maximal 700 Asylbewerber umgebaut. Befanden sich dort im Oktober 1980 rund 230 Asylbewerber, so war das Lager zu Höchstzeiten im September 1985 mit bis zu 1.200 „Bewohnern" völlig überbelegt.

Als Konsequenz auf die steigenden Antragszahlen hatte die baden-württembergische Landesregierung 1980 die „Kasernierung von Asylbewerbern in der zentralen Anlaufstelle in Karlsruhe" beschlossen. Nur so, definierte der „Leiter der für Asylantenfragen zuständigen Abteilung des Regierungspräsidiums Karlsruhe, Regierungsdirektor Bernd Aker, sei das Ziel erreichbar, die Wirtschaftsflüchtlinge zugunsten der wirklich politisch Verfolgten zurückzudrängen."[3]

Mit dieser Entscheidung wurde die ZASt in Karlsruhe für alle Asylbewerber in Baden-Württemberg zur ersten, oft entscheidenden Station. Die Flüchtlinge empfanden die Kasernierung auf ein paar Quadratmetern, das Ausgeliefertsein in einer fremden, abweisenden Umwelt und die rigide Verwaltung als zusätzliche Härte. Soziale Aspekte und besondere Bedürfnisse von Frauen, Kranken oder allein ankommenden Kindern fanden keine Berücksichtigung. Um die Not zu lindern und eine Erstberatung zu ermöglichen, beschloss das Diakonische Werk Karlsruhe 1980 mit einer Sozialbetreuung in das Lager zu gehen. Eine Arbeit, die 1991 unter Protest eingestellt werden musste, weil das Land Baden-Württemberg eine Ausstattung dieser Sozialbetreuung mit ausreichenden Stellen und ihre Finanzierung verweigerte.

Die Kasernierung, aber auch das damit einhergehende Arbeits- und Kochverbot, das Sachleistungsprinzip und das Nichtverlassendürfen des engeren Stadt- oder Landkreisbezirkes (Residenzpflicht) waren dezidiert als Abschreckungsmaßnahmen gedacht. Der damalige Leiter der Karlsruher ZASt gab dies gegenüber einer offiziellen Politiker-Delegation nach einer Meldung der Badischen Neuesten Nachrichten offen zu: „Allein schon dieses Arbeitsverbot, so erklärte Wack den Besuchern, wäre das geeignete Mittel den Asylantenstrom einzudämmen. Man habe dieses Verbot im Ausland offensichtlich bereits registriert. Die Tatsache, dass die Sozialhilfe nur noch in Form von Sachleistungen, also mit Lebensmitteln und Kleidern, gewährt würde, könne „potentielle Einwanderer" in beträchtlichem Maße abschrecken."[4] Dies wurde auch vom damaligen Ministerpräsidenten des Landes, Lothar Späth, als großer Erfolg gefeiert: „Die Zahl der Asylbewerber ist erst gesunken, als die Buschtrommeln signalisiert haben: Geht nicht nach Baden-Württemberg, dort müsst ihr ins Lager."[6]

Baden-Württemberg als Vorreiter

Baden-Württemberg hatte mit solchen Abschreckungsmaßnahmen die Quote der Asylbewerber, gemessen an der gesamten Bundesrepublik, von 25 % im Jahre 1980 auf rund 7 % im Jahr 1982 gedrückt. Das 1982 beschlossene und – von Lothar Späth heftig bekämpfte – ab 1. Januar 1983 gültige neue Asylverfahrensgesetz sah aber vor, dass der „Königsteiner Schlüssel" auch auf die Verteilung der Flüchtlinge anzuwenden sei. Dieser Schlüssel besagte, dass Baden-Württemberg zu dieser Zeit 15,2 % aller eintreffenden Asylbewerber aufnehmen musste (heute 12,8 %).

Da man angesichts wieder steigender Flüchtlingszahlen das Asylverfahren weiter beschleunigen wollte, wurde 1982 in Karlsruhe die erste Außenstelle des in Zirndorf ansässigen Bundesamtes für die Anerkennung ausländischer Flüchtlinge (später: Bundesamt für Migration und Flüchtlinge) errichtet. Der Migrationsforscher Franz Nuscheler schreibt dazu: „Das Asylverfahrensgesetz von 1982 beschleunigte die Gerichtsverfahren und schränkte das Grundrecht auf körperliche Unversehrtheit ein. Gleichzeitig verfügte es die Regel-Unterbringung in Gemeinschaftsunterkünften und schränkte die Bewegungsfreiheit auf den Bezirk der zuständigen Ausländerbehörde ein."[6] Auch in Karlsruhe wurde diese Regelung als ein wesentlicher Beitrag zur Beschleunigung des bislang bis zu sechs und mehr Jahren dauernden Instanzenweges durch die Gerichte eingeschätzt. Der Redakteur der „Badischen Neuesten Nachrichten" (BNN) Horst Koppelstädter sah das so: „Mussten die Asylbewerber bislang nach ihrer Registrierung in der Zentralen Anlaufstelle Karlsruhe nach Zirndorf fahren, entscheidet heute der Bundesbeamte Jürgen Sonnenberg vor Ort innerhalb weniger Tage. Mit einem kurzen Draht zum Leiter der Zentralen Anlaufstelle, Johannes Wack, werden damit viele bürokratische Wege eingespart".[7]

Bis 1983 war die Zahl der Asylsuchenden bundesweit wieder auf unter 20.000 gesunken. Dies lag an den 1982 eingeführten bundesweiten Verschärfungen. So wurde die Drittland-Regelung beschlossen, die besagt, dass Flüchtlinge, die „anderweitigen Schutz" haben, an der Grenze zurückgewiesen werden können. Bundesweit wurden die in Karlsruhe bereits praktizierte Residenzpflicht, die Zwangsverteilung in andere Bundesländer, die Unterbringung in Gemeinschaftsunterkünfte und das Sachleistungsprinzip eingeführt. In diesem Zusammenhang erhielten Asylbewerber keine Sprachkurse mehr finanziert, da ihre Integration nicht erwünscht war.

Chaotische Situation in der ZASt

Die für die Flüchtlinge äußerst belastende räumliche Enge und die schlechten hygienischen Bedingungen wurden im Jahr 1985 immer eklatanter. Im September 1985 war die ZASt mit etwa 1.100 Bewohnern völlig überbelegt. Schockiert zeigte sich der Landtagsabgeordnete der Grünen, Thilo Weichert, bei einem Besuch in der ZASt über die „katastrophalen Zustände." Es werde deutlich, dass die Sammellager-Konzeption keine Abschreckungswirkung habe und den Asylbewerber-Zugang nicht stoppe. Thilo Weichert: „Damit bricht die Asylpolitik der Landesregierung wie ein Kartenhaus in sich zusammen."[8] Vermehrt kam es im Lager zu Rangeleien, tätlichen Auseinandersetzungen, ja sogar ein Todesfall war am 6. September 1985 zu beklagen. Die BNN titelten am 9. September 1985: „Gegensätze bringen Asyl-Zeitbombe zum Explodieren." Ein Reporter der Wochenzeitung „Die Zeit" hielt fest: „Bis zu acht Personen hausen heute in einem 20-Quadratmeter-Zimmer – einem Hund stehen nach dem Tierschutzgesetz sechs Quadratmeter zu. Kinder schlafen bei ihren Eltern, denn es gibt nur 900 Pritschen. Je 14 Bewohner teilen sich eine Toilette. 21 Duschen sind installiert, die Hälfte außer Betrieb, der Schimmel gedeiht prächtig. ... Die Menschen im Lager haben keinen Raum für sich, dürfen nicht arbeiten, nicht reisen, wissen heute nicht, wo sie morgen sein werden."[9]

Flüchtlings-Engagierte greifen ein

Aber es entwickelte sich auch Gegenwehr. Zahlreiche Asylbewerber traten in den Hungerstreik und bewirkten, dass der Beauftragte des Hohen Flüchtlingskommissars René van Rooyen das Lager besuchte. Auch die Kirche schaltete sich lautstark in die Diskussion ein: „Wenn wir als Kirche zur gegenwärtigen Situation schweigen, machen wir uns mitschuldig an der wachsenden Ausländerfeindlichkeit

Gegen die Zustände in der Zentralen Anlaufstelle protestierten im September 1985 neben den Iranern (Foto) auch Asylbewerber aus Bangla Desh und Indien mit einem Hungerstreik.

und dem Versuch, unsere sozialen Probleme wie die Arbeitslosigkeit wieder einmal auf dem Rücken von Minderheiten auszutragen", so der damalige evangelische Dekan Hans-Joachim Mack. Die Pfarrer sollten in Gottesdiensten und Kreisen auf die wachsende Diskriminierung von Asylbewerbern hinweisen. Kritik übte das evangelische Dekanat vor allem an der Landesregierung, die von der Möglichkeit der Zuweisung von Asylbewerbern erst jetzt und viel zu spät Gebrauch gemacht habe. „Die Kampagne der letzten Wochen gegen die Asylbewerber stellt so den Versuch dar, von Versäumnissen abzulenken und den Schwarzen Peter den Asylbewerbern zuzuschieben unter dem Motto: Wenn sie sich ordentlich verhalten würden, wären Maßnahmen wie der Polizeieinsatz nicht nötig." [10]

Unterstützung fanden die Flüchtlinge durch die „Grüne Liste" im Karlsruher Gemeinderat, wo sich besonders Aune Riehle und Renate Rastätter für sie engagierten. Eine Gruppe von Bürgerinnen und Bürgern, darunter viele junge Leute, gründete den „Freundeskreis für Asylbewerber Karlsruhe e.V." (später „Freundeskreis Asyl Karlsruhe e.V."). Anfang 1985 wurde die Arbeit mit einer wöchentlichen Teestube für Flüchtlinge und mit gelegentlichen Infoständen in der Stadt begonnen. Ziel ist, „mit Asylsuchenden für ihre Rechte und menschenwürdige Behandlung einzutreten". Neben der Öffentlichkeitsarbeit und Solidarität mit den Flüchtlingen stand am Anfang vor allem der Gedanke, die Flüchtlinge aus dem Getto in der Wolfartsweierer Straße herauszuholen und ähnlich der Erfahrungen in vielen Herkunfts-

Informationsveranstaltung des Freundeskreises für Asylbewerber beim Parkhotel (heute Queens Hotel).

ländern von Flüchtlingen Gastfreundschaft zu demonstrieren. So entstand die permanente Teestube, anfangs in Räumen der Katholischen Pfarrei St. Bernhard, später, als das Flüchtlingslager mit dem Neubau an die Durlacher Allee umzog, über viele Jahre hinweg in der Ev. Gottesauer-Pfarrei in der Haizingerstraße. Mit den Jahren und weiteren Anforderungen entwickelte sich das Angebot des Vereins immer weiter. Die Teestube als niederschwelliges Angebot für Flüchtlinge gibt es bis heute im Menschenrechtszentrum. Heute gehört zum Angebot u. a. eine Verfahrensberatung für Flüchtlinge sowie finanziert durch die Ev. Landeskirche Baden auch eine Rechtsberatung.

Die Öffentlichkeits- und Lobbyarbeit für Flüchtlinge wurde 1985 immer dringlicher, da einzelne Medien und Politiker immer stärker eine Angst vor dem „Ansturm der Armen" verbreiteten. Auch in Karlsruhe wurde im Umfeld der ZASt eine fremdenfeindliche Stimmung provoziert, indem Unterschriften gesammelt und mit einer Bürgerwehr gedroht wurde.[11]

Zum Jahreswechsel 1985/86 mahnte Günter Knappe in den BNN: „Es ist eine Herausforderung an die Christen, in einem zunehmend begrenzten Lebensraum die Türen für Heimatlose offen zu halten. Die Situation der Asylanten in Karlsruhe im Jahr 1985: Hoffnung, Resignation und Aggression. Die Reaktion in der Bevölkerung: Toleranz, Hilflosigkeit, Ablehnung"[12]

Die Not wurde größer

Immer stärker rückte ein Neubau als „Anlaufstelle für eine neue und bessere Zukunft"[13] in den Blickpunkt. Der Appell von Gemeinderat und Stadtverwaltung an das Land, die nach Karlsruhe kommenden Flüchtlinge menschenwürdig unterzubringen, zeigte Erfolg. Das Land Baden-Württemberg prüfte einen Neubau des völlig verrotteten Lagers.

Die Flüchtlings-Engagierten forderten hingegen eine dezentrale Unterbringung, da große Lager zu einem Getto zu werden drohten.

Im August 1986 entschied die Landesregierung, die Ausländerbehörde der Stadt Karlsruhe zur zentralen Bearbeitungsstelle von Folgeanträgen abgelehnter Asylbewerber für das gesamte Bundesland zu machen. Für Oberbürgermeister Seiler kam diese Entscheidung „überraschend, aber nicht unvorbereitet."[14] Die städtische Polizeibehörde könne dies mit dem bereits vorhandenen Personal bewältigen. Die Stadt leiste „mit ihrer Kooperationsbereitschaft einen Beitrag zur Lösung eines immer drängender werdenden Problems."[15]

Ein Vertrag mit der DDR schloss 1986 das so genannte „Berliner Loch", das viele Asylsuchende zur Einreise nach West-Berlin und damit in das Bundesgebiet nutzten, nachdem andere Einreisemöglichkeiten durch Visumszwang erschwert worden waren. „Diese Vereinbarung", schrieb Franz Nuscheler, „kam einem asylrechtlichen Mauerbau gleich, weil auch nach einem Urteil des Bundesverwaltungsgerichtes die Inanspruchnahme des Asylrechts das Erreichen des Asyllandes voraussetzt."[16]

Ein auf fünf Jahre verlängertes Arbeitsverbot für Asylbewerber, weitere Verschärfung der Regelungen für die Unterbringung in Gemeinschaftsunterkünften sowie der ausdrückliche Ausschluss der Anerkennung von Asylanträgen, die sich auf Notsituationen oder kriegerische Auseinandersetzungen berufen, erschweren das Leben der Asylsuchenden und erhöhten die Hürden für eine Anerkennung.

Die Not der Flüchtlinge in der Karlsruher ZASt wurde in Folge dessen immer größer. Eine ärztliche Versorgung der vielfach kranken und traumatisierten Menschen fand kaum statt. Im Februar 1987 sollten nach einer Mitteilung des Regierungspräsidiums zwei Ärz-

1990 konnte der Neubau der Zentralen Anlaufstelle an der Durlacher Allee östlich der Bahnlinie fertig gestellt werden. Er bot über 800 Menschen Platz.

tinnen für täglich zwei Stunden einen Sprechstundenbetrieb aufnehmen. Sie durften jedoch nur eine „Erstversorgung" abdecken.[17]

Um die Öffentlichkeitsarbeit und die Flüchtlingssolidarität auf breitere Schultern zu stellen, initiierte der „Freundeskreis Asyl" Mitte 1987 den Karlsruher Flüchtlingsrat. Neben dem „Freundeskreis Asyl" wurde der Flüchtlingsrat Karlsruhe als loser Zusammenschluss von 13 weiteren Organisationen getragen. In diesem koordinierten die Beteiligten ihre Arbeit für die Flüchtlinge. Ende November 1987 erfuhr der Flüchtlingsrat von dem Plan der Stadt, die ZASt an den heute nicht mehr existierenden Gaskessel hinter dem Messplatz zu verlegen. In einem Brief an den Planungsausschuss des Gemeinderats wurde insbesondere die isolierte und lärmbelastete Lage kritisiert und eine Unterbringung in intakten Wohngebieten gefordert.

Mitte Dezember 1987 beschloss der Gemeinderat mit den Stimmen von CDU, SPD und FDP die Änderung des Flächennutzungsplanes für den ZASt-Neubau. Oberbürgermeister Seiler wies jegliche Kritik mit dem Hinweis auf den nur kurzen Aufenthalt der Flüchtlinge im Lager zurück. Dies sollte sich jedoch als trügerisch erweisen. Bereits im April 1988 informierte das Stuttgarter Innenministerium auf Anfrage über die Aufenthaltsdauer der Flüchtlinge in der ZASt. Am Stichtag 15. März 1988 lebten 689 Personen durchschnittlich seit 2,2 Monaten dort, ein Flüchtling sogar seit 22 Monaten.

Im Dezember 1988 erteilte die Stadt der Landesentwicklungsgesellschaft (LEG) die Baugenehmigung unter Befreiung vom geltenden Bebauungsplan, der soziale Einrichtungen in diesem Gebiet ausschloss. Im Januar 1989 wurde mit dem Bau begonnen.

Zwischen Anfeindung und Solidarität

In der aufgeheizten Stimmung dieser Jahre geriet das im Grundgesetz verankerte Asylrecht immer stärker unter Druck. Die Asylpolitik insgesamt wurde, so Franz Nuscheler, „zu dem am heftigsten umstrittenen innenpolitischen Thema in der Bundesrepublik. ... Gleichwohl bleibt zu konstatieren, dass sich die Zuwanderung von Asylsuchenden insgesamt etwa in den gleichen Größenordnungen bewegte wie die Zuwanderung von Ausländern auf dem Wege des Familiennachzugs in den späten 70er Jahren und keineswegs jene horrenden Dimensionen erreichte, wie sie in der öffentlichen Debatte zuweilen suggeriert wurden. ... Waren es bis Mitte der 80er Jahre vor allem Menschen aus den Kriegsgebieten Afrikas und Asiens sowie aus der Türkei, die hier um Asyl nachsuchten, veränderte sich die Situation seit der zweiten Hälfte des Jahrzehnts dramatisch. Fortan kam die Mehrzahl der Asylsuchenden aus Osteuropa sowie aus dem vom Bürgerkrieg heimgesuchten Jugoslawien. ... ‚Asylpolitik' wurde ... für viele Deutsche zum Symbol für den bis dahin vielfach noch zurückgehaltenen Verdruss über die Zuwanderung überhaupt, über die vermeintliche Privilegierung anderer und die sozialen Schieflagen im Gefolge der Wirtschaftskrise der frühen 80er Jahre generell."[18]

Ende 1988 entstand das Begegnungs- und Beratungszentrum für Flüchtlinge (BBF) aus dem Zusammenschluss verschiedener ehrenamtlicher Initiativen in der evangelischen Kirche. Treibende Kraft waren dabei Heidi Meier-Menzel und Christoph Schneller, die die Arbeitskreise zusammenschlossen, die sich in der Synode der evangelischen Kirche schwerpunktmäßig mit der Situation ausländischer Flüchtlinge beschäftigten. Das neu geschaffene BBF kümmerte sich vornehmlich um Asylbewerber, die nicht in der ZASt untergebracht waren, sondern in der Stadt lebten. Zweite Zielgruppe waren die abgelehnten Asylbewerber, die so genannten De-Facto-Flüchtlinge, die lediglich ein Bleiberecht besaßen. Sie waren zwar nicht als Asylberechtigte anerkannt, sie konnten aber dennoch nicht abgeschoben werden, da sie in ihrem Heimatland direkt bedroht waren. Diese Menschen durften nicht arbeiten und mussten tagtäglich im Ungewissen leben. Hans-Peter Karl, der Leiter des Diakonischen Werkes, schilderte dies so: „Sie dürfen keine Arbeit annehmen und auch keine Ausbildung beginnen. ...Diese Leute gehen psychisch kaputt. Sie können hier unter diesen Auflagen keine Wurzeln schlagen und die aus der alten Heimat sind vielfach abgerissen."[19]

Das BBF erhielt eine Anlaufstelle in der Kronenstraße 23, später wurde dem BBF ein Haus in der Weststadt vermacht. In diesen Räumlichkeiten war lange das Ökumenische Migrationszentrum (ÖMZ) tätig, das gemeinsam von Caritas und Diakonie getragen wurde und heute in der Stephanienstraße in Karlsruhe lebende Migranten sowie deren Familienangehörige speziell auch zu Fragen der Rückkehr und Reintegration im Heimatland berät.

1989 wurde die legale Zuflucht nach Deutschland zunehmend erschwert. Für weitere 14 „Problemstaaten" – so werden die Hauptfluchtländer unter den Innenpolitikern bezeichnet – wurde Visumspflicht eingeführt, ebenso für Kinder unter 16 Jahren, die zuvor von der Visumspflicht ausgenommen waren.

Das Karlsruher Modell – ein Modell für Deutschland?

Zu diesem Zeitpunkt wurde in Karlsruhe asylverfahrensmäßig Geschichte geschrieben. Die räumliche und zeitliche Zusammenfassung des Verfahrens sollte eine Straffung der bislang mehrere Jahre dauernden Verfahren bewirken. Die beiden für das Asylverfahren verantwortlichen Behörden, die Karlsruher Ausländerbehörde, die zentral für ganz Baden-Württemberg zuständig war, sowie die erste und bis dato einzige Außenstelle des Bundesamtes für die Anerkennung ausländischer Flüchtlinge (BAFl) arbeiteten Hand in Hand. Sie waren Wand an Wand in einem Häuserblock direkt im Lager untergebracht und reichten die Akten durch eine in der Wand angebrachte Durchreiche – das so genannte „Karlsruher Loch" – weiter.

Flüchtlinge wurden durch dieses neue Verfahren ab Januar 1989 innerhalb weniger Tage von der Ausländerbehörde und im Anschluss, wenn die Ausländerbehörde den Antrag als begründet einstufte, durch das Bundesamt vor Ort angehört. Als „Karlsruher Modell" wurde dieses Verfahren bundesweit bekannt und bereits wenige Zeit später Grundlage für eine massive Gesetzesänderung. „Das Karlsruher Modell", so der Karlsruher Flüchtlingsrat in einer Erklärung vom 8. Juli 1989, „beinhaltet im Wesentlichen eine drastische Verkürzung des Asylverfahrens ... In der Praxis bedeutet dieses Vorgehen einen weiteren Schritt zur Aushöhlung des Asylrechts.... Das Karlsruher Modell muss daher als Instrument der Landesregierung begriffen werden, Flüchtlinge in Baden-Württemberg weiter zu entrechten, die Solidaritätsarbeit weitgehend zu verhindern und die Asylbewerber endgültig zum Objekt einer äußerst rigiden Asylpolitik zu machen." Auch Diakonie-Leiter Hans Peter Karl mahnte: „Die Zeiten dürfen nicht zu verkürzt werden, damit die, die es wirklich nötig haben, ein sorgfältiges Verfahren bekommen." [20]

Maiken Trilling, bei amnesty international und im Flüchtlingsrat aktiv (und später eine der Mitbegründerinnen des Menschenrechtszentrums) sprach in einem Gespräch mit den BNN über die Situation der Flüchtlinge: „Durch die Asylgesetzgebung hat sich deren Lage immer mehr verschärft. Gerade Baden-Württemberg hat dabei eine unrühmliche Vorreiterrolle gespielt. Unter anderem ging ja das Arbeitsverbot für Flüchtlinge von Baden-Württemberg aus. Momentan fallen die Flüchtlinge hinten runter. Sie haben noch weniger Lobby als zuvor. Die Ungleichheit gegenüber anderen Gruppen ist nicht zu übersehen. ...

Durch das so genannte Karlsruher Loch in der alten Landesaufnahmestelle in der Wolfartsweierer Straße wurden die Akten der Asylbewerber vom Zimmer der Karlsruher Ausländerbehörde an das Bundesamt für die Anerkennung ausländischer Flüchtlinge weitergeleitet, Aufnahme von 1989.

Wir sehen in diesem Karlsruher Modell ein Unterlaufen des Grundgesetzes auf Verwaltungsebene."[21]

Letztendlich führte die Beschleunigung des Verfahrens tatsächlich nicht zu einer schnelleren Entscheidung im Sinne einer humanen Asylpolitik, wie dies viele Wohlfahrtsverbände gehofft hatten. Im Gegenteil: eine schnellere Ablehnung und Abschiebung in die Verfolgerstaaten war die Folge. Am 1. Oktober 1989 trat das Karlsruher Modell bundesweit in Kraft. Die Asylverfahren wurden so beschleunigt, dass eine Information der Flüchtlinge über ihre Rechte nahezu unmöglich ist. Flüchtlingsräte und Asylinitiativen aus der ganzen Bundesrepublik lehnten das Verfahren „als weiteren Schritt zur praktischen Abschaffung des Asyls" ab.

Gleichzeitig trat in Baden-Württemberg das Asylbewerber-Unterbringungsgesetz in Kraft, das für die Asylbewerber in den Gemeinden zahlreiche Verschlechterungen brachte.

Flüchtlinge vor der alten Landesaufnahmestelle in der Wolfartsweierer Straße 1991.

Die Maueröffnung kommt – die alte ZASt bleibt

Dann kam die historischen Wende: die Mauer, die Ost- und Westdeutschland getrennt hatte, öffnete sich am 9. November 1989. Die Bundesrepublik Deutschland konnte ihre Festungsmentalität nicht mehr weiterführen. Die lang ersehnte Reisefreiheit war da, für Flüchtlinge bedeutete sie eine leichtere Einreise ins Zufluchtsland Deutschland. Die Zahl der Asylsuchenden, Aussiedler und Übersiedler Richtung Westen nahm infolgedessen erheblich zu.

Im November 1990 beschloss der Gemeinderat der Stadt Karlsruhe, dass die alte ZASt weiter bestehen sollte. Zwei Blocks seien grundlegend zu sanieren, bevor es für 500 Flüchtlinge wieder zur Verfügung gestellt würde. In einer „Dokumentation über die Zustände in der alten ZASt" vom Januar 1991, herausgegeben vom Freundeskreis Asyl und dem Flüchtlingsrat Karlsruhe, heißt es dazu: „Der eine Grund für eine weitere Benutzung des Lagers besteht in der Weigerung der Stadt, im Rahmen der Quotierung Flüchtlinge aufzunehmen. Jede andere Stadt Baden-Württembergs muss entsprechend einem Schlüssel eine bestimmte Anzahl von Flüchtlingen aufnehmen. Dieser Verpflichtung hat sich die Stadt durch die Zurverfügungstellung des Geländes für die ZASt entzogen. Mit dem Hinweis auf die Zuständigkeit des Landes weist sie jegliche Verantwortung für die Verhältnisse in den Lagern zurück. Der andere Grund besteht in der Zentralisierung des Asylverfahrens und dem so genannten ‚Karlsruher Modell', das eine Unterbringung in der ZASt für die Dauer der Antragstellung und der Anhörungen erzwingt. Im Zeitalter elektronischer Datenvernetzung wurde dieses Nadelöhr künstlich geschaffen. ... Zu der unhaltbaren baulichen, hygienischen und sanitären Situation in der alten ZASt kommt hinzu, dass die Flüchtlinge in der ohnehin äußerst schwierigen Lebenssituation völlig allein gelassen werden: sie haben keinerlei soziale Betreuung, keinen Aufenthaltsraum, kein Telefon, keine Gesundheitsversorgung für Notfälle, keine Information und keine Ansprechpartner. Die Flüchtlinge müssen im eingezäunten, von einer Wach- und Schließgesellschaft bewachten Ghetto leben, unter hygienischen Bedingungen, die Gefahr für Leib und Leben hervorrufen können. Selbst auf Flüchtlingsfamilien, hochschwangere Frauen, Kranke und Behinderte wird keine Rücksicht genommen. Bitten auf Verlegung werden abgelehnt. Durch das Arbeits- und Kochverbot sind die Flüchtlinge zur Untätigkeit verdammt. Die im Lager befindliche Teestube ist geschlossen, die erzwungene Sammelverpflegung nimmt immer noch nicht auf kulturelle und religiöse Gebräuche Rücksicht. Die Flüchtlinge können nicht zwischen Schweinefleisch und anderen Lebensmitteln wählen, selbst eine Auskunft über das Essen wird ihnen verwehrt. Mit dem Einzug in die ZASt sind die Flüchtlinge nahezu rechtlos. Das Bild einer verwahrlosten Verwahranstalt rundet sich hier ab."[22]

Unmissverständlich äußerte sich die Sozialbetreuung des Diakonischen Werkes, die inmitten der ZASt arbeitete: „Insgesamt könnten viele Probleme schneller bzw. einfacher gelöst werden, wenn die Zusammenarbeit mit den zuständigen Behörden und der ZASt-Verwaltung durch einen sachlicheren und kooperativeren Umgangsstil auch mit der Sozialbetreuung gekennzeichnet wäre. Es fehlt in der ZASt häufig an dem notwendigen Verständnis für die Belange Asylsuchender bzw. an der Bereitschaft, sich dafür einzusetzen. Gerade in letzter Zeit treten immer wieder Probleme zwischen bestimmten ZASt-Mitarbeitern und Asylsuchenden auf, für die man trotz der hohen Belastung aller in der ZASt Tätigen kein Verständnis mehr haben kann. Hier wünschen wir uns oft einen menschlicheren und besser qualifizierten Umgang mit Menschen, die als Asylsuchende in der ZASt angekommen sind, sowie auch mehr Akzeptanz und Unterstützung unserer Arbeit, vor allem im Interesse aller hier ankommenden ausländischen Flüchtlinge."[23]

Im Dezember 1990 zog die nun seit elf Jahren bestehende ZASt von der Wolfartsweierer Straße in ihre neuen Gebäude an der Durlacher Allee um. Wegen der großen Zahl der Asylbewerber blieben jedoch die alten Gebäude in der bisherigen Nutzung.

Flüchtlingszüge erreichen den Karlsruher Bahnhof

Bereits 1991 machte sich die politische Situation in Jugoslawien im Hinblick auf Flüchtlinge bemerkbar. Viele Menschen blieben bei der Auflösung des Staates auf der Strecke und flohen vor den teils kriegerischen Auseinandersetzungen. So entschieden sich viele junge Männer für die Flucht, weil sie sich nicht in einen Bürgerkrieg verwickeln lassen wollten, manche desertierten, um nicht auf eigene Landsleute schießen zu müssen. Viele Menschen flohen aus dem Kosovo, das unter der Herrschaft von Milosevic den Autonomiestatus verlor. Namentlich Minderheiten gerieten ins Räderwerk der Unterdrückung. Schon im Herbst 1991 flohen die ersten aus Bosnien-Herzegowina vor der drohenden Auseinandersetzung. Ab April 1992 begann der blutigste Krieg in Europa nach dem Zweiten Weltkrieg

Ankunft von Bürgerkriegsflüchtlingen aus Bosnien am Hauptbahnhof 1992.

in der Auseinandersetzung um Bosnien-Herzegowina. Millionen von Menschen wurden des Landes vertrieben, viele konnten sich nicht mehr rechtzeitig vor den Gräueltaten in Sicherheit bringen. Die meisten Flüchtlinge schafften es nur bis in den unmittelbaren Nachbarstaat. Die Flüchtlingslager in Kroatien waren überfüllt. Das offizielle Deutschland evakuierte in zwei Kontingenten jeweils 5.000 Flüchtlinge aus kroatischen Flüchtlingslagern per Zug und verteilte sie auf die Bundesländer. So kamen im Sommer 1992 auch im Karlsruher Hauptbahnhof Züge mit übermüdeten Flüchtlingen aus den kroatischen Elendslagern an.

Der Freundeskreis Asyl rief die Bevölkerung, mangels geeigneter staatlicher Vorkehrungen, zur Mithilfe auf und die Hilfswelle war riesig. Zahlreiche Helferinnen und Helfer kamen an den Hauptbahnhof, um die Flüchtlinge auf ihrem Weg in die ZASt zu begleiten, zu dolmetschen, Besorgungen zu machen.

„Dobro dosli – Herzlich willkommen" wurden die Flüchtlinge auf einem Transparent und über Durchsagen am Hauptbahnhof begrüßt. *„Otvorite granice za izbjeglice" (Öffnet die Grenzen für Flüchtlinge)* stand auf einem weiteren Transparent als Forderung. Denn nach wie vor mussten die Flüchtlinge sich heimlich über die Grenze nach Deutschland aufmachen, denn Visa erhielten sie nicht.

Eine überwältigende Unterstützung leisteten aber ehemalige Landsleute, die oftmals bis zum Letzten auf eigene Kosten Flüchtlinge beherbergten. Die deutschen Behörden verlangten für eine Duldung oder eine Aufenthaltsbefugnis die Kostenübernahme von den durch Arbeitsmigration in Deutschland lebenden Verwandten und Bekannten.

Mit der großzügigen Aufnahme von bosnischen Flüchtlingen brüsteten sich die deutschen Innenminister gerne, genauso gerne verschwiegen sie aber auch, dass viele der Flüchtlinge privat aufgenommen und finanziert wurden. Insbesondere das Team um Heidi Meier-Menzel im BBF unterstützte und begleitete viele bosnische Flüchtlinge. Dabei wurde immer deutlicher, wie viele der Betroffenen durch Folter, Vergewaltigung und Flucht stark traumatisiert waren und dass gerade bei ihnen in aller Regel keine Anerkennung als politisch Verfolgte zu erreichen war. Hier setzte ab 1995 insbesondere die Karlsruher Außenstelle des Behandlungszentrums für Folteropfer Ulm unter Leitung der Ärztin Dr. Uta Klee an, ab 2005 der Verein zur Unterstützung von traumatisierten Migranten als Karlsruher Nachfolgeorganisation.

Rechtsradikale Gewalt und die Folgen

Doch von diesen Notlagen wollten manche aus der Bevölkerung nichts wissen. Aufgehetzt von einer völlig verzerrenden Berichterstattung in einigen Medien und durch politische Instrumentalisierung, gab es an vielen Orten in Deutschland rechtsradikale Parolen, Übergriffe und Brandanschläge. Hoyerswerda und Rostock als Orte rechtsradikaler Gewalt gegen Flüchtlinge erlangten bundesweit traurige Berühmtheit. In Karlsruhe wurde am 3. Oktober 1991 auf die ZASt bzw. deren „Bewohner" ein Brandanschlag verübt.

1992 gab es mit bundesweit 438.191 Asylanträgen den höchsten Zugang von Flüchtlingen. Mehr als 250.000 Flüchtlinge kamen aus dem ehemaligen Jugoslawien, eine direkte Folge der dortigen kriegerischen Auseinandersetzungen. Unter diesen Eindrücken einigten sich CDU, FDP und SPD am 6. Dezember 1992 über weit reichende Gesetzesänderungen. Der so genannte Nikolauskompromiss enthielt eine grundlegende Veränderung des Asylverfahrens, die Einführung des Asylbewerberleistungsgesetzes und die Änderung des Grundgesetzes Artikel 16. Gegen die Grundgesetzänderung organisierte der Flüchtlingsrat Karlsruhe einen Protestumzug. Er trug eine überlebensgroße Flüchtlingsstatue durch die Karlsruher Innenstadt und band sie schließlich am Rondellplatz an die Verfassungssäule.

Für das Asylverfahren sollte ab 1993 das 6-Wochen-Modell gelten mit verkürzter Klage-

Protestumzug des Karlsruher Flüchtlingsrates 1992 mit einer „Flüchtlingsplastik" vor der Verfassungssäule am Rondellplatz gegen die Änderung des Grundgesetzartikels 16 (Asylrecht).

frist und allen beteiligten Behörden an einem Ort, teilweise inklusive der Verwaltungsgerichte. Alle Institutionen sollten möglichst in der Aufnahmeeinrichtung untergebracht sein, in der die Flüchtlinge für die Dauer des Verfahrens – bis zu 3 Monate – verbleiben sollten.

Was als „Karlsruher Modell" begann, endete in einer Änderung des Asylverfahrensgesetzes.

Auf lokaler Ebene begab man sich auf die Suche nach einem weiteren Standort für die zentrale Flüchtlingsaufnahme in Karlsruhe, denn durch den künstlich geschaffenen Flaschenhals und die vielen Kriegsflüchtlinge war das neu erbaute Lager an der Durlacher Allee zu klein geworden. Stadtteile, die als möglicher Standort für ein solches Lager in Frage kamen, wehrten sich in zum Teil tumultartigen Veranstaltungen gegen diese „Zumutung". In der Karlsruher Weststadt gründete sich eigens eine Aktionsgemeinschaft, um die Aufnahme von Flüchtlingen in der Grenadierkaserne zu verhindern. Mit Erfolg.

Doch nicht alle wollten diese Zunahme der Ausländerfeindlichkeit einfach hinnehmen. Am 20. Dezember 1992 beteiligten sich rund 120.000 Menschen an einer Lichterkette für Toleranz und gegen Ausländerfeindlichkeit.

Von der Mobilen Flüchtlingsberatung zum Menschenrechtszentrum

Um die Flüchtlinge direkt vor Ort zu beraten, entwickelte der Freundeskreis Asyl im November 1993 die bundesweit erste „Mobile Flüchtlingsberatung". In einem umgebauten Bus wurden Informationen über das Asylverfahren in den wichtigsten Sprachen der Herkunftsländer verteilt. Ziele waren erstmals unabhängige, nichtstaatliche Beratung im Asylverfahren, direkte Kontaktaufnahme mit Behörden im Bedarfsfall und Versorgung von Notfällen.

Doch die ständig wachsenden Aufgaben waren langfristig in einem beengten Bus nicht zu leisten. So entstand der Plan, gemeinsam mit anderen Menschenrechtsorganisationen, das bundesweit erste ehrenamtlich getragene Menschenrechtszentrum (MRZ) zu entwickeln. 1996 war es so weit. Gemeinsam mit amnesty international und dem Internationalen Jugend- und Kulturverein wurden Räumlichkeiten im leer stehenden ehemaligen „Agentenhaus" des Schlachthofes in der Durlacher Allee 66 angemietet. Einer der Mitbegründer war der unvergessene Mir Mohammedi, der sich besonders für Migranten und Flüchtlinge in Karlsruhe engagierte und nach dem der größte Raum im MRZ benannt ist (s. a. S. 172 ff., 194 ff.).

Mit dem MRZ bestand erstmals ein Ort, an dem Organisationen, die sich in Karlsruhe für die Menschenrechte engagierten, arbeiten konnten. Gleichzeitig sollte die Zusammenarbeit zwischen diesen Organisationen gestärkt und Lobbyarbeit für die Menschenrechte gemacht werden. „Karlsruhe", so heißt es in einer Erklärung des MRZ, „ist nicht der Nabel der Welt. Aber Menschenrechtsverletzungen gibt es auch hier. Und es leben hier Menschen, die solche Menschenrechtsverletzungen in anderen Ländern erleiden mussten. Für sie treten wir ein. Mit ihnen zusammen werden von hier aus erste Schritte der Hilfe und Unterstützung eingeleitet. ... Mit unserer Arbeit *wollen* wir etwas bewirken und *können* wir etwas bewirken. Auch – und nicht zuletzt – in den Köpfen der Karlsruher."[24]

Am 14. November 1997 beschloss der Landtag Baden-Württemberg das Gesetz über die Aufnahme und Unterbringung von Flüchtlingen (FLüAG). Es regelte die Zuständigkeit der Behörden wie auch die Kostenerstattung durch die oberste Landesbehörde (Innenministerium) für das Lager und u. a. den Raumbedarf von Flüchtlingen – erstmals wurde die Quadratmetergröße 4,5 qm pro Person gesetzlich

1996 bezog das Menschenrechtszentrum an der Durlacher Allee das ehemalige „Agentenhaus" des Schlachthofs.

zur Grundlage gemacht. Die Sozialbetreuung war nicht mehr an die Wohlfahrtsverbände gebunden, sondern in den Ermessensspielraum der Landkreise (resp. kreisfreien Städte) gestellt. Generell sah das Gesetz die Dreigliederung der Unterbringung vor: Aufnahmebehörde (Bezirksstelle f. Asyl), Regierungspräsidium als sachlich zuständig (wie bisher), die Landkreise (resp. Städte) als untere Aufnahmebehörde für die Lagerunterbringung in den Landkreisen respektive kreisfreien Städten. Die Quotierung der Unterbringung erfolgte nach Bevölkerungsanteil der Landkreise an der Gesamtbevölkerung des Landes Baden-Württemberg.

Karlsruhe erhielt eine „Anrechnung" der LASt von 50 %. Das Gesetz schrieb die Einrichtung von den Landkreisen unterstellten „Einrichtungen der vorläufigen Unterbringung" vor, d. h. Lager mit Kapazitäten von bis zu 500 Personen oder kleineren Einheiten, die sich aus der Größe der Landkreise ergaben. Seit dem 1. April 1998 muss nun auch die Stadt Karlsruhe ein kleines Kontingent Flüchtlinge in der Anschlussunterbringung aufnehmen.

Im Jahr 1999 gründeten viele ehrenamtlich Engagierte des früheren „Begegnungs- und Beratungszentrums" den Verein „Freunde für Fremde". Sie wollten Migrantinnen und Migranten darin unterstützen, sich hier einzuleben und dazu beitragen, dass aus Fremden Freunde werden. Im Internationalen Begegnungszentrum (ibz) wurden Beratung und auch Deutschkurse angeboten. Dies war dringend nötig, da Deutschland nach dem Kosovokrieg Flüchtlinge aus Flüchtlingslagern in Mazedonien aufnahm. So kamen auch Flüchtlinge über den Baden Airpark Söllingen in die LASt.

Die Flüchtlingspolitik entwickelte sich immer europäischer. Im Jahr 2005 erreichten die Zugangszahlen einen historischen Tiefststand, vom Innenministerium als großer Erfolg gefeiert. Die Ursache lag darin, dass auf Grund des so genannten Dublin II-Abkommens dasjenige europäische Land für das Asylverfahren zuständig war, in das der Flüchtling zuerst seinen Fuß gesetzt hatte. Auf Grund der Lage Deutschlands inmitten Europas ist es nahezu unmöglich geworden, in Deutschland Asyl zu beantragen.

Am 1. Januar 2005 trat das Zuwanderungsgesetz in Kraft, das eigentlich „Gesetz zur Steuerung und Begrenzung der Zuwanderung und zur Regelung des Aufenthalts und der Integration von Unionsbürgern und Ausländern" heißt. Es regelt wesentliche Teile des deutschen Ausländerrechts neu.

Ermutigende Entwicklungen

Um die dringend erforderliche Versorgung traumatisierter Migranten im nordbadischen Raum auch nach der Schließung der Karlsruher Nebenstelle des Behandlungszentrums Ulm zu gewährleisten, wurde Anfang 2005 der Verein zur Unterstützung traumatisierter Migranten gegründet. Der Verein arbeitet in der psychiatrischen Diagnostik und Teilen der Behandlung eng mit der Institutsambulanz der Psychiatrischen Klinik (PIA) Karlsruhe zusammen. Dem Verein geht es um die Förderung der ärztlichen und psychosozialen Versorgung traumatisierter Migranten. Dazu gehören insbesondere die Übernahme von nicht anderweitig gedeckten Kosten für Diagnostik, Behandlung und Beratung, einschließlich der Angehörigen des Migranten, für Dolmetscherdienste, für soziale Betreuung und Beratung und für die Kostenübernahme bei gutachterlichen Stellungnahmen im Aufenthaltsverfahren.

Über eine ebenfalls deutschlandweit vorbildliche Einrichtung verfügt Karlsruhe seit 2007. Jahrelang setzten sich regionale Flüchtlingshilfeorganisationen und Unterstützer aus politischen Gremien für eine angemessene Unterbringung von alleinreisenden jugendlichen Flüchtlingen ein. Ohne durchschlagenden Erfolg. Erst das Kinder- und Jugendhilfeentwicklungsgesetz (KICK), das im Oktober 2005 in Kraft trat, brachte die Wende. Seither ist das Jugendamt berechtigt und verpflichtet, ein Kind oder einen Jugendlichen in seine Obhut zu nehmen, wenn „ein ausländisches Kind oder ein ausländischer Jugendlicher unbegleitet nach Deutschland kommt und sich weder Personensorge- noch Erziehungsberechtigte im Inland aufhalten."[25] Doch trotz der gesetzlichen Neuregelung bleibt die Praxis der Ausgrenzung junger Flüchtlinge wieder monatelang unverändert. Handlungsbedarf wurde etwa im Innen- oder Sozialministerium des Landes Baden-Württemberg nicht gesehen. Angeregt durch einen Antrag einiger Stadträte der SPD und der SPD-Gemeinderatsfraktion zur „Inobhutnahme von minderjährigen unbegleiteten Kindern und Jugendlichen" diskutierte der Karlsruher Gemeinderat im Herbst 2006 über die Umsetzung der gesetzlichen Neuregelung des „KICK". Das zuständige Bürgermeisteramt erklärte in seiner anschließenden Stellungnahme, dass das Jugendamt nunmehr in jedem Fall zur Inobhutnahme verpflichtet sei. Es komme nicht mehr auf eine konkrete Gefahrenlage oder eine besondere Bitte des Jugendlichen an, sondern allein auf die Tatsache der unbegleiteten Einreise in die Bundesrepublik Deutschland. So wurde „AJUMI" gegründet. Dies ist der Name von mittlerweile mehreren Wohngruppen des Kinder- und Jugendhilfezentrums Karlsruhe – Aufnahmegruppen für jugendliche Migranten im Alter von 16 – 17 Jahren. AJUMI leistet als Inobhutnahmestelle im Rahmen der Jugendhilfe erste Krisenintervention für unbegleitete minderjährige Flüchtlinge. In den Gruppen von AJUMI werden die Jugendlichen betreut, unterstützt und ein Stück auf ihrem Lebensweg begleitet. Dr. Silke Jordan schreibt hierzu: „Betreuung und Unterstützung für diese spezielle Gruppe Minderjähriger sind in Deutschland nicht selbstverständlich. Sind unbegleitete minderjährige Flüchtlinge „Minderjährige" mit den Schutzrechten, die allen Minderjährigen zustehen? Oder sind sie vorrangig Flüchtlinge, die dem Ausländer- und Asylrecht unterstehen? In die Lücken dieser Diskussion fielen junge Flüchtlinge jahrelang, wenn sie in Karlsruhe ankamen. (...) Der Jugendliche erhielt keinen Vormund und wurde wie ein Erwachsener in der Landesaufnahmestelle für Flüchtlinge des Landes Baden-Württemberg (LASt) untergebracht. (...) Der Karlsruher Wandel zeigt es. Durch eine politische Entscheidung auf kommunaler Ebene wurde eine Einrichtung ermöglicht, um die Jugendbehörden, Ausländerbehörden, politisch Verantwortliche und haupt- und ehrenamtlich engagierte Unterstützer unbegleiteter minderjähriger Flüchtlinge jahrelang gerungen haben. Ein Schritt, der auch andernorts in Deutschland gegangen werden kann und muss. Das KICK hat für die unbegleiteten minderjährigen Flüchtlinge in Baden-Württemberg ermutigende Fortschritte im Hinblick auf ihre Betreuung und Förderung gebracht."[26]

Und heute? Es ist, so scheint es, ruhiger geworden um das Thema Asyl und um die ZASt in Karlsruhe. Auf Grund der Abschottungspolitik erreichen immer weniger Flüchtlinge Deutschland und somit Baden-Württemberg. Doch die Probleme im Lager sind geblieben: weiterhin gibt es keine unabhängige Sozialbetreuung im Lager, weiterhin sind die Flüchtlinge auf Informationen und Unterstützung der Ehrenamtlichen angewiesen.

Trotz vieler entmutigender Umstände und Entscheidungen kann Karlsruhe heute auf eine beeindruckende Zahl ehrenamtlicher Einrichtungen verweisen, die sich für Flüchtlinge engagieren. So bietet z. B. seit Jahren das Mennonitische Hilfswerk Flüchtlingsberatung und Deutschkurse im Menschenrechtszentrum an und 2009 wurde ebenfalls im Menschenrechtszentrum Medinetz Karlsruhe gegründet, das sich unter der Leitung von Frau Dr. Sybille Schramm für die medizinische Versorgung und Betreuung von Menschen ohne Papiere einsetzt.

Dieses Engagement vieler Karlsruher Bürgerinnen und Bürger muss sich auch in der Zukunft fortsetzen, damit gelebte Wirklichkeit wird, was in der „Gemeinsamen Erklärung gegen Ausländerfeindlichkeit" so formuliert wurde: „Feindschaft gegen Ausländer darf in Karlsruhe keinen Boden finden."[27]

SABINE LIEBIG

„Wir haben die Tür in die Welt aufgemacht"
Die Spätaussiedler und Spätaussiedlerinnen

Von 1950 bis 2009 kamen 4.502.661[1] Spätaussiedler vor allem aus der ehemaligen UdSSR, Polen, Rumänien, der ehemaligen Tschechoslowakei, dem ehemaligen Jugoslawien und Ungarn[2] in die Bundesrepublik. Davon leben inzwischen 12,95 % in Baden-Württemberg. In Karlsruhe selbst wohnten im Jahr 2009 insgesamt 14.047 Spätaussiedler und deren Angehörige.[3]

Bevor die Situation der Spätaussiedler in Karlsruhe näher beleuchtet wird, gilt es, Begrifflichkeiten zu klären. In der Literatur und in den Akten des Stadtarchivs Karlsruhe finden sich sowohl die Bezeichnung „Aussiedler" als auch „Spätaussiedler".

Zunächst wurden die „Menschen deutscher Abstammung in Ost-, Ostmittel- und Südosteuropa und im asiatischen Teil der Sowjetunion"[4] als Aussiedler im Sinne des Artikels 116 GG[5] bezeichnet. Im Zuge der Gesetzgebung für Flüchtlinge und Vertriebene erhielten sie den besonderen Rechtstatus der Aussiedler,[6] allerdings erst durch einen entsprechend positiv beschiedenen Antrag. Aussiedler ist nach § 1 des Bundesvertriebenengesetzes vom 19. Mai 1953 und geändert am 6. Juli 2009, wer „nach Abschluss der allgemeinen Vertreibungsmaßnahmen vor dem 1. Juli 1990 oder danach im Wege des Aufnahmeverfahrens vor dem 1. Januar 1993 die ehemals unter fremder Verwaltung stehenden deutschen Ostgebiete, Danzig, Estland, Lettland, Litauen, die ehemalige Sowjetunion, Polen, die Tschechoslowakei, Ungarn, Rumänien, Bulgarien, Jugoslawien, Albanien oder China verlassen hat oder verlässt, es sei denn, dass er, ohne aus diesen Gebieten vertrieben und bis zum 31. März 1952 dorthin zurückgekehrt zu sein, nach dem 8. Mai 1945 einen Wohnsitz in diesen Gebieten begründet hat."[7]

Mit dem Inkrafttreten des Kriegsfolgenbereinigungsgesetzes 1993 aufgrund der Wiedervereinigung wurde die Bezeichnung „Spätaussiedler"[8] geprägt und eine Quotierung auf 220.000 Personen pro Jahr festgelegt, eine Quote, die seit 1995 nicht mehr ausgeschöpft und im Jahr 2000 auf 100.000 Personen abgesenkt wurde. Ab 1996 erhielten die Spätaussiedler nur dann Eingliederungs- und Sozialhilfe, wenn sie den zugewiesenen Wohnort akzeptierten, denn Ziel war, sie gleichmäßig über die Bundesrepublik zu verteilen. Erst nach drei Jahren konnten sie ihren Wohnort wechseln. Mit dem neuen Zuwanderungsgesetz von 2005 müssen Spätaussiedler und deren Angehörige im Herkunftsland Grundkenntnisse der deutschen Sprache nachweisen.[9]

Obwohl offiziell in der Literatur[10] die Bezeichnung „Spätaussiedler" seit 1993 mit dem Kriegsfolgenbereinigungsgesetz Eingang gefunden hat, sprechen die Behörden in den Akten der Stadt Karlsruhe bereits in den 70er und 80er Jahren von Spätaussiedlern. In vielen Ar-

Im Jahr 1990 vorläufig untergebrachte Aussiedler in den Stadt- und Landkreisen

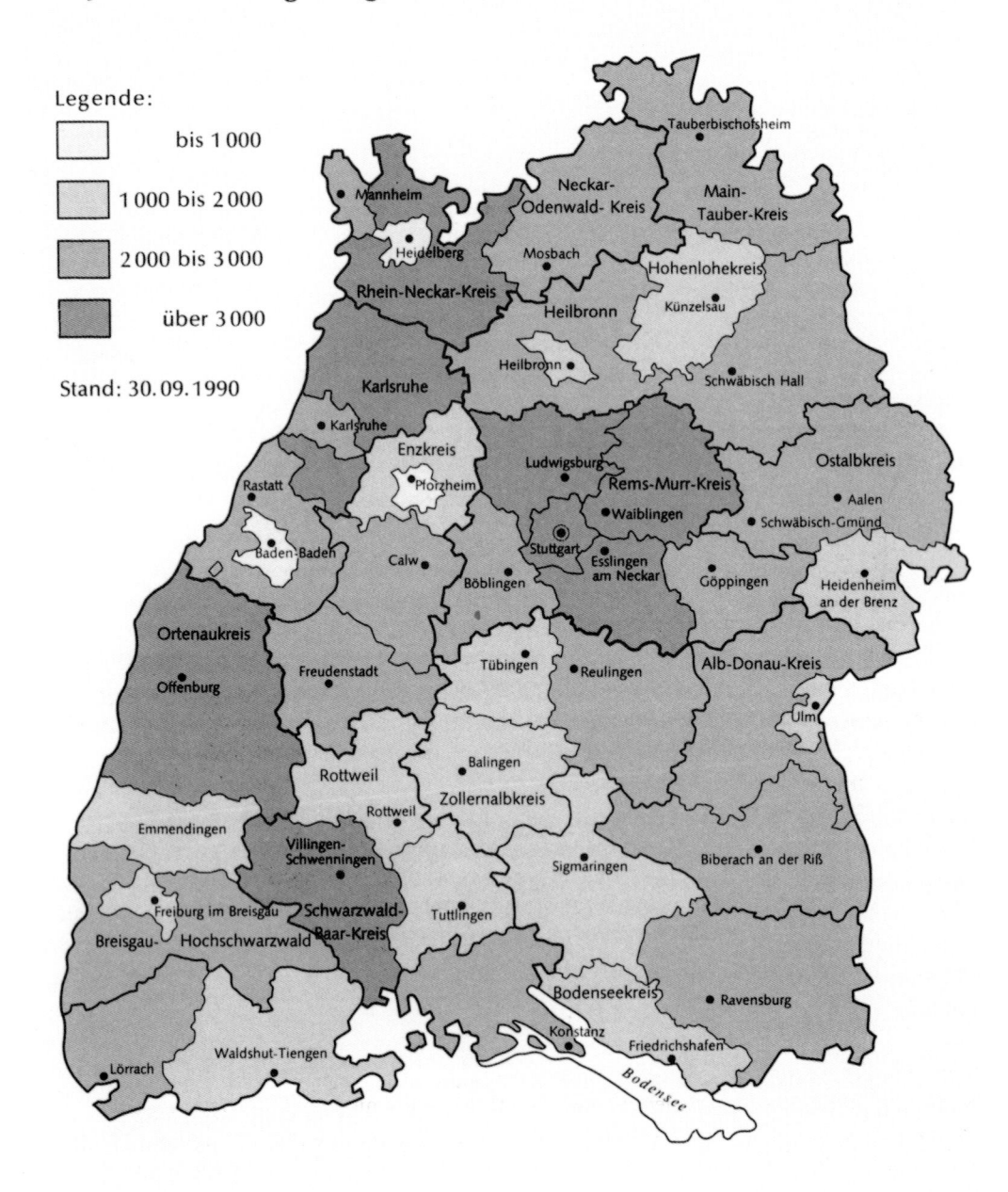

Legende:
- bis 1 000
- 1 000 bis 2 000
- 2 000 bis 3 000
- über 3 000

Stand: 30.09.1990

Die Karte zur vorläufigen Unterbringung der Spätaussiedler in Baden-Württemberg 1990 zeigt, dass in der Stadt Karlsruhe über 2.000 Menschen Aufnahme fanden.

tikeln[11] werden beide Bezeichnungen verwendet, da eine klare Trennung schwierig ist. In diesem Beitrag wird der inzwischen etablierte Begriff ‚Spätaussiedler' auch dann verwendet, wenn im korrekten Sinne noch von Aussiedlern gesprochen werden müsste.

Die ersten Spätaussiedler kamen ab 1950 nach Karlsruhe, nach den Flüchtlingen und Vertriebenen der unmittelbaren Nachkriegszeit. Die Spätaussiedler stammten aus Rumänien, Ungarn, der Sowjetunion und Polen. Während des Kalten Krieges sind die höchsten Zahlen in den 1970er und 80er Jahren zu verzeichnen, bevor nach 1990, mit der Auflösung der Sowjetunion und dem Fall des Eisernen Vorhangs, die große Ausreisewelle – vor allem der Russlanddeutschen – stattfand.

Für diesen Beitrag wurden die Akten der Sozial- und Jugendbehörde aus den Jahren 1958 bis 2000 und die Akten der Hauptregistratur von 1972 bis 1997 ausgewertet. Die Aktenlage ist für die späten 1970er, für die 1980er und frühen 1990er Jahre am umfangreichsten, sie bilden die Grundlage für den Beitrag. Interessant an den Akten ist, dass die Aussiedler/Spätaussiedler und Asylanten, später Asylbewerber, in einer Akte der Sozial- und Jugendbehörde geführt werden.[12]

Das wohl größte Problem für die Stadt Karlsruhe bestand in der Unterbringung der Spätaussiedler, die ab 1978 verstärkt nach Karlsruhe zogen und nach einem Aufenthalt in einem Übergangswohnheim eigene Wohnungen erhalten sollten.[13] Deshalb soll die Unterbringung der Spätaussiedler ebenso thematisiert werden wie die Anstrengungen der Stadt Karlsruhe und verschiedener Organisationen und Vereine im Bereich Bildung. Des Weiteren liegt ein Fokus auf den Integrationsbemühungen aller beteiligten Institutionen, Personen und Organisationen.

Wichtig sind jedoch die Sichtweisen der Spätaussiedler, damit nicht ausschließlich über eine Gruppe von Migrantinnen und Migranten gesprochen wird, sondern sie selbst zu Wort kommen. Da die Russlanddeutschen die größte Gruppe bildeten, werden im letzten Teil des Buches Interviews mit drei russlanddeutschen Frauen unterschiedlicher Generationen zusammengefasst.

Darüber hinaus gibt es einige interessante (Leser-)Briefe, Zeitungsartikel und Ankündigungen von Aktionen, die die Sicht der Aufnahmegesellschaft abbilden. Sie bilden den Querschnitt durch die Karlsruher Bevölkerung.

Kurze Geschichte der Spätaussiedler

Die so genannten Spätaussiedler, die nach dem Zweiten Weltkrieg nach Deutschland zurückkehrten, sind Nachkommen von Deutschen, die ab dem 12. Jahrhundert nach Ungarn, im Zuge der Ostwanderungen nach Polen, Russland und Tschechien ausgewandert waren. Sie alle hatte die Hoffnung auf ein besseres und menschenwürdigeres Leben in persönlicher, wirtschaftlicher und teilweise religiöser Freiheit in Gebiete getrieben, in die sie teilweise von den Herrscherinnen und Herrschern aus unterschiedlichen Gründen eingeladen worden waren. Nicht immer wurden die bei der Anwerbung gemachten Versprechen gehalten, aber die deutschen Auswanderer erarbeiteten sich in den Zielgebieten ein Leben in gewissem Wohlstand. Sie lebten zu großen Teilen die mitgebrachte deutsche Kultur, viele erlernten zunächst nicht die Landessprachen, aber selbstverständlich vermischten sich die Herkunftskulturen mit den Aufnahmekulturen im Laufe der Jahrhunderte. Die deutschen Auswanderer hielten mehr oder weniger intensiven Kontakt zum Herkunftsland, sie schufen sich in der neuen Heimat ein Zuhause und die nachfolgenden Generationen kannten die alte Heimat nur aus Erzählungen. Erst die im 19. Jahrhundert vehement verfolgte nationalstaatliche Politik sowie die politischen Umwälzungen und Kriege bis ins 20. Jahrhundert hinein erschwerten den deutschen Minderheiten in Ungarn, Rumänien, Polen, Tschechien und vor allem in Russland, ab 1917 Sowjetunion, das Leben. Als Folge des Ersten Weltkrieges entstanden neue Nationen mit neuen Grenzen und neuen Minderheiten. Hitlers Nationalitätenpolitik, die mit Zwangsvertreibungen und Zwangsumsiedlungen einherging, sowie die riesigen Bevölkerungsverschiebungen im Gefolge des Zweiten Weltkrieges, ergänzt durch neue politische Systeme und den Kalten Krieg, ließen die Nachfahren der einstigen Auswanderer, sofern es ihnen möglich war, freiwillig oder unfreiwillig zurück in das Herkunftsland ihrer Ahnen gehen, erneut getrieben von der Hoffnung auf ein menschenwürdiges Leben in Frieden und Freiheit. Von den insgesamt 1.999.209 Spätaussiedlern, die zwischen 1950 und 1989 in die Bundesrepublik eingereist waren, betrug die Zahl der Russlanddeutschen lediglich 255.323. Dies änderte sich mit dem Jahr 1990. Bis 1999 waren 1.630.107 Russlanddeutsche in die Bundesrepublik eingewandert, während 399.069 Spätaussiedler aus den anderen Ostblockstaaten gekommen waren. Danach gingen die Zahlen drastisch zurück: In den Jahren 2000 bis 2009 kamen 469.906 Russlanddeutsche von insgesamt 474.276 Spätaussiedlern.[14]

Willkommen in Karlsruhe – Hilfen für die ersten Monate

Die zuständigen Behörden der Stadt Karlsruhe unternahmen große Anstrengungen, um die Aussiedler gut zu betreuen und ihnen das Einleben so angenehm und leicht wie möglich zu gestalten.

Die Spätaussiedler, die in den 1970er Jahren Karlsruhe zugewiesen wurden, mussten zunächst sogenannte Durchgangslager passieren. Von dort aus erfolgte die Verteilung in die diversen Regionen und Städte der Bundesrepublik. Die meisten Spätaussiedler für Karlsruhe kamen über das Lager in Rastatt, in dem sie in der Regel zwei bis drei Tage zubrachten. Bereits im Durchgangslager Friedland oder Nürnberg erhielten sie ein Begrüßungsgeld von 150 DM pro erwachsener Person und 75 DM für Kleinstkinder. Die Überbrückungshilfe betrug für Erwachsene 30 DM und für Kinder 15 DM.[15] Von Rastatt aus wurden sie nach Karlsruhe überstellt und erhielten zunächst eine Bleibe im Übergangswohnheim in der Wolfartsweierer Straße.

Des Weiteren erhielten die Spätaussiedler, wenn sie als Heimkehrer im Grenzdurchgangslager anerkannt wurden, ein Entlassungsgeld

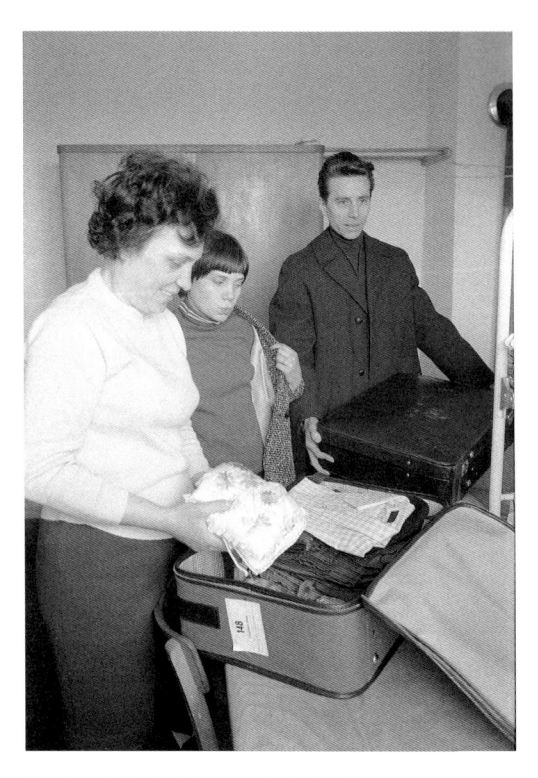

Eine Aussiedlerfamilie nach der Ankunft im Karlsruher Durchgangslager Gottesaue an der Wolfartsweierer Straße 1971.

gemäß § 2 Heimkehrergesetz in Höhe von 200 DM pro Person. Beim Eintreffen in Karlsruhe bekamen sie vom Sozialamt ein Überbrückungsgeld in Höhe von 300 DM pro Person.[16]

„3. ... Außerdem stehen den Heimkehrern nach den ebenfalls im Heimkehrergesetz enthaltenen Bestimmungen über den Zuzug und die Wohnraumzuteilung, Sicherung des früheren Arbeitsverhältnisses, Kündigungsschutz, Zulassung zu freien Berufen, Arbeitsvermittlung, Einstellung in den öffentlichen Dienst, Berufsfürsorge, Arbeitslosenhilfe, Sozialversicherung (einschl. Krankenhilfe, Genesendenfürsorge und vorbeugende Gesundheitsmaßnahmen nach § 23 b Heimkehrergesetz) entsprechende Leistungen zu.

4. Darüber hinaus haben sowohl die Heimkehrer als auch alle übrigen Aussiedler nach ihrer Ankunft in Karlsruhe Anspruch auf Hilfe nach dem Bundessozialhilfegesetz und nach den Bestimmungen der Kriegsopferfürsorge."[17]

Obwohl der Direktor der Sozial- und Jugendbehörde Norbert Vöhringer die oben genannten Leistungen für ausreichend hielt, unterstützte er das Anliegen des Pfarrers und CDU-Stadtrates Gerhard Leiser, die Stadt zu weiteren Leistungen anzuregen, so dass Leiser am 18. Februar 1975 auf seine Anfrage als Antwort erhielt: „Folgende Neuregelung soll ab sofort in Kraft treten: Jeder Aussiedler erhält bei seinem Eintreffen: a) 2 Mehrfahrkarten ohne Streckenbegrenzung für die städtischen Verkehrsmittel; b) freier Eintritt in den Stadtgarten, c) freier Eintritt in die Karlsruher Freibäder; d) kostenloser Besuch von Wochentagsvorstellungen des Bad. Staatstheaters (Kartenausgabe bei der Vorverkaufsstelle des Staatstheaters). Die Gütigkeit für die Vergünstigungen der Buchst. b – d wird auf einen Monat beschränkt. ... 6. Zu Ihrem weiteren Vorschlag, daß den eintreffenden Aussiedlern jeweils noch ein Begrüßungsbrief des Herrn Oberbürgermeisters (mit Stadtplan und sonstigem Informationsmaterial) überreicht wird, wird sich das Dezernat I äußern, dem eine entsprechende Stellungnahme der SJB [Sozial- und Jugendbehörde] zugegangen ist."[18]

In den Folgejahren sind immer wieder klare Bestrebungen der Bundesrepublik Deutschland zu erkennen, die Spätaussiedler schnell zu integrieren und ihnen wirklich – im Vergleich zu anderen Personengruppen – eine bevorzugte Behandlung zuteil werden zu lassen. Diese Haltung setzte sich in den Bundesländern und untergeordneten Behörden ebenfalls durch. Ein Grund für die Einstellung sind die Auswirkungen des Kalten Krieges zwischen den westlichen Demokratien und den osteuropäischen kommunistischen Diktaturen im Kampf um die attraktivere Staats- und Wirtschaftsform. Ein Beispiel hierfür ist der Erlass Nr. II 1998/475 vom 3. Juli 1976, in dem Anweisungen gegeben wurden, den Nachweis der deutschen Staatsangehörigkeit bei Spätaussiedlern aus den Ostblockländern zu erleichtern.[19] In einem Brief vom 3. September 1979 des Innenministeriums Baden-Württemberg an die Regierungspräsidien Stuttgart, Karlsruhe, Freiburg und Tübingen und damit auch an die Bürgermeisterämter der Stadtkreise, die Landratsämter sowie die Staatsangehörigkeitsbehörden und Vertriebenenbehörden, gab es konkrete Handlungsanweisungen, falls, vor allem aus der Ukraine verschleppte Deutsche, die am 19. Mai 1943 durch eine Sammeleinbürgerung die deutsche Staatsangehörigkeit erhalten hatten, sich Schwierigkeiten gegenüber sahen, ihre Staatsangehörigkeit nachzuweisen. In diesem Fall wurden die Behörden angewiesen, alle möglichen Dokumente als Beweis zuzulassen, aus denen hervorgehen könnte, dass die Antragsteller vor ihrer Verschleppung durch sowjetische Behörden, die deutsche Staatsangehörigkeit besessen hatten.[20] Diese Bestrebungen unterstützten die zuständigen Personen in den Behörden der Stadt Karlsruhe mit Nachdruck,[21]

Einweihung neu geschaffener Gemeinschaftsräume im Übergangswohnheim für Spätaussiedler an der Wolfartsweierer Straße 1976. Hier sollten Veranstaltungen unterschiedlichster Art das Eingliederungsangebot verbessern.

zumal das Land Baden-Württemberg, nach einer Pressemitteilung des Regierungspräsidiums Karlsruhe, bereit war, 1978 2,2 Mio. DM für Rückführungs- und 3 Mio. DM für Unterbringungskosten aufzuwenden. Des Weiteren erhielten die Betroffenen für Freiheitsbeschränkung aus politischen Gründen sowie für erlittene Kriegsgefangenschaft insgesamt 2,6 Mio. bzw. 760.000 DM.[22]

Es wurden immer wieder von der Sozialarbeiterin Doris Seiter (Caritasverband) Erfahrungs- und Informationsgespräche über Integrationshilfen für Aussiedler organisiert, die im Übergangswohnheim in der Wolfartsweierer Straße 5 – 7 stattfanden, so auch am 25. März 1977. Dazu gab es vom 26. April 1977 ein Protokoll von Doris Seiter an Oberbürgermeister Otto Dullenkopf, mit der Aussage, dass sich die Spätaussiedler großen Anfangsschwierigkeiten gegenüber sahen, die aber durch die gute Kooperation der Behörden zufriedenstellend überwunden werden konnten.

Ein wichtiger Diskussionspunkt war die zu lange Dauer der Feststellung und Gewährung von finanziellen Leistungen durch das Arbeitsamt, wodurch die Spätaussiedler in finanzielle Nöte gerieten. Die Gründe lagen einmal in der Zusammenarbeit mit den Behörden in Rastatt aber auch darin, dass die Aussiedler oft verspätet beim Arbeitsamt vorsprachen und Anträge stellten. Die Freitags-Sprechstunde einer Mitarbeiterin des Arbeitsamtes im Übergangswohnheim löste das Problem der Spätaussiedler, die meist am Freitag von Rastatt nach Karlsruhe überstellt wurden. Die Landesversicherungsanstalt (LVA) Baden bot an, auf eine rasche Bearbeitung der Feststellung der Versicherungszeiten für die Rentenanträge zu achten, damit die Spätaussiedler auch in diesem Bereich Unterstützung erhielten. Frau Seiter bat in diesem Zusammenhang darum, die Formulare sprachlich zu vereinfachen, um die Menschen nicht zu überfordern.

Neben der Unterstützung bei Verwaltungsangelegenheiten, stand die sprachliche Förderung von Jugendlichen und Erwachsenen beim Arbeitsamt Karlsruhe an erster Stelle. Herr Haupt vom Oberschulamt Karlsruhe informierte über den zusätzlichen Unterricht in deutscher Sprache an der Schillerschule für die Schülerinnen und Schüler, die in keiner Förderschule waren. Hinzu kam die Hausaufgabenhilfe des Evangelischen Gemeindedienstes, die als sinnvoll und hilfreich erachtet wurde.[23]

Die Sozial- und Jugendbehörde gab in unregelmäßigen Abständen immer wieder überarbeitete und verbesserte Informationshilfen für Spätaussiedler und Asylbewerber heraus, die alle wichtigen Lebensbereiche abdeckten: Geldleistungen und die dafür zuständigen Ämter (Ausgleichsamt, Sozialhilfebehörde, Arbeitsamt, Versorgungsamt, LVA, etc.), Schulverwaltung und Schulen, Behörden, Freizeitmöglichkeiten, Ausbildungsmaßnahmen, Verbände, Verkehr, Wohnen. Diese Informationen wurden von den regionalen Politikern befürwortet und unterstützt, denn sie hatten, wie ein Schreiben zweier Karlsruher CDU-Parlamentarier an Oberbürgermeister Dullenkopf exemplarisch belegt, großes Interesse an der schnellen Eingliederung der Spätaussiedler: „Gegen die Aufnahme von Spätaussiedlern sollten die Gemeinden keine Bedenken haben, da es sich bei den Spätaussiedlern meist um arbeitseinsatzfähige Personen handelt und diese außerdem Bedürfnisse aller Art mitbringen, die sich auf die Wirtschaft der Gemeinde nur günstig auswirken können."[24]

Dullenkopf antwortete rasch, nämlich am 10. Oktober 1978: „Sie kennen aus unserem Gespräch unser großes Interesse, Spätaussiedler in Karlsruhe einzubürgern. Wir sind bereit, Spätaussiedler auch über das maßgebliche Kontingent hinaus in Karlsruhe dauerhaft unterzubringen. Freilich brauchen wir dazu im entsprechenden Umfang öffentliche Wohnungsbauförderungsmittel, um die erforderlichen Wohnungen bauen zu können."[25]

Damit sprach Dullenkopf ein Problem an, das die Verantwortlichen der Stadt Karlsruhe stark belastete. Sie waren gerne bereit, mehr als die zugeteilte Anzahl von Spätaussiedlern aufzunehmen und Anträge auf Familiennachzug positiv zu begutachten, doch die Menschen mussten untergebracht werden, bis sie eigene Wohnungen beziehen konnten.

Die Verweildauer in den Übergangswohnheimen muss verkürzt werden – Wohnraumversorgung als Dauerproblem

Die Problematik der Unterbringung der Spätaussiedler sowohl in Wohnheimen als auch in adäquaten, bezahlbaren Wohnungen durchzieht sämtliche Akten. Verschiedene Gremien befassten sich mit dem Thema und versuchten, Lösungen im Sinne der Spätaussiedler zu finden. Die Verantwortlichen zeigten starke Bestrebungen und kämpften unermüdlich mit dem Land und dem Bund um finanzielle Zuschüsse zur Verbesserung der Situation der Spätaussiedler in Karlsruhe.

Zunächst gab es in Karlsruhe ein staatliches Übergangswohnheim in der Wolfartsweierer Straße 5/7. Doch mit zunehmendem Zuzug von Spätaussiedlern und der Verpflichtung durch das Land auch Asylbewerberinnen und -bewerber aufzunehmen (siehe Beitrag Seite 113 ff.), wuchs die Schwierigkeit, Unterbringungsmöglichkeiten für die Spätaussiedler bereit zu stellen.

Anfangs hatte die Strategie der Stadt Karlsruhe Erfolg, denn das Land Baden-Württemberg sagte 1979 die Übernahme der Finanzierung der Baumaßnahmen für die Unterbringung der Spätaussiedler und zusätzliche Wohnungsbauförderungen zu, so dass eine Trennung der Wohnheime von Asylbewerberinnen und -bewerbern und Spätaussiedlern möglich wurde[26], um einige Probleme in der Wolfartsweierer Straße zu lösen. Die Zusage des Landes, Mittel für Wohnheimplätze für mehr als 700 Spätaussiedler aus Landesmitteln bereit zu stellen, war ein Lockmittel dafür, dass sich Karlsruhe bereit erklärte eine zentrale Anlaufstelle für Asylbewerber einzurichten.[27]

Die Bevölkerung, die die Unterbringung von Spätaussiedlern in Wohngegenden befürwortete, lehnte die Aufnahme von Asylbewerberinnen und -bewerbern ab, bzw. wollte ihre Unterbringung in wenig bewohnten Gebieten Karlsruhes durchsetzen, z. B. in der Nähe des Westbahnhofes. Die Begründung lag darin, dass die Aussiedler, die in Karlsruhe bleiben sollten, ein soziales und intaktes Wohnumfeld für ihre Integration benötigten, während die Asylbewerberinnen und -bewerber ohnehin bald auf andere Städte verteilt werden sollten, denn Karlsruhe war nur Durchgangsstation.[28] Da aber nach den Flüchtlingen aus Pakistan die aus Vietnam folgten, konnte die Stadt das Problem des Übergangswohnheimes in der Wolfartsweierer Straße nicht lösen und überlegte die Anmietung neuer Gebäude.

Die Kaiserallee 11 sowie die Lessingstraße 16 waren als moderne Wohneinheiten für eine Dauervermietung geeignet, die Kriegsstraße 124/126 konnte nur befristet als einfach ausgestattetes Übergangswohnheim genutzt werden. Im Wohnheim Wolfartsweierer Straße 7 waren Asylbewerber einquartiert und so verringerte sich die Aufnahmekapazität des Übergangswohnheimes für Spätaussiedler ab Dezember 1978 um 100 Plätze, was dazu führte, dass nach Auskunft der Lagerverwaltung für die Spätaussiedler noch folgende Platzkontingente zur Verfügung standen: Dezember 1978 – 378; Juni 1979 – 351; September 1979 – 300; November 1979 – 278.[29]

Als Folge wurden die Zuteilungsquoten für Karlsruhe vom Regierungspräsidium gesenkt. Erschwerend kam eine Verzögerung der gesamten Umbauphase hinzu, weil das Land die Umbaukosten nicht übernehmen wollte, denn die beteiligten staatlichen Dienststellen handelten nach dem Prinzip „Anmietung bezugsfertiger Mietwohngrundstücke zu den ortsüblichen Mietsätzen oder Anmietung von Gebäuden, die nicht kostenaufwendig für die „lagermäßige" Unterbringung hergerichtet werden können."[30] Die Stadtverwaltung musste also „zur Erfüllung ihrer Zusagen und wenn die weitere Abwanderung von Aussiedlern verhindert werden soll, nun selbst zu aktivem Handeln übergehen. Das bedeutet, daß sie die hierfür vorgesehenen städtischen Gebäude in eigener Regie und Finanzierung in einem zügigen und unbürokratischen Verfahren je nach Planungssituation ... herrichtet und vermietbar macht."[31]

Das Interesse der Stadt Karlsruhe an den Aussiedlern war nicht nur auf Druck der Vertriebenenverbände so groß, sondern die Verantwortlichen sahen in den Spätaussiedlern „jüngere arbeitsfähige Personen, die zum Ausgleich des Einwohnerschwundes und der sozialen Struktur in der Stadt beitragen können."[32] Aus diesem Grund waren in den Lösungsvorschlägen kurz-, mittel- sowie langfristige Bauvorhaben vorgesehen.

Nach langem Hin und Her wurde in einem Schreiben des Ausgleichsamtes Karlsruhe an das Hochbauamt über Dezernat IV vom 30. Januar 1980 der Auftrag vergeben, in der Kriegsstraße 124/126 ein Übergangswohnheim für Spätaussiedler und Vietnam-Flüchtlinge zu errichten, bzw. das bestehende Gebäude auszubauen. Die geschätzten Kosten betrugen ca. 342.000 DM.[33] Das Übergangswohnheim wurde Ende April 1980 fertig gestellt.

Das 1980 bezogene Übergangswohnheim in der Benzstraße im Industriegebiet bei Grünwinkel, Aufnahme 1984.

Die Volkswohnung sagte der Stadt Karlsruhe zu, in Karlsruhe-Hagsfeld und im Klosterweg Mietwohnungen für Spätaussiedler, Vietnam-Flüchtlinge und kinderreiche Familien zu bauen, wenn die Stadt die 100.000 DM Finanzierungslücke übernehmen würde; die Stadt stimmte zu.

Immer wenn die Räume in der Wolfartsweierer Straße durch den Anstieg der Asylbewerberinnen und -bewerber zu knapp wurden, rückte die Benzstraße als Übergangswohnheim für die Spätaussiedler wieder in den Blick. Ein Schreiben des Amtsleiters des Ausgleichsamtes an Dezernat I und Dezernat II, über eine Untersuchung der Zahlen die Eingliederung von Spätaussiedlern und Vietnamflüchtlingen betreffend, brachte folgende Ergebnisse:

„A. Spätaussiedler

1. Die Landesregierung hat am 23. November 1976 ein Eingliederungsprogramm für volksdeutsche Aussiedler beschlossen, das in Anpassung an die Entwicklung am 26. Februar 1980 fortgeschrieben wurde. Dieses Programm hat wesentlich dazu beigetragen, daß die Aufnahme und Eingliederung der Aussiedler mit Unterstützung, insbesondere auch der betroffenen Städte und Gemeinden, bislang zufriedenstellend verlaufen ist. ....

So sind gekommen:

nach	B-W.	Reg.-Bez. Karlsruhe	Stadt Karlsruhe	
1977	10.751	–	–	Personen
1978	11.495	–	–	Personen
1979	10.749	2.818	458	Personen
1980	18.001	3.524	483	Personen

Die Zugangsentwicklung ist wegen des unberechenbaren Verhaltens der osteuropäischen Staaten hinsichtlich der Erteilung der Ausreiseerlaubnis an aussiedlungswillige Deutsche und Volksdeutsche auch weiterhin nicht mit Sicherheit voraussehbar. Bei den neu ankommenden Aussiedlern ist eine ständig geringer werdende Kenntnis der deutschen Sprache festzustellen, was die Eingliederung ebenfalls erschwert.

Statistik der Wohnheimplätze für Aussiedler (15. Januar 1981)
a) Zielplanung für Karlsruhe
ca. 750 Plätze
b) Vorhandenen Plätze ... 269 Plätze
c) In Vorbereitung 160 Plätze
429 Plätze (b + c)
ergibt Fehlbedarf von 321 Plätzen
d) Karlsruhe zugeteilt, wegen fehlender Wohnheimplätze
jedoch auswärts untergebracht 97 Personen
Fehlplätze insgesamt 418 Plätze

3. Wohnungsmässige Versorgung
Die Landesregierung hält die Förderung des Mietwohnungsbaues und der Eigentumsbildung für Zuwanderer, Aussiedler und Gleichgestellte (ZAG) auch in Zukunft als wichtigste Hilfe zur Eingliederung dieses Personenkreises. ... Das Wohnungsamt der Stadt Karlsruhe konnte an ZAG-Berechtigte an Sozial-Mietwohnungen zuweisen:
1978 115 Wohnungen für 351 Personen
1979 250 Wohnungen für 763 Personen
1980 111 Wohnungen für 464 Personen
Da die Spätaussiedler die größte Gruppe der ZAG-Berechtigten ausmachen, entfällt auf sie der höchste Wohnungsanteil.
Diese Zahlen machen deutlich, daß ein neues Spannungsfeld zwischen ÜWH [Übergangswohnheim] und Wohnraumversorgung bei den Aussiedlern besteht. Die dadurch bedingte überlange Verweildauer von 1 ½ bis 2 Jahren im ÜWH verzögert die Eingliederung in die Gesellschaft der Stadt."[34]

Die Stadt Karlsruhe musste also immer wieder neue Gebäude anmieten, um die Spätaussiedler unterzubringen, die sich 1981 und 1982 wie folgt zusammensetzten:

Neuzugänge von Spätaussiedlern 1981 und 1982[35]

Herkunftsland	1981	1982
Rumänien	–	314 Personen
Polen	–	140 Personen
Sowjetunion	–	80 Personen
Tschechoslowakei	–	15 Personen
Ungarn	–	12 Personen
Jugoslawien	–	6 Personen
Zwischensumme	407	567 Personen
DDR-Flüchtlinge	39	60 Personen
Insgesamt	446	627 Personen

Als überwiegendes Motiv für den Zuzug nach Karlsruhe wurde vor allem bei den Rumäniendeutschen die Familienzusammenführung genannt.

Die Unterbringungssituation hatte sich da hingehend entspannt, dass am 30. Dezember 1982 festgestellt werden konnte, dass in der Stadt Karlsruhe 360 Plätze für Spätaussiedler zur Verfügung gestanden hatten und 448 untergebracht werden konnten. Des Weiteren hatte sich die Verweildauer in den Übergangswohnheimen von 18 bis 24 Monaten auf 9 bis 12 Monate verkürzt.[36] Eine weitere Verkürzung war nicht mehr möglich. Wie der Arbeitskreis Wohnraumversorgung für Aussiedler in seiner Sitzung am 28. Mai 1984 feststellte, blieben die Spätaussiedler durchschnittlich 10 Monate in den Gemeinschaftsunterkünften,[37] obwohl die Träger der Sozialhilfe Bestrebungen der Spätaussiedler unterstützen, auf dem freien Wohnungsmarkt eine Wohnung zu bekommen. Sie erhielten darlehensweise Maklergebühren, Mietdarlehen, Mietvorauszahlungen und ähnliche Kosten. Die Umzugskosten verrechneten die Sozialhilfeträger mit dem Land, wenn der Hilfeempfänger zum Zeitpunkt der Wohnungsfindung noch immer im Übergangswohnheim wohnte.[38]

Die Spätaussiedler gehörten zu jenen 674 Personen, die am 30. Mai 1984 in Karlsruhe als wohnungssuchend registriert waren und wie alle dieser Gruppe ein Problem hatten: „Im Hinblick auf die bescheidenen wirtschaftlichen Verhältnisse der Aussiedler kommt bei der Lösung des Wohnungsproblems in den meisten Fällen nur eine Versorgung mit Mietwohnungen aus dem sozialen Wohnungsbau in Frage. Hier müßte eine bedeutende Erhöhung der bisherigen Zuteilungsquote vorgenommen werden.

Nur in wenigen Einzelfällen sind Eigentumsmaßnahmen möglich, sofern günstige finanzielle Konditionen geboten werden."[39]

Dieser Auszug ist nur ein Beispiel für die sich durch die Jahre ziehende Diskussion über günstigen Wohnraum für die Spätaussiedler, die sich das Angebot mit weiteren ZAG-Berechtigten teilen mussten, denn auch sozial schwache einheimische Familien benötigten günstigen Wohnraum.

Dennoch wurden weitere Aussiedler aufgenommen, von 1985 bis 1986 war die Zahl von 621 auf 815 Personen, also um 31,2% gestiegen.[40] Begründet wurde das unter anderem so: „Aus den Aussiedlungsgebieten kommen heute überwiegend Personen jüngeren und mittleren Alters mit einer qualifizierten beruflichen Ausbildung. Dieser Bevölkerungszuwachs ist für die Bevölkerungsstruktur von Karlsruhe sicherlich ein Gewinn. ... Neben der Verjüngung der Bevölkerungsstruktur wird auch durch den Zugang der Aussiedler und Zuwanderer die Wirtschaftskraft (Kaufkraft) der Stadt gestärkt."[41]

Trotz aller Bemühungen lag die Verweildauer in den Übergangswohnheimen 1987 bei einem Jahr und damit wieder etwas höher als

Versuche zur Schaffung von Normalität beim Warten auf ein eigenes Zuhause im Durchgangslager Gottesaue. Landwirt R. aus Rumänien mit seinen drei Kindern beim „Mensch-ärgere-Dich-nicht"-Spiel 1972.

1984, denn die vier zur Verfügung stehenden Übergangswohnheime reichten nicht mehr aus, was dazu führte, dass einige Spätaussiedler in Hotels untergebracht werden mussten. In einem Gespräch mit Ministerialdirektor Dr. Vogel und Ministerialdirigent Stemmer vom Innenministerium Baden-Württemberg am 16. November 1987 forderten die Städte eine Anhebung des Kontingents für Wohnungen mit Zweckbindung, denn das Land hatte das Kontingent im sozialen Mietwohnungsbau auf 200 Wohneinheiten pro Jahr reduziert, was nicht ausreichte. Karlsruhe selbst war nicht in der Lage durch weitere eigene Leistungen Wohnungen zu finanzieren.[42]

Die Städte führten in einem mehrseitigen Brief ihre Anmerkungen zum Wohnungsbauprogramm von 1988 an und wiesen auf die bestehenden Probleme hin: zu hoher Bedarf an Sozialwohnungen und zu wenig bezahlbare Wohnungen auf dem freien Wohnungsmarkt. In Baden-Württemberg hatten insgesamt 72 Städte einen dringenden Bedarf an Wohnungen angemeldet für 18.127 Familien mit 52.320 Personen.[43]

Ein Situationsbericht über die Wohnraumversorgung für ZAG mit dem Stand vom 25. Juli 1988 nennt folgende Zahlen: „In den hiesigen Übergangswohnheimen, Hotels, bei Verwandten, auf Abruf in auswärtigen Übergangswohnheimen sind 930 Personen (535 Stand 21.07.87) vorübergehend untergebracht. [Es] besteht ein jährlicher Bedarf von rund 150 Sozialmietwohnungen, die als Zusatzbedarf im Neubau zu errichten sind. Dieser Bedarfszahl liegt eine Verweildauer von 1 Jahr im Übergangswohnheim zugrunde.

Bund und Land haben den Zeitraum für die Mittelbereitstellung zunächst auf 4 Jahre angesetzt (1988 – 1992).

Die 4 Übergangswohnheime sind ausgelastet, die Hotels, die zur Aufnahme von ZAG bereit waren, sind voll belegt.

Der zusätzliche Bedarf an Wohnplätzen soll durch Anmietung eines Appartementhotels in der Lessingstraße mit vorläufig 150 Plätzen (Oktober 88), nach Ausbau 400 Plätzen, gedeckt werden. Letzter Ausweg soll die Belegung der Jugendherberge sein, soweit außerhalb der üblichen Ausnutzung Kapazität frei ist."[44]

Und das war noch nicht das Ende der Unterbringungsprobleme, denn in der Gemeinderatssitzung vom 18. Oktober 1988 stellte Bürgermeister Vöhringer fest: „Während in den letzten Jahren 450 Spätaussiedler kamen, sind es im Oktober 1988 bereits 1.100, die in Karlsruhe in Übergangswohnheimen wohnen. 300 sind in Hotels untergebracht."[45]

Insgesamt mussten die Stadt und der Landkreis Karlsruhe für 1.260 Spätaussiedler (1.033 im Stadtgebiet und 227 im Landkreis) Wohnraum schaffen.[46] Die Stadt bemühte sich weiterhin konsequent um den Erwerb von Baugrund für das Sozialwohnungsbauprogramm, das nicht nur den Spätaussiedlern, sondern allen Bedürftigen zugute kommen sollte.

Der 1988 von Oberbürgermeister Gerhard Seiler geschaffene Koordinierungskreis für Aussiedler (KOA) sollte staatliche und städtische Aktivitäten verknüpfen, um Spätsiedlern und Zuwanderern gezielt und schnell zu helfen. Ein wichtiger Punkt dabei war – wie bereits bekannt – der Wohnungsbau. Als Anreiz, Spätaussiedlern Wohnungen zur Verfügung zu stellen, schlug das städtische Amt für Wohnungswesen vor: „So erhalten Betriebsinhaber, die Werkswohnungen für Aussiedler neu bauen und gleichzeitig einen Arbeitsplatz für Aussiedler zur Verfügung stellen, einen nicht rückzahlbaren Baukostenzuschuß von 570 Mark je Quadratmeter Wohnfläche. Zinsverbilligte Wohnbaudarlehen bekommen übrigens alle Investoren und Bauherren, die Aussiedlerwohnungen im Geschoßwohnungsbau erstellen. Aber auch sogenannte ‚Freimacher' von Wohnungen für Aussiedler und Zuwanderer können zwischen 99.000 und 396.000 Mark auf zehn Jahre zinsverbilligt erhalten, wenn sie selbst mit diesem Geld entweder eine Eigentumswohnung oder ein Familienhaus bauen und die freigemachte Mietwohnung auf die Dauer von sieben Jahren zu einer tragbaren Miete an Aussiedler oder Zuwanderer vermietet wird. Wer ein Familienheim mit Einliegerwohnung baut und diese zweite Wohnung Aussiedlern zur Verfügung stellt, bekommt dafür auf sieben Jahre 1.136 Mark je Quadratmeter Wohnfläche zinsverbilligt, allerdings nur für die Aussiedlerwohnung."[47]

Hinzu kamen immer wieder Anträge beim Bund über die Förderung von Wohnungsbauprogrammen und im Februar 1989 erhielt die Stadt Karlsruhe Fördermittel vom Bund für 60 Wohneinheiten im Stadtgebiet und 20 Wohneinheiten im Landkreis, sowie in einer zweiten Tranche Fördermittel für 55 Wohneinheiten.[48]

Dennoch fühlten sich die Kommunen häufig vom Land im Stich gelassen, denn als das Land 1989 die Verantwortung für die vorläufige Unterbringung der Spätaussiedler und Zuwanderer in die Zuständigkeiten der Stadt- und Landkreise geben wollte, legte der Städtetag am 6. März 1989 seine Position für das Spitzengespräch mit Innenminister Schlee fest und wehrte sich gegen den Rückzug des Landes mit dem Hinweis, dass nicht die vorübergehende Unterbringung das Problem sei, sondern die endgültige. Die Vertreter der Städte monierten, dass angesichts des angespannten Wohnungsmarktes eine Dauer von sechs Monaten im Übergangswohnheim und weiteren sechs Monaten in Ausweichquartieren utopisch sei. Sie beklagten die mangelnde finanzielle Unterstützung durch das Land und merkten an, dass das Bund-Länder-Wohnungsbauprogramm zu kurz greife, da den 3.000 Wohneinheiten beim sozialen Mietwohnungsbau 12.000 Anträge gegenüber stünden.[49]

Die Unterbringungssituation spitzte sich weiter zu, als die DDR-Flüchtlinge vor der Maueröffnung über Ungarn nach Deutschland und somit auch nach Karlsruhe kamen. Nun benötigten Stadt und Kreis weitere Unterbringungsmöglichkeiten, denn Wohnraum wurde noch knapper, trotz der hohen Spendenbereitschaft der Bevölkerung gegenüber den DDR-Flüchtlingen, allerdings ausschließlich im Bereich der Sachspenden.

Die Situation besserte sich 1990 nicht, da die Stadt Karlsruhe 1,65% und der Landkreis Karlsruhe 3,46%[50] aller in Baden-Württemberg angekommenen Spätaussiedler aufnehmen musste. So konnten nur zwölf der 168 Umeinweisungsanträge, die 569 Personen betrafen, bewilligt werden, weil die Unterbringungskapazitäten absolut ausgeschöpft waren, da sich die Bauvorhaben verzögert hatten und das Land seine Unterstützung nur schleppend voranbrachte.[51]

In einem Zeitungsartikel vom Januar 1991 wurde die Unterbringungssituation so beschrieben: „Waren im September 1990 noch 180 Menschen in Hotels mit Vollverpflegung untergebracht, so sind es gegenwärtig nur noch 38. Für eine Verbesserung der Aufnahmesituation sorgte die Alte Schule in Aue, die seit November als Übergangswohnheim mit 51 Plätzen dient. Dort und in den Heimen in der Benzstraße, Kriegsstraße, Gartenstraße, Bernsteinstraße, Durmersheimer Straße und Lessingstraße warten freilich insgesamt 762 Menschen auf eine Wohnung in Karlsruhe und Umgebung. ... Über 2.300 Deutsche aus der Sowjetunion, Rumänien und Polen leben in der Fächerstadt in Übergangsunterkünften und versuchen von dort aus ein Dach über dem Kopf zu finden."[52]

Danach finden sich in den Akten keine größeren Schriftwechsel bezüglich der Unterbringung mehr. So wie es aussieht, konnte die Stadt nach und nach die Spätaussiedler unter-

Die steigenden Zahlen der Spätaussiedler nach den politischen Veränderungen in Osteuropa seit den späten 1980er Jahren erfordern mehr Wohnraum. Hier das 1989 in Betrieb genommene Übergangswohnheim in der Durmersheimer Straße.

bringen und sich in vollem Umfang der Integration widmen, einem Thema, das bereits in den siebziger Jahren eine große Rolle spielte und ebenfalls im Mittelpunkt des Interesses der Behörden, Verbände sowie Organisationen stand.

„Aussiedler kommen zu uns"[53] –
Integrationsbemühungen in Karlsruhe

Eigener Wohnraum, ein Beratungs- und Betreuungsangebot, Sprachförderung und Arbeitsplatzvermittlung waren die wichtigsten Aspekte bei der Integration der Spätaussiedler, denn sie sollten so rasch als möglich, also bereits während des Aufenthaltes in den Übergangswohnheimen, Kontakte zur einheimischen Bevölkerung aufbauen.

Eine Möglichkeit schien die Integration durch Sport, ein Thema, das immer wieder aufkam. Exemplarisch ist der Antrag der Stadträte Siegfried König und Klaus Fleck vom 18. Januar 1977 beim Oberbürgermeister zu sehen, in dem sie um ein eigenes sportliches Angebot für Spätaussiedler baten. Dieses Anliegen wurde vom Direktor der Sozial- und Jugendbehörde Vöhringer unter Berufung auf den Caritasverband Ettlingen abgelehnt mit der Begründung, dass die Integration der Spätaussiedler, die 18 Monate im Übergangswohnheim wohnten, sicher besser gelänge, wenn sie die örtlichen Sportvereine besuchten und nicht gesondert Sport trieben. Sondierungsgespräche hatten bereits stattgefunden mit dem Ergebnis, dass fünf Sportvereine bereit waren, Kontakte zu den Spätaussiedlern zu knüpfen. Beteiligt waren der Caritasverein und das Sport- und Bäderamt, mit der Intention, „daß bei diesen neuen Mitbürgern das Gefühl der Isolierung und des Fremdseins möglichst rasch überwunden wird".[54] Immer wieder gab es Aufrufe an die Sportvereine, die Spätaussiedler zum Eintritt zu bewegen. Die Akten sind voll mit Plakaten und Schreiben zu Veranstaltungen, die Barrieren abbauen und die Spätaussiedler animieren sollten, in die Sportvereine zu kommen. Der Caritasverband, die zuständigen städtischen Behörden und die Sozialarbeiterinnen der Kirchen unterstützten diese Bemühungen tatkräftig, jedoch nur mit mäßigem Erfolg, da sich wohl die Spätaussiedler oft nicht trauten und die Sportvereine sich erst in die neue Aufgabe einfinden mussten.

Wichtiger für die Spätaussiedler jedoch war, dass sie sich willkommen fühlten und Unterstützung bei Behördengängen, bei Anträgen jeglicher Art sowie beim Erlernen der gesellschaftlichen Strukturen der neuen Heimat erhielten. An dieser Stelle muss immer wieder die Sozialarbeiterin des Caritasverbandes Doris Seiter genannt werden, die sich mit großem Elan und höchstem Engagement über viele Jahre hinweg für die Integration der Spätaussiedler einsetzte. Sie organisierte Geschenkpakete,[55] Informationsgespräche über Integrationshilfen, jahreszeitliche Feste, Freifahrkarten und freie Eintritte. Ihre Motive legte sie in einem Brief an den CDU-Fraktionsvorsitzenden Günter Rüssel im November 1978 dar: „Einleitend möchte ich kurz sagen, daß uns allen ja bekannt ist, daß der Zuzug von Aussiedlern aus Polen, der UdSSR und aus Rumänien in die Bundesrepublik zur Zeit sehr groß ist. Wir wissen auch, daß unsere Mitbürger aus einem Land kommen, das für sie nicht mehr Heimat war, daß sie in ein Land kommen, das für sie Heimat werden soll. Sie kommen in ihre Ur-Heimat und finden sich in ihr größtenteils als hilflose und integrationsbedürftige Menschen vor, weil ihnen unsere politische, soziale und kulturelle Welt fremd ist; sie bringen andere Leitbilder und Lebenserfahrungen mit und ihre Glaubenshaltung findet oft einen andersartigen Ausdruck. Die Aussiedler brauchen Nächstenliebe, die sich weniger in materieller Hilfe als vielmehr in gut nachbarlichem Miteinander und Füreinander dokumentiert."[56]

Ab Juli 1979 stellte die Stadt jedes Jahr kostenlose Schülerferienpässe[57] für die Spätaussiedlerkinder bereit, die mit ihren Familien noch in den Wohnheimen lebten. Frau Seiter führte genauestens Buch über die Ausgabe der Ferienpässe und bedankte sich jährlich bei der Stadt dafür.

Im Februar 1980 kam es Dank ihrer und Christel Helbings (Evangelischer Gemeindedienst) Initiative zu einer Spielstube für Spätaussiedlerkinder in der Wolfartsweierer Straße, finanziert durch eine Spende über 20.000 DM eines Karlsruher Bürgers.[58] Diese Aktion ist beispielhaft für die gute und gelungene Kooperation der beiden Sozialarbeiterinnen, denn Christel Helbing engagierte sich ebenfalls stark für die Belange der Spätaussiedler.[59]

Die städtische Seite zeigte ihrerseits Integrationsbemühungen und hatte eine Broschüre erstellt, die den Neubürgern,[60] wie die Spätaussiedler genannt wurden, Hilfestellungen in jedem Bereich anbot. Das hier abgedruckte Vorwort des Oberbürgermeisters in der Informationsbroschüre aus den 1980er Jahren ist ein Beispiel:

„Liebe Mitbürgerinnen, liebe Mitbürger, die vorliegende Schrift möchte Ihnen Anregungen und Hinweise geben, welche Möglichkeiten die Stadt Karlsruhe bietet, damit Sie hier heimisch werden. Um sich in unserer Rechts- und Gesellschaftsordnung schnell und sicher orientieren zu können, brauchen gerade

Aussiedler und Zuwanderer heute mehr denn je Rat und Hilfe. Dieser Wegweiser leistet einen Beitrag dazu.

Eine umfassende und erschöpfende Auskunft kann die Schrift jedoch nicht geben. Sie ist vielmehr ein Leitfaden, die an die richtige Stelle und zu persönlichen Gesprächen führen soll. Dazu gehört vor allem das Ausgleichsamt als Ihre erste Anlaufstelle.

Die Stadtverwaltung steht Ihnen mit ihren Mitarbeitern aufgeschlossen zur Seite und hilft gerne beim Start in die neue Umgebung. Dies erfordert aber nicht nur Mühe, sondern nimmt in manchen Fällen auch Zeit in Anspruch. Seien Sie daher ein verständnisvoller und guter Partner.

Ich hoffe, daß Ihnen diese kleine Broschüre dabei hilft, sich leichter in Ihrer neuen Stadt zurechtzufinden."[61]

Danach folgten in der Broschüre ein Wegweiser durch das Ausgleichsamt Karlsruhe mit Zuständigkeitsbereich, Zimmer- und Telefonnummer sowie Informationen zum Vertriebenenausweis, zu steuerlichen Vergünstigungen, zum Reparationsentschädigungsgesetz, zum Lastenausgleichsgesetz, zur Kriegsschadenrente, zur Hauptentschädigung für Vermögensschäden, Hausratentschädigung, Eingliederungsdarlehen, Betreuung und zu kulturellen Einrichtungen.

Die Eingliederungsdarlehen nach dem Lastenausgleichsgesetz galten für Personen, die Vertreibungsschäden, Kriegssachschäden oder Ostschäden erlitten hatten, um ihnen die Eingliederung in der Bundesrepublik Deutschland zu erleichtern. Die Antragsfrist betrug 10 Jahre nach der Ankunft in der Bundesrepublik. Die Darlehen waren gedacht für gewerbliche Wirtschaft und freie Berufe, für den Wohnungsbau sowie für die Landwirtschaft.[62]

Der Bund der Vertriebenen, der Caritasverband und der Evangelische Gemeindedienst, das Diakonische Werk sowie der Internationale Bund für Sozialarbeit ergänzten die städtischen Angebote durch weitere Betreuung, Seminare und Sprechstunden. Viele Mitarbeiterinnen und Mitarbeiter arbeiteten ehrenamtlich, um die wenigen hauptamtlichen Personen zu unterstützen.

1987 war ein Arbeitskreis für Aussiedler und Zuwanderer gegründet worden und zusätzlich bestand im Ausgleichsamt eine Anlauf- und Beratungsstelle, die beim Ausfüllen von Anträgen half, einen Wegweiser durch die Ämter herausgab und Seminare für ehrenamtliche Betreuer unterstützte sowie Informationsveranstaltungen anbot. 1987 bemühten sich die Sozialarbeiterinnen und die städtischen Behörden erneut verstärkt um die Einbeziehung der Spätaussiedler in die örtlichen Sportvereine, denn bisher waren die Integrationsmaßnahmen wenig zufrieden stellend verlaufen, da sowohl die Sportvereine als auch die Spätaussiedler schwerfällig und zum Teil ängstlich agierten, so dass sich zehn Jahre nach dem ersten Versuch die Situation noch nicht sehr verändert hatte.

Die Hilfsbereitschaft in der Karlsruher einheimischen Bevölkerung war in jeder Hinsicht hoch, doch es gab nicht nur Zustimmung zu den Integrationsbemühungen für die Spätaussiedler. Als die Stadt Karlsruhe 1988 zu einer Patenschaft für die Spätaussiedler aufrief, erhielt CDU-Stadtrat Günter Rüssel täglich bösartige Briefe, für die der hier zitierte exemplarisch steht. In diesem, in grammatikalisch schlechtem Deutsch verfassten Brief eines Kreises „von 16 Hausfrauen aus Karlsruhe, ohne Parteizugehörigkeit, also neutral"[63], polemisieren die Verfasserinnen: „Was wir Ihnen sagen wollen, ist folgendes: finden Sie es nicht für blamabel, Sie rufen zu Patenschaften für die Ostflüchtlinge auf – haben wir in Karlsruhe oder in der Bundesrepublik keine armen hilflosen Menschen... Wurden denn die Ostdeutschen vor vielen Jahren gezwungen,

Deutschland zu verlassen und sich in Russland – Rumänien usw. niederzulassen?

Viele sprechen kein Wort deutsch, sie werden in Hotels einquartiert, haben jede Hilfe, die den wirklichen Deutschen nicht zuteil wird?

Die Krankenkassenreform sieht Einschneidungen vor, diese Leute kommen vom Osten haben keine Mark zur Krankenkasse oder sozialen Abgaben bez. (sic!) werden aber ärztlich betreut, wer zahlt das denn – die haben ja nichts. Nur der dumme Steuerzahler, der ehrlich seine Steuern abführen muss. ... Bei uns gibt es auch keine gebackenen Tauben, wir müssen auch arbeiten, wenn wir was wollen, nur mit dem Unterschied, dass wir nicht auswandern, das (sic!) wir nicht versuchen, irgendwo anderes zu Wohlstand zu kommen und wer kontrolliert denn überhaupt, ob das alles angeblich Deutsche sind. Wenn man 40 und mehr Jahre in einem Land gelebt hat, ist man doch eingebürgert und da muss doch was anderes vorliegen, wenn man da wegwill. ...

Dafür muss die Allgemeinheit zahlen mit allen nur möglichen Opfern. Hoffentlich sind die Deutschen so klug und vergessen bis zur nächsten Wahl die Tatsache nicht. Wir haben immer CDU gewählt, aber das ist vorbei, diese Partei kann man nicht mehr wählen, die unterdrücken die Kleinen und schröpfen sie wo es nur geht. Traurig – traurig und nochmal traurig, aber auch unverantwortlich.

16 Hausfrauen aus Karlsruhe und es werden demnächst wohl viel mehr."[64]

Der Brief zeigt die Ignoranz für die Probleme der Spätaussiedler, historische Unkenntnis und oberflächliche Kenntnis der Situation. Dass Personengruppen, die nicht integriert sind, größere Probleme schaffen könnten, als integrierte und eben für die Integration finanzielle Mittel bereit gestellt werden müssen, hatten die wenig reflektiert agierenden Frauen (wenn es denn überhaupt welche waren) nicht im Blick.

Die Beschwerdebriefe veranlassten Bürgermeister Vöhringer in der 53. Plenarsitzung des Gemeinderates am 18. Oktober 1988 einige Worte dazu zu sagen: „Das Thema Spätaussiedler sollte uns ein paar Minuten Wert sein. Ich weiß, daß dies schwierig ist. Der Gemeinderat sollte aber ein paar Positionen wissen.

Zur Ausgangslage: Die Stadt Karlsruhe und ihre Bürger stehen vor einer neuen Herausforderung im humanitären und sozialen Bereich. ... Es gilt vielfältige Probleme zu lösen. Die wichtigsten davon sind die Sprachkurse, die unter Vermittlung des Arbeitsamtes angeboten werden. Das zweitwichtigste Problem ist die Arbeitsvermittlung und das drittwichtigste oder gleichwichtigste stellt die Wohnraumversorgung dar. ...

Das Hilfesystem läßt sich wie folgt skizzieren: Die finanzielle Absicherung der Spätaussiedler sowie die Betreuung und Beratung ... ist Aufgabe von Bund und Land in den Übergangseinrichtungen bzw. des Regierungspräsidiums. In Karlsruhe leisten diese Arbeit übrigens der Caritasverband, das Diakonische Werk und die Jugendgemeinschaftswerke des Internationalen Bundes für Sozialarbeit. Bund und Länder, das wissen Sie, haben in der Zwischenzeit Finanzmittel für den Wohnungsbau bereitgestellt. ...

Die Stadt beabsichtigt, im Rahmen der ergänzenden Hilfe, ... etwa 2,5 Mio. DM zur Verfügung zu stellen. Diese Mittel sind im Haushaltsplanentwurf 1989/90 jeweils eingestellt. Das Planziel für Karlsruhe müßte sein, 120 bis 150 Wohneinheiten zu schaffen. ... Heute haben wir ein Antragsvolumen von neuen Wohnungsbaugesellschaften mit etwa 350 Wohnungseinheiten, die geschaffen werden können. 26 Privatleute möchten etwa 50 Wohnungen schaffen. Am Wollen fehlt es somit nicht."[65]

Stadtrat Rüssel meldete sich ebenfalls zu Wort: „... Bei unseren Mitbürgerinnen und

Mitbürgern draußen gibt es aber mitunter eine nicht genügend ausgeprägte Kenntnis über das Problem der Spätaussiedler, … Wir haben in den Nachkriegsjahren seit 1945 in der Bundesrepublik 13 Millionen Heimatvertriebene aufnehmen können. In Karlsruhe leben 65.000, im Landkreis 110.000. Diese Leistung war in Deutschland in den allerschwersten Jahren nach dem Krieg möglich. Das war eine großartige Leistung aller Deutschen.

In den vergangenen Jahren haben sich alle Bundesregierungen immer wieder bemüht, Menschen, die in ostdeutschen (sic! – er meinte die osteuropäischen) Ländern wohnen, in ihre deutsche Heimat zurückzuholen und ihnen Freiheit zu geben.

1984 hatten wir in der Bundesrepublik 36.000 Aussiedler. Die Zahl steigerte sich dann auf 39.000 und 43.000 bis auf 78.000 im Jahre 1987. Wie wir wissen, kommen in diesem Jahr etwa 200.000 Aussiedler. Man hört jetzt schon, daß die Zahl auch 220.000 betragen kann.

30.000 bis 40.000 Aussiedler … kommen mit Sicherheit davon nach Baden-Württemberg. In den Übergangsheimen, in Hotels und Gaststätten, sind die Menschen jetzt so eng zusammengepfercht, daß dies manchmal schon menschenunwürdig ist. Unsere Übergangswohnheime in Karlsruhe sind gut zu einem Drittel überbelegt, ohne dabei zu übertreiben.

Das Land Baden-Württemberg … bezahlt für das Jahr 1988 für die Hotelanmietungen etwa 100 Mio. DM. Wir haben im Augenblick in der Stadt … 1.038 Aussiedler in Karlsruher Heimen. In den nächsten Tagen werden aber 500 weitere Aussiedler bei uns in der Sophienstraße einziehen. … Wir müssen endlich einmal sagen, daß dies unsere Landsleute sind, die zu uns kommen. Es sind Deutsche, die zu Deutschen kommen! …"[66] Etwas später, in den Antworten auf die Fragen zu den Anträgen der 53. Plenarsitzung des Gemeinderates betonten Vertreter der CDU nochmals, dass ihre Mitglieder diese Haltung aktiv vertreten und als Vorbild dienen sollten. Angehängt waren einige praktische Tipps für konkrete Vorgehensweisen aus dem CDU-Informationsdienst.[67]

Doch es gab andere Bürger, die ihre Hilfe für die Spätaussiedler anboten. Ein Beispiel ist Dr. Ing. Mokhtar Belkoura, der in einem Brief an den Oberbürgermeister Seiler und den Gemeinderat der Stadt Karlsruhe am 21. November 1988 als Lösung für das Wohnungsbauproblem die Gründung einer Stiftung vorschlug mit Beteiligung der Bevölkerung mittels Anteilskäufen.[68] Die Idee wurde geprüft, aber für sehr problematisch in der Umsetzung gehalten und deshalb von Seiten der Stadt verworfen.

In einem Antrag forderte Rüssel weiter, die Bevölkerung durch entsprechende Öffentlichkeitsarbeit zur Unterstützung der Integration der Spätaussiedler aufzurufen.

Für die jugendlichen Spätaussiedler wurden zahlreiche Angebote erstellt. Neben der Bitte an die Sportvereine, die Jugendlichen zu integrieren, entstanden zahlreiche Projekte für Jugendtreffs. Ein Beispiel ist die Projektidee Geroldsäcker, die vom Stadtjugendausschuss e.V. Karlsruhe an das Regierungspräsidium Stuttgart gerichtet war und über das Neubaugebiet folgendes berichtete: „Das Neubaugebiet Geroldsäcker im Karlsruher Stadtteil Hagsfeld wird nach seiner Fertigstellung ca. 3.500 Bewohner zählen. Dem Gebiet wurden und werden vermehrt rußlanddeutsche Aussiedlerfamilien zugewiesen. So stieg in der für das Gebiet zuständigen Grund- und Hauptschule die Zahl der Schüler von 250 auf 355 (1993 – 1994) davon 99 Kinder rußlanddeutscher Familien."[69] Deshalb beantragte der Stadtjugendausschuss Geld, damit die Kinder und Jugendlichen eine Möglichkeit bekamen, sich in diesem Wohngebiet auch zu treffen.

Am 20. Dezember 1996 bat der Kinder- und Jugendtreff (KJT) „Lohn-Lissen" in der Ellmendingerstr. 1 in Durlach-Aue um Geld, damit

URKUNDE

Der Bundesminister des Innern
hat in Zusammenarbeit mit dem Deutschen Städtetag,
dem Deutschen Landkreistag und dem Deutschen Städte- und Gemeindebund
unter der Geschäftsführung des Deutschen Roten Kreuzes
den

3. Bundeswettbewerb
Vorbildliche Integration von Aussiedlern in der Bundesrepublik Deutschland

durchgeführt.

Schirmherrin ist die Präsidentin des Deutschen Bundestages,
Frau Prof. Dr. Rita Süssmuth.

In Anerkennung und Würdigung
der bei der Integration von Aussiedlern erbrachten Leistungen
wird auf Vorschlag der Bewertungskommission
der

Stadt Karlsruhe - Ausgleichsamt

diese Urkunde verliehen.

Prof. Dr. Rita Süssmuth
Präsidentin des Deutschen Bundestages

Dr. Horst Waffenschmidt, MdB
Beauftragter der Bundesregierung für Aussiedlerfragen

Prof. Dr. Dr. h.c. mult. Knut Ipsen
Präsident des
Deutschen Roten Kreuzes

1996 wurde die Stadt Karlsruhe für vorbildliche Integration von Aussiedlern ausgezeichnet.

für russlanddeutsche Jugendliche ein Betreuungsangebot finanziert werden konnte: „Augenblicklich wird der KJT Lohn-Lissen in zunehmendem Maße von russischen Aussiedlern (ca. 50 Jugendliche/Tag) besucht. Um sprachliche und kulturelle Barrieren zwischen Aussiedlern und den langjährigen Treffbesuchern abzubauen, wäre es ratsam eine russischsprechende und mit den Gebräuchen und Sitten des Landes vertraute Honorarkraft zu beschäftigen."[70] Des Weiteren wurden spezielle Angebote für Mädchen wie Aerobic-Tanzkurse und Kosmetikkurse aufgestellt. Insgesamt schienen die beantragten und dann auch durchgeführten Projekte sehr erfolgreich und konnten einen hohen Zulauf verzeichnen.

Für ihre Bemühungen erhielt die Stadt Karlsruhe 1996 im dritten Bundeswettbewerb eine Urkunde für die vorbildliche Integration von Aussiedlern in der Bundesrepublik.

Sprachförderung als Mittel der Integration

Bildung und Sprache als essentielle Stützen der Integration waren durchgehend Thema in den Protokollen, Briefen und Aussprachen der politisch Verantwortlichen ebenso wie der Beschäftigten in den Organisationen und Vereinen.

Ein Problem bestand in der Anerkennung von Bildungsabschlüssen von Spätaussiedlern, da die Unterlagen für den erworbenen Bildungsgrad meist unvollständig waren oder die Menschen nicht wussten, welche Dienststelle dafür zuständig war. Die Leiter der Übergangswohnheime sowie die Betreuerinnen der Verbände erhielten den Auftrag, den Antragstellern mitzuteilen, folgende Unterlagen bereitzustellen:

„– Tabellarischer Lebenslauf mit Angabe der jetzigen Adresse;

Sprachförderung zur besseren Integration. Neben anderen Institutionen bot INITIAL – ein 1985 gegründetes Lehrerarbeitslosenprojekt – Deutschkurse für deutschstämmige Aussiedler an.
Hier ein Kurs im Gewerbehof beim Lidellplatz 1988.

– Beglaubigte Fotokopie der im Herkunftsland erworbenen Abschlußzeugnisse (Fotokopie des Originalzeugnisses und deutsche Übersetzung); bei Frauen ggf. auch Heiratsnachweis;
– Nachweise über eine praktische Berufstätigkeit;
– Sofern zutreffend, Nachweise über die Anerkennung als Aussiedler;
– Eine formlose Erklärung, daß eine Bewertung bisher in keinem anderen Bundesland beantragt wurde;
– Sofern eine Ausbildung bzw. Weiterbildung angestrebt wird, sollten nähere Angaben zu dem jeweiligen Ausbildungsziel gemacht werden."[71]

Oftmals fiel es den Spätaussiedlern schwer, die entsprechenden Unterlagen beizubringen, denn viele Dokumente wurden entweder nicht mitgenommen oder waren bei der Aussiedlung und durch die Umzüge verloren gegangen.

Für die Kinder und die noch schulpflichtigen Jugendlichen stellte sich das Problem der Anerkennung der Bildungsabschlüsse weniger, doch sie benötigten Sprachförderung, da sie in der Regel die deutsche Sprache nicht beherrschten und vor allem die Jugendlichen Schulabschlüsse als Ausbildungsvoraussetzung benötigten. Aus diesem Grund wurden so genannte Förderklassen eingerichtet.

Zunächst sind für das Jahr 1979 je eine so genannte internationale Klasse an der Leopoldschule, der Weinbrennerschule, der Hans-Thoma-Schule, der Schillerschule und der Uhlandschule dokumentiert. In diesen Klassen erhielten ausländische Kinder Sprachunterricht und es wurde sogar die Forderung laut, bereits im Kindergarten mit der Förderung der „Ausländerkinder" zu beginnen.[72]

Für die Sprachförderung wurden Sprachlehrgeräte von der Sparkasse Karlsruhe im Wert von 25.000 DM bereit gestellt und die Stadt Karlsruhe stockte den Betrag auf, um weitere Lehrmittel für die internationalen Klassen anzuschaffen. Für die Spätaussiedlerkinder stellte – auf Betreiben von Doris Seiter – das Musikhaus Padewet Blockflöten und Notenhefte bereit. Des Weiteren gab es für die ausländischen Kinder, und dazu gehörten später auch die Spätaussiedlerkinder, Hausaufgabenbetreuungsangebote durch die diversen Vereine und Organisationen.

Anfang der 1980er Jahre stellte das Land sehr viel Geld für Sprachkurse zur Verfügung mit der Maßgabe, dass

„– die Kurse den besonderen Eingliederungsbedürfnissen der Auszubildenden gerecht werden und geeignete Lehrkräfte zur Verfügung stehen, die nach ihrer Vorbildung und pädagogischen Befähigung in der Lage sind, sich auf die besonderen Probleme der Kursteilnehmer einzustellen;
– für die sprachliche und soziale Integration der Auszubildenden ein adäquates pädagogisches Rahmenkonzept vorliegt;
– die Kursteilnehmer hinreichend auf die gesellschaftliche, kulturelle, politische, ökonomische und berufliche Realität in der Bundesrepublik Deutschland vorbereitet werden ...;
– die Sprachkurse über den Unterricht hinaus eine ausreichende Beratung der Teilnehmer vorsehen, die sich auch darauf erstreckt, ihnen Informationen zu vermitteln, die sie für die Entscheidung über den künftigen Bildungsgang oder die Aufnahme einer Berufstätigkeit benötigen."[73]

Als die Zahl der Spätaussiedler Ende der 1980er Jahre deutlich zunahm, wurde eine spezielle „Förderklasse für schulpflichtige Aussiedlerkinder"[74] in der Leopoldschule eingerichtet. Die Volkshochschule bot Deutschkurse für Aussiedler und ab dem Frühjahr 1988 einen Deutschkurs für Akademiker an.[75]

Die Punkte der Sprachförderung und Bildung, bzw. Ausbildung und berufliche Bildung waren kurze Zeit später Thema im Koordinierungskreis Aussiedler (KOA) im kleinen Sitzungssaal des Rathauses am 27. Oktober 1988. Die bereits bestehenden 42 Sprachkurse mit je ca. 15 Teilnehmerinnen und Teilnehmern sollten um elf weitere Kurse, bezahlt vom Arbeitsamt, erweitert werden, mit der Vorgabe die Kinderbetreuung zu gewährleisten, damit die Eltern die Sprachkurse besuchen konnten. Die 585 arbeitslos gemeldeten Spätaussiedler sollten durch Praktika sowie durch Zusammenarbeit mit Wirtschaftsbetrieben, der IHK, der Handwerkskammer, der Wirtschafts-Junioren und durch direkte Ansprache der Privatwirtschaft und Informationsveranstaltungen auf Arbeitsplätze vermittelt werden.

Außerdem prüfte die Stadt-Jugendbehörde die Finanzierung von Tagesinternaten aus dem Garantiefonds, denn die Problematik der jugendlichen Spätaussiedler ohne Deutschkenntnisse musste gelöst werden, damit die Jugendlichen eine Chance auf dem Ausbildungsmarkt hatten. Die Tagesinternate waren für die jugendlichen Spätaussiedler gedacht, die an ihrem Wohnort, mangels Gruppengröße, keine Förderung erhielten. Darüber hinaus wurden zusätzliche Förderklassen für über 16-Jährige eingerichtet und die 13 bestehenden Gruppen für die Hausaufgabenbetreuung blieben bestehen.[76]

Schon am 23. Dezember 1988 erhielten die Landrats- und Bürgermeisterämter einen Schnellbrief des Ministeriums mit der Maßgabe, die Zulassung der Förderung junger Spätaussiedler nach dem Garantiefonds zu erweitern, um ihnen die bestmögliche und individuelle Sprachförderung zu bieten. Dies betraf vor allem Kinder und Jugendliche, die aus unterschiedlichen Gründen keine Förderklassen besuchen konnten.[77]

1990 und 1991 kamen mit Öffnung des Eisernen Vorhanges über 600.000 Spätaussiedler in die Bundesrepublik und die Stadt Karlsruhe war von dem Ansturm ebenso betroffen wie zahlreiche andere Städte. Im Juli 1991 traf sich der Arbeitskreis für Aussiedler im Rathaus von Karlsruhe, um vor allem Berufseingliederung, Bildungsmaßnahmen und Sprachförderung zu besprechen. Die Beteiligten versuchten auf die Bedürfnisse der Spätaussiedler einzugehen, um sie in kurzer Zeit für eine Arbeitsstelle – wenn möglich gemäß ihrer Vorbildung – zu qualifizieren. Insgesamt waren im Juni 1991 im Bezirk des Arbeitsamtes Karlsruhe 1.163 und im Stadtkreis Karlsruhe 687 Spätaussiedler als Arbeit suchend registriert, immerhin 200 weniger als im Mai 1991.[78] Unter TOP 4, Verschiedenes, berichtete Christel Helbing, inzwischen Diakonisches Werk Karlsruhe, über die Probleme bei der Anerkennung volljähriger Jugendlicher, die bei Nichtanerkennung als Vertriebene und fehlender deutscher Staatsangehörigkeit als Ausländer behandelt wurden und somit nicht automatisch die Förderungen für Spätaussiedler und deren Rechtsstatus erhielten.

Die Stadt Karlsruhe setzte sich noch 1995 über den Garantiefonds für die Ausbildung von jugendlichen Aussiedlern ein. Das Geld, das dafür vom Bund kam, betrug 1993 – 120.000 DM, 1994 – 350.000 DM und 1995 – 450.000 DM. Darunter fielen Ausbildungskosten jeglicher Art, Sprachkurse, im Falle von Internatsbesuch die Kosten für die Heimfahrt zu den Familien sowie die Unterbringung, falls die Ausbildung nicht am Wohnort stattfinden konnte.[79] Des Weiteren wurden PC-Schulungen angeboten, so dass die Spätaussiedler auch in diesem Bildungsbereich den Anschluss erhielten.

1996 waren die dem Stadtkreis Karlsruhe vom Regierungspräsidium zugewiesenen Bundesmittel von 870.000 DM vollständig ausgeschöpft, was bedeutete, dass in Karlsruhe zahlreiche Förderungsmaßnahmen angeboten worden waren. Allerdings waren die Bundesmittel für das Jahr 1997 gekürzt worden, was

Weitere Bildungsangebote – PC-Schulung für Spätaussiedler, Aufnahme 1995.

zu einem Protestbrief des Internationalen Bundes für Sozialarbeit an Oberbürgermeister Seiler führte. Einzelbriefe betroffener Spätaussiedler waren beigefügt, die ihre Situation als sehr aussichtslos schilderten, da sie ohne ausreichende Deutschkenntnisse keine Chancen auf dem Ausbildungs- und Arbeitsmarkt sahen.

In einem Schreiben von Erhard Klotz, geschäftsführendes Mitglied des Städtetages Baden-Württemberg, brachte dieser die steigende Kriminalitätsbelastung jugendlicher Spätaussiedler infolge ihrer Suchtabhängigkeit zur Sprache. Als Grund für die Suchtanfälligkeit nannte er Orientierungs- und Perspektivlosigkeit der Jugendlichen infolge von Arbeitslosigkeit und sozialer Ausgrenzung. Klotz führte an, dass die drastischen Kürzungen der Bundesmittel für die Betreuung und Sprachförderung die Integration dieser Personengruppe erschwerten. An die Städte gerichtet, fragte er nach bereits geplanten und bestehenden Initiativen.[80] Das Land hatte für das Jahr 1998 50.000 DM je Kreis bereitgestellt, um Projekte zur Integration jugendlicher Spätaussiedler zu fördern.[81] Die Antwort der Stadt Karlsruhe bewies, dass die Stadt in Vorleistung getreten war, um die Integration der jugendlichen Spätaussiedler zu beschleunigen, aber deutlich mehr Geld benötigte als die in Aussicht gestellte Summe. Die Projekte waren:

1. Zwei Berufsvorbereitungslehrgänge mit beruflicher Orientierung in Betrieben, mit individueller Betreuung und Betreuung für 30 Teilnehmer für die Dauer von sechs Monaten. Der Träger hier war das Berufsförderzentrum Maximiliansau;

2. Sechsmonatiger Kurs zur Berufsorientierung für 15 arbeitslose junge Spätaussiedler bei der Volkshochschule mit Praktikumsbetrieb;

3. Außerschulische Nachhilfe für Aussiedlerkinder und Jugendliche in den Übergangswohnheimen durch den Caritasverband;

4. Geplante Einrichtung eines Jugendclubs im Übergangswohnheim in der Bernsteinstraße 13 durch den Internationalen Bund für Sozialarbeit.[82]

Der Höhepunkt der Zuwanderung nach Deutschland lag in den Jahren 1990 – 1995. Danach ging die Zahl der Zuwanderer kontinuierlich zurück, so dass sich die Lage auf dem Wohnungsmarkt ebenso entspannte wie die finanzielle Situation mit Blick auf die Eingliederungsprogramme. Das bedeutete jedoch nicht, dass die Behörden, die Organisationen und Vereine ihre Unterstützung einstellten, sondern, dass sie ihre Arbeit fortsetzten und von den geschaffenen Strukturen profitierten.

„Die Welt mit den Augen der Aussiedler betrachtet"[83]

Wie so oft wurde mehr über die betroffenen Personen gesprochen als mit ihnen. In den Akten im Stadtarchiv sind wenige Selbstzeugnisse von Spätaussiedlern zu finden. Doch aus Zeitungsartikeln und der Broschüre einer Ausstellung, die 1992 im Landratsamt Karlsruhe stattfand, ergeben sich ein paar Schlaglichter auf die Sicht der Aussiedler zu ihrer Situation. Im Februar 1979 druckten die „Badischen Neuesten Nachrichten" (BNN) ein Interview mit dem Spätaussiedler Georg Malejka ab. Er war dem Reporter aufgefallen, weil er sich beim „Aussiedler-Forum" zu Wort gemeldet und sich bedankt hatte, dass die Spätaussiedler in Karlsruhe so herzlich aufgenommen wurden und werden. Für ihn war die Betreuung durch die Stadt, die Kirchen und die karitativen Organisationen „einzigartig"[84] und er hob hervor, dass gerade die Freundlichkeit der Menschen sowie die herzliche Aufnahme für viele seiner Landsleute (er stammte aus Oberschlesien – heute Polen und Tschechien) der letzte Anstoß war, in die Bundesrepublik auszuwandern. Auf die Frage der BNN: „Hilfe kann Ihren Landsleuten auf vielfältige Weise gewährt werden, auf rein menschlichem, auf allgemein sozialem und auf finanziellen Gebiet. Was ist das Wichtigste?" antwortete Malejka: „Hier gibt es überhaupt keine Frage: Die Hilfe von Mensch zu Mensch, die auch ganz einfach nur Freundlichkeit zu sein braucht, Interesse an uns und unseren Problemen, ist das Wichtigste. Nichts hilft in den ersten Wochen, in denen die Aussiedler hier sind, mehr, als wenn sie spüren, daß sie gern gesehen werden, daß sie willkommen sind. An zweiter Stelle steht dann die allgemeine soziale Betreuung. Das Finanzielle kommt erst am Schluß."[85]

Malejka sprach die Sprachschwierigkeiten an und nannte einen Zeitraum von einem Jahr, bis die Spätaussiedler auf eigenen Füßen stehen konnten. Seiner Meinung nach waren die ersten fünf Monate die schlimmsten, bis die gröbsten Sprachschwierigkeiten überwunden waren und bis die Spätaussiedler wirklich

Feste und Feiern sind wichtig, Sommerfest für Spätaussiedler im Gelände des Übergangswohnheims 1977.

glaubten, dass sie offen über alles reden konnten, ohne Angst haben zu müssen. Zu sehr waren sie von dem Einparteiensystem und den diktatorischen Regierungen ihrer Herkunftsländer geprägt. Deshalb waren sie den Parteien gegenüber eher misstrauisch.

Das Gefühl des Angenommenseins vermittelten ihnen die von der Caritas und dem Evangelischen Gemeindedienst in Zusammenarbeit mit diversen anderen Organisationen veranstalteten Sommerfeste und Weihnachtsfeiern. Die Anzahl der Spätaussiedler, die aus den Wohnheimen und aus den bereits eigenen Wohnungen teilnahmen, machte dies deutlich.[86]

Gerade das erste Weihnachtsfest in der neuen Heimat Deutschland fiel vielen Spätaussiedlern schwer, da oftmals nur Teile der Familien in der Bundesrepublik waren, während weitere Familienmitglieder noch auf die Ausreise warteten. Doch ließen sich die Menschen nicht entmutigen und hofften auf die Familienzusammenführung in nächster Zeit, denn „die Freiheit, die sie hier gewonnen haben, läßt alles leichter, läßt das Leben trotzdem schön erscheinen."[87] Und mit großer Dankbarkeit nahmen sie die Aufmerksamkeiten und Spenden der Karlsruher Bevölkerung an, die ihnen zeigten, dass „Menschen in dieser Stadt ein Herz für die Umsiedler haben und der Egoismus nicht überall regiert."[88]

Viele Spätaussiedler wollten sich jedoch nicht ausschließlich auf die Hilfe von außen verlassen und ergriffen die Initiative, wie eine Aktion aus dem Jahr 1977 zeigt. Mit Hilfe der Leiterin des Jugendgemeinschaftswerkes Helene Khuen-Belasi setzten sich jugendliche Spätaussiedler zwischen 14 und 35 Jahren für ein eigenes Kommunikationszentrum ein. Die Stadt Karlsruhe unterstützte die Jugendlichen und jungen Erwachsenen, indem sie Teile der Miete für Räume in der Werderstraße 57 übernahm. Mit 13.000 DM Startkapital des Gemeinschaftswerkes und hohen Eigenleistungen renovierten die Spätaussiedler ihre Clubräume in ihrer Freizeit und machten bei der Eröffnung die Erfahrung, dass sich Eigeninitiative durchaus lohnt.[89]

Eine Spätaussiedlerin aus Russland, die 1997 nach Deutschland und auf Umwegen nach Karlsruhe kam, nahm das neue Leben, das sich doch sehr vom Leben in der alten Heimat unterschied, als Herausforderung an, selbst wenn alles anders verlief, als sie es sich erhofft hatte. Ihre positive und engagierte Haltung fasste sie in einem kurzen aber prägnanten Satz zusammen: „Man entdeckt so auch andere Seiten an sich selber."[90] Diese Notwendigkeit der Eigeninitiative spiegelt sich in einem weiteren Interview einer jungen Frau aus Russland wider, die 1999 nach Karlsruhe kam, weil sie und ihre Familie hier bereits Verwandte hatten. „Das Eingewöhnen in Deutschland geht nicht unbedingt von selbst. Man muss vieles allein machen und die Politik ist da keine große Hilfe. Nur Theorie, die wissen nicht, wie das in der Praxis funktioniert."[91]

Trotz des Gefühls des Angenommenseins belastete die Spätaussiedler die finanzielle Seite ihres Neuanfangs – nicht nur – in Karlsruhe. Ihre Erwartungen an die Lastenausgleichsentschädigung waren sehr hoch gesteckt und sie erfuhren, dass – selbst bei guter Beweislage – die Höhe der Ausgleichszahlung weit unter dem Betrag lag, den sie als Schaden angegeben hatten. Wilhelm Kranich, stellvertretender Leiter des städtischen Ausgleichsamtes erläuterte: „Ein festgestellter Schaden von etwa 100.000 Reichsmark wird mit rund 25.000 D-Mark ausgeglichen. Die Enttäuschung ist dann oft groß, wenn sich herausstellt, daß der einzelne mit der ihm zugebilligten LAG [Lastenausgleichsgesetz]-Entschädigung für sein drüben verlorenes Haus hier nicht einmal ein entsprechendes Baugrundstück kaufen kann."[92]

Sie waren bereit gewesen, einen Neuanfang zu wagen, trotz mancher nicht angetroffener Versprechungen von Verwandten, die in Briefen oder bei Reisen in den Ostblock den Westen als Paradies schilderten. Dies hatte dazu geführt, dass viele Menschen ihre persönlichen, sozialen und wirtschaftlichen geordneten Verhältnisse hinter sich ließen und demokratische Freiheit suchten.[93] Das, was sie zurück gelassen hatten, konnten sie erst nach langen Jahren in der Bundesrepublik wieder erreichen.

Bei den zahlreichen Festen und Aktionen zur Eingliederung blieben viele Lokalpolitiker außen vor, doch auf Anregung des Stadtrats Günther Rüssel begann die Stadt Karlsruhe ab 1992 jährlich einen Begegnungsabend mit Spätaussiedlern zu organisieren. An diesem ersten Abend im April begrüßte der Oberbürgermeister Seiler die so genannten Neubürger im Weinbrennersaal der Stadthalle zusammen mit den Fraktionsvorsitzenden oder ihren Stellvertreterinnen und Stellvertretern. Durch persönliche Gespräche wurden einerseits Berührungsängste der Spätaussiedler abgebaut, andererseits erhielten die Politiker Einblicke in das Leben dieser Menschen.[94] Waren die Menschen noch zu Beginn der Veranstaltung sehr zurückhaltend und hatten Angst, geprägt durch ihre Erfahrungen aus den kommunistischen Ländern, sich ehrlich zu äußern, verloren sie im persönlichen Gespräch mit den Politikerinnen und Politikern die Scheu und erzählten von ihren Sorgen bezüglich der Sprachschwierigkeiten, der Arbeitsplatzsuche, des Mangels an bezahlbaren Wohnungen, der hohen Preise und der häufig fehlenden Kontakte zu den deutschen Nachbarn. Die Stadträtinnen und Stadträte nahmen Anregungen für

Altes Spiel in der neuen Heimat. Eröffnung der Gorodki-WM auf der größten Anlage dieser Art in Westeuropa auf dem Gelände des SV Hardeck mit Bürgermeister Harald Denecken (l.) und Weltverband-Präsident Evginy Artamonov am 8. August 2006.

ihre Arbeit mit und zeigten guten Willen, dort zu helfen, wo sie konnten. „So etwas wäre in Rußland undenkbar gewesen"[95] stellte ein Spätaussiedler fest. Durch eine solche Aktion wurde den Menschen erneut vor Augen geführt, welche Möglichkeiten das Leben in Freiheit und Demokratie bot.

Für diese Freiheit waren die Spätaussiedler bereit, bescheiden für fast 18 Monate oder noch länger, zu viert oder mehr, in einem Zimmer im Übergangswohnheim zu leben. Sie zogen in die ihnen zugewiesenen Zimmer und als 1981 unter großem Protest von Caritas und Evangelischem Gemeindedienst Räume in der Benzstraße am Westbahnhof bezogen werden konnten, stellte die Reporterin folgendes fest: „Die Spätaussiedler selbst, die im Schnitt etwa eineinhalb Jahre im Übergangswohnheim zubringen, klagen nicht. Sie leben in den neuen recht großen Räumen teilweise zu sechst und stören sich nach eigener Aussage nicht an den langen Wegen und der Abgeschiedenheit."[96]

Eher frustrierend empfanden sie die Arbeitssuche, wenn sie feststellen mussten, dass sie selbst nach Sprachkursen und Umschulungen schlechtere Chancen auf dem Arbeitsmarkt hatten als die so genannten Altbürgerinnen und -bürger, denn ihre beruflichen Qualifikationen wurden nicht immer anerkannt. Diese leidvolle Erfahrung musste eine russlanddeutsche Familie machen, die 2001 nach Karlsruhe ausgewandert war. Der Bauingenieur und die Architektin konnten ihre erlernten Berufe nicht ausüben und nahmen Arbeiten an, die weit unter ihrem Niveau lagen. Der Mann wurde LKW-Fahrer und die Frau erhielt das Angebot, als Zeichnerin für 400 Euro im Monat zu arbeiten mit dem Hinweis, das Restgehalt über Hartz IV zu beziehen, was ihr zu peinlich war. Die Familie hat bis heute das Gefühl, nicht in Deutschland angekommen zu sein und würde gerne wieder zurückgehen, wenn sie in Russland nicht alle Zelte abgebrochen hätten. So aber bleibt sie hier und steht vor dem Dilemma, sowohl in Deutschland als auch in Russland keine Heimat mehr zu haben. Frau N. und ihr Mann fühlen sich nirgendwo wirklich zuhause. Das wird auch deutlich, wenn Frau N. erzählt, dass sie keine deutschen Frauen auf dem Spielplatz oder in der Krabbelgruppe kennen lernt. Woran das liegt ist eine Frage, die sie sich selbst stellt,[97] auf die sie aber noch keine Antwort gefunden hat.

Positiv hingegen entwickelte sich die Initiative von Edwin Feser, selbst Spätaussiedler, vom Stadtjugendausschuss, der 2001 die alte russische Sportart Gorodki in Karlsruhe einführte. Die Sportart ist über 300 Jahre alt und war bis in die 1950er Jahre die beliebteste Sportart in der Sowjetunion hinter Fußball.[98] Was als Integrationsprojekt für jugendliche Spätaussiedler begann, entwickelte sich über eine populäre Sportart für die eingewanderten Jugendlichen hin zur Etablierung des Sports in Karlsruhe und führte dazu, dass im Jahre 2006 die Gorodki-Weltmeisterschaft auf der Sportanlage des SV Hardeck in Karlsruhe ausgetragen wurde, denn Karlsruhe besitzt die größte Gorodki-Anlage Westeuropas.[99] Bei dieser Sportart werden Figuren, zusammengesetzt aus Holzklötzchen, mit einem Holz- oder auch Kunststoffstock mit möglichst wenig Würfen aus bis zu 13 Metern Entfernung aus dem Feld gestoßen.

Fazit

Die meisten Spätaussiedler, die nach Karlsruhe kamen, waren dankbar für die Bemühungen der städtischen Behörden sowie aller Verbände, Organisationen und Einrichtungen kirchlicher und privater Träger, die viel Engagement und Unterstützung aufbrachten, um sie zu integrieren. Alle Beteiligten arbeiteten, unterstützt von zahlreichen ehrenamtlichen Helferinnen und Helfern und Spenden der Bevölkerung, im Rahmen der finanziellen Möglichkeiten dafür, dass sich die Spätaussiedler angenommen fühlten und sich in Karlsruhe ein neues Leben aufbauen konnten. Die Politiker setzten sich dafür ein, dass sich Land und Bund an den Kosten beteiligten, doch die Stadt war auch bereit, Gelder bereit zu stellen, wenn andere Zuschüsse versiegten, um Angebote für Sprachkurse und Betreuungsarbeit aufrecht halten zu können.

Viele der Migrantinnen und Migranten nahmen die Angebote aktiv an und bemühten sich nach Kräften, ein neues und zufriedenstellendes Leben aufzubauen, selbst wenn sich die Anfänge schwer und mühsam gestalteten, wenn die Aufenthaltsdauer in den Übergangswohnheimen länger dauerte als geplant und wenn der „goldene Westen" sich nicht immer so golden darstellte, wie erwartet. Die meisten der hier angekommenen Neubürgerinnen und Neubürger aus den ehemaligen Ostblockstaaten sind inzwischen integriert, ihre Kinder sprechen akzentfrei Deutsch und tragen das Ihre zum Gelingen einer lebendigen und vielfältigen Gesellschaft bei. Sie beteiligten sich aktiv am Integrationsprozess, denn ohne eigenes Engagement kann sich niemand in einer Gesellschaft wohl fühlen und dort zufrieden leben.

Als Schlusswort kann exemplarisch eine Frau aus Russland zitiert werden, die in der Ausstellungsbroschüre von 1992 über ihr Leben berichtete und mit folgenden Worten schloss:

„Wir haben die Tür in die Welt aufgemacht. Sie liegt vor uns und wartet auf uns."[100]

MATTHIAS CHRIST

Bildungsmigranten in der Fächerstadt

**Bildungsmigration:
ein multifaktorielles Phänomen**

Migrationsbewegungen sind spätestens nach dem Ende des Zweiten Weltkrieges ein Phänomen, das auf der ganzen Welt permanent zunimmt, sowohl flächenmäßig als auch quantitativ. Über 175 Millionen Migranten und Migrantinnen leben derzeit nicht in ihrem Herkunftsland. Diese „Globalisierung der Migrationsbewegungen" subsumiert eine Vielzahl von Migrationsformen. Neben Arbeitsmigranten, Flüchtlingen, Migranten ethnischer Minderheiten und illegalen Migranten, nehmen Menschen, die ihre Heimat zu Studienzwecken verlassen, einen nicht unwesentlichen Platz ein.[1]

Unter den OECD-Ländern haben die Vereinigten Staaten, Großbritannien und Deutschland auffallend viele ausländische Studierende. Im Wintersemester 2000/01 waren an Hochschulen der Bundesrepublik 187.027 Studierende aus dem Ausland eingeschrieben. Dies sind 10,4 Prozent aller Studierenden in Deutschland. Die Mehrzahl kam aus dem europäischen Ausland sowie aus Asien.[2]

Die Suche nach Arbeit und Zufluchtsmöglichkeiten vor Verfolgung sind zwei Hauptursachen von Migration. Zu diesen wesentlichen Gründen gibt es jedoch eine Vielzahl an weiteren Beweggründen, die Heimat zu verlassen.

Migrationsmotive können beispielsweise biographisch-, erwerbs-, politisch-, und familienbedingt sein. So lässt sich Fluchtmigration nicht nur durch religiöse, ethnische oder politische Faktoren begründen. Vielmehr spielen weitere individuelle Faktoren eine tragende Rolle.[3]

Das Konzept „Bildungsmigration" ist insofern unpräzise, als es den Eindruck vermitteln könnte, Bildung als solche wäre die alleinige Absicht von Bildungsmigranten. Migration indes ist kein monokausales Phänomen. Anhand der geführten Interviews mit zwei Bildungsmigranten lässt sich zeigen, wie soziokulturelle, politische und wirtschaftliche Rahmenbedingungen in einem Staat Menschen zu Wanderbewegungen veranlassen. Bildungsmigranten versuchen ihr Leben mit Hilfe einer akademischen Grundlage zu ändern bzw. zu verbessern. (siehe Interviews S. 232 ff.)

Verwendet man neben dem Begriff „Bildungsmigranten" noch Konstrukte wie „ausländische Studierende" oder „Bildungsausländer", so wird ersichtlich, wie unscharf das Thema Bildungsmigration umrissen ist. Beispielsweise ist unklar, ob es sich bei den „Ausländern" in den Studierendenstatistiken um Migranten handelt, die einzig zum Zwecke des Studiums die Hochschulen besuchen, oder ob es bereits Einheimische sind, die bislang noch keinen deutschen Pass haben, z. B. ein türkischer Student der zweiten Generation, dessen Eltern einst – in Form der Arbeitsmigration – Karlsruhe als neuen Lebensmittelpunkt suchten. Zweifelsohne gibt es auch deutsche Bildungsbürger, die einen Migrationshintergrund haben und etwa durch Heirat oder andere Einbürgerungsmöglichkeiten nicht mehr in der Statistik unter dem Terminus „Ausländer" subsumiert werden. Ausländische Studierende mit ständigem Wohnsitz in der BRD sind gewiss nicht diskussionslos den temporären Bildungsmigranten zuzuordnen. In einigen Studierendenstatistiken wird deshalb auch zwischen diesen beiden „Ausländertypen" differenziert.

Neben der Suche nach einer eindeutigen Begriffsklärung erschweren Überlieferungslücken, archivische Schutzfristen und datenschutzrechtliche Hürden, dieses Forschungsfeld genauer zu beleuchten. So unscharf das Konstrukt „Bildungsmigration" ist, so schwierig ist es mangels empirischer Daten zugleich, valide Aussagen über ausländische Studierende an Karlsruher Hochschulen zu machen. Was haben die Migranten nach dem Studium gemacht? Wie viele kehrten wieder in ihre Heimat zurück oder blieben in Deutschland?

Bildungsmigration und die Entstehung des akademischen Lebens in Karlsruhe

Auch an Karlsruher Hochschulen sind viele Studierende aus dem Ausland immatrikuliert, vor allem an der Universität. Ein kleiner Einblick in die historische Entwicklung der Universität soll zeigen, dass Bildungsmigranten schon früh eine tragende Rolle im Karlsruher akademischen Milieu einnahmen.

Gewissermaßen wurde das internationale Interesse am Studienort Karlsruhe im 19. Jahrhundert wesentlich von zwei Personen geweckt, die selbst einen Migrationshintergrund hatten. Die Universität wurde durch den Österreicher Ferdinand Redtenbacher, Professor für Maschinenbau von 1841 bis 1863, auf eine wissenschaftliche Grundlage gestellt. Fortan war nun die „Polytechnische Schule" eine Technische Hochschule. Redtenbachers private und politische Kontakte mit der Schweiz führten zu einer regen binationalen Interaktion. So wurde die 1855 gegründete Eidgenössische Polytechnische Schule nach dem Karlsruher Vorbild gebaut. Die Züricher errichteten fünf Fachschulen nach dem Vorbild dieser Hochschule. Die allgemeinbildenden Lehrstühle wurden von den Zürichern mitunter von Revolutionsflüchtlingen aus verschiedenen Staaten besetzt. Redtenbacher selbst nahm eine linksliberale Position gegenüber der Revolution 1848/49 ein. Das Züricher Polytechnikum kann so als Produkt des europäischen Liberalismus gesehen werden. Neben seinen unzähligen wertvollen Beiträgen zur Karlsruher akademischen Kultur ist sein Streben, die Ingenieurswissenschaften als Teilbereich der Allgemeinbildung aufzuwerten, zu würdigen.[4]

Ein zweiter wichtiger Migrant in der frühen Geschichte der Universität ist Karl Weltzien, Professor für Chemie von 1843 bis 1869. Durch seine Arbeit erlangte die Chemiewissenschaft in Karlsruhe rasch internationales Renommee. Der in Sankt Petersburg geborene Chemiker organisierte im September 1860 den ersten internationalen Chemikerkongress im Ständehaus. Das Treffen von etwa 140 namhaften Wissenschaftlern hatte die Intention, die chemischen Symbole und Begriffe international auf eine gemeinsame definitorische Basis zu bringen. Wenngleich dieses Ziel vorerst nicht erreicht wurde, so war dieser Kongress freilich der Wendepunkt im Kampf gegen die begriffliche Konfusion.[5]

Es lässt sich schlussfolgern, dass ohne das Wirken Redtenbachers und Weltziens die Entstehung der international anerkannten Hochschule zumindest verzögert eingetreten wäre.

Bildungsmigranten an der Universität

Die frühen Jahre

Vom Gründungsjahr der Universität im Jahre 1825 bis 1832 existieren keine verlässlichen Daten über Studierende. Im Jahre 1832 waren 255 Studierende gemeldet.[6] Im Studienjahr 1848/49 waren von insgesamt 373 Studierenden inklusive „Vorschüler" 121 Ausländer erfasst. Unter dem Begriff „Ausländer" wurden folgende Nationalitäten zusammengefasst: Schweizer, Franzosen, Belgier, Holländer, Engländer, Norweger, Schweden, Ungarn und Russen mit einer Gesamtzahl von 31. Die verbleibenden 90 „Ausländer" setzten sich aus Bayern, Hessen, Württembergern, Sigmaringern, Hannoveranern, Oldenburgern, Sachsen, Tirolern, Österreichern, Preußen, Schleswig-Holsteinern, Hamburgern, Lübeckern, Bremern und Frankfurtern zusammen.[7] Diese Aufzählung ist eine Reminiszenz an die Zeit deutscher Kleinstaaten. Im Wintersemester 1848/49 existierte noch kein deutscher Einheitsstaat. Das Streben danach manifestierte sich zumindest bei der konstituierten Nationalversammlung in Frankfurt am Main. Aus heutiger Sicht sind von diesen 90 Bildungsmigranten lediglich Österreicher und Tiroler dem Terminus „Ausländer" zuzuordnen. Gleichwohl ist zu konstatieren, dass ausländische Studierende – nach damaligem Verständnis – etwa 20 Jahre nach Gründung der Großherzoglich Badischen Technischen Hochschule mit 32,4 Prozent einen bedeutungsvollen Anteil der Studenten ausmachten. Im Wintersemester 1860/61 waren von insgesamt 840 Studenten inklusive der Vorschüler 356 Badener. Demgemäß war die Mehrzahl der Studierenden nach damaligem Verständnis Ausländer (57,6 Prozent). Der größte Teil ausländischer Studierender nach heutigem Verständnis kam aus der Schweiz und aus Russland.

Die Tabelle „Ausländer an der Universität Karlsruhe 1848 – 2008" (siehe S. 164 f.) ermöglicht einen fragmentarischen Einblick in die Entwicklung der Studierendenzahl an der Universität. Aufgrund von vielen außenpolitischen Veränderungen in dieser großen Zeitspanne mit einhergehenden Grenzverschiebungen und unterschiedlichen statistischen Datenerhebungsverfahren sind die einzelnen Semesterdaten nur bedingt vergleichbar. So wurden in der Badischen Schulstatistik aus dem Jahre 1912 beispielsweise die Staaten Griechenland und die Türkei im Zeitraum von 1870 bis 1900 zusammengefasst. In der Tabelle sind jeweils die drei Nationen, aus denen die meisten Studierenden kamen, benannt.[8]

Die Hochschule im Kaiserreich

Im frühen wilhelminischen Kaiserreich zählte die Hochschule im Wintersemester 1870/71 insgesamt 290 Studierende, davon waren 91 Bildungsmigranten (31,4 Prozent). Das Gros kam aus Russland und Österreich-Ungarn. Trotz großer Schwankungen, sowohl der Anzahl der Ausländer als auch der Studierenden insgesamt, waren Studenten aus Russland und Österreich-Ungarn bis zur Jahrhundertwende auffallend stark vertreten. Im Jahr 1900 waren 226 Ausländer unter insgesamt 1.251 Immatrikulierten. Dies ist ein Anteil von 18 Prozent. Neben Russland (98) und Österreich-Ungarn (42) kamen die Studenten hauptsächlich aus der Schweiz (19).[9] Hypothetisch lässt sich die große Präsenz von Studenten aus Russland und aus der Donaumonarchie mit den außenpolitischen Beziehungen (Bismarcksche Diplomatiebemühungen) zu Russland und Österreich-Ungarn, beispielsweise mit dem Dreikaiserabkommen von 1873 bis 1887, erklären.

Einen vorläufigen Zenit vor 1918 erreichte die „Fridericiana"[10] im Wintersemester 1902/03,

Ausländer[a] an der Universität Karlsruhe 1848–2008

Sommersemester (SS)/ Wintersemester (WS)	Hauptvertretung Rang 1[b]	Nation Rang 2	Nation Rang 3	Europa[c]	Amerika	Afrika	Asien	Ausländer insgesamt (davon weiblich)	Studenten insgesamt (davon weiblich)
WS 1848/49[d]	–	–	–	121	–	–	–	121	373
WS 1860/61	Schweiz 45	Russland 31	Österreich 28	152	14	–	1	167	840
WS 1870/71	Russland 41	Österreich-Ungarn 21	Schweiz 6	79	10	1	1	91	290
WS 1873/74	Russland 52	Österreich-Ungarn 47	Schweiz 8	125	22	1	–	148	631
WS 1880/81	Schweiz10	Russland 7	Österreich-Ungarn 6	29	5	–	–	34	323
WS 1890/91	Russland 51	Österreich-Ungarn 8	Schweiz 7	94	10	–	1	105	571
WS 1897/98	Russland 62	Österreich-Ungarn 17	Schweiz 7	111	5	–	1	117	1.035
WS 1904/05	Russland/ Finnland 172	Schweiz 47	Österreich-Ungarn 45	359	7	–	7	359	1.471
WS 1914/15	Österreich-Ungarn 27	Bulgarien 25	Norwegen 18	102	2	–	2	106	849 (3)[e]
WS 1918/19	Österreich-Ungarn 8	Schweden 7	Luxemburg und Norwegen jew. 6	48	1	–	–	49	1.287 (22)[f]
WS 1927/28	Balten (dt. Abkunft) 29	Bulgarien 14	Griechenland 13	141	12	–	10	172	1.291 (24)
WS 1936/37	Norwegen 19	Türkei 13	Bulgarien 9	77	5	–	10	96	658 (6)
SS 1946	Litauen 61	Bulgarien 39	Polen 37	181	2	–	–	188	1.980 (174)
SS 1948	Litauen 101	Lettland 56	Estland 46	312	–	–	–	379 (34)	4.208 (383)
WS 1948/49	Litauen 55	Polen 38	Lettland 32	204	–	–	–	251 (18)	4.072 (318)
SS 1953	Norwegen 99 (2)	Iran 20	Luxemburg 17	177	7	3	25	222 (3)	3.836 (184)

Semester									
WS 1955/56	Norwegen 158 (1)	Griechenland 49 (1)	Türkei 32 (1)	321	9	5	49	433 (5)	4.171 (240)
WS 1959/60	Griechenland 175	Norwegen 112	Iran 97	515	28	41	235	824 (21)	5.428 (311)
WS 1962/63	Griechenland 229	Iran 137	Türkei 100	524	42	56	328	960 (30)[g]	6.035 (344)
SS 1968	Iran 158 (1)	Griechenland 130 (9)	Türkei 56 (4)	356	49	61	355	839 (33)	5.735 (425)
SS 1975	Griechenland 156	Indonesien 144	Türkei 89	385	79	70	369	995	10.323
WS 1979/80	Griechenland 196	Türkei 119	Indonesien 99	535	96	69	337	1.038	11.519
WS 1989/90	VR China 147	Griechenland 131	Türkei 124	755	140	156	552	1.624 (341)	20.716 (3.545)
SS 1996	Türkei 184	VR China 117	Frankreich 106	1.121	131	245	451	1.971 (533)	17.634 (3.673)
WS 2000/01	VR China 462	Frankreich 237	Türkei 177	1.532	165	377	877	2.964 (982)	15.686 (4.217)
SS 2005	VR China 703	Türkei 249	Frankreich 198	1.609	203	456	1.202	3.476 (1.107)	16.348 (4.434)
SS 2008	China (mit Tibet) 687	Türkei 243	Bulgarien 198	1.371	214	397	1.198	3.190 (1.022)	16.754 (4.455)

a Nicht inbegriffen sind Staatenlose, Menschen aus Australien/Ozeanien sowie Studierende ohne Angaben. Diese sind in der Gesamtausländerzahl eingerechnet. Ohne Gasthörer und Hospitanten. Das vorübergehend annektierte Saargebiet wird ebenfalls nicht dazugezählt. Da die Daten in der Tabelle aus unterschiedlichen Quellen vom Autor selbst errechnet und zusammengefasst wurden, sind etwaige Abweichungen mit anderen publizierten Statistiken und Ungenauigkeiten nicht gänzlich ausgeschlossen, da z. B. je nach Stand der Daten diese mit den Zahlen aus dem gleichen Semester variieren können.

b Ohne Deutsches Reich, BRD.

c Europa insgesamt, ohne deutsche Gebiete bzw. Deutschland, inklusive Russland und Türkei. Amerika, Afrika und Asien ebenfalls immer die Gesamtzahl der Studierenden.

d Vgl. Textkommentar zu Ausländern!

e Inklusive Hospitanten waren es insgesamt 1.096 (darunter 223 Frauen). Davon waren 593 Studenten aufgrund des Militärdiensts beurlaubt.

f Mit Hospitanten (davon 120 Frauen) insgesamt 1.492. Darunter waren 628 Studenten aufgrund des Militärdiensts beurlaubt.

g Einschließlich Ausländer, die in der BRD ihren ständigen Wohnsitz haben.

Front des Hauptgebäudes der Karlsruher Technischen Hochschule in der Kaiserstraße um 1890.

in dem annähernd 1.900 Studierende immatrikuliert waren. Die Karlsruher Hochschule stand damit auf dem vierten Platz der neun deutschen Technischen Hochschulen. Aus unerklärlichen Gründen sanken unterdessen die Studentenzahlen bis zum Ersten Weltkrieg stärker als anderswo. In den Jahren 1900 bis 1905 lag der Anteil der Bildungsmigranten bei ungefähr 25 Prozent, bis 1910 bei etwa 40 Prozent und in den letzten drei Jahren vor dem Ersten Weltkrieg bei rund 30 Prozent. Karlsruhe und Heidelberg waren bei polnischen Studierenden aus Russisch-Polen aufgrund des gemäßigten politischen Klimas in Baden beliebt.[11] Bislang war das Studieren nur Männern erlaubt. Studentinnen wurden erst im Wintersemester 1904/05 offiziell zugelassen.[12] In diesem für die Frauenemanzipation geschichtsträchtigen Semester hatten beinahe 25 Prozent der Studierenden einen Migrationshintergrund. Abermals sind Studierende aus Russland und zusätzlich Finnland führend, gefolgt von der Schweiz und Österreich-Ungarn.

Der hohe Ausländeranteil an der Technischen Hochschule wurde jedoch nicht ausschließlich mit Begeisterung von Seiten der Deutschen aufgenommen. In der Dekade vor dem Ersten Weltkrieg wurde im Deutschen Reich öffentlich, im Parlament und in der Presse darüber diskutiert. Die Kontroverse mündete in einzelne Ungleichheiten zu Ungunsten ausländischer Studierender. So wurde im Wintersemester 1906/07 eine „Ausländergebühr" von 50 Mark pro Semester verlangt. Ein Promotionsverbot für Ausländer war lediglich ein in der Studentenschaft kursierendes Gerücht.[13]

Der starke Einbruch der Ausländerquote ab 1914 hingegen basierte nicht auf eingeführten Ungleichheiten. Vielmehr dezimierte der Erste Weltkrieg die Studierendenzahl insgesamt drastisch. Die Anzeichen des bevorstehenden Krieges im Sommer 1914 zwangen russische Studenten, überhastet ihr Diplom zu machen, sofern dies vertretbar war. Ausländische Hochschulangehörige, die Mitglieder von Feindstaaten waren, wurden polizeilich überwacht und einige sogar tagelang inhaftiert. Mit Kriegsausbruch im August sank die Studierendenzahl, da die Mehrheit zum Militär eingezogen wurde. Geforscht wurde zunehmend für kriegswirtschaftliche sowie für militärtechnische Zwecke. Einige Institute der Hochschule baute man zu Reservelazaretten um.[14]

Im Wintersemester 1914/15 waren insgesamt 1.096 Studierende immatrikuliert. 593 Studenten davon waren beurlaubt, weil sie Militärdienst leisteten. Mit knapp 9,7 Prozent war der Bildungsmigrantenanteil, verglichen mit dem Wintersemester 1904/05, stark gesunken. Der Kriegsgegner Russland, aus dem bislang die meisten ausländischen Studierenden kamen, war gänzlich aus der Statistik verschwunden. Studierende aus dem mit dem Deutschen Reich verbündeten Österreich-Ungarn und Bulgarien sowie Studierende aus den neutralen Staaten Norwegen und der Schweiz waren in der Überzahl. Gegen Ende des Ersten Weltkrieges waren im Wintersemester 1918/19 insgesamt 1.492 Studierende eingeschrieben. Die Ausländerquote lag bei lediglich 3,3 Prozent, angeführt von Staatsbürgern aus Österreich-Ungarn.

Nach dem Ersten Weltkrieg stieg die Studierendenzahl wieder an. Im Wintersemester 1927/28 studierten 1.291 Personen an der TH. Die Ausländerzahl war mittlerweile auf 172

(13,3 Prozent) gestiegen. Vor allem Ausländer deutschen Ursprungs aus den baltischen Staaten, Bulgaren, Griechen, Jugoslawen und Ungarn waren stark vertreten. Die wieder auflebende Internationalisierung der Studierenden in der Weimarer Republik sollte gleichwohl nur von kurzer Dauer sein.

Die Jahre im Nationalsozialismus

Die nationalsozialistische Ideologie erstreckte sich auch auf das alltägliche Studentenleben auf dem Campus. Die NS-Weltanschauung

Karteikarte des ungarischen Studenten Edward Teller, wohnhaft in der Hirschstraße 77. Teller, der „Vater der Wasserstoffbombe", immatrikulierte sich im Wintersemester 1925/26 nach seiner Emigration aus Ungarn an der TH Karlsruhe, die er im Wintersemester 1927/28 wieder verließ.

wurde jedoch bereits vor Hitlers Wahl zum Reichskanzler von den Studierenden akzeptiert. So organisierten sich nationalsozialistisch gesinnte Studenten im Nationalsozialistischen Deutschen Studentenbund (NSDStB) bereits vor 1933. Neben der allgemeinen Missbilligung der Weimarer Republik, die der Versailler Friedensvertrag nach sich zog, gab es weitere regionale Faktoren in Karlsruhe, die die Akzeptanz der NS-Ideologie untermauerten, wie beispielsweise der Verlust des Elsass, den vor allem die badische Wirtschaft durch ihre Nähe zu Frankreich zu spüren bekam, oder das Verschwinden sichtbarer Symbole, wie z. B. der großherzogliche Hof sowie die Garnison nach 1919. Die durch diese und weitere Umstände kumulierte Unzufriedenheit offenbarte sich auf dem Campus in Form zeremonieller Massenveranstaltungen, öffentlicher Denunzierung und Angriffen gegenüber jüdischem Lehrpersonal. Schon im Wintersemester 1930/31 gewann der Nationalsozialistische Deutsche Studentenbund erstmalig bei der Studentenschaftswahl die Mehrheit. Mit der reformierten Grundordnung der Hochschule im Jahre 1933 wurde eine exakte Quote für den Ausländeranteil angeordnet, ebenso für „Nichtarier". Bislang war der Ausländeranteil relativ hoch, so dass diese Quotenregelung eine grundlegende Veränderung bedeutete.[15]

Durch das Gesetz zur Wiederherstellung des Berufsbeamtentums und einen Ministerialerlass verloren im Jahr 1933 elf Lehrkräfte und ein Arbeiter ihre Beschäftigung an der TH, weil sie jüdisch waren. Zu jener Zeit waren Ariernachweise in den Personalakten Usus. In den folgenden Jahren verloren politische Gegner des NS-Regimes ihre Posten. Im Juni des nächsten Jahres wurde das „Kameradschaftshaus der Karlsruher Studentenschaft und des NSDStB" aus der Taufe gehoben.[16]

Die personellen Säuberungswellen der Nationalsozialisten tangierten nicht nur die Hochschulbediensteten, sondern auch die Studierenden. In den Jahren 1933 bis 1945 waren insgesamt 56 Studenten im Sinne der Rassenpolitik verdächtig, darunter 25 Ausländer. Aufgrund seiner politischen Überzeugung musste ein Architekturstudent im Herbst 1933 ins Konzentrationslager Kislau bei Bruchsal. Dennoch verließ die Mehrzahl die Hochschule mit Diplom und einige wenige erhielten sogar die Doktorwürde. Aufgrund lückenhafter Überlieferung ist jedoch unklar, wie viele Studierende in politische Konflikte gerieten und wie viele Studienbewerber aufgrund der Rassenideologie abgelehnt wurden.[17]

Im Wintersemester 1936/37 waren von insgesamt 658 Studierenden (ohne Gasthörer) immerhin 96 Studenten aus dem Ausland eingeschrieben. Bei diesem relativ hohen Ausländeranteil von etwa 14,6 Prozent dominierten Studierende aus Norwegen, der Türkei und Bulgarien.

Im Sommersemester 1937 waren nur noch 566 Studierende immatrikuliert. Davon waren 116 Ausländer (20,5 Prozent). Um die Studentenzahl zu erhöhen, beschloss der Senat einen Werbefilm zu drehen, um das Studium an der Karlsruher Hochschule anzupreisen. Der Film „Ingenieure heraus!" wurde daraufhin an Schulen gezeigt. Ursachen des starken Rücklaufs waren u. a. auf geburtenschwache Jahrgänge im studierfähigen Alter, Zulassungsbeschränkungen, die Einführung der Arbeitsdienstpflicht und der allgemeinen Wehrpflicht im Jahre 1935 sowie auf die damals grassierende Stimmungsmache gegen Intellektuelle zurückzuführen. Bis zum Kriegsausbruch stieg die Zahl der Studierenden schließlich auf etwa 700.[18]

Der Zweite Weltkrieg beeinflusste die Konstellation der Studenten außerplanmäßig. Ein beachtlicher Teil waren beurlaubte Soldaten. Der Ausländeranteil erhöhte sich neuerdings. Gleichwohl ist eine Veränderung in der Zusammensetzung gegenüber den Jahren 1919 bis

Studentenfeier in der im Zweiten Weltkrieg zerstörten Karlsruher Festhalle am 5. November 1933.

1934 festzustellen. Studenten aus den neutralen Staaten Schweiz und Schweden waren lediglich noch singulär vertreten. Aus den von der Wehrmacht besetzten Westgebieten Europas schrieben sich nur noch wenige ein. Im Vergleich dazu wuchs die Zahl tschechischer Studierender aus dem „Reichsprotektorat Böhmen und Mähren". Die Zahl der Elsässer sowie Lothringer nahm gleichermaßen auffällig zu. Nicht überraschend dagegen war der Zulauf von Menschen aus Bulgarien, das sich mit dem nationalsozialistischen Deutschland verbündet hatte. Ungarische Studierende immatrikulierten sich allerdings nicht mehr. Der relativ hohe Anteil ungarischer Studierender vor 1933 lässt sich insbesondere auf die Budapester Judenpolitik zurückführen.[19]

Im Wintersemester 1943/44 kamen 71 Personen aus Bulgarien, 14 aus dem Protektorat Böhmen und Mähren, acht aus Holland, sieben aus Estland, vier aus der Türkei, je zwei aus Norwegen und Kroatien und jeweils eine Person aus dem Iran, aus Litauen und der Schweiz.

Nicht nur personell wurde die Hochschule in Mitleidenschaft gezogen. Während des Krieges hatte die Technische Hochschule unter den Angriffen der Alliierten sehr gelitten. Der traurige Höhepunkt war am 27. September 1944. An jenem Tag fielen Tausende von Brandbomben auf Gebäude und Anlagen der TH, die 80 Prozent des Areals zerstörten. Allein die Bibliothek verlor durch Feuer 93.000 Bücher und 70.000 Dissertationen.[20] Studenten, die sich neuerdings an der fast zerstörten

Universität einschreiben ließen, mussten sich zu einem vierwöchigen Arbeitsdienst verpflichten, welcher im Herbst 1945 für die Aufräumungs- und Instandsetzungsarbeiten zuständig war. Vor der offiziellen Zusage der Amerikaner zur Neueröffnung der TH, unterrichteten und prüften einige Professoren, im Nachhinein völlig legitim, in ihren eigenen Wohnungen kleinere Gruppen von Studenten. Die Vorlesungen begannen wieder am 10. Februar 1946.[21]

Neubeginn und Blütezeit des akademischen Lebens

Die Herkunft der ersten ausländischen Studierenden nach dem Zweiten Weltkrieg ist vor dem Hintergrund der Spannungen der Kriegs- und Nachkriegsjahre zu sehen. Die Studierenden kamen hauptsächlich aus dem sowjetischen Herrschaftsgebiet der ostmitteleuropäischen Staaten und waren sogenannte „Displaced Persons", also Flüchtlinge, die während des Krieges zumeist als Zwangsarbeiter nach Deutschland gebracht worden waren und vorerst nicht in ihre Heimat zurückkehren konnten.[22] Im Sommersemester 1946 waren 1.980 Studierende eingeschrieben, darunter 188 Ausländer (9,5 Prozent), hauptsächlich aus Litauen, Bulgarien und Polen.

Die Zahl ausländischer Studierender wuchs mit wenigen Ausnahmen seit 1950 stetig. Waren im Sommersemester 1950 bei insgesamt 3.946 Studierenden nur 89 Studierende (2,3 Prozent) aus dem Ausland, so besuchten im Wintersemester 1952/53 200 Ausländer und im Sommersemester 1958 bereits 691 Ausländer – inklusive derer mit ständigem Wohnsitz in der BRD – die Technische Hochschule. Der Anstieg der Studierenden lässt sich – neben der generell wiederauflebenden Internationalität nach der NS-Diktatur – mit der steigenden Gesamtzahl von Migranten durch Flucht, Vertreibung und Gastarbeit in Karlsruhe begründen. Im Jahre 1950 waren 24.104 Flüchtlinge und Vertriebene registriert, die in den ehemaligen Ostgebieten oder im Ausland gewohnt hatten. Zudem wurden 2.455 Ausländer statistisch erfasst. Zehn Jahre später lebten bereits 42.467 Migranten durch Flucht und Vertreibung sowie 5.397 Ausländer in der Fächerstadt.

Hochzeit eines taiwanesischen Studentenpaares in der Kleinen Kirche 1964.

Der Weg hin zur Massenuniversität wurde in den 1960er Jahren fortgesetzt. Dieses Phänomen der wachsenden Studierendenzahl in den 1960er Jahren lässt sich mit den politischen Bemühungen, den „Bildungsnotstand" zu bekämpfen, erklären. So forderte der einflussreiche Philosoph, Theologe und Pädagoge Georg Picht eine umfassende Bildungsexpansion, die die Zahl der Akademiker in der BRD erhöhen sollte.

Im Wintersemester 1962/63 überstieg die Studierendenzahl erstmals temporär die 6.000-Marke. In den kommenden Jahren folgte eine geradezu stetige Progression. Waren es im Sommersemester 1966 noch 5.600 Immatrikulierte, so studierten fünf Jahre später bereits 7.500, im Sommersemester 1976 10.700, im Sommersemester 1981 11.000 und 1986 schon 16.800 angehende Akademiker. Der Höhepunkt wurde 1992 mit zirka 22.000 Immatrikulationen an der Universität erreicht.[23] Davon waren knapp 2.000 Studierende aus dem Ausland.

Auch die Anzahl der Bildungsmigranten stieg rekordverdächtig nach dem Fall des „Eisernen Vorhangs". 21.640 Studierende waren im Wintersemester 1991/92 an der Universität eingeschrieben. Darunter waren 1.910 ausländische Studierende aus 92 Nationen. Dies war die bis dahin höchste absolute Zahl von ausländischen Immatrikulierten. Dessen ungeachtet verringerte sich deren Anteil prozentual betrachtet. Waren in der Zeitspanne vom Wintersemester 1957/58 bis 1967/68 über 14 Prozent der Studierenden mit Migrationshintergrund, so lag jener Anteil 1991/92 bei lediglich 8,8 Prozent. Stärkste Gruppe waren dabei Studierende aus China mit insgesamt 201 Eingeschriebenen, gefolgt von 146 Türken, 121 Griechen und 114 Staatsbürgern aus dem Iran. Der bisherige Scheitelpunkt ausländischer Studierender wurde im Wintersemester 2005/06 mit insgesamt 3.764 Eingeschriebenen (knapp 21 Prozent) erreicht.

Iranische Hochschüler

Die Anzahl an Bildungsmigranten einer Nation ist immer auch ein Indikator für die bestehenden soziokulturellen und (außen-)politischen Verhältnisse einer Gesellschaft. Dies soll im Folgenden beispielhaft an iranischen Studierenden gezeigt werden. Persische Bildungsmigranten sind nämlich seit den 1950er und 60er Jahren an der Universität Karlsruhe relativ stark vertreten.

Blick in das zur Förderung der Deutschkenntnisse ausländischer Studierender 1966 neu eingerichtete Sprachlabor.

Die mit Persiens Erdölvorkommen verknüpfte wirtschaftliche und damit auch politisch-strategische Bedeutsamkeit für die Bundesrepublik Deutschland, förderte u. a. die Beziehungen zwischen Bonn und Teheran. Nicht nur zahlreiche Funktionäre, Bundes- und Landesminister, sondern auch die Bundeskanzler Adenauer, Kiesinger, Brandt und in den 1970er Jahren Helmut Schmidt besuchten den persischen Schah. Mohammed Reza Pahlavi stattete wiederum 1967 seinen zweiten Besuch in Deutschland ab. Überschattet wurde der Besuch im Mai in Berlin von Anti-Schah-Demonstrationen, bei denen der Student Benno Ohnesorg starb. Die rebellierenden Studierenden Ende der 1960er Jahre sahen im Schah-Regime eine korrupte und menschenunwürdige Regierung, die mit der Geheimpolizei „Savak" das Volk Persiens unterdrückte. Der Schah dagegen konnte die Duldung iranischer Studentenorganisationen und deren öffentlichen Protest mit dem Ziel einer Revolution gegen sein Regime auf deutschem Boden nicht nachvollziehen. Die meisten iranischen Hochschüler wurden zudem von der Schah-Regierung finanziell unterstützt, vorausgesetzt, ihr erworbenes Wissen wurde anschließend in Persien angewandt. Einige der persischen Migranten opponierten u. a. gegen ihre wirtschaftliche Schädigung durch die Enteignung des Großgrundbesitzes ihrer Väter durch das Regime. Gemäß einer Statistik aus Teheran aus dem Jahre 1975 wurden seit 1950 20.000 Iraner akademisch und beruflich in der BRD ausgebildet. In Deutschland ausgebildete Akademiker genossen im Iran ein hohes Ansehen. Sehr oft brachten die Rückwanderer deutsche Frauen mit. Vor der Islamischen Revolution Ende der siebziger Jahre gab es in Teheran offiziell zirka 6.000 Perser mit einer deutschen Frau. Die Dunkelziffer war gewiss höher.[24] (siehe Interview A., S. 233 ff.)

Die Studentenproteste der 68er-Bewegung fielen in der Fächerstadt relativ moderat aus. Zwischen Februar und Mai 1968 fanden etwa 19 Demonstrationen statt. Diese verliefen fast ohne Ausschreitungen von Seiten der Demonstranten. Auf dem Karlsruher Universitätsgelände gab es keine vergleichbaren Krawalle der „68er Bewegung" wie beispielsweise in Heidelberg. Dies lag an der Dominanz der Natur- und Ingenieurswissenschaften in Karlsruhe. Die Geistes- und Sozialwissenschaften gaben dagegen der politischen Agitation die nötigen Impulse:[25] Einige Studentengruppen protestierten öffentlich u. a. gegen die Notstandsgesetze oder gegen missliebige Artikel in den Badischen Neusten Nachrichten, wie z. B. der Leitartikel „Aufstand der Unmündigen" vom 13. November 1968. Die 68/69er Proteste fanden in der Öffentlichkeit hingegen kaum Zustimmung. In aller Regel waren die Karlsruher Bürger mit den Lebensverhältnissen zufrieden. Erwerbslosigkeit war zu jener Zeit kein weit verbreitetes Problem. Vielmehr wurden vermehrt Frauen und Ausländer eingestellt.[26]

Aus der Tabelle (s. S. 164 f.) ist zu ersehen, dass im Sommersemester 1968 iranische Studierende die größte Ausländergruppe darstellten. Einer von ihnen engagierte sich besonders beeindruckend für die sozialen und politischen Probleme der Menschen, nicht nur für die seiner Landsleute.

Mir Mohammedi: Vom Fremden zum Freund

Mir Mohammad Mir Mohammedi wurde nach islamischem Kalender am 15. Bahtar 1309 geboren. So steht es im Koran der Familie geschrieben. Berechnungen zufolge muss dies der 4. Februar 1931 gewesen sein.[27] In der Grenzregion zwischen Iran und Aserbaidschan in einem Ort namens Liwerdshan lebte Mohammedi in den ersten Jahren. Der Geburtsort mit etwa 60 Einwohnern gehört kulturell zu Aserbaidschan. Als der Kaukasier acht Jahre alt war, besuchte er in Täbris die Schule. Dort musste er Persisch lernen, denn seine Muttersprache Azeri durfte nicht gesprochen werden. Im Jahre 1954 machte er in Täbris am Firdusi Gymnasium sein Abitur und entschloss sich, Lehrer zu werden. Seit 1955 lehrte er die ersten sechs Klassen einer Grundschule in Täbris. Zwei Jahre später emigrierte der Perser nach Deutschland. Dort angekommen machte er zunächst für das angestrebte Studium ein obligatorisches Praktikum in Hamburg-Altona bei der S-Bahn.[28] Im Jahre 1958 zog er dann nach Karlsruhe, um an der Universität Elektrotechnik zu studieren.[29]

Bereits als Student fiel der charismatische Iraner in der Uni-Mensa auf. Dort teilte er Flugblätter gegen Menschenrechtsverletzungen auf der Welt, u. a. gegen das Schah-Regime seines Heimatlandes, aus.[30]

Passbild des iranischen Studenten Mir Mohammad Mir Mohammedi aus seiner Matrikelkarte der Technischen Hochschule Karlsruhe.

Die Monarchie in seinem Heimatland mit ihrer repressiven Haltung gegenüber Dissidenten weckte in ihm bereits in seinen frühen Jahren die Sehnsucht nach Demokratie und sozialer Gerechtigkeit. In der Fächerstadt nahm Mir Mohammedi deshalb einen eindrucksvollen Kampf gegen Rassismus, Fremdenfeindlichkeit, Gewalt und Repression auf. In zahlreichen politischen Vereinen und Organisationen setzte er sich aktiv für Menschenrechte und Demokratie ein. So war Mohammedi u. a. im Jahre 1963 Mitinitiator bei den Karlsruher Demonstrationen gegen die Schah-Herrschaft. Seit 1988 organisierte er die Gedenkveranstaltung zur Reichspogromnacht mit. Ab 1992 fungierte Mohammedi im Ausländerbeirat der Stadt Karlsruhe. In dieser Position setzte er sich vor allem für die Integration von Migranten ein. Im Jahre 1997 wurde er dafür vom „Aktionskreis Miteinander Leben" mit dem Anerkennungspreis für Integrationsförderung gewürdigt. Nach ihm wurde ferner ein Saal im Karlsruher Menschenrechtszentrum benannt.[31] Außerdem wurde der Iraner mit dem Bundesverdienstkreuz ausgezeichnet.[32]

Doch sein soziales und politisches Engagement wurde nicht von jedermann positiv erwidert. Im Jahre 1970 beendete Mohammedi zwar erfolgreich sein Elektrotechnikstudium mit dem akademischen Grad des Diplom-Ingenieurs, doch nicht ohne Vorurteile oder Widerstand überwunden zu haben. Die Zulassung zur Hauptdiplomprüfung musste sich der Iraner gerichtlich gegen einen rechtsgesinnten Ordinarius erkämpfen, der sich offen zu seiner Ausländerfeindlichkeit bekannte. Vier Jahre später drohte dem Ingenieur die Abschiebung in den Iran. Als Schah-Oppositioneller drohte ihm dort mindestens eine lange Haftstrafe, wenn nicht gar die Todesstrafe. Gleichwohl verhinderte seine überparteiliche Anerkennung die Auslieferung als Regimegegner an den Iran. Die Abschiebung wurde vom Oberverwaltungsgericht verhindert, unterstützt von einer großen Solidaritätskampagne.[33]

Auch der Wunsch Deutscher zu werden verlief nicht problemlos. Mohammedi kämpfte lange um die deutsche Staatsbürgerschaft. Grund dafür waren Beschlüsse zwischen der Bundesrepublik Deutschland und der Islamischen Republik Iran. Infolge einer neuen Regelung des Staatsangehörigkeitsrechts seit dem 1. Januar 2000 stand der lang ersehnten Einbürgerung nichts mehr im Wege, da Mohammedi als Bürgerkriegsflüchtling anerkannt wurde.[34]

Wie konsequent und selbstlos Mohammedi seine Ideale nicht nur mit Worten, sondern ganz greifbar durch Handeln verteidigte, lässt sich an einem Ereignis veranschaulichen, welches sich Anfang der 1970er Jahre zugetragen hatte. Der südamerikanische Sänger Ali Primera, der zu jener Zeit vorübergehend in Deutschland lebte und seine erste Platte mit eigenen Liedern veröffentlichte, bat die studentischen Vertreter im Studentenhaus am Adenauerring um Hilfe. Dem Venezolaner drohten die Ausweisung durch die Ausländerbehörde und in seiner Heimat Repressionen. Zufällig war Mohammedi an diesem Tag im Studentenhaus anwesend und nahm sich des Falles an, obgleich er selbst von Ausweisung bedroht war. Der Iraner übernahm die Führung der Organisation, die Primera unterstützte, aktivierte weitere Gruppen und organisierte ein Solidaritätskonzert ganz im Sinne Primeras Lied „No Basta Reza" [Beten reicht nicht]... „man muß viel mehr tun für den Frieden".[35]

Neben seinem politischen Interesse war der Perser auch leidenschaftlicher Koch, der auf unzähligen Festen den Karlsruhern die „orientalische" Volksküche näher brachte[36] Das Mitglied in 18 Vereinen und das Gründungsmitglied des Kleingartenvereins „Kuhweide" starb mit 72 Jahren an Herzversagen.[37] Bis zu seinem überraschenden Tode am 13. Dezember 2003 engagierte sich Mir Mohammedi unermüdlich für die Würde des Menschen. Seine Beerdigung war ein Abbild seines Lebens und wurde zu einer interkulturellen Veranstaltung mit Trauernden verschiedener Nationen und Schichten.[38]

Mohammedis Ideale jedenfalls leben fort in der gleichnamigen Stiftung. Seit 2005 ist die Mir-Mohammedi-Stiftung in Karlsruhe offiziell anerkannt. Der Zweck dieser Stiftung des bürgerlichen Rechts ist ganz im Sinne des Namensgebers. Sie unterstützt Projekte und Einrichtungen, die sich für Menschenrechte, Völkerverständigung und für die Integration von ausländischen Mitbürgern einsetzen.

Der einstige iranische Student an der Universität Karlsruhe war zweifelsfrei eine außergewöhnliche Persönlichkeit. Rolf Müller gibt jedoch mit Recht Folgendes zu überdenken: „Aber eigentlich müßte er sich doch auch darüber wundern, wie viele Mitmenschen das für ihn Selbstverständliche so außergewöhnlich finden. Und die vielen könnten sich fragen, ob Mohammedi uns nicht – unabsichtlich – auf ein Defizit der deutschen ‚Leitkultur' aufmerksam macht."[39]

Karlsruher Hochschulen

Bislang wurde nur die Universität betrachtet. Selbstverständlich hat Karlsruhe nicht nur die seit 2007 so bezeichnete „Eliteuniversität" zu bieten. Es gibt weitere geschichtsträchtige Hochschulen mit einer langen Tradition. Der Ausländeranteil dieser Hochschulen soll nun von der Nachkriegszeit bis Anfang des 21. Jahrhunderts betrachtet werden. Das Badische Staatstechnikum bzw. die Staatliche Ingenieursschule, später die Fachhochschule, hatte nach der „Stunde Null" im Wintersemester 1947/48 insgesamt 757 Studierende. Davon kamen ein Bildungsmigrant aus Italien und ein Student aus Amerika. Im Wintersemester 1950/51 waren von den insgesamt 812 Immatrikulierten immerhin schon 13 Ausländer (1,6 Prozent), drei Schweizer, ein Türke, vier Jugoslawen und fünf Studierende aus Rumänien und Ungarn. Im Sommersemester 1977 wurden an der Fachhochschule bereits 108 Ausländer (4,7 Prozent) gezählt bei insgesamt 2.302 Hochschülern. Fünf Jahre später durchbrach die Anzahl der Ausländer bereits die 200-Marke. Im Wintersemester 2006/07 waren schließlich von den 5.845 Immatrikulierten 902 Ausländer, dies entspricht einer Quote von etwa 15 Prozent.

Die Staatliche Akademie der Bildenden Künste hatte im Wintersemester 1947/48 von 96 Studenten einen einzigen Ausländer. Immerhin waren es im Wintersemester 1954/55 von 132 Studierenden bereits sieben Ausländer (5,3 Prozent): zwei aus den Niederlanden, zwei aus Frankreich und drei aus der Schweiz. Im Wintersemester 2006/07 verzeichnete die Hochschule 34 Ausländer bei insgesamt 316 Studierenden. Hierbei handelt es sich um eine Ausländerquote von zirka 11 Prozent.

Am 1. Juni 1949 waren an der Badischen Hochschule (und Konservatorium) für Musik zwei Russen bei insgesamt 198 Studierenden eingeschrieben. Dieser anfänglich vernachlässigbare Bildungsmigrantenanteil steht den aktuelleren Quoten diametral entgegen. Den höchsten Anteil ausländischer Studierender in Karlsruhe erreichte die Staatliche Hochschule für Musik bereits im Wintersemester 1991/92 mit 21,9 Prozent. Im Jahr 2005 waren 162 Ausländer – ohne Studenten aus der EU und Austauschstudenten – an dieser Hochschule registriert bei insgesamt 546 Studierenden. Dies ist ein Ausländeranteil von knapp 30 Prozent. Die Musikhochschule weist infolgedessen die größte Ausländerquote an Karlsruher Hochschulen auf. Zum einen liegt dies rechnerisch schlichtweg an der geringen Anzahl von immatrikulierten Inländern. Zum anderen kann die hohe Ausländerquote durchaus an Deutschlands international guter Reputation als Musiknation liegen, ganz abgesehen vom Vorteil der Musik, die es ermöglicht, ohne „Sprachbarrieren" zu kommunizieren.

Die Pädagogische Hochschule verzeichnete relativ spät ausländische Studierende. Dies ist nicht verwunderlich, eingedenk der Tatsache, dass nur Personen mit deutscher Staatsbürgerschaft in den Staatsdienst übernommen werden. Dadurch war ein Lehramtsstudium für Nichtdeutsche nicht besonders interessant. Jedoch ist eine Trendwende zu erkennen. Waren im Wintersemester 1982/83 von insgesamt 1.079 Studierenden gerade 15 Ausländer (1,4 Prozent), so hatten sich im Wintersemester 1994/95 bereits 38 Bildungsmigranten (1,6 Prozent) eingeschrieben bei 2.352 Hochschülern insgesamt. Im Wintersemester 2006/07 waren 166 Ausländer eingeschrieben, die Ausländerquote lag bei etwa fünf Prozent. Vielleicht beleben Studiengänge wie das Europalehramt, der Diplom-Aufbaustudiengang mit der Studienrichtung „Interkulturelle Pädagogik" oder der neu eingeführte Trinationale Masterstudiengang „Interkulturalität, Migration und Mehrsprachigkeit" die kulturelle Vielfalt an dieser Hochschule.

Zudem drängt das Wissenschaftsministerium immer stärker darauf, dass Studierende mit Migrationshintergrund Lehramt studieren und anschließend in den Schuldienst gehen, um als Vorbild für Schülerinnen und Schüler mit Migrationshintergrund zu dienen sowie im täglichen Umgang mit diesen Schülerinnen und Schülern besser gerüstet zu sein und mehr Verständnis aufzubringen.

Aus dieser fragmentarischen Darstellung lässt sich konstatieren, dass auch an diesen Bildungseinrichtungen Studierende mit Migrationshintergrund nicht mehr wegzudenken sind.

Bildungsmigration: Reise ohne Wiederkehr?

Ein Statistikvergleich verdeutlicht, dass an der Universität Karlsruhe überdurchschnittlich viele „Bildungsausländer" immatrikuliert sind. Studierende sind *per definitionem* „Bildungsausländer", wenn sie eine Hochschulzugangsberechtigung im Ausland oder an einem deutschen Studienkolleg erlangt haben. Im Wintersemester 2006/07 waren an der Universität Karlsruhe 17 Prozent Bildungsausländer, davon 4 Prozent aus China. Lediglich die Landeshauptstadt hatte in Baden-Württemberg mehr ausländische Studierende an ihrer Hochschule mit einem Anteil von 21 Prozent. Die Standorte Stuttgart und Karlsruhe sind gerade durch ihren Fokus auf technische Studiengänge für Bildungsmigranten attraktiv. So waren etwa im Wintersemester 2006/07 im Studiengang „Ingenieurwissenschaften" überdurchschnittlich viele Bildungsausländer immatrikuliert, bei einem Anteil von 22 Prozent in Karlsruhe und 24 Prozent in Stuttgart. Die Bildungsausländerquote gibt Aufschluss über die internationale Anziehungskraft einer Hochschule.[40] Karlsruhe ist bei Bildungsmigranten somit sehr attraktiv. (siehe Interview N., S. 232 f.)

Ein Blick von Karlsruhe weg auf bundes- und internationale Ebene lässt folgende Feststellung zu. Die wachsende Bedeutung ausländischer Studierender wird durch die allgemein ansteigende Zahl von Bildungsmigranten in den OECD-Ländern forciert. So stieg die Zahl der Studierenden zwischen 1998 bis 2000 im Gebiet der OECD um 15 Prozent. Es ist davon auszugehen, dass vor dem Hintergrund der wirtschaftlichen Globalisierung die Zahl ausländischer Studierender analog zum wachsenden internationalen Handel ansteigen wird. Ein Auslandsstudium wird immer wichtiger, da die dadurch gewonnenen kulturellen und sprachlichen Kompetenzen hilfreich sind für eine Karriere auf dem internationalen Markt.

Auch Industrieländer, wie beispielsweise Deutschland, erkennen den wirtschaftlichen Nutzen hochqualifizierter Arbeitskräfte, so dass sie sukzessiv gesetzliche Rahmen konstituieren, um ausländischen Studierenden einen permanenten Aufenthalt zu offerieren.[41]

Primär ist bei ausländischen Studierenden von einer temporären Migration auszugehen, bei der die jungen, hochqualifizierten Bildungsmigranten nach Abschluss des Studiums wieder in ihre Heimat remigrieren. Die wenigen empirischen Daten zeigen, dass die Bereitschaft zur Rückwanderung indes nicht den Erwartungen der Entsende- und Aufnahmeländer entspricht. Die temporäre Migration wandelt sich häufig zu einem dauernden Aufenthalt, da ein sehr großer Anteil von Bildungsmigranten aus wenig entwickelten Staaten kommt. Kritisch zu sehen sind hierbei die Folgen eines nachhaltigen Verlustes von kostbarem Humankapital der Heimatländer. Fehlende Untersuchungen machen es jedoch schwer, Ursachen für die geringe Remigrantenquote zu finden. Möglicherweise überdenken viele Studierende mit einem Auslandsstudium eine *in praxi* Migration. Das Studium würde dabei als Garant für eine künftige ökonomische Stütze in der neuen Wahlheimat dienen, ohne die eine Migration praktisch unrealistisch wäre. Das Studium wäre demnach die Vorbereitung auf das dauerhafte Leben im Gastland.[42] (siehe Interview A., S. 233 ff.)

Nicht nur ökonomische, sondern auch politische Gründe bewegen ausländische Studierende, ihr Gastland nicht mehr zu verlassen. Dies lässt sich am Beispiel der Demokratiebewegung in China darstellen. Die Protestbewegung chinesischer Studenten, Hochschullehrer und weiterer Bildungsbürger wurde im Juni 1989 in Peking durch das Militär im Keim erstickt. Viele Studenten und Intellektuelle wurden dabei verhaftet. Die Brutalität der chinesischen Regierung führte dazu, dass bislang nur etwa ein

Drittel der 220.000 chinesischen Studierenden, die sich seit 1979 im Ausland befinden, in die Volksrepublik China zurückkehrten.[43]

Zusätzlich gibt es eine Reihe sozialer Faktoren, die die Bereitschaft zur Rückkehr verringern. Nach längerem Aufenthalt in einem anderen Land beginnt ein Entfremdungsprozess mit der Heimat. Bewusst oder unbewusst internalisiert der Bildungsmigrant Lebensstil, Normen und Werte des Gastlandes, die nicht mit dem Heimatland konform sind. Sind die beruflichen Chancen gut, die rechtlichen und politischen Rahmenbedingungen im Gastland gegeben und die Unzufriedenheit mit den Arbeitsbedingungen im Ursprungsland vorhanden, so ist die Intention zu bleiben groß.[44]

Unzweifelhaft ist der erforderliche Austausch von Studierenden für die internationale Zusammenarbeit der Wissenschaftler. In der Öffentlichkeit wird die dazu notwendige temporäre Migration zu Studienzwecken als etwas völlig Normales wahrgenommen. Unauffällig ist ebenso der Prozess von der temporären Migration zum dauernden Aufenthalt ausländischer Studierender. Dies wird wirtschaftspolitisch und gesetzgebend von Seiten der Industrieländer gefördert. Durch diese unmerklichen und dennoch bedeutsamen Migrationsbewegungen wird kostbares Humankapital befördert.[45]

Die Stadt Karlsruhe genießt besonders mit der Universität eine starke internationale Anziehungskraft. Die Attraktivität der „Fridericiana" ist für Bildungsmigranten nach über 180 Jahren immer noch sehr hoch, obwohl der steigende Bildungsbedarf mittlerweile auch durch Hochschulen in den Herkunftsländern gedeckt wird. Der Austausch via Bildungsmigration bleibt dennoch ein wichtiges Element der globalen Vernetzung der Wissenschaften. Hierzu zählt ebenfalls die Betreuung der sogenannten Alumni-Vereinigungen ehemaliger Studierender in vielen Ländern. Es lässt sich konstatieren, dass sowohl an der Universität als auch an allen anderen Karlsruher Hochschulen Studierende mit Migrationshintergrund nicht wegzudenken sind. Zwar unterlag der Bildungsmigrantenanteil an den Hochschulen in der Vergangenheit Schwankungen mit einem vorübergehenden Tiefpunkt zur Zeit des Dritten Reichs. Doch dies verdeutlich, dass das multifaktorielle Phänomen „Bildungsmigration" immer ein Indikator für die bestehenden soziokulturellen und (außen-)politischen Verhältnisse einer Gesellschaft ist. Dies offenbart sich beispielhaft in den konzis angeführten Knotenpunkten von außenpolitischen Veränderungen und wechselnden Studierenden unterschiedlicher Nationalitäten.

Darüber hinaus waren Bildungsmigranten nicht nur im akademischen Milieu in Karlsruhe einflussreich, wie dies exemplarisch an den Persönlichkeiten Redtenbachers und Weltziens gezeigt wurde. Bildungsmigranten haben das Leben in der Fächerstadt in ihrem Wirken auch in anderen Bereichen beeinflusst und verändert. Mir Mohammedi ist ein herausragender Vertreter von Bildungsmigranten, der als Fremder die Stadt betrat und sich als Freund in Karlsruhe für immer niederließ und dabei das soziale und kulturelle Leben nachhaltig bereicherte. Denn für Mir Mohammedi war, wie für viele andere Bildungsmigranten, die Migration in ein fremdes Land eine Reise ohne Wiederkehr in das Heimatland. Gerade deshalb ist es wichtig, dass Ideale und Werte wie Toleranz, Menschenrechte, Völkerverständigung und Einsatz für die Integration von ausländischen Mitbürgern im Sinne Mir Mohammedis gepflegt und verteidigt werden. Denn im Prozess der Globalisierung wird das Thema Bildungsmigration immer bedeutsamer. Mit den Worten von Han: „Angesichts des zunehmenden Wettbewerbs der Industrieländer um hochqualifizierte Arbeitskräfte wird der Migration von Studierenden in Zukunft mehr Beachtung zu schenken sein"[46].

INTEGRATION – INSTITUTIONEN UND ANGEBOTE

Werbeplakat für das erste Fest der ausländischen Vereine im Oktober 1985, das bis heute jährlich veranstaltet wird.

NADJA TIYMA

Integration in Karlsruhe – Institutionen und Angebote

„Integration" ist das Schlagwort der letzten Jahre, wenn es um Migranten in Deutschland geht. 2005 wurde die Förderung der Integration mit dem Zuwanderungsgesetz erstmals gesetzlich verankert, was weitreichende Auswirkungen auf die Praxis in den Kommunen hatte und in Zukunft haben wird. Das Motto „Fördern und Fordern" erinnert an die tiefere Bedeutung des Wortes „Integration", welches nicht nur eine Anpassungsleistung von Seiten der Migranten fordert, sondern auch das Entgegenkommen der Einheimischen beinhaltet. Dazu gehört unter Anderem die Schaffung von Chancengleichheit im Bildungssystem und auf dem Arbeitsmarkt, der Dialog mit den verschiedenen Religionen, der Kampf gegen Diskriminierung und Fremdenfeindlichkeit, die Bereitschaft sich zu öffnen und Neues anzunehmen sowie zu helfen, wenn Hilfe benötigt wird.[1]

Vom heutigen Standpunkt aus mag es überraschen, dass das Thema erst in neuerer Zeit so intensiv öffentlich behandelt wird, jedoch erklärt sich einiges, betrachtet man die Geschichte. In den ersten Jahren der Zuwanderung von Arbeitsmigranten und -migrantinnen dachte man in der damaligen Bundesrepublik Deutschland schon deshalb nicht an eine soziokulturelle Integration, da man davon ausging, dass die Gastarbeiter nach einigen Jahren Berufstätigkeit wieder in ihre Heimatländer zurückkehren würden. Später, als deutlich wurde, dass einige von ihnen schon länger hier lebten und eine dauerhafte Bleibeabsicht hatten, glaubten viele Menschen dass die Integration der Ausländerinnen und Ausländer mit der Zeit von alleine kommen würde.

Das anfängliche Verständnis von Integration ist mit dem heutigen nicht zu vergleichen. Eine Aussage des ehemaligen Leiters des Ausländeramtes[2] in Karlsruhe macht dies deutlich: „Wer den entsprechenden Preis zahlen will, der kann sich heute […] in einer netten Umgebung einmieten und so zu seiner Integration, sofern er sie überhaupt anstrebt, selbst beitragen."[3] Diesem Verständnis nach war ein Ausländer also integriert, wenn er eine angemessene Wohnung bezog, die außerhalb der Unterkünfte lag, die die Firmen für ihre Gastarbeiter bereitgestellt hatten. Bis 1974 gab es daher auch keine städtische Stelle in Karlsruhe, die sich mit diesem Thema befasste.

Schneller als die staatlichen Einrichtungen verstanden die Karlsruher Bürger und die freien Wohlfahrtverbände, wo Hilfe notwendig war. Die „Badischen Neusten Nachrichten" berichteten 1971 zum ersten Mal über bürgerschaftliches Engagement, das der Integration der Ausländerinnen und Ausländern förderlich sein sollte. Eine Schülerinitiative des Humboldtgymnasiums, der sich bald auch einige Schülerinnen und Schüler der Draisrealschule

Bürgerschaftliches Engagement für Migranten 1971: Schülerinnen und Schüler bei der Reparatur von Kinderspielzeug, mit dem Gastarbeiterkinder zu Weihnachten beschenkt wurden.

anschlossen, sammelte im Winter 1971 Spielzeug als Weihnachtsgeschenke für Kinder von Gastarbeiterfamilien. Die Schülerinitiative wollte ihre Gaben ausdrücklich nicht als Almosen verstanden wissen, sondern legte großen Wert darauf, dass sie mit den Geschenken Kontakte zu den ausländischen Kindern herstellen und ihnen ein Gefühl des Willkommenseins vermitteln wollten. Mit dem Satz „Schon die jüngsten Gastarbeiterkinder sollen merken, dass sie in einer großen Gemeinschaft leben", unterstrich der Leiter der Initiative dabei den Integrationsgedanken.[4] Auch die Zuwanderer selbst blieben nicht untätig sondern organisierten sich in Vereinen und im Ausländerbeirat.

Im folgenden Beitrag sollen die wichtigsten Bereiche berücksichtigt werden, die sich mit der Integration der Zuwanderinnen und Zuwanderer in der Stadt befassen. Eine vollständige Aufführung aller Bemühungen in diesem Bereich ist im Rahmen dieses Beitrages leider nicht möglich, nicht zuletzt auch wegen der oft fehlenden schriftlichen Dokumentation.

Beratungseinrichtungen freier Träger

Als 1955 die erste zwischenstaatliche Vereinbarung mit Italien zur Anwerbung von Arbeitskräften getroffen wurde, waren für deren Betreuung zunächst die Ausländerabteilung beim Arbeitsamt und die katholische Kirche zuständig. Als bald darauf weitere Anwerbeländer folgten, nahmen sich auch die evangelische Kirche und die Arbeiterwohlfahrt (AWO) bestimmter Gruppen von Gastarbeitern an. Jene wurden nach Nationalitäten und entsprechender Religionszugehörigkeit von unterschiedlichen Stellen betreut. In den Zuständigkeitsbereich der Caritas fielen die mehrheitlich katholischen Italiener, Spanier und Kroaten, das Diakonische Werk kümmerte sich um die Griechen. Die AWO nahm sich der übrigen Gastarbeiter an, die teilweise bzw. mehrheitlich muslimischen Glaubens waren und aus dem übrigen Jugoslawien und der Türkei stammten. Gegenstand der Beratung und Betreuung waren im Allgemeinen Arbeitssituation und Unterkunft, rechtliche Fragen sowie die Veranstaltung von kleineren Festen, die meist nach Nationalitäten getrennt und ohne deutsche Gäste in speziellen Clubräumen stattfanden.

1984 schlossen sich evangelische und katholische Kirche zusammen, um in Räumen am Kronenplatz ihre Flüchtlingsarbeit zu vereinen. Im sogenannten Begegnungs- und Beratungszentrum für Flüchtlinge (BBF) wurden unter Leitung von Heidi Meier-Menzel Deutschunterricht und Beratungen angeboten, Projekte durchgeführt und Begegnungen ermöglicht.[5] Neben den Angestellten leisteten auch zahlreiche Ehrenamtliche wertvolle Hilfe. Die Arbeit zum Wohle der Ausländer und Flüchtlinge fand nicht nur in den Räumen des BBF statt, sondern richtete sich auch an die deutsche Bevölkerung. Durch persönliche Begegnung wurde z.B. in Kirchengemeinden und Schulen für Verständnis geworben und Aufklärungsarbeit betrieben.[6] 1993 wurde der Einrichtung für ihre Verdienste von der SPD der Ludwig-Marum-Preis verliehen. Seit 2002 trägt die Einrichtung den Namen „Ökumenisches Migrationszentrum".

Heutzutage gibt es keine Einteilung der Migrantinnen und Migranten nach Nationalitäten mehr. Die Zuordnung zu unterschiedlichen Stellen wird heute anhand des Alters vorgenommen. Beratungsuchende Kinder und Erwachsene wenden sich in der Regel an die Migrationsberatung der Arbeiterwohlfahrt oder das Ökumenische Migrationszentrum, Jugendliche im Alter von 12-27 Jahren an den Jugendmigrationsdienst des Internationalen Bundes.

Beteiligung von Migranten am kommunalpolitischen Geschehen

Koordinierungsgremien und Ausschuss für die Angelegenheiten ausländischer Arbeitnehmer

Entsprechend der damals gängigen Auffassung, Migranten seien temporär ansässige Arbeitnehmer, ging die Initiative zur Gründung lokaler Koordinierungskreise vom Landesministerium für Arbeit aus. Es empfahl den Städten und Gemeinden im Jahr 1971, sich an der Gründung solcher Gremien zu beteiligen. Am 11. Mai 1971 wurde daher in Karlsruhe ein Koordinierungskreis unter der Leitung des damaligen Stadtrats Pfarrer Gerhard Leiser und mit Unterstützung des Arbeitsamtes gegründet.

Die Aufgabe des Gremiums bestand darin, die Ausländerarbeit von verschiedenen Institutionen und Organisationen im Stadt- und Landkreis Karlsruhe zu koordinieren. Bereits 1974 fand eine Neubildung des Koordinierungsausschusses für die Betreuung ausländischer Arbeitnehmer (KAA) statt, die auch mit einer Neudefinition der Aufgaben einherging. Von nun an sollte es um alle die Gastarbeiter betreffenden Fragen gehen, insbesondere um „alle Fragen, die sich aus dem Arbeitsverhältnis ergeben, des Weiteren um die Förderung der beruflichen Qualifizierung, Sprachunterricht, Wohnung, vorschulische Erziehung, Schule, Förderung kultureller Veranstaltungen und Verbesserung des Angebotes an Einrichtungen zur Freizeitgestaltung."[7] Er umfasste 23

Verpflichtung der Mitglieder des ersten Ausländerbeirats durch Oberbürgermeister Gerhard Seiler bei der konstituierenden Sitzung am 25. November 1987.

Mitglieder, die sich aus 16 Vertreterinnen und Vertretern von Behörden, Organisationen der Wirtschaft, des Handwerks und der Gewerkschaften, von Wohlfahrtsverbänden sowie aus sieben Sozialbetreuern und einem Geschäftsführer zusammensetzten. Zu diesem Zeitpunkt waren noch keine ausländischen Vertreter Mitglied.

Kurz vor der Neubildung des Koordinierungsausschusses wurde ein gemeinderätlicher „Ausschuss für die Angelegenheiten ausländischer Arbeitnehmer" (kurz Ausländerausschuss genannt) gebildet. Selbst dieser hatte anfänglich keine ausländischen Mitglieder. SPD und CDU entsandten je vier, die FDP ein ordentliches Mitglied sowie je einen Stellvertreter. Der Koordinierungsausschuss beriet den neu gegründeten gemeinderätlichen Ausschuss und jener wiederum beriet den Gemeinderat.

Anfang der 80er Jahre wurden die Stimmen lauter, die eine direkte Beteiligung der ausländischen Einwohner an den politischen Entscheidungsfindungen in der Stadt forderten. Im April 1983 wurden erstmals neun sachkundige Einwohner ohne deutsche Staatsangehörigkeit als Mitglieder des Ausschusses für die Angelegenheiten ausländischer Arbeitnehmer bestellt. Die Zahl der gemeinderätlichen Mitglieder wurde von neun auf zehn erhöht, den Vorsitz hatte der nach dem Dezernatsverteilungsplan zuständige Bürgermeister.[8]

Auf die Auswahl der ausländischen Mitglieder hatten die ausländischen Einwohner zu diesem Zeitpunkt jedoch nur mittelbaren Einfluss, da die sachkundigen Einwohner von den Migrantenvereinen vorgeschlagen wurden. Diese Miteinbeziehung einiger Ausländer in die Kommunalpolitik war zwar ein Fortschritt, jedoch für die überwiegende Mehrheit der Ausländer stellte sie kein echtes Partizipationsangebot dar, da ihnen ein Wahlrecht weiter vorenthalten blieb.

Ende 1985 wurde unter Beteiligung von sechs der oben genannten ausländischen sachkundigen Einwohner eine Kommission gebildet, die sich mit allen Fragen auseinandersetzte, die die Bildung eines Ausländerbeirats betrafen. Eine große Neuerung war es, dass die sachkundigen Einwohner als ausländische Mitglieder von nun an von den ausländischen Einwohnern direkt gewählt werden sollten. Durch die Wahl wurde eine zusätzliche Legitimierung der sachkundigen Einwohner erhofft, die diese im Rahmen politischer Entscheidungsprozesse aufwerten sollte.[9]

Anfangs hatten nur Personen aus den Anwerbeländern das aktive und passive Wahlrecht. Die zwölf Sitze wurden nach einem Proporzsystem vergeben, Türken, Jugoslawen und Italiener hatten je drei, Griechen, Spanier und Portugiesen je einen Sitz. Besonderen Anklang fand das Gremium bei den türkischen Einwohnern. Von den insgesamt 48 Kandidaten waren 22 Türken.[10] Die Wahlbeteiligung lag bei der ersten Wahl, die am 11. Oktober 1987 stattfand, bei knapp 27%. Schon in der ersten Wahlperiode wurde die Satzung zugunsten des Wahlrechts für alle in der Stadt ansässigen Ausländer geändert, was zu Folge hatte, dass bei der zweiten Wahl neben den nationalen Listen der Türken, Italiener, Griechen, Jugoslawen und Spanier eine Internationale Liste gewählt werden konnte, aus der schließlich fünf der zwölf ausländischen Mitglieder hervorgingen. Nach einer Satzungsänderung im Jahr 2000 wurden die maximale Anzahl der Mitglieder derselben Nationalität auf zwei beschränkt. Im Rahmen der Satzungsänderung war auch eine Öffnung des Ausländerbeirats für Deutsche mit Migrationshintergrund diskutiert und eine erneute Satzungsänderung gefordert worden. Da diesbezüglich keine Einigung gefunden werden konnte, verschob sich die nächste Wahl um zwei Jahre. Nach Änderung der Satzung am 26. Oktober 2004 war es den Wählern erstmals möglich, Kandidatinnen und Kandidaten mit einer anderen als der eigenen Staatsangehörigkeit zu wählen. Der Vorschlag auch Eingebürgerten das Wahlrecht zu verleihen wurde allerdings nicht berücksichtigt.

Im November 2004 fand die letzte Wahl des Ausländerbeirats mit einer Wahlbeteiligung von nur noch 4,97% statt. Dieser Rückgang entsprach der Entwicklung in allen vergleichbaren Städten in der Bundesrepublik. Als eine Ursache wurde die Einführung des Kommunalwahlrechts für EU-Bürger vermutet, da diese Personengruppe nunmehr die Möglichkeit echter politischer Partizipation auf kommunaler Ebene besaß. Gleichzeitig entstand die Situation, dass nichtdeutsche EU-Bürger gegenüber Ausländern ohne die Staatsangehörigkeit eines EU-Landes rechtlich bevorzugt wurden, weshalb die Interessen dieser beiden Gruppen divergierten. Hinzu kam die fortschreitende Ausdifferenzierung der Einwohnerschaft mit Migrationshintergrund, die eine erhebliche Erweiterung der Interessensvielfalt und Komplexität des Themengebietes mit sich brachte.

Die bisher letzte Wahlperiode war geprägt von der Diskussion um eine völlige Neukonzeption des Gremiums. Am 20. November 2007 wurde von der Verwaltung bei einem Routinegespräch mit den Ausländischen Mitgliedern des Ausländerbeirats die Neukonzeption des Gremiums angeregt. In der Folge fanden daraufhin mehrere Informationsbesuche in anderen Städte in Baden-Württemberg statt, um alternative Konzepte kennenzulernen und Erfahrungsberichte der Kommunen und aus dem Kreis der Ausländerbeiräte zu gewinnen. An den Besuchen beteiligten sich Vertreterinnen der Verwaltung und einige Mitglieder des Ausländerbeirats, die jedoch alle eingeladen waren. Im Rahmen des Informationsaustausches wurde deutlich, dass in den besuchten Städten ähnliche Probleme wie in Karlsruhe existierten. In Stuttgart war nach ebenfalls stetig sinkender Wahlbeteiligung von zuletzt knapp 6 % im Jahr 2005 eine neue Organisationsform eingeführt worden. Die Mitglieder des Stuttgarter Gremiums mit dem Namen „Internationaler Ausschuss" werden nicht mehr durch Wahl bestimmt, sondern durch den Bürgermeister bestellt. Voraussetzung für die Berufung ist Fachkompetenz im Bereich Migration und Integration, unabhängig von der Staatsangehörigkeit. Auf Grund der positiven Entwicklung des Gremiums in Stuttgart seit der Neukonzeption orientierte sich auch die Verwaltung in Karlsruhe in hohem Maße an diesem Modell.

In der Gemeinderatssitzung am 19. Mai 2009 wurde das Ende der bisherigen Form des Ausländerbeirats beschlossen. Das Nachfolgegremium für den heutigen Ausländerbeirat wird den Namen „Migrationsbeirat" tragen und nicht mehr durch Urwahl konstituiert werden. Die zehn sachkundigen Einwohner sollen in Zukunft durch eine Delegiertenversammlung gewählt und anschließend dem Oberbürgermeister zur Bestellung vorgeschlagen werden. Der Ausschuss wird sich aus elf Stadträtinnen und Stadträten und zehn fachlich kompetenten sachkundigen Einwohnern zusammensetzen, davon jeweils zwei aus den Bereichen „Sprache und Bildung", „Rechtliche und wirtschaftliche Integration", „Kultur und interreligiöser Dialog", „Interkulturelle Öffnung, Wohnen" sowie „Gesundheit, Senioren und Sport". Sachkundige können nun all diejenigen werden, die sich als Ausländer legal in der Bundesrepublik Deutschland aufhalten.[11] Die Umgestaltung soll zur Bewältigung der immer komplexer werdenden Aufgabengebiete beitragen und wird im Hinblick auf die zunehmende Heterogenität der Bevölkerung mit Migrationshintergrund als Erfolg versprechend angesehen.

Die Institution Ausländerbeirat hat in Karlsruhe viel bewegt. Die AG der Ausländischen Mitglieder des Ausländerbeirats war an mehreren Projekten beteiligt und organisierte zahlreiche Veranstaltungen. Allein durch die Existenz des Gremiums und das Zusammentreffen von Migranten und den Entscheidungsträgern der Kommune konnte Einfluss auf deren Politik ausgeübt werden. In den Ausländerbeiratssitzungen setzten sich die Gemeinderatsmitglieder mit Themen über Migration und Integration auseinander, durch Referate wurde ihr Wissen in diesem Bereich erhöht und ein größeres Problembewusstsein hergestellt. Die Gesamtheit der in der Stadt lebenden Migranten bekam durch die AG der ausländischen Mitglieder ein Gesicht und wurde so verstärkt als relevante Bevölkerungsgruppe wahrgenommen.

Durch die Diskussion über die Beibehaltung oder Abschaffung der Wahl wurde das Thema Kommunalwahl für Drittstaatenangehörige im Gemeinderat erneut in den Vordergrund gestellt. Am Ende der Diskussion stand der Beschluss des Gemeinderates, sich im Städtetag zusammen mit anderen Gemeinden für eine erneute Initiative zur Einführung des Kommunalwahlrechts für Drittstaatenangehörige einzusetzen. Neben der direkten hat diese indirekte Form der Einflussnahme im Laufe der Jahre erheblich zu einer kommunalen Politik beigetragen, die Zuwanderung freundlich gegenübersteht, sich bemüht Diskriminierung und Chancenungleichheit entgegenzuwirken und sich mit Maßnahmen wie z.B. der Einbürgerungsfeiern und der interkulturellen Öffnung der Verwaltung befasst, um eine Willkommenskultur in der Stadt zu etablieren. Die Aussichten stehen gut, dass der zukünftige Migrationsbeirat dies ebenso leisten kann.

Geschäftsstelle für Ausländerfragen /
Büro für Integration

Die Gründung der Geschäftsstelle für Ausländerfragen (GfA) hängt eng mit dem oben beschriebenen Ausschuss für die Angelegenheiten ausländischer Arbeitnehmer zusammen. Der Einrichtung ging ein Beschluss der 32. Plenarsitzung des Gemeinderats am 12. Februar 1974 voraus, auf der im Zuge der Diskussion über die Ausgestaltung des Ausschusses ebenfalls über die Funktion seiner Geschäftsführung diskutiert wurde. Dabei war man sich einig, dass der noch einzustellende Geschäftsführer über die Vorbereitung und Durchführung der Ausschusssitzungen hinaus als Kontaktstelle dienen sollte. Er sollte für mit dem Bereich befasste Personen und Einrichtungen sowie als Anlaufstelle für ausländische Einwohner, die sich mit ihren Anliegen an keine der Betreuungseinrichtungen wenden konnten, arbeiten. Der Geschäftsführer Herr Siebenhaar nahm seine Tätigkeit zusammen mit einer Schreibkraft im Oktober 1974 auf. Er war dem Amt für Wirtschaft und Verkehr angegliedert und hatte sein Büro im selben Gebäude, wie das heutige Büro für Integration.[12] Die Abteilung trug den sperrigen Namen „Geschäftsstelle des Koordinierungsausschusses für die Angelegenheiten ausländischer Arbeitnehmer". Mit Gründung des Ausländerzentrums in der Otto-Sachs-Straße ging die Geschäftsführung hierfür ebenfalls an Herrn Siebenhaar über. Aber nicht nur die Geschäftsführung, sondern auch die Beratung der Ausländer und die Veranstaltung von Informationsabenden, bei denen Angehörige der Verwaltung, des Arbeitsamtes und anderer Institutionen Aufklärungsarbeit leisteten, gehörten zu seinem Aufgabengebiet.[13] 1987 ging die Leitung an die aus Vietnam stammende My-Yen Pham Thi über. Mit der neuen Leitung kamen bald ein neuer Name und eine neue Adresse. Die dem Sozial- und Jugenddezernat unterstellte GfA wurde 1987 in der Lessingstraße 7 eingerichtet. Außerdem wurde die Soziologin Pham Thi die erste Ausländerbeauftragte der Stadt Karlsruhe.

In der Geschäftsstelle arbeiteten außer der Leiterin noch eine Sekretariat und eine für die Betreuung von Asylbewerbern und Flüchtlingen zuständige Angestellte. Grund für die Schaffung der neuen Geschäftsstelle war u. a. das erweiterte Aufgabengebiet, das sich aus den verstärkten Bemühungen von Bürgermeister Vöhringer um die Integration der ausländischen Einwohner der Stadt und der sich allgemein durchsetzenden Erkenntnis ergab, dass es sich bei den verbliebenen ehemaligen Gastarbeitern um dauerhaft bleibende Einwohner handelte. Die GfA war, ebenso wie das heutige Büro für Integration, die zentrale Anlauf-, Beratungs- und Koordinierungsstelle für Migranten, Migrantenvereine und -organisationen, und mit Fragen der Migration befasste deutsche Organisationen und Einrichtungen sowie Ämter und Behörden. Ziel sollte dabei nach eigenen Angaben sein: ein verbessertes Zusammenleben zwischen Deutschen und Ausländern unter Berücksichtigung des Anspruchs jedes Menschen auf eigene kulturelle Identität, freies Bekenntnis zu einer Volksgruppe oder zu einer Religion, Chancengleichheit und Gleichbehandlung statt Vorzug bzw. Diskriminierung. Schon nach kurzer Zeit wurden neue Projekte in Angriff genommen. 1988 wurde die Ausstellung „Das ausländische Kind in der deutschsprachigen Kinder- und Jugendliteratur" gezeigt und „Grundsätze für die Gewährung von Zuschüssen" für Migrantenvereine erarbeitet. 1989 wurden die „Informationen für ausländische Mitbürger" eingeführt, die als regelmäßiger Rundbrief zu aktuellen Themen in neun Sprachen veröffentlicht wurden. 1990 begann die Veranstaltungsreihe „Multikulturelles Forum". Zum Tätigkeitsbereich der Geschäftsstelle

Erstmals fand am 7. Juli 1990 auf dem Marktplatz das Fest der Völkerverständigung statt.

gehörte außerdem das Freizeitzentrum für ausländische Arbeitnehmer (früher Ausländerzentrum) sowie die Woche der ausländischen Mitbürger und das Fest der Völkerverständigung. Dem Büro oblag auch die Geschäftsführung des Ausländerbeirats. Mit dem zunehmenden Angebot an Integrationsmaßnahmen von Seiten der Stadt ebenso wie von freien Trägern und den zunehmenden Aktivitäten von Migrantenvereinen wuchsen auch die Aufgaben der Geschäftsstelle. Nachdem die GfA 1995 mit in das 1995 neue gegründete Internationale Begegnungszentrum (IBZ) umgezogen war, stieg auch die Zahl der Beratungssuchenden, obwohl die GfA eigentlich keine Betreuungsaufgabe hatte, sondern nur Einzelfallberatungen im Sinne einer Weitervermittlung an die zuständigen Fachdienste durchführte.[14]

My-Yen Pham Thi wechselte im März 1995 die Dienststelle. Nachfolger wurde der Ausländerpädagoge türkischer Abstammung Attila Erginos[15], der als Ausländerbeauftragter bis 2002 im Amt blieb und danach eine neue berufliche Herausforderung im privatwirtschaftlichen Bereich übernahm. Ihm folgte im gleichen Jahr der bisherige Leiter des Ausgleichsamtes für den Stadt- und Landkreis Karlsruhe, Alois Kapinos, nach. Alois Kapinos wurde zum ersten Integrationsbeauftragten der Stadt bestellt. Er schied zum 31. August 2009 aus. Sein Nachfolger ist Günter Meyer, der im Rahmen seiner Tätigkeit im Dezernat 6 bzw. Dezernat 3 bereits seit vielen Jahren mit der Migrationsarbeit vertraut war und ist.

Tätigkeitsschwerpunkte der Geschäftsstelle für Ausländerfragen/ des Büros für Integration

Fest der Völkerverständigung

Am 5. Oktober 1985 fand in der mittlerweile abgerissenen Oststadthalle auf dem Messplatz das erste Fest der ausländischen Vereine in Karlsruhe statt, damals noch unter der Bezeichnung Ausländerfest (s. Abb. S. 178). Nach Aussagen des damaligen Bürgermeisters Vöhringer sollte das Fest ein Anstoß zu mehr Miteinander sein, sowohl zwischen Ausländern und Deutschen, wie auch unter den verschiedenen Migrantengruppen. Es nahmen Kultur-, Eltern- und Sportvereine mit türkischem, spanischem, jugoslawischem, lateinamerikanischem und sardischem Hintergrund teil, die kulinarische Genüsse und Kunsthandwerk aus ihren jeweiligen Heimatländern sowie folkloristische Tanzdarbietungen präsentierten. Daneben gab es die Möglichkeit, sich über Hausaufgabenbetreuung und die Berufsbildungsangebote des Internationalen Bundes zu informieren. Unter den rund 2.500 Gästen der Veranstaltung waren jedoch kaum deutsche Besucher.[16] Dies war ein Grund, warum das 2. Ausländerfest im darauffolgenden Jahr nicht mehr in der Oststadthalle, sondern unter freiem Himmel auf dem Kronenplatz in der Innenstadt gefeiert wurde. Außerdem nahmen von nun an auch deutsche Vereine an dem Fest teil, die dabei helfen wollten, Berührungsängste abzubauen und den Kontakt zwischen allen Bevölkerungsgruppen zu verbessern. Zu den im Jahr zuvor teilnehmenden Nationalitäten stießen nun noch die Griechen, was als positives Zeichen zur Überwindung der durch die damaligen Konflikte zwischen Griechenland und der Türkei herrschenden Ressentiments zwischen türkisch- und griechischstämmigen Karlsruhern gewertet werden konnte.

Das dritte Ausländerfest wurde von einer rechtsextremen Tat überschattet. Gegen Abend des 29. August 1987 ging bei der Polizei eine Bombendrohung von einem bekennenden Rechtsextremisten ein. Der Kronenplatz wurde sofort evakuiert und das Fest somit vorzeitig beendet. Die Bombendrohung stellte sich als falscher Alarm heraus, der Täter hatte jedoch leider sein Ziel – die Beendigung einer dem Dialog und der Annäherung zwischen Migranten und Deutschen gewidmeten Veranstaltung – erreicht. Trotzdem wurde das Fest von den Teilnehmerinnen und Teilnehmern als großer Erfolg gewertet, da wesentlich mehr Besucher als bei den vorangegangenen Ausländerfesten ihren Weg auf den Kronenplatz gefunden hatten, unter denen inzwischen mindestens ebensoviele Deutsche wie Nichtdeutsche waren.

Von rechtsextremen Drohungen ließen sich glücklicherweise weder die Stadtverwaltung noch die beteiligten Vereine und Gruppierungen einschüchtern. Ein Jahr nach der Bombendrohung fand nicht nur das Fest erneut und in größerem Umfang statt, sondern es wurde darüber hinaus von der „Woche des ausländischen Mitbürgers" umrahmt. Es beteiligten sich 40 Gruppen und Vereine sowie „Das Kino", das neben einer Filmreihe eine Fotoausstellung zum Thema zusammengestellt hatte, das Arbeitsamt und der Deutsche Gewerkschaftsbund. Mit einer Sonderaktion für Kinder machte der Kängurubus auf die Situation ausländischer Mitbürger in mehreren Stadtteilen aufmerksam. Entsprechend der vielfältiger werdenden Herkunftsländer der in Karlsruhe ansässigen Ausländer gab es neben Veranstaltungen der Vereine aus den Anwerbeländern auch Kulturabende, die über die Lebensweise und -umstände in Vietnam, Sri Lanka und in den kurdischen Gebieten informierten. In den folgenden Jahren wuchs das Fest und wurde daher auf den Marktplatz verlegt. Die Besucherzahl pendelte sich bei ca. 20.000 Besuchern pro Jahr ein. Auch die Zahl der beteiligten Vereine, Initiativen etc. wuchs und wurde vielfältiger.

Die 1990er Jahre brachten für das Fest neue Herausforderungen mit sich. Kriegerische Auseinandersetzungen in den Herkunftsländern vieler in Karlsruhe lebender Migrantinnen und Migranten wie der Krieg im Balkan und der Kurdenkonflikt in der Türkei ließen diese Veranstaltung nicht unberührt. Obwohl alle teilnehmenden Vereine eine Erklärung unterschreiben mussten, in der sie versicherten keine Agitation gegen andere Völker und Nationen zu betreiben, sagten 1996 acht türkische Vereine und Institutionen ihre Teilnahme ab. Sie begründeten ihren Schritt mit der Einschätzung, dass die Veranstaltung in den vorhergehenden Jahren immer stärker politisiert worden sei und die Türken dabei diskriminiert und stigmatisiert worden wären. Konkret wurde u.a. die Zulassung eines Infostandes von „Amnesty International" beklagt, denn der Verein hatte sich immer wieder kritisch über die Türkei und ihr Verhalten gegenüber der kurdischen Minderheit geäußert.[17] Erst nach mehreren Jahren beendeten die türkischen Vereine ihren Boykott. Viele Menschen z. B aus dem ehemaligen Jugoslawien oder aus Sri Lanka setzten jedoch positive Zeichen, indem sie demonstrierten, dass auch die Konflikte zwischen den Volksgruppen in ihren Heimatländern sie nicht daran hindern konnten, gemeinsam und ohne Hass dieses Fest mitzugestalten. Im Jahr 2009 wurde das Fest zum 25. Male mit nahezu 70 teilnehmenden Organisationen von Migranten und Deutschen gefeiert und machte seinem Namen durch eine bunte Mischung von Künstlern, Infoständen und Gästen aus aller Herren Länder sowie einem einführenden christlich-islamischen Friedensgebet alle Ehre.

Integrationskurse

Seit Inkrafttreten des neuen Zuwanderungsgesetzes am 1. Januar 2005 ist die Integration von Migrantinnen und Migranten gesetzlich festgeschrieben. Laut § 43 Abs.1 AufenthG wird die „Integration von rechtmäßig auf Dauer im Bundesgebiet lebenden Ausländern in das wirtschaftliche, kulturelle und gesellschaftliche Leben in der Bundesrepublik Deutschland [...] gefördert und gefordert". Die praktische Ausgestaltung erläutern die Abs. 2 und 3 § 43 des Gesetzes. Hier heißt es: „(2) Eingliederungsbemühungen von Ausländern werden durch ein Grundangebot zur Integration (Integrationskurs) unterstützt. Ziel des Integrationskurses ist, den Ausländern die Sprache, die Rechtsordnung, die Kultur und die Geschichte in Deutschland erfolgreich zu vermitteln. Ausländer sollen dadurch mit den Lebensverhältnissen im Bundesgebiet so weit vertraut

Teilnehmerinnen und Teilnehmer eines Integrationskurses in der Sprachakademie 2010.

werden, dass sie ohne die Hilfe oder Vermittlung Dritter in allen Angelegenheiten des täglichen Lebens selbständig handeln können.
(3) Der Integrationskurs umfasst einen Basis- und einen Aufbausprachkurs von jeweils gleicher Dauer zur Erlangung ausreichender Sprachkenntnisse sowie einen Orientierungskurs zur Vermittlung von Kenntnissen der Rechtsordnung, der Kultur und der Geschichte in Deutschland. Der Integrationskurs wird vom Bundesamt für Migration und Flüchtlinge koordiniert und durchgeführt, das sich hierzu privater oder öffentlicher Träger bedienen kann." Auch die Berechtigung zur Teilnahme an einem Integrationskurs ist durch das Gesetz geregelt. Laut §44 Abs.1 hat „einen Anspruch auf die einmalige Teilnahme an einem Integrationskurs [...] ein Ausländer, der sich dauerhaft im Bundesgebiet aufhält, wenn ihm erstmals eine Aufenthaltserlaubnis zu Erwerbszwecken [...], zum Zweck des Familiennachzugs [...], aus humanitären Gründen [...], als langfristig Aufenthaltsberechtigter [...] oder ein Aufenthaltstitel nach § 23 Abs. 2 erteilt wird. Von einem dauerhaften Aufenthalt ist in der Regel auszugehen, wenn der Ausländer eine Aufenthaltserlaubnis von mehr als einem Jahr erhält oder seit über 18 Monaten eine Aufenthaltserlaubnis besitzt, es sei denn, der Aufenthalt ist vorübergehender Natur." Das Gesetz ist allerdings nicht nur als Angebot zu verstehen sondern beinhaltet getreu dem Grundsatz „Fördern und Fordern" auch eine Verpflichtung zur Teilnahme. So ist ein Ausländer nach §44a Abs.1 „zur Teilnahme an einem Integrationskurs verpflichtet, wenn er nach § 44 einen Anspruch auf Teilnahme hat und sich nicht zumindest auf einfache Art in deutscher Sprache verständigen kann [...]" Die Ausländerbehörde kann einen teilnahmeberechtigten Ausländer zum

Besuch eines Integrationskurses verpflichten. Eine Pflicht besteht für Ausländer, die Sozialleistungen empfangen und bei denen anzunehmen ist, dass sie durch die Verbesserung ihrer deutschen Sprachkenntnisse bessere Aussichten auf einen Arbeitsplatz haben. Kommt der betreffende Ausländer seiner Teilnahmepflicht nicht nach, so können auf ihn unter Umständen Kosten sowie die Nichtverlängerung seiner Aufenthaltserlaubnis zukommen.

Ein Integrationskurs besteht aus 600 Stunden Sprachkurs und 45 Stunden Orientierungskurs, in dem vor allem landeskundliche Kenntnisse vermittelt werden sollen. Sie werden sowohl von öffentlichen wie auch freien Trägern durchgeführt.[18]

Integrationsstelle

2005 wurde im Zuge des neuen Zuwanderungsgesetzes eine sogenannte Integrationsstelle geschaffen, denn seit dem 1. Januar 2005 haben alle bleibeberechtigten Neuzuwanderer[19] laut § 44 Abs.1 Aufenthaltsgesetz Anspruch auf die einmalige Teilnahme an einem Integrationskurs. Vorrangiges Ziel ist es, möglichst vielen Integrationskursberechtigten einen individuell geeigneten Kurs zu vermitteln und die verschiedenen Angebote zu koordinieren. Es werden Beratungen für Interessentinnen und Interessenten sowie Schulungen für z.B. das Personal von Behörden, des Jobcenters und (sozial-)pädagogischen Einrichtungen angeboten. Zusätzlich finden regelmäßig Informationsveranstaltungen in Schulen, Kindergärten, bei Migrantenvereinen und im Rahmen von Elternabenden statt, um die vorhandenen Angebote bekannter zu machen und Menschen mit unzureichenden Kenntnissen der deutschen Sprache durch persönliche Ansprache für einen Integrationskurs oder ein Alternativangebot zu gewinnen. So werden Barrieren abgebaut und weniger gut integrierte Personen erreicht. Ein zweiter Schwerpunkt der Arbeit liegt auf der Evaluierung und Weiterentwicklung des „Karlsruher Sprachkurskonzeptes", das von der Integrationsstelle erarbeitet wurde und Teil der Karlsruher Leitlinien zur Integration von Zuwanderinnen und Zuwanderern ist (siehe Seite 204 ff.). Hauptmerkmale des Konzeptes sind die Vernetzung aller am Integrationsprozess beteiligten Einrichtungen und die Berücksichtigung der spezifischen Bedürfnislagen von Zuwanderinnen und Zuwanderern. So gibt es z. B. besondere Kurse für Mütter und Väter, die nur wenige Wochenstunden beinhalten oder Abendkurse für Berufstätige. Um Wege zu verkürzen und Barrieren abzubauen werden viele Kurse in den Räumen von Kindergärten und Schulen in den verschiedenen Stadtteilen angeboten. Für Personen, die ihre Sprachkenntnisse nach dem Besuch eines Integrationskurses weiter ausbauen wollen gibt es Ergänzungsangebote wie z. B. Konversationskurse.

Integrationsfrühstück

Seit 2006 veranstaltet das Büro für Integration jährlich ein Integrationsfrühstück an wechselnden Orten, um Vertretern der Migrantenvereine für ihr ehrenamtliches Engagement zu danken, ihnen die Möglichkeit zu geben sich in entspannter Atmosphäre auszutauschen und sich über die neuesten Entwicklungen, Projekte oder Vorhaben in der Stadt zum Thema Migration und Integration zu informieren.

Einbürgerungsfeier

Im Oktober 2007 wurden erstmals alle seit Februar 2006 neu eingebürgerten Karlsruher auf Beschluss des Gemeinderats zu einem Empfang ins Rathaus geladen. Oberbürgermeister Fenrich sprach zu den Neubürgern und verlieh ihnen in einem symbolischen Akt eine Einbürgerungsurkunde.[20] Die Einbürgerungsfeier wird seitdem jährlich wiederholt.

Ausländerzentrum – IBZ

1979 mietete die Stadt in der Otto-Sachs-Straße ein Gebäude des Deutschen Roten Kreuzes, in dem das sogenannte Ausländerzentrum eingerichtet wurde.[21] Räume konnten von Migrantenvereinen gemietet werden, gemeinsam genutzte, der Öffentlichkeit zugängliche Räume gab es nicht. Die ersten Mieter waren der türkische Elternverein, der jugoslawische Arbeitnehmerverein, das deutsch-spanische Kulturzentrum, der spanische Elternverein, die spanische Jugendgruppe und der portugiesische Arbeitnehmerverein. Das Zentrum war von Anfang an ausgebucht, die Anträge vieler weiterer Vereine konnten nicht berücksichtigt werden. Bald schon wurde es zu einem beliebten Treffpunkt vieler Ausländer und ihrer Familien, in dem neben der Geselligkeit z.B. auch Bibliotheksarbeit und Schreibmaschinenkurse stattfanden. Wegen der ungewohnten Klientel und häufiger Lärmbelästigung gab es oft Beschwerden von den Anwohnern.

Nicht zuletzt daran mag es gelegen haben, dass das Rote Kreuz Anfang der 90er Jahre Eigenbedarf anmeldete. Für das gut besuchte Zentrum musste eine neue Bleibe gefunden werden. Da durch die Struktur des Ausländerzentrums in der Otto-Sachs-Straße keine Begegnungen mit der deutschen Bevölkerung stattfinden konnten, sollte mit dem Umzug auch ein neues Konzept Einzug halten, das dem interkulturellen Austausch förderlicher sein sollte. Um dies zu erarbeiten wurde die Trägergemeinschaft AG IBZ gegründet. Neben der Stadt Karlsruhe gehörten ihr der Stadtjugendausschuss, der DGB, die Evangelische und Katholische Kirche, die Arbeiterwohlfahrt und die AG der ausländischen Mitglieder des Ausländerbeirats an. Das neue Internationale Begegnungszentrum sollte einen Beitrag zu gegenseitiger Toleranz leisten, das friedliche Zusammenleben in der Stadt fördern und darüber hinaus durch Veranstaltungen das kulturelle Angebot bereichern. Neutralität war eines der obersten Gebote, das bedeutete eine Nichteinmischung in nationale Konflikte.[22] Dem Entschluss zum Umzug folgte eine jahrelange Suche nach einem geeigneten Gebäude. Schließlich entschloss man sich für ein ehemaliges Kasernengebäude, das durch die Reduzierung der Bundeswehrstandorte nach dem Zusammenbruch der DDR leer stand und zwischenzeitlich in den Besitz der Volkswohnung übergegangen war.

Nach einem Umbau wurde das IBZ am 18. Mai 1995 feierlich eröffnet. Zunächst zogen die Vereine ein, die auch schon im Vorgängerzentrum untergebracht waren. Im Erdgeschoss wurde das Büro der ausländischen Mitglieder des Ausländerbeirats, im ersten Obergeschoss die Büroräume der Geschäftsstelle für Ausländerfragen untergebracht. Die Räume in der

In einem Bau der ehemaligen Grenadierkaserne an der Kaiserallee fand das Internationale Begegnungszentrum am 18. Mai 1995 eine neue Heimstätte.

zweiten und dritten Etage wurden von den Hausvereinen bezogen. Im Dachgeschoss standen vier Mehrzweckräume für verschiedene Nutzer, Kurse und Veranstaltungen zur Verfügung, die stundenweise vermietet werden können. Im Laufe der Zeit fanden in den Mehrzweckräumen z. B. Chorproben, Folkloreveranstaltungen, diverse Sitzungen und Veranstaltungen sowie Deutschunterricht, muttersprachlicher Unterricht und Hausaufgabenbetreuung statt. Im Erdgeschoss wurde 1997 das Café Globus eröffnet. Das öffentliche Café bietet Raum für Begegnungen und Gespräche in angenehmer Atmosphäre. Darüber hinaus haben sich mittlerweile einige regelmäßige Veranstaltungen etabliert, so z.B. das Sonntagscafé für Seniorinnen und Senioren und dienstags das Internationale Frauencafé. Auch die Christlich-Islamische Gesellschaft hält ihre Treffen dort ab und bei den Treffen der Pena Latina erfüllen lateinamerikanische Klänge den Raum.

Seit dem Herbst 1996 wird dreimal im Jahr das Veranstaltungsprogramm „Kulturdialog" herausgegeben. Dabei werden Veranstaltungsreihen zu aktuellen Schwerpunktthemen angeboten. Beispiele für die inhaltlich vielfältigen Veranstaltungsreihen sind die Schwerpunktthemen „Allah im Westen – muslimische Gemeinden und Organisationen in Karlsruhe", „Politische Partizipation von Zuwanderinnen und Zuwanderern", „Das neue Staatsangehörigkeitsrecht", „Der Krieg in Afghanistan" und „Das Kopftuch – nur ein Stück Stoff oder doch viel mehr?". Maßgeblich mitgestaltet werden die Veranstaltungen von den Hausvereinen, es werden aber auch externe Referenten geladen, die mit ihrer Expertise das Programm bereichern.

Auch für Fachtagungen bietet das IBZ Raum. So wurde z. B. vor dem Inkrafttreten des neuen Zuwanderungsgesetzes eine Tagung zusammen mit dem Caritasverband, dem Diakonischen Werk, dem Arbeitskreis Asyl Baden-Württemberg und dem Integrationsbeauftragten der Stadt veranstaltet, um sich auf die Änderungen vorzubereiten, die durch das neue Gesetz für die Stellen erfolgen würden.

Beratungssuchende können sich je nach Art ihres Anliegens ebenfalls an das IBZ wenden. Der Verein Freunde für Fremde berät vor allem bei ausländerrechtlichen Fragen, aber auch bei Fragen zu alltäglichen oder familiären Problemen. Die AG der ausländischen Mitglieder des Ausländerbeirats versteht sich als Mittler zwischen Migranten und Kommunalpolitik, in ihrer wöchentlichen Sprechstunde können sich Migrantinnen und Migranten mit ihren Anliegen an Mitglieder der AG wenden.

Heute sind im IBZ der Verein Freunde für Fremde, der Koreanische Verein Karlsruhe, das Serbische Kulturzentrum, die Deutsch-Spanische Gesellschaft, der kroatische Kulturverein Matica hrvatska, der spanische Elternverein Karlsruhe, der türkische Frauenverein Karlsruhe und Umgebung, das Iranische Kulturzentrum, der Türkische Elternverein Karlsruhe, der Tunesische Club Karthago, die Deutsch-Kroatische Gemeinschaft Karlsruhe und Umgebung. Das Internationale Begegnungszentrum ist bis heute in seiner Konzeption in Baden-Württemberg einmalig.

Das Patinnenprojekt

Im Frühjahr 2003 startete das Patinnenprojekt in gemeinsamer Trägerschaft des Internationalen Begegnungszentrums und der Frauenbeauftragten. Schon ein halbes Jahr später hatte es eine Teilnehmerinnenzahl von 100 Frauen und damit die Grenze der Aufnahmekapazität erreicht. Das Projekt soll die Situation von Migrantinnen in Karlsruhe verbessern und ihren individuellen Akkulturationsprozess positiv unterstützen, indem es Kontakte zu einheimischen Frauen herstellt. Um Barrieren

Das Patinnenprojekt startete seine Tätigkeit 2003, hier ein Treffen im Jahr 2010.

abzubauen, richtet es sich ausschließlich an Frauen.[23]

Aus lerntheoretischer Perspektive ist Akkulturation ein Lernprozess, in dem für das Gastland unpassende Verhaltensweisen abgelegt bzw. verlernt und der Kultur angemessene Verhaltensweisen, Denkweisen und Bewertungen erlernt werden. Dabei steht nicht Assimilation, sondern der Erwerb zentraler Strategien in Bezug auf interpersonale Kommunikation und soziales Verhalten im Mittelpunkt. Dieses kann am besten über persönliche Kontakte zu Einheimischen geschehen. Einheimische können wertvolle Informationen über Land, Kultur und evtl. Religion weitergeben, Ratschläge geben, wie mit ungewohnten Situationen umgegangen werden kann und so helfen, zu einem besseren Verständnis der Landeskultur zu gelangen. Einheimische können als „Alltagslotsen" fungieren und bei Schwierigkeiten Unterstützung bieten. Abgesehen von praktischer Hilfe trägt emotionale Unterstützung, das Zeigen von Zuneigung, Verständnis und Akzeptanz zur Erhaltung oder Bildung von Selbstsicherheit bei, so dass die mit der Migration oft einhergehenden Gefühle sozialer Unsicherheit und Kontrollverlust vermindert werden. Einheimische Kontaktpersonen können darüberhinaus als Modelle fungieren, an denen in der Kultur übliche Verhaltensweisen wahrgenommen, reflektiert und gegebenenfalls nachgeahmt werden können.

Bei den Migrantinnen, die sich für das Projekt interessierten fiel auf, dass viele gar keine

Einheimischen persönlich kannten, obwohl sie schon lange in Deutschland lebten und sich solche Kontakte sehnlich wünschten. Schwierigkeiten beim Aufbau von Kontakten haben vor allem Frauen, die keiner außerhäuslichen Erwerbstätigkeit nachgehen. Viele Migrantinnen fühlen sich zudem gehemmt die deutsche Sprache zu gebrauchen, da sie sich für sprachliche Fehler schämen. Persönliche Kontakte jedoch sind wichtig für das Erlernen und Ausprobieren neuer Verhaltensweisen und so haben Personen mit weniger Kontaktpersonen, die als Modell dienen, auch weniger Gelegenheit zu sozialem Lernen. Die dadurch schwächer ausgeprägte Kompetenz zur interkulturellen Kommunikation erschwert wiederum die Interaktion mit Einheimischen und es entsteht ein Teufelskreis.[24] Das Patinnenprojekt stellt ein niedrigschwelliges Angebot dar, diesen Teufelskreis zu durchbrechen.

Einheimischen Frauen bietet das Projekt ebenfalls die Möglichkeit von den Migrantinnen zu lernen, die den deutschen Frauen authentische Einblicke in Leben und Kultur ihrer Herkunftsländer bieten können. Frauen die Interesse am Erlernen einer Fremdsprache haben, können so mit einer Muttersprachlerin üben. Über das Sprachenlernen hinaus bietet der persönliche Kontakt die Möglichkeit zu interkulturellem Lernen sowie eine Sensibilisierung für die Lebenssituation der jeweils anderen.

In einem Erstgespräch werden Wünsche und Möglichkeiten (z.B. Interesse an einem bestimmten Herkunftsland oder Sprache) sowie die Details des Projektes besprochen. Voraussetzung für die Teilnahme sind neben Interesse und Neugier an Menschen aus anderen Kulturen die Bereitschaft zu regelmäßigen Treffen über einen längeren Zeitraum, Engagement und Eigeninitiative, Bereitschaft zur (Selbst-)Reflexion, Teilnahme an den Gruppentreffen und Grundkenntnisse der deutschen Sprache.

Im Jahr 2008 veröffentlichten die Teilnehmerinnen eine Broschüre mit dem Titel „Die Tür öffnen", in der die Frauen über ihre persönlichen Erfahrungen, die sie während des Projektes sammelten, berichteten. Manche mussten Enttäuschungen erfahren, für andere wiederum öffneten sich lange verschlossene Tore. Die positive Bewertung der meisten Teilnehmerinnen sprach sich herum, weshalb sich immer neue Interessentinnen finden. Inzwischen etablierte sich das Projekt zu einem festen Angebot des IBZ und wird in der Zukunft dazu beitragen, Frauen aus unterschiedlichen Kulturen zusammenzuführen.

Das Menschenrechtszentrum

Am 29. Dezember 1996 öffnete das erste Menschenrechtszentrum Baden-Württembergs in der Durlacher Allee 66 seine Pforten (siehe Seite 129 ff.). Die Organisationen Amnesty International, Freundeskreis Asyl sowie der Internationale Jugend- und Kulturverein hatten nun ihren Sitz unter einem Dach, gerade um gemeinsame Ziele besser koordinieren zu können und Synergieeffekte zu erzielen. Das Gebäude war bewusst wegen seiner Nähe zu ZASt ausgewählt worden, um den dort untergebrachten Flüchtlingen kurze Wege bis zur umfassenden Beratung im Menschenrechtszentrum zu ermöglichen. Vertreterinnen und Vertreter der beteiligten Vereine schlossen sich zu dem Verein Menschenrechtszentrum e. V. zusammen, um die Arbeit im und am Zentrum zu koordinieren. Heute sind neben den genannten Organisationen der Verein zur Beratung traumatisierter Migrantinnen und Migranten, die Flüchtlingsberatung des Mennonitischen Hilfswerks, die Mir-Mohammedi-Stiftung und das Eine-Welt-Theater dort untergebracht.[25]

Der Freundeskreis Asyl Karlsruhe e. V. entstand aus einem lockeren Zusammenschluss von Menschen, die erstmals 1985 Kontakt zu Asylbewerbern aufnahmen, die in der damaligen Sammelunterkunft in der Wolfartsweierer Straße untergebracht waren. Zunächst ging es vor allem um Begegnung, weshalb als erstes einmal wöchentlich eine Teestube in der Bernhardsgemeinde angeboten wurde. Durch den direkten Kontakt mit Betroffenen erkannten die Mitglieder des Freundeskreises schnell, dass ein weitergehendes Beratungsangebot notwendig war, um den Asylbewerbern bei der Vielzahl ihrer Probleme zu Seite stehen zu können. 1987 wurde der Freundeskreis als Verein zunächst unter dem Namen „Freundeskreis für Asylbewerber Karlsruhe e.V." eingetragen. Die Umbenennung in den heutigen Namen erfolgte Mitte der 1990er Jahre. Heute bietet der Verein neben der Beratung und Unterstützung von Asylsuchenden zahlreiche Veranstaltungen und Aktionen an, mit denen ein breiteres Bewusstsein in der Öffentlichkeit für die Thematik geschaffen werden soll. Darüber hinaus wird Lobbyarbeit für eine weitere Auslegung des Grundrechts auf Asyl betrieben.[26]

Der Internationale Jugend- und Kulturverein ist ein Jugendverband, der sich aus Jugendlichen aus unterschiedlichen Herkunftsländern zusammensetzt. Ziel ist es u.a. kulturell bedingte Konflikte zwischen Jugendlichen zu beseitigen und zu mehr interkulturellem Verständnis beizutragen. Der Verband bietet regelmäßig Tanz-, Musik- und Theaterworkshops sowie Wochenendfreizeiten und Jugendferienmaßnahmen an. Außerdem werden Foren, Seminare, Filmvorführungen und Vorträge zu jugendpolitischen oder kulturellen Themen veranstaltet.[27]

Der Verein zur Unterstützung traumatisierter Migranten führt Sprechstunden durch, in denen traumatisierte Migrantinnen und Migranten individuell oder zusammen mit ihren Familien beraten werden. Bei Bedarf hilft er bei der Vermittlung von psychiatrischen bzw. psychotherapeutischen Behandlungen, informiert über Gesundheitsfragen und kümmert sich um Aufklärung und Fortbildung auf fachlicher und politischer Ebene. Darüber hinaus finden Vorträge bezüglich der Thematik in Migrantenvereinen statt. Der Verein legt bei all diesen Aktivitäten großen Wert darauf, dass Beratungen und Veranstaltungen, falls notwendig, in der Muttersprache der jeweiligen Migranten durchgeführt werden (Projekt MUIMI – Muttersprachliche Information für Migranten).

Die Mir-Mohammedi-Stiftung trägt den Namen einer Karlsruher Persönlichkeit, deren Lebenswerk Spuren hinterlassen hatte (zur Biografie siehe Seite 172 ff.). Nach seinem überraschenden Tod 2003 gründeten Freunde und Mitstreiter die Mir-Mohammedi-Stiftung mit dem Ziel, sein Lebenswerk in seinem Sinne fortzuführen. Dabei will die Stiftung vor allem dort tätig werden, wo die staatliche Förderung nicht oder nur beschränkt wirksam wird. Laut Satzung ist Zweck der Stiftung „die Unterstützung von Einrichtungen und Projekten, die sich der Völkerverständigung, der Integration von Menschen ausländischer Herkunft in unsere Gesellschaft, der Verwirklichung der Menschenrechte und vor diesem Hintergrund der Förderung iranischer Kultur widmen. Dieser Zweck soll insbesondere verwirklicht werden durch die Unterstützung von Projekten und Maßnahmen im Bereich der Flüchtlings- und Menschenrechtsarbeit, die Unterstützung von Migrantinnen und Migranten in Notlagen, die Unterstützung der Bildungsarbeit im Bereich der Nord-Süd Thematik, die Unterstützung von Projekten im sozialen und kulturellen Bereich mit Bezug zur iranischen Kultur und als Beitrag zur Völkerverständigung und die Unterstützung von Integrationsmaßnahmen für Menschen ausländischer Herkunft."[28] Bisher wurden u.a. die Deutschkurse im Menschenrechtszentrum, der Verein zur Unterstützung unbegleiteter Minderjähriger des Freundeskreises Asyl und der Verein Freunde für Fremde mit finanziellen Zuwendungen bedacht. Die Stiftung verleiht zudem Preise, mit denen ehrenamtliches Engagement und andere Leistungen und Projekte im Sinne der Stiftung honoriert werden. 2006 ging dieser an Ümit Karakus, der neben seinem Studium ehrenamtlich für den Kinder- und Jugendtreff Südstadt arbeitete, wo er Nachhilfe für schulisch schwache Kinder anbot und den Treff bei Projekten unterstützte. Außerdem betreute er ein Schülercafé und leitete eine Fußball AG. Im Jahr 2007 rief die Stiftung die Karlsruher Schülerzeitungen zu einem Wettbewerb auf, bei dem der beste Text zum Thema Menschenrechte prämiert werden sollte. Den ersten Preis verlieh die Jury, zu der u.a. Bürgermeister Harald Denecken gehörte, an den Text „Rajkumar" der Schülerzeitschrift „Der Füller" des Goethe-Gymnasiums.

Das Menschenrechtszentrum wurde 2005 mit dem Preis „Vom Fremden zum Freund" des Arbeitskreises „Miteinander leben" und 2008 mit dem „Ludwig-Marum-Preis" ausgezeichnet. Die Vorsitzende des Freundeskreises Asyl und des Flüchtlingsrats Baden-Württemberg Angelika von Loeper wurde im Herbst 2008 für ihr Engagement mit dem Bundesverdienstkreuz am Bande ausgezeichnet. Mittlerweile haben auch zahlreiche prominente Besucher ihren Weg in das Zentrum gefunden, u. a. die iranische Menschenrechtsaktivistin Schirin Ebadi, der 2003 als erster muslimischer Frau der Friedensnobelpreis verliehen wurde.

Antirassismusarbeit

Aktionskreis „Miteinander Leben"

Im Januar 1992 wurde auf Initiative von Bürgermeister Norbert Vöhringer der Aktionskreis „Miteinander leben" als Reaktion auf die zunehmende Ausländerfeindlichkeit und die Anschläge auf Ausländer in den ersten Jahren nach der Wende gegründet. In Karlsruhe hatte es 1991 einen Brandanschlag gegeben. In der Nacht zum Tag der Deutschen Einheit hatten fünf junge Männer Molotowcocktails an die Außenfassade der Zentralen Anlaufstelle für Asylbewerber (ZASt) geworfen. Obwohl glücklicherweise niemand bei dem Anschlag verletzt und die Tat schnell aufgeklärt wurde, verbreitete sich unter den Migranten in Karlsruhe die Angst. Der Aktionskreis setzte sich zum Ziel, diesem Klima der Angst entgegen zu wirken und für das „Miteinander" in der Stadt zu kämpfen. Dem Aktionskreis schlossen sich u.a. der Stadtjugendausschuss, die Kirchen, die AWO, das Institut für angewandte Kulturwissenschaften, der deutsche Gewerkschaftsbund, der türkische Sportverein, der Freundeskreis Asyl und die Geschäftsstelle für Ausländerfragen an. Seit der Gründung entwickelte der Aktionskreis viele Aktivitäten, um Vorurteile in der Bevölkerung abzubauen und ein friedliches Miteinander zu fördern.

Ein erstes Ergebnis der Arbeit des Aktionskreises war 1992 die Einführung eines Infoblattes als Beilage in der Stadtzeitung mit dem Titel „Miteinander leben. Info für das Miteinander der Deutschen und der Ausländer", das vom Aktionskreis herausgegeben und redaktionell gestaltet wurde. Getreu der Absicht, die Öffentlichkeit zu informieren und Vorurteile abzubauen, wurden in der Beilage Artikel veröffentlicht wie z. B. der Beitrag „Scheinasylanten? Flüchtlinge bei uns" in dem anhand echter Fälle von der Schwierigkeit berichtet wird, als Asylberechtigter anerkannt zu werden. So konnte man in dem Artikel unter Anderem etwas über den Fall einer Mutter lesen, deren Kind erschossen wurde während sie es auf dem Arm hielt, und die anschließend vergewaltigt wurde, weil sie in ihrem Heimatland als Angehörige einer ethnischen Minderheit als lebensunwürdig galt. Ihr Asylantrag wurde so wie der vieler anderer Schutzsuchender in Deutschland abgelehnt. Neben solch aufrüttelnden Beiträgen enthielt das Blatt statistische Informationen über Migration, Bekanntmachungen der Geschäftsstelle für Ausländerfragen und Veranstaltungshinweise.

Eine weitere öffentlichkeitswirksame Maßnahme im Gründungsjahr war die Organisation einer Ausstellung, die im November 1992 in der Krypta der evangelischen Stadtkirche am Marktplatz gezeigt wurde. Sie trug den provokanten Namen „100 Jahre deutscher Rassismus". Auf 56 Schautafeln mit Bildern, Plakaten und Dokumenten wurde ein umfassendes Bild der Erscheinungsformen rassistischen Denkens in Deutschlands nachgezeichnet. Das Besondere an der Ausstellung war, dass sie den deutschen Rassismus nicht als ein Phänomen des „Dritten Reiches" darstellte, sondern mit einem Rückblick auf den chauvinistischen Nationalismus des Wilhelminischen Kaiserreichs und dem im 19. Jahrhundert entstandenen Sozialdarwinismus zeigte, dass die Ideologie der Nazis nicht isoliert entstanden war, sondern die Fortführung einer in Deutschland schon lange existierenden Denkweise zeigt.

Des Weiteren wurden in unregelmäßigen Abständen Vorträge und Veranstaltungen zu politischen und gesellschaftlichen Entwicklungen angeboten, z.B. zum Thema Integration, oder im kulturellen Bereich, wie z.B. ein Konzert mit jiddischen Liedern. Doch nicht nur Veranstaltungen für die interessierte Öffentlichkeit, sondern auch für Fachleute sind ein Anliegen. So fand im März 1994 beispielsweise eine Gesprächsrunde mit dem Titel „Der Kindergarten. Chancen für eine multikulturelle Erziehung?" statt, bei der Experten über dieses Thema und dessen praktische Umsetzung diskutierten.

Seit 1994 vergibt der Aktionskreis außerdem jährlich den Anerkennungspreis „Miteinander leben – vom Fremden zum Freund" mit dem Organisationen und Privatpersonen für Zivilcourage und Engagement im Umgang mit Migranten gewürdigt werden.

Flagge gegen Rechts

Anfang der neunziger Jahre waren Massendemonstrationen gegen Rechts ein wichtiges Signal, dass der um sich greifende Rechtsextremismus in Deutschland keine Mehrheit findet und viele Menschen hatten aus Betroffenheit über die Morde an Asylsuchenden und die pogromartigen Ausschreitungen in einigen Städten das Bedürfnis sich daran zu beteiligen. Als stiller sehr eindrucksvoller Protest wurden im Winter 1992 in zahlreichen deutschen Städten Lichterketten gebildet, um gegen ausländerfeindliche Ausschreitungen zu demonstrieren. Diese Form der Demonstration benutzt das Licht als Symbol des Friedens und grenzt sich durch das Fehlen lautstarker Kundgebungen oder dem Brüllen von Parolen von der rechten Szene ab. So bildeten am Sonntag den 20. Dezember 1992 rund 120.000 Personen zwischen Durlacher Tor und Mühlburger Tor eine beeindruckende Lichterkette, mit der sie ein Zeichen gegen Rechtsextremismus und Fremdenhass und für ein friedliches Miteinander von Deutschen und Ausländern setzen. Trotz des nasskalten Wetters an diesem vierten Advent wurden die Erwartungen der Organisatoren weit übertroffen, die sich eine Menschenkette erhofft hatten, die die Fußgängerzone auf beiden Straßenseiten einreihig säumen sollte. Doch aus einer Reihe wurden schnell Viererreihen, bis die Reihen sich schließlich auflösten, da bald die gesamte Fußgängerzone sowie Markt- und Europaplatz mit Menschen angefüllt waren, die mit Kerzen, Lampignons, Laternen und sogar Taschenlampen ausgerüstet dicht an dicht beieinanderstanden. Die Fähigkeit zum

1992 demonstrierten 120.000 Karlsruher und Karlsruherinnen mit einer Lichterkette in der Kaiserstraße gegen Rechtsextremismus und Fremdenfeindlichkeit.

friedlichen Miteinander wurde laut Polizei in anderer Hinsicht an diesem Abend demonstriert, denn anders als bei vielen derartigen Menschenansammlungen habe es dieses Mal nicht den geringsten Zwischenfall gegeben, nicht einmal die üblichen Kleinigkeiten. Nur die Karlsruher Verkehrsbetriebe wurden durch die Lichterkette vorrübergehend ins Chaos gestürzt, da es für die Straßenbahnen kein Durchkommen mehr gab.[29]

Schon einen Monat später folgte ein Aktionstag gegen Fremdenfeindlichkeit, der auf Initiative der Landesregierung durchgeführt wurde. Den Anfang machten ca. 900 Schülerinnen und Schüler, Eltern und Lehrerinnen und Lehrer der Gutenbergschule und des Lessinggymnasiums, die sich um 8 Uhr morgens zu einer kleinen Lichterkette am Gutenbergplatz zusammenfanden. Die Schülerinnen des Bismarckgymnasiums beschäftigten sich sogar mehrere Tage lang mit der Thematik, ebenso wie die Schule am Weinweg, die rund um den Aktionstag Projekttage unter dem Motto „Miteinander leben" veranstaltete. Rund 1.500 Menschen lauschten einer Kundgebung des Deutschen Gewerkschaftsbundes auf dem Marktplatz. In mehreren Karlsruher Betrieben wie z. B. bei der Firma Heine oder der Karlsruher Lebensversicherung fanden ebenfalls Veranstaltungen zum Thema statt. Den Abschluss bildete wiederum eine Lichterkette, die sich über die Bismarck-, Seminar-, Moltke- und die Wörthstraße hinzog.[30]

Typische ausländerfeindliche Äußerungen waren zu jener Zeit für Flüchtlinge und Asylbewerber Bezeichnungen wie „Sozialschmarotzer", „Wirtschaftsflüchtlinge" und „Asylbetrüger", Begriffe, die man leider zu oft in den Medien finden konnte, und die ein völlig falsches Bild der Sachlage zeichneten sowie Vorurteile forcierten.

Um gegen das verzerrte Bild von Flüchtlingen und Asylbewerbern anzugehen und eine Sensibilisierung gegenüber diesen Gruppen zu

INTEGRATION – INSTITUTIONEN UND ANGEBOTE

Gesicht zeigen!
Gegen rechte Gewalt
Für die Menschenrechte!

MENSCHENRECHTSZENTRUM KARLSRUHE E.V.
www.Menschenrechtszentrum.de

2009 startete das Menschenrechtszentrum die Kampagne „Gesicht zeigen! Gegen rechte Gewalt".

erreichen, zog das Sandkorntheater 1993 mit dem Theaterstück „Mohammed" durch die Karlsruher Schulen. Das Stück handelte von einer Flüchtlingsfamilie aus dem Iran (den Vater spielte übrigens ein Schauspieler aus Israel). Im Anschluss an die Aufführungen wurde mit den Schülerinnen und Schülern über das Stück diskutiert. Ziel war nach eigenen Angaben mit den Möglichkeiten eines Theaters gegen die Welle von Fremdenhass und Intoleranz vorzugehen.[31]

Die AG der ausländischen Mitglieder des Ausländerbeirats setzte sich regelmäßig gegen Rassismus, Antisemitismus und Fremdenfeindlichkeit ein. An einer von der Stadt unterstützten Gedenkveranstaltung zur Reichspogromnacht der Gesellschaft für christlich-jüdische Zusammenarbeit wurde auf Initiative Mir Mohammedis, dem Sprecher der AG der ausländischen Mitglieder des Ausländerbeirats, eine Betroffene eingeladen. Die in Karlsruhe aufgewachsene Hanna Meyer-Moses, deren Eltern in Auschwitz ermordet worden waren, rüttelte die Zuhörer mit den Schilderungen ihres persönlichen Erlebens auf und erinnerte daran, dass die heutige Jugend für die Verbrechen während der NS-Zeit zwar keine Schuld hätte, jedoch die Verantwortung dafür trüge, dass sich solche Ereignisse nicht wiederholten.[32]

Im Oktober 2000 veranstaltete die AG der ausländischen Mitglieder des Ausländerbeirats eine Podiumsdiskussion zum Thema Fremdenfeindlichkeit im IBZ. Dort diskutierten eine Vertreterin des DGB, eine Lehrerin der Europaschule und Mitglied einer panafrikanischen Frauenorganisation, ein evangelischer Pfarrer vom Evangelischen Oberkirchenrat, der Chef der Karlsruher Kriminalpolizei und der Ausländerbeauftragte des CDU-Kreisvorstandes mit den anwesenden Gästen.

Inzwischen hatte sich das Klima im Land verändert, Fremdenhass, der sich in Form von Ausschreitungen und Brandanschlägen äußerte, war kein die Diskussion bestimmendes Thema mehr. Inhalt des Abends war daher eher der subtile Alltagsrassismus, dem insbesondere exotisch aussehende Karlsruher immer wieder ausgesetzt waren wie z. B. die verstärkte Kontrolle durch die Polizei, Türsteher die Besucher mit schwarzer Hautfarbe abwiesen oder unfreundliche Behandlung durch Dienstleister aller Art. Auch Versuche von Politikern, durch populistische Aktionen wie die Unterschriftenkampagne gegen die doppelte Staatsbürgerschaft die xenophoben Tendenzen in der Bevölkerung zum Stimmenfang zu missbrauchen, wurden angesprochen. Am Ende einer hitzig geführten Diskussion stand die Zusicherung, dass die Karlsruher CDU die Zuwanderung definitiv nicht zum Wahlkampfthema machen werde.[33]

Kinder- und Jugendarbeit

Hausaufgabenbetreuung

Einer der ersten Hausaufgabenkreise in Karlsruhe wurde 1972 in der katholischen Gemeinde St. Elisabethen in der Südweststadt von Maria Wehrle gegründet. Durch ihre Tätigkeit als Lehrerin an der Südendschule war ihr der besondere Betreuungsbedarf ausländischer Kinder aufgefallen, den die staatliche Seite zu dieser Zeit kaum berücksichtigte. Die Stadt stellte der Initiative Räume zur Verfügung, in denen die allesamt ehrenamtlich tätigen Betreuerinnen und Betreuer ihre Hausaufgabenhilfe anbieten konnten. Alles andere wie Bücher, Lernmittel etc. bezahlten die Ehrenamtlichen selbst oder sie erhielten diese von anderen Unterstützern. Geholfen wurde bald Schülerinnen und Schülern aus allen Altersstufen und Schulformen an vier Nachmittagen pro Woche für je zweieinhalb Stunden. Die Hausaufgabenbetreuung ging außerdem über die Arbeit in den bereitgestellten Räumlichkeiten hinaus, da auch den Eltern der unterstützten Schülerinnen und Schüler bei Bedarf geholfen wurde. So begleiteten die Ehrenamtlichen unterstützungsbedürftige Eltern beispielsweise bei Behördengängen oder halfen beim Ausfüllen von Formularen. Anfang der 1980er Jahren wurde die Hausaufgabenbetreuung auch in personeller Hinsicht von der Stadt unterstützt. Der Internationale Bund erhielt die Mittel für zwei Halbtagsstellen, die die Ehrenamtlichen in ihrer Arbeit unterstützen sollten. Von nun an wurden Seminare zu meist pädagogischen oder psychologischen Themen angeboten. Außerdem konnten durch die professionelle Unterstützung organisatorische Verbesserungen erreicht werden. Die Schülerinnen und Schüler erhielten und erhalten immer noch in den Hausaufgabenkreisen in der Regel keine Nachhilfe im klassischen Sinne, da sie durch das Angebot in erster Linie zur Selbstständigkeit erzogen werden sollen. Ein Schwerpunkt ist die Förderung des korrekten Gebrauchs der deutschen Sprache. Neben Übungen zur deutschen Grammatik und Wortschatzerweiterung erhalten die Kinder Unterstützung bei der Überwindung von Diskrepanzen zwischen geschriebener und gesprochener Sprache, damit sie sich adäquat mündlich und schriftlich ausdrücken können. Nach der „Pflicht" kommt für die Kinder die „Kür". Sind die Hausaufgaben und Sprachübungen erledigt, sind Spiele und andere Aktivitäten im Angebot.

Das Modell der Hausaufgabenbetreuung erwies sich als äußerst erfolgreich. Die betreuten Schülerinnen und Schüler erfahren durch die Unterstützung Anerkennung aufgrund besserer Schulleistungen und als Folge mehr Motivation zum Lernen. Durch verbesserte Noten erhöhen sich nach dem Abschluss ihre Chancen auf dem Ausbildungs- und Arbeitsmarkt. Auch viele der Ehrenamtlichen profitieren direkt von ihrer Arbeit mit den Kindern, denn sie können beispielsweise als angehende Pädagoginnen durch ihr Engagement praktische Erfahrung sammeln.

Inzwischen unterstützt die Hausaufgabenbetreuung nicht mehr nur Kinder mit Migrati-

Hausaufgabenbetreuung für Migrantenkinder durch den Internationalen Bund in den Räumen des Internationalen Begegnungszentrums 2010.

Aufruf der Stadt Karlsruhe zur Hilfe bei der Hausaufgabenhilfe aus dem Jahr 1981.

```
┌─────────────────────────────────────────────────────────────────────────┐
│              Wer steht hinter der Hausaufgabenbetreuung                 │
│                  für Kinder mit Migrationshintergrund                   │
│              und deutsche Kinder mit Sprachförderbedarf                 │
│              im Statgebiet Karlsruhe und was wird erreicht?             │
└─────────────────────────────────────────────────────────────────────────┘
```

Land Ministerium für Kultus und Sport BW	Agentur für Arbeit	über 100 ehrenamtliche BetreuerInnen in 30 Gruppen im Stadtgebiet Karlsruhe
Stadt Karlsruhe Dezernat III Sozialbürgermeister H. Denecken Büro für Integration Arbeitsförderungsgebetriebe		z. Zt. 5 ABM Halbtagsstellen für LehrerInnen, SozialpädagogenInnen und ErzieherInnen
		über 12 freie Träger

1 **Sozialpädagogin** für Koordination und Organisation (30 Std. wö) beim Internationakeb Bund e.V.

alle zusammen ermöglichen:

wöchentlich 800–100 Kinderbesuch bzw.
wöchentlich ca. 2000 Betreuungsstunden für die Kinder,
um Ihnen die Integration zu erleichtern

onshintergrund, sondern auch deutsche Kinder mit Sprachförderbedarf. Die Hausaufgabenbetreuung hat sich in der Karlsruher Bildungslandschaft fest etabliert und wächst seit ihrer Gründung kontinuierlich. An dem Organigramm lässt sich die heutige Organisationsform ablesen.[34] Da die Maßnahmen nachweislich die Integration in das deutsche Schul- und Bildungssystem von Kindern mit Migrationshintergrund sowie Kindern mit Sprachförderbedarf ermöglichen bzw. erleichtern, wird die Hausaufgabenbetreuung durch die in der Abbildung links stehenden Institutionen gefördert.

Halima – unabhängiger Kindergarten von Muslimen e.V.

Der Kindergarten Halima ermöglicht Kindern muslimischer Eltern eine außerhäusliche Erziehung in Verbindung mit der eigenen Religion. Gleichzeitig werden Inhalte und Geschichten aus der Bibel vermittelt, so dass Kinder christlicher Eltern, areligiöser Eltern oder Eltern anderer Religionsgemeinschaften in der frühkindlichen Erziehung Toleranz und die Vielfalt der Religionen erleben. Die Ziele des Kindergartens sind nach eigenen Angaben:
– Entgegenwirken von Vorurteilen,
– das Kennenlernen der eigenen und einer anderen Religion,
– Vermittlung von Respekt und Toleranz gegenüber anderen Kulturen,
– Leben in Diversität,
– Hilfe für Kinder mit Migrationshintergrund beim Erlernen der deutschen Sprache,
– Erziehung zu Gleichberechtigung von Mädchen und Jungen in gemischten Gruppen,

– Förderung von verantwortungsbewusstem Sozialverhalten und interkultureller Kompetenz.[35]

Kulturelle Einrichtungen

Das Badische Landesmuseum stellt in seinen Ausstellungen im Karlsruher Schloss wertvolle Gegenstände aus vielen alten Kulturen aus. Mit der Sonderausstellung „Typisch deutsch? Fremdes und Vertrautes aus der Sicht von Migranten" von Mai bis September 2006 kehrte das Museum den gewohnten Blick einmal um. Thema sollte der Blick von Außen auf die Deutschen sein, wobei auch stereotype Vorstellungen, die den Deutschen anhaften, thematisiert wurden. Zu sehen waren dabei von Migrantinnen und Migranten ausgewählte und aus ihrer Sicht kommentierte Gegenstände die für sie „typisch deutsch" sind.

Für einen Tunesier symbolisierte z. B. eine Kuckucksuhr die deutsche Pünktlichkeit, für einen Ägypter galt ein Buch von Hermann Hesse als typisch deutsch, eine Türkin sah in dem Unterschriftsstempel einer Analphabetin ein Symbol für die deutsche Bürokratie. Mit diesen und vielen weiteren Ausstellungsstücken sollten die Besucher dazu angeregt werden, durch ein Wechselspiel von Selbst- und Fremdwahrnehmung (eigene) Stereotype zu hinterfragen und zu durchschauen.[36]

Interreligiöser Dialog

In den Leitlinien zur Integration von Zuwanderinnen und Zuwanderern heißt es: „Die Stadt Karlsruhe nimmt die vorhandene religiöse Vielfalt zur Kenntnis und bejaht sie. Deshalb initiiert und fördert die Stadt Karlsruhe den interreligiösen Dialog."[37] Die praktische Umsetzung liegt hier jedoch eher im Bereich des bürgerschaftlichen Engagements und der Glaubensgemeinschaften. Einige Beispiele seien hier angeführt:

Gesellschaft für Christlich-Jüdische Zusammenarbeit in Karlsruhe e. V.

Die Gesellschaft wurde 1951 von Karlsruher Bürgerinnen und Bürgern und Vertretern der politischen Parteien sowie der Kirchen gegründet und war damit eine der zehn ersten Gesellschaften für den christlich jüdischen Dialog in Deutschland. Unter dem 1951 noch sehr präsenten Eindruck des Holocaust konzentrierten sich die Aktivitäten in den ersten Jahren auf erzieherische Maßnahmen zum Abbau antisemitischer Einstellungen. Später verlagerte sich der Schwerpunkt hin zu theologischen oder politischen Fragen. Vorrangiges Ziel dabei ist zu verhindern, dass sich die unbeschreiblichen Gräuel des „Dritten Reiches" wiederholen können. Antisemitismus, Antijudaismus und Antizionismus soll daher ebenso entschieden entgegengewirkt werden wie Rassismus und Rechtsextremismus. Die Gesellschaft setzt sich u.a. für die Entfaltung eines ungehinderten jüdischen Lebens in Deutschland, die Bewahrung der Zeugnisse jüdischer Geschichte und die Hervorhebung der Gemeinsamkeiten von Christen und Juden ein. Praktisch bedeutet dies, dass regelmäßig Studientage zu unterschiedlichen christlichen oder jüdischen Themen sowie christlich-jüdische Bibelstudienkreise stattfinden, jährlich im März die Woche der Brüderlichkeit und im November eine Gedenkfeier zum 9. November 1938 (Reichspogromnacht) veranstaltet wird. Des Weiteren werden Lesungen, Vorträge, Filmeabende und Synagogenführungen angeboten. Die Gesellschaft gehört zusammen mit über 80 anderen ähnlichen Vereinen dem Dachverband Deutscher Koordinierungsrat (DKR) an. Unterstützt

(z. B. durch die Bereitstellung von Räumen) wird der Verein von der Jüdischen Gemeinde Karlsruhe, der Katholischen Kirche Karlsruhe, dem Evangelischen Kirchenbezirk Karlsruhe Durlach und der Stadt Karlsruhe. Finanziert wird er durch Spenden und Mitgliedsbeiträge.[38]

Christlich-Islamische Gesellschaft Karlsruhe e. V. (CIGK)

Die Gesellschaft wurde 1995 gegründet. Mitglieder sind Muslime und Christen unterschiedlicher Konfessionen sowie zwei Vorsitzende, eine evangelische Pfarrerin und ein Imam. Die Gesellschaft versteht sich als Brücke zwischen christlichen und muslimischen Gemeinden und Gläubigen in Karlsruhe und möchte zu mehr Verständnis und Toleranz gegenüber Andersgläubigen beitragen. Dabei werden die Gemeinsamkeiten der Religionen betont und durch Informationen Vorurteile abgebaut. Die CIGK verzichtet bewusst auf Missionierung, da der Glaube des jeweils anderen als gleichwertig respektiert werden soll. Jeden ersten Mittwoch im Monat finden im IBZ Treffen des Vereins statt, an denen u.a. die Aktivitäten besprochen und geplant werden. So gibt es jährlich einen Informationsstand beim Fest der Völkerverständigung, gemeinsames Fastenbrechen während des Ramadan und Vorträge bei öffentlichen Veranstaltungen.

Karlsruher Leitlinien zur Integration von Zuwanderinnen und Zuwanderern

Bürgermeister Harald Denecken teilte 2001 bei der Vorstellung einer Dokumentation über Fachtagungen zum Thema „Interkulturelle Kompetenz" mit, dass es ein langfristiges Ziel seines Dezernats sei, ein gesamtstädtisches Konzept für die interkulturelle Arbeit zu entwickeln. Die Ämter und sonstigen Einrichtungen der Stadt müssten sich dieser Herausforderung stellen, da ihnen als Bindeglieder zwischen Stadt und Gesellschaft eine Vorbildfunktion zukomme.[39] 2006 erhielt das Büro für Integration vom zuständigen Dezernenten den Auftrag zur Erarbeitung der Leitlinien. Es wurde daraufhin eine Projektgruppe aus den Mitarbeitern des Büros und Vertretern von verschiedenen Institutionen, Migrantenvereinen und der AG der ausländischen Mitglieder des Ausländerbeirats gebildet, die in 15 Sitzungen einen ersten Entwurf erarbeitete. Dieser wurde bei insgesamt elf Präsentations- und Informationsabenden in verschiedenen Stadtteilen vorgestellt und diskutiert. 40 Einrichtungen, Ämter und Vereine wurden mit der Bitte um Rückmeldung angeschrieben. Nach Auswer-

Titelblatt der Karlsruher Leitlinien zur Integration von Zuwanderinnen und Zuwanderern.

tung der so gesammelten Stellungnahmen und Anregungen wurden Expertengruppen gebildet, die nun einzelne Handlungsfelder detailliert ausarbeiteten und konkrete Umsetzungsvorschläge machten.

Den Entwurf der Leitlinien beschloss der Gemeinderat am 23. September 2008 einstimmig als verbindliche Handlungsrichtlinie der Verwaltung.[40] Die Leitlinien haben folgenden Wortlaut:

1. INTERKULTURELLE ÖFFNUNG

– Für die Karlsruher Kommune ist das friedliche Zusammenleben aller Einwohnerinnen und Einwohner ein vorrangiges Ziel.
– Alle Karlsruher Einwohnerinnen und Einwohner akzeptieren einander in ihrer Unterschiedlichkeit.
– Die Kommune fördert die Entwicklung einer Willkommenskultur.
– Interkulturelle Öffnung erfolgt nicht automatisch, sondern muss als bewusster Prozess immer wieder in Gang gesetzt werden.
– Ein „Karlsruher Netzwerk INTEGRATION" wird durch den zuständigen Dezernenten einberufen; es schließt alle in Sachen Migration/Integration relevanten Akteure ein. Das Büro für Integration ist hierzu federführend tätig.
– Die kulturelle Vielfalt sowie Zwei und Mehrsprachigkeit werden gefördert.
– Für diejenigen, die kein kommunales Wahlrecht haben, fördert die Kommune deren Teilhabe am kommunalen Geschehen und entwickelt und erprobt Ansätze zur ihrer Einbindung.
– Die Kommune sorgt für einen differenzierten Umgang mit Informationen zum Thema Integration von Zuwanderern.

2. VERWALTUNG

– Die Behörden setzen Gesetze und Verordnungen vorurteilsfrei um.
– Die Behörden berücksichtigen alle ihre Kunden gleichberechtigt in ihrer Arbeit; bei Migrantinnen und Migranten ist in besonderem Maße eine interkulturelle Kompetenz erforderlich.
– Eine Vernetzung von Behörden und Organisationen wird verbindlich geregelt, um Kooperation mit und für Migrantinnen/Migranten zu sichern und zu optimieren.
– Die Organisations und Personalentwicklung fördert die Beschäftigung von Migrantinnen/Migranten in ihrer jeweiligen Verwaltung.

3. RELIGION

In unserer Stadt leben Menschen unterschiedlicher Herkunft und damit verschiedener Religionen und Weltanschauungen friedlich zusammen. Den Religionen kommt dabei eine große friedensstiftende Kraft zu. Zugleich können sich mit ihnen aber auch Konflikte verbinden. Daher ist ein ständiger Dialog zwischen den Religionen und Weltanschauungen erforderlich.

Durch gegenseitiges Kennenlernen können Toleranz und Achtung aufgebaut, Missverständnisse, Vorurteile und Ängste abgebaut werden.
– Das Grundrecht der Glaubens- und Gewissensfreiheit in Art. 4 Abs. 1 und 2 Grundgesetz gilt für alle Menschen.
– Die Stadt Karlsruhe nimmt die vorhandene religiöse Vielfalt zur Kenntnis und bejaht sie.
– Deshalb initiiert und fördert die Stadt Karlsruhe den interreligiösen Dialog.
– Die Stadt nimmt die Integrationsbemühungen in den Kirchen und Religionsgemeinschaften wahr und fördert sie.

4. SPRACHE

Zuwanderinnen und Zuwanderer brauchen ein Sprachvermögen, das es ihnen ermöglicht:
– sich selbstständig mit Behörden, aber auch mit dem Arzt usw. zu verständigen,
– sich mit Erfolg um Ausbildungs und Arbeitsplätze zu bewerben,
– sich mit Lehrkräften über die Bildungsprozesse ihrer Kinder zu verständigen,
– am gesellschaftlichen und kulturellen Leben teilzuhaben.

Eine wesentliche Voraussetzung ist Chancengleichheit im Bildungssystem:

– Um diese – sowohl in der deutschen als auch in der Heimatsprache – zu gewährleisten, ist es notwendig, mit der Förderung der Sprachkompetenz der Kinder so früh wie möglich (bereits im Vorschulalter) zu beginnen und diese Förderung auf dem weiteren Schul- und Bildungsweg fortzuführen.
– Die Eltern müssen in den Prozess der Sprachförderung ihrer Kinder mit eingebunden werden (Arbeit mit zugewanderten Eltern).
– Die Sprachkompetenz der Mütter und Väter ist prägend für die ihrer Kinder; daher muss die Sprachkompetenz der Eltern ebenfalls durch geeignete Angebote gefördert werden.
– Grundsätzlich ist Zwei und Mehrsprachigkeit zu fördern.

5. BILDUNG

Das Recht auf Bildung sowie die Chancengleichheit beim Zugang zu Bildung und bei der Teilhabe am gesellschaftlichen Leben ist für Zuwanderinnen und Zuwanderer erst erreicht, wenn die folgenden Bedingungen erfüllt sind:

– Angleichung des Anteils von Migranten an die Bildungsabschlüsse der Einheimischen.
– Sicherung, Intensivierung und Bündelung der individuellen Bildungsberatung für die zugewanderten Schülerinnen/Schüler und ihre Eltern.
– Ergänzung der vorhandenen Sprachförderung in Internationalen Vorbereitungsklassen durch individuelle Förderung in Kleingruppen.
– Vereinfachung und Optimierung bei der Anerkennung ausländischer Abschlüsse.
– Erzieherinnen/Erzieher und Lehrerinnen/Lehrer verfügen über Methodik und Didaktik „Deutsch als Zweitsprache" und „Deutsch als Fremdsprache" sowie über interkulturelle Kompetenz.
– Gewährleistung individueller Beratung für die Bildungslaufbahn von Erwachsenen unter Berücksichtigung von mitgebrachten Bildungsressourcen.
– International ausgewogene Zusammensetzung bei der Bildung von Schulklassen, sonst individuelle Förderung.
– Würdigung der Erstsprache und Förderung von Mehrsprachigkeit.

Die zugewanderten Eltern werden motiviert und dabei unterstützt, die Sprachentwicklung ihrer Kinder sowohl in der deutschen Sprache als auch in der Muttersprache zu fördern. Die Vermittlung der deutschen Sprache auf einem hohen Niveau müssen die Bildungseinrichtungen leisten.

Die Stadt Karlsruhe setzt sich dafür ein, dass jede schulische und außerschulische Bildungseinrichtung (vom Kindergarten bis zur Universität oder auch die Volkshochschule) dem jeweiligen Bildungsbedarf ihrer Besucher Rechnung trägt. Dies kann beispielsweise durch Förderdeputate, durch Akzeptanz und Förderung der Vielfalt, durch Aus- und Fortbildung der pädagogischen Fachkräfte geschehen.

Darüber hinaus sichert die Kommune allen Zuwanderinnen und Zuwanderern die Hinführung und den Zugang zu den kulturellen und gesellschaftspolitischen Bildungsangeboten in der Stadt.

6. KULTUR UND SPORT

Kultur:
- Kultur ist eine Grundlage unseres Zusammenlebens und verbindet Menschen unterschiedlicher Herkunft.
- Ziel dieser Leitlinien ist es, mit Hilfe von Kulturangeboten aller Sparten (Musik, Literatur, bildende Kunst, Vorträge, Theater etc.) Wissen über verschiedene Kulturen zu vermitteln sowie den interkulturellen Dialog zu verstärken.
- Dem Bereich interkultureller Kinder und Jugendbildung und -kultur mit einem Schwerpunkt auf aktiver künstlerischer Betätigung kommt dabei ein besonderer Stellenwert zu.

Sport:
- Die Stadt Karlsruhe fördert die freie Sportausübung.
- Die Stadt unterstützt die Kontaktaufnahme zwischen an Sportausübung interessierten Zuwanderern und Vereinen bzw. Anbietern.
- Die Stadt fördert spezielle Angebote für die Zielgruppe Mädchen, Frauen und ältere Menschen. Dabei müssen insbesondere Zugangsbarrieren für Migranten abgebaut werden.
- Die Sportvereine werden zum Thema Integrationsarbeit unterstützt.
- Vielfalt und Unterschiedlichkeit als positive Aspekte gemeinsamer Sportausübungen werden öffentlich dargestellt.

7. WIRTSCHAFTLICHE INTEGRATION

- Gelungene Integration bedeutet Erlangen von Chancengleichheit bei Ausbildung, Zugang zum Arbeitsmarkt und Teilhabe am Wohlstand.
- Vielfalt ist eine wichtige Ressource, die es insbesondere in der Wirtschaft zu nutzen gilt.
- Ausbildungsbereitschaft, Ausbildungen & Erweiterung des Berufsspektrums von Migrantinnen und Migranten werden gefördert.
- Migrantinnen/Migranten erhalten die Möglichkeit, bei der Ausbildungs- und Arbeitssuche ihre Fähigkeiten in der Praxis zu zeigen und werden entsprechend ihrer Leistung eingestellt.

8. GESUNDHEIT

- Zuwanderinnen und Zuwanderer haben uneingeschränkten Zugang zum Gesundheitssystem in Karlsruhe. Die Angebote zur medizinischen Versorgung und Prävention werden so gestaltet, dass Menschen mit Migrationshintergrund sie nutzen können.
- Alle mit dem Thema „Gesundheit" befassten Einrichtungen handeln kultursensibel. Dies ist ein Qualitätsmerkmal.
- „Gesundheit" ist eine Querschnittsaufgabe, die alle Bereiche der Stadt betrifft.
- Spezifische Angebote für Migrantenkinder, wie zum Beispiel Vorsorge, Ernährung, Bewegung werden besonders entwickelt und gefördert.
- Die Stadt Karlsruhe fördert alle Maßnahmen zur Fortbildung in kultursensiblem Umgang mit Krankheit und Gesundheit.

9. RECHTLICHE INTEGRATION

- Kommunale Integrationspolitik muss alle Einwohnerinnen/Einwohner einschließen, da sich die Einwohnerschaft aus Deutschen, Zuwanderern mit dauerhaftem bzw. befri-

stetem Bleiberecht sowie Zuwanderern ohne Bleiberecht zusammensetzt.
- Die Stadt Karlsruhe schöpft ihren Ermessensspielraum voll aus, um Aufenthaltstitel zu verfestigen und damit Zugewanderten Zukunftsplanung zu ermöglichen.
- Die Stadt Karlsruhe setzt sich dafür ein, dass Zuwanderinnen und Zuwanderer mit einem auf Dauer angelegten Aufenthaltsrecht das kommunale Wahlrecht erhalten.
- Das Selbstbestimmungsrecht auf freie Berufs- und Partnerwahl, insbesondere bei Frauen und Mädchen, ist zu unterstützen.
- Die Kommune fördert die Vermittlung grundlegender Kenntnisse über das deutsche Rechtssystem.
- Die Stadt Karlsruhe verstärkt ihre Bemühungen, durch regelmäßige Informationsveranstaltungen zu aktuellen Rechtsthemen, entsprechend zu informieren.

10. WOHNEN UND ZUSAMMENLEBEN

- In der Wohnungsversorgung wird Chancengleichheit aller Einwohnerinnen und Einwohner angestrebt.
- Die Schaffung ausreichend bezahlbarer Wohnungen ist ein kommunalpolitisches Ziel.
- Damit Vielfalt als Gewinn erlebt werden kann, wird Wohnungsbelegung gesteuert und ethnische Konzentration vermieden.
- Gemeinsame sportliche und gemeinnützige Aktivitäten werden gefördert.
- Die Begegnung von Einheimischen und Zugewanderten wird gefördert.
- Die Integrationsleitlinien gelten für alle Einwohnerinnen und Einwohner, sprechen jedoch verstärkt jüngere Generationen an. Deshalb müssen bewusst Aktivitäten entwickelt werden, die insbesondere die Integration älterer Menschen im Blickfeld haben.

Für die Zukunft gilt es, die einzelnen Elemente der Leitlinien in die Tat umzusetzen, um dem Ziel einer gleichberechtigten Teilhabe der Migrantinnen und Migranten in allen Lebensbereichen näherzukommen.

SABINE LIEBIG

Interviews mit Karlsruher Migrantinnen und Migranten
Ein Projekt der Pädagogischen Hochschule Karlsruhe

Die Interviews entstanden im Verlauf eines zweisemestrigen Projektseminars zu „Migration und Integration in Karlsruhe" im Rahmen einer Kooperation der Pädagogischen Hochschule Karlsruhe, des Stadtarchivs Karlsruhe, des Stadtmuseums Karlsruhe und des Integrationsbüros der Stadt Karlsruhe.

Zwanzig Studierende arbeiteten sich fachwissenschaftlich zu Migration und Integration ein, recherchierten im Archiv, erarbeiteten Fragen für die Interviews und führten diese durch. Ziel war, die Integration von Menschen mit Migrationshintergrund in Karlsruhe aus unterschiedlichen gesellschaftlichen Gruppen zu untersuchen und den Blick auf gelungene Konzepte von Integration zu lenken und diese zu verdeutlichen.

Die Ergebnisse des Projektes, besonders der Interviews, gingen in die Ausstellung im Stadtmuseum ein, die 2009 in Zusammenarbeit mit dem SWR stattfand. Die Studierenden stellten ihr Material für die Ausstellung zur Verfügung und erarbeiteten Führungen sowie Unterrichtsmaterialien.

Der Gewinn für die Studierenden lag in dem direkten Zugang zu Menschen mit Migrationshintergrund und im Austausch mit ihnen. Die Lebensgeschichten, die sie erfuhren machten ihnen klar, wie Menschen mit Brüchen, Veränderungen und Neuanfängen umgingen und dass eigene Initiative sowie der Erwerb der Landessprache die zentralen Punkte für eine gelungene Integration sind. Des Weiteren war eine zentrale Aussage aller Interviewpartnerinnen und -partner, dass sie sich in Karlsruhe und Deutschland sehr wohl fühlen, auch wenn nicht immer alles zu ihrer Zufriedenheit verlief. Sie engagierten sich und gaben nicht auf, so dass sich letztendlich ihre Situation dahingehend verbesserte, dass die meisten von ihnen in Karlsruhe bleiben möchten.

Für die Menschen mit Migrationshintergrund lag der Gewinn dieses Projektes darin, dass sie endlich einmal sichtbar gemacht wurden, mit ihren Lebensgeschichten, ihren Erfahrungen sowie dass Migration sehr viele positive Aspekte besitzt und aus der Ecke der Problematisierung herauskommt. Die positiven Ergebnisse des Projektes zeigen, dass die Mehrheit der Migrantinnen und Migranten in der bundesrepublikanischen Gesellschaft integriert sind und gerne hier leben, ohne dass die Probleme negiert werden.

Hier werden Erfolgsgeschichten dargestellt, mit dem Wissen, dass es auch andere Geschichten gibt, aber diese Menschen haben wir nicht getroffen und dem Projekt war es wichtig, die Erfolge, die die Mehrheit der Migrantinnen und Migranten vorweisen können, in den Vordergrund zu stellen. Auch als Motivation für diejenigen, deren Geschichten noch nicht so erfolgreich verliefen.

Gleichzeitig sollen die Mitglieder der so genannten Aufnahmegesellschaft durch die Lebensgeschichten angeregt werden, ihren Blick auf Migration und ihre Folgen zu überdenken, gegebenenfalls zu revidieren und Migration für alle Seiten als große Chance auf ein interessantes, multikulturelles und sich gegenseitig bereicherndes Miteinander zu begreifen.

Besonderer Dank gilt den Studierenden, die an diesem Projekt teilgenommen haben, und durch ihre engagierte Arbeit die Ausstellung sowie das Buch mit Lebensgeschichten füllten.

Ganz herzlichen Dank auch an die Migrantinnen und Migranten, die durch ihre Bereitschaft, über sich Auskunft zu geben, zum Erfolg des Projektes beitrugen.

Die Interviews, nach Migrantengruppen geordnet, sind alle anonymisiert, weil manche Interviewpartnerinnen und -partner nicht genannt werden wollten.

Die Interviews wurden erstellt von: Friederike Pfahler, Kathrin Blümling, Theresa Vogt, Hannah Ratz, Kathrin Bohland, Catherine Walzer, Pia Mathes, Sonja Hohnecker, Franziska Hoppe, Lara Dahmen, Manuel Dietz, Stefanie Rein, Anna Bitmann, Katrin Weickgenannt, Carina Meier, Marguerite Fabian, Corinna Schmider, Salvatore Tancredi, Matthias Christ und Eva-Maria Voigt.

Flüchtlinge und Heimatvertriebene

Frau W. aus dem Sudetenland

Frau W., geboren am 21.06.1931 als zweites von drei Mädchen in Watetitz, wurde im Alter von 15 Jahren aus ihrem Heimatort im Sudetenland vertrieben. Dort hatte ihr Vater eine kleine Landwirtschaft und eine Mühle gehabt, so dass die Familie für die damaligen Verhältnisse als relativ wohlhabend galt.

1946 rechnete die Familie nicht mit Vertreibung, sondern arbeitete weiter wie gewohnt. Doch dann wurde auch sie vertrieben. Nachdem ihnen alle Wertsachen weggenommen worden waren, pferchte man je 30 Personen in einen Viehwaggon und sie kamen zunächst nach Furth im Wald an der tschechischen Grenze und von dort weiter nach Karlsruhe.

Das Lager in der Moltkestraße in Karlsruhe empfand die Zeitzeugin als schrecklich und ohne Privatsphäre: „Also das Lager war schrecklich. Da sind wir zwei Familien in einem Zimmer gewesen. Und da waren lauter Stockbetten rundherum und in der Mitte da haben wir eine Kiste hingestellt, dass wir haben essen können."

Sie beklagte sich, dass sie in der Küche helfen mussten, nicht schlafen konnten und von Wanzen zerstochen aufwachten. Nach drei bis vier Wochen konnten sie das Lager verlassen und wurden bei einer Familie untergebracht, die selbst unter großer Raumnot litt. Die Familie überließ den Neuankömmlingen das Schlafzimmer und zog ins Wohnzimmer. Statt der anvisierten zwei Wochen wohnte Frau W.s Familie letztendlich eineinhalb Jahre in diesem einen Raum, mit einer Toilette für acht Personen und ohne Bad. Zum Baden gingen die Menschen samstags in die Ostendstraße. In der Rückschau ist Frau W. erstaunt, wie das Zusammenleben ohne Missverständnisse, ohne Streit und in so guter Einvernehmlichkeit unter den widrigen Umständen funktionierte. Die Beziehung der Menschen zueinander wurde so eng, dass Frau W. heute noch das Grab der Gastgeber besucht.

Ihre Mutter leistete den größten Teil der Arbeit. Sie nähte aus gebrauchten Kleidungsstücken neue für die Kinder und sorgte dafür, dass es zu keinen Unstimmigkeiten mit den Nachbarn kam.

Mit der Mitbewohnerin der zweiten Unterkunft verstand sich die Familie weniger gut, aber dafür hatten sie einen alten Herd in ihrem Zimmer und konnten kochen, so dass sie sich nicht die Küche teilen mussten.

Bei der Firma Wolf und Sohn bekam Frau W. eine Arbeit und ist heute noch dankbar, dass sie nach kurzer Zeit bereits Weihnachtsgeld erhielt. Obwohl die Arbeit schwer und im Akkord war, fühlte sie sich dort sehr wohl und lobte die Atmosphäre. Gleichzeitig betont sie, dass die Vertriebenen gerne eingestellt wurden, da sie fleißig waren.

Zwar hatte Frau W. mit ihrer Familie die Vertreibung überlebt und war in Karlsruhe angekommen, doch das Heimweh quälte sie sehr lange, ließ sie nach eigenen Aussagen nachts oft nicht schlafen und immer wieder hoffen, wenn Gerüchte kursierten, dass sie doch wieder „heim" könnten. Weil sie sich im zerstörten Karlsruhe so unwohl fühlte und dort nie leben wollte, hoffte sie lange, wieder ins Sudetenland zurückkehren zu können, bis sie begriff, dass das wohl nie mehr geschehen würde.

Frau W. fühlte sich fremd, weil sie von den Karlsruhern angestarrt wurde, als sie, wie in ihrer alten Heimat üblich, den Korb auf ihrem Rücken festgebunden hatte und so zum Markt ging. Für die Einheimischen war dies ein ungewohnter Anblick und für Frau W. war es unangenehm, weil sie angestarrt wurde.

Letztendlich hatte sie, wie alle Flüchtlinge und Vertriebene, den Umstand akzeptiert, dass die alte Heimat endgültig verloren war und dass sie sich in der neuen Heimat einleben musste, was ihr gut gelang.

Frau R. aus Gablonz im heutigen Tschechien

Frau R. kommt aus Gablonz, im heutigen Tschechien. Sie und ihre Familie wurden zusammen mit anderen im Herbst 1948 vertrieben. Im Durchgangslager Augsburg ging sie drei Wochen zur Schule bevor sie Ende November 1948 mit dem Zug nach Karlsruhe kam, ebenfalls mit mehreren anderen Familien aus ihrem Heimatort. Wie viele Vertriebenenfamilien fanden sie zunächst Unterkunft in der Artilleriekaserne in der Moltkestraßen, wo sie ihr erstes Weihnachtsfest in der Fremde verbrachten. Durch die in dieser Kaserne stationierten amerikanischen Soldaten lernten die Menschen aus den ehemaligen Ostgebieten unbekannte Lebensmittel wie Grapefruit und Vollkornbrot aus der Dose kennen, die ihnen die Amerikaner ab und zu schenkten.

Die Eltern suchten über das Flüchtlingsamt eine Wohnung und wurden – wie so viele – bei Karlsruher Familien einquartiert, die ungern die Neuankömmlinge aufnahmen, hatten sie doch selbst wenig Platz. So erhielt Frau R. und ihre Familie ein Zimmer mit Küchenmitbenutzung in der Südstadt. Durch die unterschiedlichen Gepflogenheiten beim Kochen und Essen war die Situation nicht ganz einfach, wenn sich zwei Frauen die Küche teilen mussten. Vor allem für Frau R.s Mutter war die Situation schwierig und sie hoffte sehr, wie viele ihrer Landsleute, dass sie bald in die alte Heimat zurückkehren dürfte. „ ... meine Mutter hatte immer die Hoffnung, dass wir zurück dürfen, sie hatte so Heimweh, sie hat immer zu meinem Vater gesagt, dass sie in Karlsruhe nicht bleiben möchte, da hier alles flach ist und es kein Gebirge gibt, es zu warm ist und an Weihnachten gab es nicht mal Schnee ...".

Der Vater jedoch hatte sich eher mit der neuen Situation arrangiert und Arbeit gesucht. Er kümmerte sich um eine Wohnung und bedingt durch seine Arbeitsstelle konnte die Familie 1951 in der Neureuter Straße eine Wohnung beziehen. 1953 baute der Vater dann ein Haus.

Frau R. besuchte 1949 zunächst die Uhlandschule in der Südstadt und kam dort in die vierte Klasse, obwohl sie eigentlich hätte bereits auf das Gymnasium gehen sollen. Doch aufgrund der Vertreibung war sie von der Schulbildung her im Rückstand. 1951 ging sie dann auf die Hagsschule, an die sie sehr gute Erinnerungen hat, da sie dort von den Lehrkräften sehr freundlich aufgenommen und gefördert worden war. Sie lobte an der Schule die Möglichkeit zusätzliche Sprachen zu lernen, was sie bis zur 8. Klasse tat. Danach besuchte sie die höhere Handelsschule mit kaufmännischem Schwerpunkt und arbeitete im Anschluss auf der Post. Dort musste sie ab 6 Uhr morgens Briefe sortieren, eine Arbeit, die weit unter ihren Fähigkeiten lag. Deshalb suchte sich nach 9 Monaten eine andere Arbeitsstelle. Bei einem Patentanwalt begann sie als Bürogehilfin, arbeitete sich jedoch so gut ein, dass sie als Patentanwaltsgehilfin ihre Prüfung ablegte und es in den nächsten zwölf Jahren bis zur Bürovorsteherin in der Kanzlei schaffte. Danach arbeitete sie 22 Jahre lang als Sekretärin an der Universität Karlsruhe und fühlte sich sehr wohl.

Lobend erwähnt Frau R. die Unterstützung durch den Pfarrer der Frauenkirche, der von der Caritas Butter brachte und sie in die Kirche einlud. Dort feierte Frau R. ihre Erstkommunion, bei der ihr die Frauen in der Südstadt durch Geldspenden ein Kränzchen, eine Kerze und Stoff für ein Kleid ermöglichten. Aus dem Stoff konnte eine Schneiderin das Kommunionskleid nähen.

Eine Fremdheitserfahrung war für Frau R. unter anderem, dass die Karlsruher wohl an Sonntagen verwundert aus den Fenstern sahen, wie die „Flüchtlinge" Ausflüge unternahmen. Aus ihrer Sicht verstand sie die Karlsruher nicht, die bei schönem Wetter zuhause saßen.

Ihren Mann lernte Frau R. mit 18 Jahren 1957 auf dem „Sudetenball", dem sudetendeutschen Faschingsball, kennen. Nach der Heirat bekam sie zwei Töchter, denen sie beigebracht hatte, bedingt durch die Kriegserlebnisse, kein Essen wegzuwerfen, die Kleidung zunächst zu reparieren und genau zu überlegen, ob wirklich etwas gebraucht wird, bevor sie es kaufen.

Auf die Frage, welchen Zeitabschnitt ihres Lebens sie nicht missen wollte, antwortete sie: „Es gibt keinen, den ich missen wollen würde, alles zu seiner Zeit, alles war wichtig."

Frau K. aus Soltur im ehemaligen Jugoslawien

Frau K. wurde 1934 in Soltur in Jugoslawien geboren und im Herbst 1945 von dort vertrieben, als ihr Vater noch beim Militär und ihre Mutter von den Russen verschleppt worden war. Sie traf ihre Mutter erst vier Jahre später in Karlsruhe wieder.

Zunächst verbrachte Frau K. zwei Jahre in drei verschiedenen Lagern in Jugoslawien, bevor sie 1947 nach Österreich kam. In den Lagern wurde sie sehr krank, aber niemand kümmerte sich um sie. Die Nahrungsmittelversorgung war sehr schlecht; einmal in der Woche erhielt sie ein Stück Brot und in Erinnerung blieben die vielen Tage, an denen sie abends feststellte, dass sie wieder nichts zu essen bekommen hatte. Die Lagerleitung schien einfach vergessen zu haben, die Insassen mit Nahrungsmitteln zu versorgen. Als Folge der schlechten Ernährung, der vollkommen unzureichenden medizinischen Versorgung und der mangelnden Hygiene starben täglich mehrere Menschen, die morgens vor die Türe gelegt wurden, wo ein Wagen sie aufsammelte und zu einem Massengrab brachte.

Von Österreich aus kamen die Flüchtlinge und Vertriebenen mit Armeeautos über München entweder nach Karlsruhe oder nach Stuttgart. In ihren Schilderungen stellt Frau K. fest, dass alle vollkommen verdreckt waren, die Kleider zerrissen und sie große Angst hatte, niemanden aus ihrer Familie oder ihrem Bekanntenkreis zu treffen. Als sie im August 1948 wieder mit ihrer Mutter bei Neureut zusammen kam, musste sie feststellen, wie sehr sie sich entfremdet hatten.

Frau K. machte die unschöne Erfahrung, bei Karlsruhern untergebracht zu werden, die voller Vorurteile gegenüber den Neubürgern waren, die Flüchtlinge ungern bei sich aufnahmen, ihnen misstrauten und Angst vor Diebstählen hatten. Als Kind war ihr das jedoch weniger aufgefallen, da sie ab dem Zeitpunkt ihrer Vertreibung stets die Erfahrung gemacht hatte, nur geduldet zu sein. Sie erzählte, dass eher die Erwachsenen als „faule Flüchtlinge" beschimpft wurden, während die Kinder im Großen und Ganzen in Ruhe gelassen wurden. Für sie als Kind war es wichtig, jeden Tag zu essen zu haben und in Karlsruhe war es ihr immer gut gegangen, da sie jeden Tag Kartoffeln und Brot bekam und nicht mehr hungern musste. Im Nachhinein äußerte sie Verständnis für die Haltung der Bürger, da jeder freie Wohnraum von den Behörden mit Flüchtlingen und Vertriebenen aufgefüllt wurde.

Frau K. ging, im Gegensatz zu vielen älteren Flüchtlingen und Vertriebenen, nicht zu den Heimattreffen, da sie aus der alten Heimat niemanden so richtig kannte, denn sie war mit 10 Jahren vertrieben worden. Sie wollte nicht in die alte Heimat zurück, selbst als sie Gelegenheit dazu hatte. Ihre Verbindung zum Geburtsort war nicht sehr stark, trotz einer Tante, der sie jedoch vorwarf, sie nicht im Lager besucht zu haben, obwohl es ihr erlaubt war.

Im Rückblick auf die Geschehnisse stellt Frau K. mit Verwunderung fest, dass sie doch einiges bereits vergessen hat, dass sie sich aber wundert, wie viel sie mitgemacht und ausgehalten hat. Sie ist zufrieden mit ihrem Leben in Deutschland und froh, dass sie nach dem Krieg hier angekommen ist.

Gastarbeiter und Gastarbeiterinnen

*Eine Frau aus Griechenland,
seit 1966 in Karlsruhe*

Sie kam ohne Sprachkenntnisse mit 22 Jahren nach Deutschland, weil sie ihrem Ehemann gefolgt war, der bereits in Deutschland arbeitete. Zunächst erhielt sie einen Arbeitsvertrag für ein Jahr, der immer wieder verlängert wurde, denn „Es war damals nicht vorgesehen, dass die Ausländer hier bleiben. (...) Wir sollten bleiben, solange es Arbeit gibt und dann wieder gehen." Bei ihrer Arbeitsstelle standen zwei Dolmetscher für die griechischen Frauen zur Verfügung. Dadurch erkannte sie, dass ohne Sprachkenntnisse ein Leben in Deutschland schwierig werden würde und so erlernte sie die deutsche Sprache – ohne Sprachkurs – durch andere Frauen.

Ihre beiden in Deutschland geborenen Kinder hat sie zweisprachig erzogen. Die Kinder gingen am Vormittag in die deutsche und am Nachmittag in die griechische Schule, um in beiden Kulturen leben zu können.

Sie selbst spricht zuhause nur Griechisch und fühlt sich nicht als Deutsche, sondern als Europäerin. Sie besitzt keine deutsche Staatsbürgerschaft, obwohl sie seit 43 Jahren in Deutschland lebt. Sie wählt per Briefwahl in Griechenland. Ihre Kinder fühlen sich eher als Deutsche und ihr Sohn hat eine deutsche Ehefrau.

Mit dem ersparten Geld haben sie und ihr Mann in Griechenland ein Haus bauen können und seit beide in Rente sind, verbringen sie viel Zeit in Griechenland. Doch durch die Kinder und Enkelkinder in Deutschland, möchte sie ihre Wahlheimat Karlsruhe nicht vollständig verlassen, zumal sie sich dort sehr wohl fühlt, auch wenn für sie die ersten drei Jahre in Deutschland sehr schwer und voller Heimweh waren. Sie wollte und konnte sich nicht vorstellen, in Deutschland zu bleiben, denn die Wohnverhältnisse und das Essen sowie die ganze Lebensweise unterschieden sich sehr stark von ihrem Leben in Griechenland. Erst als sie und ihr Mann nach drei Jahren eine größere und komfortablere Wohnung fanden und dank der griechischen Gemeinde, mit ihren zahlreichen Vereinen, und dem Rückhalt durch die vielen griechischen Landsleute begann sie sich schließlich wohl zu fühlen. Des Weiteren erhielten die griechischen Familien große Unterstützung durch die evangelische Kirche, die für die Griechen Weihnachtsfeiern ausrichtete und ihnen ein Gebäude für ihre Treffen zur Verfügung stellte.

Dennoch dauerte es ungefähr zehn Jahre, bis sie nicht mehr jeden Tag an eine Rückkehr nach Griechenland dachte. Dies lag daran, dass die Kinder größer waren, sie keine Probleme mehr mit der deutschen Sprache hatte, wodurch sie den Alltag wie Einkaufen, Arztbesuche etc. besser bewältigen konnte.

Sie lebt in zwei Kulturen und hat inzwischen auch die deutsche Kultur und vor allem die Stadt Karlsruhe, die sie lieben gelernt hat, akzeptiert, da sie eine entscheidende Erfahrung machen konnte, nämlich, respektiert zu werden. Allerdings genießt sie, seit sie in Rente ist, die Freiheit, wann immer sie möchte, nach Griechenland gehen zu können. Rückblickend würde sie den Schritt, in Deutschland zu arbeiten, nicht mehr tun, zu unterschiedlich sind die Lebensweisen und zu sehr hatte sie in den Anfangsjahren gelitten.

Herr und Frau G. aus Kroatien

Als das Ehepaar G. aus Kroatien im Jahr 1969 die massenhafte Auswanderung ihrer Landsleute nach Deutschland beobachtete, bewarben sie sich als Facharbeiter um eine Gastarbeiterstelle. Neben der sich zuspitzenden politischen Lage in Jugoslawien war hauptsächlich der Ausbau ihres Hauses ein Grund dafür, einige Zeit auszuwandern, um Geld zu verdienen. Inzwischen ist der aus Zagreb stammende Herr G. seit nunmehr 40 Jahren in Deutschland, seine Frau, gebürtig in Koprivnica nahe der ungarischen Grenze, folgte ihm 1970.

Frau G. erhielt sofort nach ihrer Ankunft in Karlsruhe eine Arbeitsstelle bei Siemens, wo sie hauptsächlich in der Elektronikmontage tätig war. Im Jahr 2010 wird sie ihr 40-jähriges Firmenjubiläum feiern. Herr G. war die ersten zwei Jahre bei einer jugoslawischen Firma mit Sitz in Zagreb angestellt, welche deutschlandweit Montagearbeiten ausführte. Die längste Zeit seines Berufslebens in Deutschland arbeitete er für eine elektrotechnische Firma in Karlsruhe. Beide sehen sich auch noch heute als Gastarbeiter in Deutschland – trotz der absoluten Integration auf dem deutschen Arbeitsmarkt und des langen Aufenthalts, was ihnen die unbefristete Niederlassungserlaubnis ermöglichte. Den deutschen Pass lehnen sie für sich ab.

Das Ehepaar spricht zum einen vom Zuhause in Kroatien, wo die Verwandtschaft lebt und es ein Haus besitzt, und zum anderen vom Zuhause in Deutschland, wo gearbeitet und gelebt wird. Dabei stellen G.s fest: „Wir führen ein Doppelleben." Auch wenn Frau G. stets Heimweh nach der idyllischen Landschaft und ihrer Familie hatte, wurde die deutsche Kultur schnell angenommen. Sie lobt die deutsche Küche mit den vielfältigen Gemüsebeilagen und Soßen und die deutsche Tugend der Pünktlichkeit. Ihre kroatische Großzügigkeit zeigt sich in Hilfen für die Verwandten in der kroatischen Heimat.

Außer dem Ehepaar lebt jeweils nur ein Geschwisterteil mit Familie in Deutschland. So zogen Herr und Frau G. ihre beiden Kinder ohne verwandtschaftliche Hilfe auf und mussten städtische Einrichtungen zur Kinderbetreuung in Anspruch nehmen. Aus dem anfänglichen Traum Geld zu sparen, wurde deshalb vorerst nichts. Sowohl der Sohn als auch die Tochter besuchten das Gymnasium; außerdem nahmen sie das Angebot vom jugoslawischen Konsulat wahr muttersprachlichen Unterricht zu erhalten und spielten Tamburica in einem großen Kinderorchester.

Das große Steckenpferd der Familie war und ist jedoch der Sport. Er zieht sich wie ein roter Faden durch deren Leben. Das Ehepaar hat sich beim Handball kennen gelernt, der Sohn war im Fußball aktiv, die Tochter machte Leichtathletik. Frau G. nennt Sport „das Fenster zur Welt" und ihr fußballbegeisterter Ehemann fügt hinzu, dass ihre sportlichen Aktivitäten ihnen immer zu vielen Freundschaften verhalfen. Er selbst war 30 Jahre lang Vorsitzender des „Sportklub Zagreb 69" in der Karlsruher Nordweststadt. Frau G. spielte jahrelang in der Damenfußballmannschaft in Neureut; zudem hütete sie in der badischen Auswahl das Tor.

Rückblickend haben G.s eine sehr positive Sicht von der deutschen Gesellschaft. Wenn sie in den vergangenen 40 Jahren im Beruf oder anderweitig Hilfe benötigten, erhielten sie diese stets. In der heutigen Wohngegend kennen sie jeden Nachbarn und sind sich einig: „Wir fühlen uns [hier] zu Hause und angenommen." Dies wird wohl auch hauptsächlich an der offenen und freundlichen Art liegen, die Familie G. zeigt.

Das Ehepaar bereitet sich inzwischen auf seine Zukunft in Kroatien vor; die Rückreise wird angetreten sobald auch Frau G. in Rente ist. Beide freuen sich auf ihr Eigenheim mit Terrasse und schönem Garten in der Nähe von Zagreb sowie das tägliche Zusammensein mit der Verwandtschaft. Bis es soweit ist, genießen sie die Zeit mit ihren beiden erwachsenen Kindern in Karlsruhe. Herr und Frau G. sehen dem Umzug zurück in die kroatische Heimat mit viel Gelassenheit entgegen.

Herr S. aus Kroatien

Herr S. stammt aus der Ortschaft Zadvarje, 40 km südlich von Split/Kroatien. Er ist das jüngste von elf Kindern und in bescheidenen Verhältnissen groß geworden. Bis zur achten Klasse besuchte er die Schule und ging anschließend auf eine Berufsschule in Split. Nach Beendigung der Lehre arbeitete Herr S. einige Monate. Mit ein paar Freunden entschloss er sich dann Jugoslawien zu verlassen. „ [...] dann bin ich aus damalige sehr schlechte politische und ökonomische Verhältnisse mit paar Freunde mit entschlossen, wie das damals so in diese Länder Praxis war, Richtung Westen zu wandern, also illegal zu wandern. Da bin ich nach Italien, also über die Grenze nach Italien geflüchtet, kann man so sagen [...] ".

In Italien erhielt er politisches Asyl und lebte etwas mehr als zwei Jahre in verschiedenen Flüchtlingslagern. Er lernte dabei auch die italienische Sprache und konnte dort arbeiten. Seine ursprünglichen Pläne weiter nach Australien auszuwandern, musste er wegen der Ablehnung der australischen Einwanderungsbehörde ändern. Er unterstützte aber viele seiner Freunde finanziell, die nach Australien, Kanada oder die USA weiter wanderten. Im November 1961 kam Herr S. schließlich nach Deutschland. Dies wurde ihm durch einen katholischen Priester ermöglicht, der ihm einen sicheren Arbeitsplatz und eine Unterkunft organisierte.

Zunächst lebte Herr S. in der Nähe von Wuppertal in einem Wohnheim und arbeitete in einer Metall verarbeitenden Firma. Aus finanziellen Gründen entschied er sich auf Montage zu gehen und arbeitet bei der Firma Babcock & Wilcox bis 1966. Die wirtschaftliche Krise veranlasste ihn nach Süddeutschland zu gehen, wo er bei der Firma Mannesmann ebenfalls als Monteur arbeitete. 1977 machte er sich dann als Gastwirt in Birkenfeld bei Pforzheim selbstständig. Nach drei Jahren entschied er sich, eine eigene Gaststätte zu kaufen. Durch Zufall fand er einen geeigneten Betrieb in Stutensee-Büchig, wo er und seine zweite Ehefrau heute ein Restaurant betreiben.

Er ist der einzige seiner Familie, der im Ausland lebt. Den Kontakt zur Verwandtschaft hielt er die ganze Zeit hindurch. Erst 1991 konnte er nach dreißig Jahren zum ersten Mal wieder nach Kroatien reisen. Seitdem besucht er sein Heimatland regelmäßig und besitzt dort eine Wohnung.

In Deutschland fühlte er sich immer gut angenommen. Die deutsche Sprache hat er schnell gelernt. Da er gut auf Menschen zugehen kann, lernte er immer viele Leute kennen und fand schnell Freunde. Die meisten seiner Freunde heute sind Deutsche, aber er hat auch Freunde aus der ganzen Welt. Herr S. nimmt gerne am kulturellen Leben in Karlsruhe teil. Er engagiert sich seit 1991 in der Deutsch-Kroatischen Gemeinschaft, die er mitbegründet hat. Außerdem war er 1983 Mitgründer der Freizeitradler Büchig. Durch diese Vereinsaktivitäten knüpfte er viele Kontakte.

Er besitzt die kroatische Staatsbürgerschaft. Hätten sich die politischen Verhältnisse in Jugoslawien nicht geändert, hätte er darüber nachgedacht, die deutsche Staatsbürgerschaft zu beantragen. Er sieht sich selbst als Europäer und würde sich die Möglichkeit einer europäischen Staatsbürgerschaft wünschen.

Herr S. hat den größten Teil seines Lebens im Ausland verbracht und lebt bereits seit fast 50 Jahren in Deutschland. Er sagt von sich selbst, dass er eigentlich überall zu Hause ist, wo er sich wohlfühlt.

Herr T. aus der Türkei

Herr T. stammt aus Istanbul in der Türkei. Bevor er nach Deutschland kam, absolvierte er in der Türkei den Militärdienst und arbeitete als Angestellter.

Viel versprechende Annoncen in den Zeitungen sowie der Ruf Deutschlands, dort durch Arbeit in kurzer Zeit reich zu werden, bewogen ihn dazu, 1965 nach Deutschland zu gehen. „Seitdem bin ich noch nicht reich, aber ich bin immer noch da." Herr T. arbeitete bei Siemens bis zu seiner Pensionierung. Die Firma war der Grund, warum er nach Karlsruhe gekommen war, denn die zuständige Filiale des deutschen Arbeitsamtes in der Türkei nahm seine Bewerbung an und teilte ihm nach der ärztlichen Untersuchung mit, dass er nach Karlsruhe kommen würde. Die Amtsstelle erledigte die Formalitäten für ihn und er holte sich die Durchreiseerlaubnis über die Konsulate derjenigen Länder, durch die er mit dem Zug fuhr, da Fliegen 1965 viel zu teuer war. Von Siemens erhielt er eine Zugfahrkarte zugesandt und kam nach 4 bis 5 Tagen in Deutschland an.

Herr T. hatte sich zusammen mit seiner Frau beworben, doch ihr Vertrag kam früher und so reisten sie zu unterschiedlichen Zeiten in das unbekannte Land. Deshalb mussten sie für die ersten Monate getrennt leben, in den jeweiligen Frauen- bzw. Männerwohnheimen bei Siemens. Erst Ende 1965 erhielten sie die erste gemeinsame Wohnung, die sie selbst unter Schwierigkeiten suchen mussten, da viele Vermieter ihre Wohnungen ungern an die so genannten Gastarbeiter vergeben wollten. Die ersten fünf Jahre lebte das Ehepaar mit den in dieser Zeit geborenen Kindern als Untermieter in einem einzigen Zimmer, was ein hohes Maß an Organisation erforderte, um das Leben etwas erträglich zu gestalten. Im Jahr 1970 zog die Familie in eine Drei-Zimmer-Wohnung um und nach der Geburt des dritten Kindes in eine Vier-Zimmer-Wohnung.

An eine Hilfe durch Behörden oder die Firma kann sich Herr T. nicht erinnern. Er konnte ein paar Worte Deutsch und etwas Spanisch, das er von jüdischen Mitschülern in der Türkei erlernt hatte. Durch seine Sprachkenntnisse konnte er für andere Einwanderer Übersetzungsdienste leisten. Was er und seine Familie erreicht haben, geht alleine auf ihre Initiative und ihr Engagement zurück. Herr T. betont die Notwendigkeit, die deutsche Sprache zu beherrschen, um etwas zu erreichen, weshalb er zeitweise noch einen Sprachkurs besuchte.

Den Wunsch, zurück in die Türkei zu gehen, stellte das Ehepaar nach der Geburt der Kinder zurück, denn sie wollten ihre Kinder nach Schuleintritt nicht mehr aus dem Schulsystem herauslösen und in ein anderes eingliedern. Für Herrn T. war mit dieser Entscheidung das Kapitel „Rückkehr" abgeschlossen.

Kontakt zu deutschen Nachbarn bekam die Familie erst mit der eigenen Wohnung, also in den 70er Jahren, aber seitdem sind im Freundeskreis auch Deutsche.

Seine Beziehung zu den beiden Ländern beschreibt Herr T. so, dass er nach 44 Jahren nicht mehr in die Türkei zurückgehen möchte, auch wenn er immer den Urlaub dort verbringt. Seine eigenen familiären Wurzeln sind noch dort, durch seine Eltern, seine Geschwister und seine Verwandten. Da seine Kinder aber in Deutschland geboren sind und seine Enkelkinder ebenfalls hier leben, hat er neue Wurzeln in Deutschland bekommen und „der Baum fängt an hier groß zu werden."

Inzwischen hat er sich an Deutschland gewöhnt und vor ca. 10 Jahren die deutsche Staatsbürgerschaft angenommen, weil er das Wahlrecht wollte und weil er festgestellt hatte, dass EU-Bürger an den Grenzen besser behandelt werden als Nicht-EU-Bürger.

Seine Kinder wuchsen zweisprachig auf, sie sprechen Türkisch, aber ihre Muttersprache ist Deutsch, denn die Familie lebt in Deutschland.

Frau G. aus Griechenland

Frau G. stammt aus Griechenland, aus Sparta auf der Peloponnes. Dort besuchte sie die Grundschule bevor sie mit ihren Eltern im Alter von 11 Jahren nach Athen zog. Das Gymnasium schloss sie mit dem Abitur ab und absolvierte eine kaufmännische Ausbildung in Athen bei einer Aktiengesellschaft, bei der sie bis zum Alter von 23 Jahren arbeitete.

Nach Deutschland kam sie aus Abenteuerlust, denn sie wollte mit einer Freundin die große weite Welt erleben, wobei sie Amerika ausklammerte, da dort viele Verwandte von ihr lebten und ihr Amerika nicht gefallen hatte. Die Wahl fiel schließlich auf Deutschland, denn das Land war nicht so weit entfernt und sie hätte im Notfall wieder zurückgehen können. Frau G. kam schließlich alleine nach Deutschland, da sich ihre Freundin in einen Griechen verliebt hatte und in Griechenland blieb.

Trotz der Abenteuerlust hatte sie gut geplant, denn sie wusste, dass sie in Deutschland Arbeit finden würde, weil sie bereits in Griechenland einen Vertrag mit einem Arbeitgeber (Siemens) abschließen konnte, in dem sie sich verpflichtete, mindestens ein Jahr für die Firma zu arbeiten.

In Deutschland angekommen stellte sie fest, dass sie ihre Abneigung Deutsch zu lernen überwinden musste, da sie sich sonst hätte nicht verständigen können, denn ihre Englischkenntnisse nutzten ihr in den 1970er Jahren wenig. Deshalb lernte sie ab Oktober 1971 an der Berlitz Schule in Karlsruhe Deutsch, obwohl sie in Bruchsal wohnte und dort bei Siemens arbeitete. Frau G. verdiente im Monat 300 DM und gab davon 100 DM für ihren Sprachkurs aus.

Darüber hinaus qualifizierte sie sich für Datenverarbeitung an einer Abendschule und am Wochenende. 1974 zog sie schließlich nach

Karlsruhe in eine Wohnung zusammen mit dreizehn weiteren Frauen, die sich auf drei Zimmer aufteilten und gemeinsam Küche-, Bad- und Toiletten benutzten. Frau G. spricht von ihrem Glück, nach einem Jahr im Sechs-Bett-Zimmer in ein Zweier-Zimmer wechseln zu können und die Küche, das Bad sowie die Toilette nur noch mit sechs Frauen teilen zu müssen.

In Deutschland begegnete Frau G. zum ersten Mal Frauen aus Nordgriechenland, die für sie aus einer anderen Welt kamen, die sie jetzt erst kennen lernte. Für Frau G. sind Südgriechen und Nordgriechen sehr unterschiedlich.

Die Frauen halfen einander in der Bewältigung des Alltags, denn der Dolmetscher bei Siemens war ausschließlich für die Arbeitsbelange zuständig, aber nicht für das tägliche Leben. Von städtischer Seite gab es keine Unterstützung und so waren die Gastarbeiterinnen auf sich gestellt. Sie suchten nun eben Hilfe bei Landsleuten, die schon länger in Karlsruhe wohnten und ihnen Informationen geben konnten, bis sie selbst die deutsche Sprache beherrschten.

Heute lebt Frau G. immer noch in Karlsruhe, inzwischen in einer Drei-Zimmer-Wohnung und hat viele deutsche wie ausländische Freundinnen und Freunde. Sie schätzt an der Stadt das viele Grün, die gute Infrastruktur und die öffentlichen Verkehrsmittel. Ihr Plan, nach der Pensionierung ein halbes Jahr in Griechenland und ein halbes Jahr in Deutschland zu verbringen scheiterte daran, dass sie feststellen musste, dass Deutschland ihre Heimat geworden war und vieles ihr in Griechenland nicht mehr gefällt. Sie hat sich nach eigenen Aussagen an Deutschland gewöhnt, auch wenn sie immer noch manchmal zu spüren bekommt, dass sie „Ausländerin" ist. Doch sie lässt sich nicht entmutigen, engagiert sich politisch und reagiert gelassen, auf böse Briefe, wenn sie in der BNN einen Leserbrief veröffentlicht hat.

Ihren Kontakt zu den Deutschen fand sie über ihr Engagement in der griechischen Gemeinde. Als zeitweise Vorsitzende der griechischen Gemeinde, Mitglied der Arbeitsgemeinschaft für Ausländer und ab 1987 im Ausländerbeirat bekam sie intensiven Kontakt zu den städtischen Behörden und anderen Gremien. Die Mitgliedschaft im Ausländerbeirat hielt sie auch davon ab, die deutsche Staatsbürgerschaft zu beantragen. Sie sieht ihre politische Mitwirkung bei den Kommunalwahlen, den Bürgerentscheiden sowie den Europawahlen und findet es als EU-Bürgerin nicht so gravierend, nicht an Landtags- und Bundestagswahlen teilnehmen zu können.

Herr I. aus Sizilien

Herr I. stammt aus einer ländlichen Gegend in Sizilien. Als Jugendlicher im Alter von 13 Jahren erlebte er, wie sein Vater von zuhause wegging, um in Deutschland zu arbeiten. Die Mutter blieb mit ihm und seinen drei Schwestern in Sizilien zurück und er sah seinen Vater nur einmal im Jahr. Vier Jahre später entschieden seine Eltern, dass er seinem Vater folgen und Geld für die Familie verdienen sollte. So kam er im Juni 1966 im Alter von 17 Jahren nach Karlsruhe. Aus heutiger Sicht sieht er diese Auswanderung als Notwendigkeit aufgrund mangelnder Zukunftsperspektiven, so dass die Entscheidung nicht freiwillig war.

In Deutschland mit dem Zug angekommen, fielen ihm zuerst die Spitzdächer auf, die er aus Sizilien nicht kannte. Zu seinen ersten Eindrücken zählten auch Werbeslogans wie „Seid schlau, kommt zum Bau!". Anfangs arbeitete er in der gleichen Fabrik wie sein Vater und bewohnte mit 13 anderen Gastarbeitern unterschiedlicher Nationalität eine 3-Zimmer Wohnung. Die Wohnheime und Unterkünfte für Gastarbeiter wurden von der Firma vermietet und es kam häufig zu Konflikten zwischen den Bewohnern beispielsweise als Folge der unterschiedlichen Arbeitszeiten. In diesem Zusammenhang schildert Herr I. seine damaligen Lebensverhältnisse folgendermaßen: „Der Alltag wurde von Arbeit bestimmt. Eine 12 Stunden Schicht in der Fabrik war keine Seltenheit. Dazu kamen die Haushaltspflichten und die Gestaltung der Wohnsituation." Des Weiteren erzählt er von Gefühlen der Einsamkeit und dem Verlust menschlicher Nähe und Zuneigung, die durch die räumliche Trennung zur Familie zustande kamen. Unter diesem Aspekt, kann „Migration auch viel kaputt machen" und eine Last sein. Seine Mutter kam 1969 zu Besuch nach Deutschland. Als sie die Wohn- und Lebensverhältnisse von Mann und Sohn sah, sagte sie: „Ich lasse euch hier nicht mehr alleine." Die Entscheidung in Deutschland zu bleiben war ein schwerer Schritt, da sie ihre drei Töchter vorerst in Sizilien zurücklassen musste.

Was die Sprache betrifft, konnte Herr I. bei seiner Ankunft in Karlsruhe, nach eigenen Angaben, kein Deutsch. In diesem Zusammenhang ist es ihm wichtig, das Bild dieses 17-jährigen jungen Mannes vor Augen zu führen, dem die Sprache eine Möglichkeit zur Kontaktaufnahme Gleichaltriger gegeben hätte. Eben noch in Sizilien von vielen Freunden umgeben, musste er mit dem Alleinsein zurechtkommen. Um sich in der neuen Umgebung zurechtzufinden, brachte er sich die deutsche Sprache selbst bei. Auch heute noch liest er gerne Bücher und setzt sich in seiner eigenen Familie sowohl für die Pflege der Muttersprache als auch für eine gute Aussprache des Deutschen ein, denn „der Weg aus der Isolation kann nur die Sprache sein".

Herr I. fing in der Firma als Hilfsarbeiter an, bekam jedoch, als ein Kollege in Rente ging, aufgrund seines Engagements, eine Gelegenheit zum beruflichen Aufstieg. Mit der Verbesserung seiner Sprachkenntnisse stieg das Gefühl der Integration. Trotzdem ließ ihn die Sehnsucht nach Sizilien nie los, obwohl er seine Auswanderung als eine Art „Flucht aus Hungersnot" bezeichnet. Seine Ehefrau, die ebenfalls aus Sizilien stammte, hatte er in Deutschland kennen gelernt.

Im Jahre 1981 wurde das Werk, in dem Herr I. jahrelang gearbeitet hatte, geschlossen. Dies war ein tief greifendes und erschütterndes Ereignis in seinem Leben. Damals begann er, Gedichte auch in deutscher Sprache zu verfassen, zu unterschiedlichen Themen und aus verschiedenen Anlässen, meist um seelische Zustände zu überwinden und sich selbst zu finden. Beispielsweise hat er die Werkschließung in Gedichtform dargestellt. Dazu unterstellte ihm der Werksleiter, dass er die Gedichte, aufgrund von Begriffen wie „Schwanengesang" nicht selbst geschrieben hätte, was ihn sehr verärgerte. Nach der Werksschließung erhielt er Arbeitsangebote aus Heilbronn und Stuttgart, doch er wollte seiner Familie den Umzug ersparen, vor allem um das soziale Umfeld in Karlsruhe zu erhalten.

Über die Jahre hinweg pflegt Herr I. mehr Freundschaften mit Italienern als mit Deutschen. Dies hing seiner Ansicht nach mit der Nichtakzeptanz einzelner Deutscher und der Angst einiger Deutscher um ihre Arbeitsplätze zusammen. Außerdem erzählte er von diversen Schlägereien in Diskotheken und rassenfeindlichen Schimpfworten in Zusammenhang mit der Problematik „Ausländer sein".

Er führt viele Missverständnisse auf die Sprachprobleme zurück, denn es gibt zum Beispiel Begriffe, die in beiden Sprachen unterschiedliche oder sogar gegensätzliche Bedeutungen haben.

Unter seinen Landsleuten fühlt er sich geborgen, hat aber auch deutsche Freunde und zwei seiner Schwestern sind mit deutschen Männern verheiratet.

Seine Zukunft sieht Herr I. in Deutschland, da er hier heimisch geworden ist und sich sein Heimatdorf aufgrund der Migration verändert hat. Ursprünglich hatte er, wie viele andere, die Vorstellung gehabt, dass er für zwei bis drei Jahre in Deutschland arbeiten würde, um Geld für die Familie zu verdienen und anschließend nach Sizilien zurückzukehren. Wegen veränderter Perspektiven ist er mit seiner Ehefrau und seinen Kindern dann aber in Karlsruhe geblieben, bedingt durch die Entscheidung, seinen Kindern eine bessere Zukunft zu ermöglichen.

Beim Flug nach Sizilien zur Beerdigung des Vaters beschreibt er die gegensätzliche Landschaften der beiden Länder im Januar mit folgenden Worten: „Innerhalb von 3 Stunden kamen wir von der Hölle in das Paradies." Unter Hölle verstand er die Natur im Winter, die kahlen Bäume und das nass-kalte Wetter in Karlsruhe. Mit Paradies hingegen meinte er die blühenden Orangenbäume und das warme Wetter in seiner Heimat.

Er erklärte, dass eine Entfremdung mit ihm stattgefunden hatte: er fühle sich nicht mehr als Italiener, wird aber auch nie Deutscher sein. Herr I. selbst sieht sich nach den 40 Jahren, in denen er jetzt hier lebt, als „Adoptiv – Karlsruher" und fühlt sich hier zu Hause. Er hat für sich eine neue Definition von Heimat gefunden, die seine Arbeit, seine Freunde, seine Familie und sein soziales Umfeld einbezieht. Dies alles befindet sich heutzutage größtenteils in Karlsruhe. Dennoch pflegt er Kontakte nach Sizilien. Ab und zu besucht er mit seiner Ehefrau Verwandte, allerdings sind diese Urlaube seltener geworden, seit seine Eltern verstorben sind, da er seitdem keine Wurzeln mehr in Sizilien sieht. Seine Kinder sehen Deutschland als ihre Heimat an und haben keinen Bezug zu Sizilien. Sie kennen, wie viele ihrer deutschen Freunde, Sizilien nur aus dem Urlaub. Im Gegensatz dazu verfolgt Herr I. die politischen Ereignisse in Sizilien und nimmt regelmäßig an den Briefwahlen teil. Zudem achtet er sehr auf die Pflege seiner Sprache und genießt zuhause überwiegend italienisches Essen.

Da er selbst die Disziplin hatte, die deutsche Sprache zu lernen, legte er von Anfang an Wert darauf, beide Sprachen zu behalten und eine Vermischung zu vermeiden. Diese Haltung übertrug er auf seine Kinder und Enkelkinder, denn die eigene Sprache ist wichtig, um Identität, Abstammung und Tradition zu erhalten.

Für Herrn I. kommt nicht in Frage hier wegzuziehen, denn seine Familie lebt nun mit der vierten Generation in Deutschland und er will seine „Juwelen von Enkelkindern" aufwachsen sehen. Zudem möchte er seinen Nachkommen die Erfahrungen, die er als Jugendlicher machen musste, ersparen.

Frau J. aus Mazedonien

Frau J. ist in einer kleineren Stadt in Mazedonien aufgewachsen. Dort leben heute noch ihre Eltern, sowie weitere Verwandte und Bekannte. Sie kam 1991 im Alter von 24 Jahren zunächst alleine nach Deutschland. Dazu musste sie, frisch verheiratet, für etwa ein Jahr von ihrem Ehemann und ihrer kleinen Tochter (10 Monate alt) getrennt leben. Für ihre Entscheidung, nach Deutschland zu gehen, nahm sie dennoch diese schmerzvolle Phase in Kauf. Bei ihr standen anfangs weniger Integrationsprobleme als vielmehr ihre eigenen privaten und persönlichen Sorgen im Vordergrund. Schon lange bevor sie die Idee zur Auswanderung hatte, wuchs, unterstützt durch die Werbung der Medien und der Hoffnung auf ein besseres Leben, ihre Neugierde heran. Motiviert wurde sie zudem durch ihre Sehnsucht nach etwas Neuem, ihrem Entdeckergeist und ihrer Abenteuerlust. Ihre Leidenschaft zum

Reisen erweckte in ihr den Reiz in westliche Länder zu gehen.

Deshalb suchte sie immer wieder nach Möglichkeiten, ihren Traum zu verwirklichen. Die Chancen dazu waren jedoch gering. 1991 hörte sie von der Aktion des Frankfurter Arbeitsamtes „Schwestern nach Deutschland". Als gelernte Krankenschwester sah sie ihre Möglichkeit gekommen. Auch wenn ihre Angehörigen davon zunächst wenig begeistert waren, ließ sie sich die Idee nicht ausreden und bewarb sich um die Stelle. Ihre Gründe waren die für sie wichtigen Bedingungen, die im Arbeitsvertrag versprochen und tatsächlich erfüllt wurden: eine Wohnung, eine Arbeitsstelle, sowie ein sicheres Einkommen von Anfang an.

In Deutschland angekommen war ihr erster Eindruck: „ich war verloren". Sie merkte schnell, dass sie es sowohl im Beruf als auch im Alltag ohne Sprachkenntnisse sehr schwer haben würde. Daher brachte sie sich die deutsche Sprache selbst bei. Zusammen mit einer mazedonischen Freundin, die sie 1991 im Zug auf dem Weg nach Deutschland kennen gelernt hatte und die ebenfalls mit einem Arbeitsvertrag vermittelt worden war, lernte sie mittels unterschiedlicher Zeitungen und Zeitschriften die Sprache. Ihre Bemühungen wurden mit beruflichen Erfolgen belohnt. Heute kann Frau J. sich problemlos in der deutschen Sprache verständigen.

Nach der anfänglichen familiären Trennungsphase, gelang es ihrem Ehemann zusammen mit der kleinen Tochter etwa ein Jahr später nachzukommen. Allerdings gab es zunächst einige Hindernisse, bevor er in Deutschland arbeiten durfte.

In den ersten Jahren begegneten sie immer wieder neugierigen Nachbarn und Ortsbewohnern, die sich dafür interessierten, woher sie kamen und was sie hier machen. Frau J. empfand diese Begegnungen aber keinesfalls als störend oder belästigend, da sie durchaus Verständnis dafür hatte und diese Neugierde nachvollziehen konnte. Sie fühlte sich in ihrer Zeit in Deutschland nie als Ausländerin und machte keine schlechten Erfahrungen. Sie ist der Meinung, dass man sich anpassen sollte, indem man etwa auf der Straße deutsch spricht, um auf die Unsicherheit der Mitmenschen zu reagieren. Dies war in ihrem Fall wohl umso wichtiger und hilfreicher, da sie in einem kleinen Dorf lebt und nicht in einem anonymen Stadtgebiet.

In Bezug auf ihre Heimat zeigt sie „gemischte Gefühle", denn je mehr sie die Sprache erlernt hatte, desto wohler fühlte sie sich hier. Aber selbst nach den 18 Jahren gibt es Momente, in denen sie zurückgehen möchte. Ihre Zukunft sieht sie in dem Ort, in dem sie lebt, zum einen wegen der Nähe zu ihrem Arbeitsplatz und zum anderen aus familiären Gründen, wie beispielsweise dem Freundeskreis der Tochter. Nach eigenen Angaben bezeichnet sie sich in Deutschland als integriert, in dem Dorf, indem sie wohnt, jedoch als nicht integriert. Als Gründe nennt sie u. a. die Altersstruktur, denn es leben zu viele ältere Menschen in der Nachbarschaft und sie würde persönlich eine Großstadt der ländlichen Umgebung vorziehen.

Kontakte zu ihrem Herkunftsland hält sie regelmäßig: Ihre Eltern und viele ihrer Schulfreunde leben dort. Zwei bis dreimal im Jahr verbringt sie mit ihrer Familie die Urlaubstage in Mazedonien, ansonsten nutzt sie moderne Kommunikationsmittel wie das Internet. Die Verbindung mit der Heimat sei heutzutage kein Problem mehr, meint sie; die 1670 km Entfernung seien, dank billiger Flüge, kein Hindernis, um bei jeder wichtigen Gelegenheit dort sein zu können.

Ihre Tochter ist zweisprachig aufgewachsen und beherrscht beide Sprachen fließend. Regelmäßig informiert sich Frau J. über aktuelle Nachrichten aus Mazedonien im Internet. Ansonsten nutzt sie ausschließlich deutsches Fernsehen und liest deutsche Zeitungen. Das Essen in ihrer Familie würde sie als „multikulti" beschreiben. Feste und Traditionen überwiegen aus ihrer Heimat. Beispielsweise feiert die Familie im Landkreis Karlsruhe Weihnachten erst am 6. Januar, gemäß der orthodoxen Tradition. Dies hat Frau J. auch an ihre Tochter weitergegeben. Frau J. kann sich vorstellen, die deutsche Staatsbürgerschaft anzunehmen, da ihr damit Reisen in andere Länder erleichtert würden.

Aufgrund ihres sicheren Einkommens, der Arbeitsstelle und der Wohnung benötigte sie keine weiteren Hilfen zur Integration. Man könnte ihre Migrationserfahrungen somit als Erfolgsgeschichte sehen. Bis heute hat sie den gleichen Arbeitsplatz und die finanzielle Sicherheit, wie es ihr damals in dem Arbeitsvertrag versprochen wurde.

Herr B. aus Norditalien

Herr B. ist 1946 in der Stadt Udine im Norden Italiens geboren und aufgewachsen. Nach seinem Studium verließ er seinen Geburtsort, um einige Jahre bei der Luftwaffe in Rom und Süditalien zu dienen. Anschließend fand er in einer italienischen Fluggesellschaft eine Anstellung als Flugzeugbauingenieur mit Lehrauftrag. Dort lernte er seine Frau kennen, die Deutsche war, aber fließend Italienisch sprach, da sie in Italien lebte. Sie heirateten in Udine und ließen sich dort nieder, in der Hoffnung eine Arbeitsstelle zu finden. Doch aufgrund der schwierigen Lage auf dem Arbeitsmarkt in Italien, fanden sie nichts Geeignetes und wagten deshalb „die Flucht nach vorne bzw. nach Deutschland". Die Entscheidung fiel auf Karlsruhe, da die Eltern seiner Frau hier wohnten und ihnen ihre Wohnung zur Verfügung stellten, weil sie vorübergehend an einem anderen Ort beruflich tätig waren. Seine Frau fand in Karlsruhe gleich eine Arbeitsstelle und sein Verfahren der Einwanderung lief ohne Schwierigkeiten ab, was, laut Herrn B., an seinem privilegierten Status als „EU-Ausländer" und als Ehemann einer deutschen Frau lag. In der Anfangzeit beschäftige er sich mit dem Erlernen der deutschen Sprache, da er erkannte, dass eine qualifizierte Beschäftigung nur mit ausreichenden Deutschkenntnissen möglich sein würde. Allerdings dauerte die Arbeitssuche, denn einerseits bekam er keine qualifizierte Arbeit, wegen der unzureichenden Sprachkenntnisse, andererseits – in der Annahme dass seine Beschäftigung nicht von Dauer gewesen wäre – wollte ihm niemand eine einfache Arbeit anbieten. Diese Zeit beschreibt er als „Alptraum". Trotz diesen anfänglichen Schwierigkeiten lebte sich Herr B. in Deutschland im Allgemeinen und in Durlach im Besonderen gut ein. Er hat viele deutsche Bekannte, er ist Mitglied der SPD, der Gewerkschaft IGM und des Betriebsrates seiner Firma.

Kontakte zu seinen Landsleuten sind eher die Ausnahme und haben sich erst in den letzten Jahren ergeben, beispielsweise durch seine Tätigkeit als stellvertretender Vorsitzender der Democratici di Sinistra (italienische Linksdemokraten) in Deutschland. Er bemängelt die geringe Partizipation seiner Landsleute. Dies erlebte Herr B. ganz stark sowohl in italienischen als auch in deutsch-italienischen Vereinen. Er fand dort keine Gleichgesinnten, mit denen er über die derzeitige politische Lage in Italien oder in Deutschland und deren Entwicklungen diskutieren konnte, was für ihn aber ein unverzichtbarer Bestandteil des Lebens in einer Gesellschaft darstellt. Seiner Meinung nach „verstehen die Menschen nicht, dass Partizipation bei Diskussionen anfängt, auch wenn man selbst kein Wahlrecht hat." Er selbst war schon immer politisch interessiert, hat sich aber erst in Deutschland aktiv engagiert. Von 1987 – 1992 saß er beispielsweise im Ausländerbeirat. Sein Ziel sah er hauptsächlich darin „eine Brücke zu bauen zwischen Deutschen und Ausländern". Er war zwar als Vertreter für die Italiener eingesetzt, da die Wahl nach Nationalitäten geordnet war, sah sich selbst aber in einer Brückenfunktion aller Nationen und hat den Dialog mit allen gesucht. Er wollte einen „gemeinsamen Nenner" für das Zusammenleben aller Nationen hier in Karlsruhe finden. Trotz großem Enthusiasmus konnte er nicht viele seiner Ziele umsetzen. Für ihn war dies eine große Enttäuschung, wobei er aber zugibt, dass die damaligen Vorstellungen der Ausländerbeiräte mit großer Naivität verbunden waren, da ihre Möglichkeiten durch die Gemeindeordnung schon von vorne herein stark begrenzt waren. Das Hauptproblem sieht er aber in der geringen Unterstützung der Migranten, weil sich diese mehrheitlich immer noch als „vorübergehende" Bürger dieses Landes empfinden und eigentlich mit dem eigenen Leben beschäftigt sind. Trotz einiger Rückschläge hat er nicht aufgegeben, sondern engagiert sich weiterhin in der Politik. Mittlerweile lebt Herr B. seit 33 Jahren in Deutschland und findet den damaligen Entschluss zur Auswanderung richtig. Seine „deutsche Biografie" möchte er nicht mehr missen, seine italienische aber auch nicht verlieren. Er ist sowohl familiär, kulturell, als auch politisch mit seiner Heimat verbunden. So wohnen einige Familienmitglieder und Freunde in Italien, sein Sohn ist zweisprachig aufgewachsen und er nimmt sein Wahlrecht in Italien wahr. Im Alltag liest er regelmäßig Zeitungen aus seiner Heimat.

Gedanken an sein Heimatland sind mit einer großen Sehnsucht verbunden. 1984 wagte er den Schritt als Systemanalytiker in Italien zu arbeiten und dort ein neues Leben aufzubauen. Dieser Versuch scheiterte aber an unterschiedlichen Gegebenheiten, die im Vergleich zu denen in Deutschland schlechter waren. Vor kurzem haben Herr B. und seine Frau den Entschluss gefasst, für immer in Deutschland, wenn auch nicht unbedingt in Karlsruhe, zu bleiben, da „die politische und wirtschaftliche Lage in Italien eine Katastrophe" sei.

Herr S. aus der Türkei

Herr S. gehört der zweiten Generation der Gastarbeiter aus der Türkei an. Sein Vater wurde von einem deutschen Betrieb eingeladen, nachdem sein Bruder ihn als Arbeitskraft empfohlen hatte. Folglich konnte der Vater des Interviewpartners sofort nach seiner Ankunft in Deutschland die Arbeit aufnehmen. Wie Herr S. berichtet, sind die Erinnerungen an die Anfangszeit des Vaters durchweg positiv. Besonders von den Arbeitskollegen und den Dorfbewohnern wurde er sehr freundlich aufgenommen. Dennoch setzte die Trennung von der Familie dem Vater kräftig zu. Im Jahre 1969 bat der Vater den Arbeitgeber, auch seine Frau als Arbeitskraft in den Betrieb einzuladen, um so die Familienzusammenführung voranzutreiben. Nach deren Ankunft arbeitete sie zunächst als Reinigungskraft im Sägewerk, bevor sie kurze Zeit später einen Hilfsarbeiterjob bei der Firma Bardisch in Ettlingen erhielt.

Herr S. und seine drei Geschwister blieben ohne Eltern in der Türkei zurück. Die Großmutter nahm die Kinder bei sich auf und kümmerte sich um sie. Der Kontakt zu den Eltern beschränkte sich auf Briefe, die zweimal im Monat vom neuen Leben in Deutschland berichteten, sowie den jährlichen Besuch der Eltern zur Urlaubszeit. Auf die Frage, wie der Interviewpartner diese Trennung von den Eltern empfand, erklärte er, dass diese Art von Familientrennung kein Einzelfall im Dorf war und viele Kinder dieses Schicksal mit ihnen teilten.

Als ältester Sohn der Familie hatte er das Privileg im Februar 1972, mit 13 Jahren, den Eltern nach Deutschland folgen zu können, während die Geschwister erst 6 Monate später kamen.

Herr S. hatte in der Türkei bereits die 6. Klasse besucht. Nach seiner Ankunft in Deutschland ging sein Vater mit ihm in die örtliche Schule, ohne zu wissen, dass diese eine Grundschule war. „Der Rektor hat uns einen Vorschlag gemacht, dass ich ein Jahr die Schule besuchen kann und in dieser Zeit die Gelegenheit habe Deutsch zu lernen." So besuchte Herr S. im Alter von 13 Jahren die 4. Klasse. Dieses Entgegenkommen des Rektors bezeichnet der Interviewpartner als „Volltreffer" ohne den sein beruflicher Werdegang in anderen Bahnen verlaufen wäre. Wegen seiner zierlichen körperlichen Statur fiel er neben seinen Mitschülern nicht auf. Seine Anfangszeit beschreibt er als sehr herzlich und angenehm. Nachdem er durch die Unterstützung der Schule sehr schnell Deutsch gelernt hatte, konnte er nach der Grundschulzeit in die Hauptschule nach Ettlingen wechseln. Nach Beendigung des 6. Schuljahres entschied er sich, auf die Berufsschule zu wechseln, welche er mit 17 Jahren beendete. Im Anschluss an seine KFZ- Lehre legte er mit 21 Jahren seine Prüfung zum Kfz-Meister ab und war somit der erste türkische Kfz-Meister in Baden-Württemberg. „Heutzutage finden sie in jeder Berufsgruppe einen Türken, das zeigt, dass die zweite und dritte Generation angekommen ist". Für die damalige Zeit war es eine Besonderheit. Seine Karriere als erster türkischstämmiger KFZ-Meister in Baden-Württemberg wurde aus gesundheitlichen Gründen beendet, weshalb er sich schnell ein neues Standbein als Steuerberater aufbaute. Heute ist er Leiter eines mittelständigen Familienunternehmens in Karlsruhe.

Für seine Eltern stand die Rückkehr in die Türkei nie außer Frage, er dagegen fühlte sich schnell heimisch, denn Karlsruhe ist in seinen Augen eine sehr offene Stadt mit vielen Angeboten und so bezeichnet er Karlsruhe selbstverständlich als seine Heimat. Besonders sympathisch an Karlsruhe findet er die „vielen Angebote" auf kultureller Ebene und „dass die Kulturen hier viele Berührungspunkte haben". Eingeengt gefühlt hatte er sich in Karlsruhe noch nie.

Er bezeichnet sich selbst als einen Menschen beider Kulturen. Seine Musik mit der türkischen Gitarre, die er in seiner Freizeit pflegt, erregt die Aufmerksamkeit vieler deutscher Staatsbürger und er hat so die Möglichkeit, Teile seiner türkischen Kultur weiterzugeben.

Frau S. aus der Türkei

Frau S. stammt aus Denizli, dem Südwesten der Türkei. Die Stadt liegt ca. 350 km von Izmir entfernt und ist bekannt durch die weißen Kalkterrassen, die Teil des Weltkulturerbes der UNESCO sind. Ihre Erinnerungen an die Stadt, in der sie bis zum Ende der ersten Klasse der Grundschule lebte, sind vor allem durch Urlaubserlebnisse geprägt. Jährlich besucht sie ihre dort lebenden Verwandten.

Der Vater von Frau S. gehörte der ersten Generation der Gastarbeiter in Deutschland an. Vor seiner Einreise nach Deutschland 1965 musste der einfache Landwirt einige institutionelle Hürden in der Türkei überwinden. Genaue Vorstellungen vom Leben in Deutschland hatte er nicht. Gemeinsam mit einigen Landsleuten wurde er zunächst in Landau in der Pfalz in eigens für die Gastarbeiter bereitgestellten Wohnbaracken untergebracht. Dort arbeitete er auf dem Bau. Nach etwa einem Jahr fand er schließlich eine Arbeitsstelle in einer Fabrik in Grötzingen im Kreis Karlsruhe, in der er bis zu seiner Rückreise in die Türkei im Jahre 1986 tätig war. Er kam ohne jegliche Deutschkenntnisse in der Pfalz an. Zu Beginn stand den so genannten Gastarbeitern ein Dolmetscher zur Verfügung, der alles Wichtige für sie übersetzte. An seine Anfangszeit in Deutschland erinnert sich der türkische Gastarbeiter gerne zurück, denn seine Erinnerungen sind mit einigen amüsanten Anekdoten verbunden. Das Einkaufen im Supermarkt oder das Bestellen in einem Restaurant gelang am Anfang nur mit Händen und Füßen und mithilfe eines Wörterbuches. „Er bewegte sich zum Beispiel wie eine Biene summend durch den Supermarkt" um den Honig in den Regalen zu finden. Als ulkigstes und einprägsamstes Erlebnis aus der Anfangszeit ihres Vaters berichtet sie von einem Restaurantbesuch: er ging mit einigen Landsleuten in ein deutsches Restaurant, um die Bestellung zu erleichtern hatte er sein Wörterbuch eingepackt. Natürlich war die Aussprache noch sehr schwierig für die Gastarbeiter und so kam es, dass der Türkischstämmige „Hund" anstatt „Huhn" bestellte.

Frau S. kam mit 7 Jahren durch die Familienführung nach Deutschland. Konkrete Gefühle kann sie nicht mehr beschreiben. Traurig erinnert sie sich an die Trennung von der Verwandtschaft, doch sie bezeichnet ihre Erinnerung an das erste Jahr in Deutschland selbst als „sehr positiv". Sie gibt an, dass die deutsche Nachbarschaft hilfsbereit war und sich unter anderem um die Kinder kümmerte. Hierbei handelte es sich um private und familiäre Hilfe, institutionelle Unterstützung stand nach der Einreise nicht zur Verfügung. Sehr einprägsam für sie war, dass ihr jüngerer Bruder ein Jahr nach der gemeinsamen Auswanderung wieder zurück in die Türkei musste, weil ihre Mutter als Hilfsarbeiterin in einer Fabrik arbeitete und somit keine Person zur Betreuung da war. Erst fünf Jahre später kam er wieder zu Eltern und Schwester zurück und besuchte die Schule in Deutschland.

Die Schulkarriere von Frau S. begann wenige Wochen nach ihrer Ankunft in Deutschland Mitte März an der Grötzinger Grundschule. Da das Schuljahr schon fast vorüber war, besuchte sie die erste Klasse zweimal. Sie erinnert sich besonders an den hilfsbereiten Direktor der Grundschule, der sie beim Lernen der deutschen Sprache tatkräftig unterstützte. Der Spracherwerb verlief quasi automatisch durch den Kontakt mit deutschen Klassenkameraden und Klassenkameradinnen und Kindern aus der Nachbarschaft. Sie „hatte eine schöne Kindheit und eine schöne Schulzeit".

Auf die Frage was ihr heute besonders an Karlsruhe gefällt bzw. was die Gründe dafür sind, dass sie hier geblieben ist antwortet sie ohne zu zögern: „Hier fühle ich mich heimisch, hier ist meine Heimat". Schon seit über zehn Jahren besitzen die Interviewpartnerin sowie ihr Mann und ihre beiden Kinder die deutsche Staatsbürgerschaft. Für sie stellt sich die Frage, wieder in die Türkei zurückzukehren, nicht.

Im Gegensatz dazu war für ihre Eltern, Arbeitsmigranten erster Generation, von Anfang an klar, nur auf Zeit in Deutschland zu leben und in ihrem Heimatland, der Türkei, alt zu werden. Die Rückwanderung der Eltern 1986 geschah relativ kurzfristig und frühzeitiger als Frau S. es erwartet hatte. Ihr Vater entschied, alle Brücken in Deutschland abzubrechen und ließ sich seine gesamten Rentenbeiträge auszahlen um den Rest des Lebens im Herkunftsland zu verbringen. Heute bezieht der ehemalige Arbeitsmigrant lediglich Rente von der Türkei. Seither waren die Eltern erst dreimal wieder in Deutschland, vor allem weil sich die Einreise aufwändig gestaltet und sie ein Visum benötigen. Obwohl sie einen großen Teil ihres Lebens in Karlsruhe verbrachten und durch einen gemischten Freundeskreis in die Gesellschaft integriert waren, sehen sie Deutschland nicht als Teil ihrer Heimat an. Frau S. spricht in diesem Zusammenhang an, dass ihre Eltern mit der Intention nach Deutschland gekommen waren, Geld zu verdienen. Durch die Zeit in Deutschland ist der Lebensstandard in der Türkei sichtlich gestiegen: Die Eltern bewohnen ein Haus in ihrem Heimatdorf und pendeln je nach Gefallen zur zusätzlich erworbenen Wohnung in der Stadt. Sie sind sehr glücklich wieder in der Türkei zu leben, bereuen jedoch nach Aussagen der Tochter die Entscheidung nach Deutschland gegangen zu sein nicht. Bis heute, mehr als 20 Jahre nach der Rückkehr, pflegen sie Kontakt zu einer deutschen Familie aus der Nachbarschaft, die schon zu Besuch in der Türkei war.

Asylsuchende

Frau Z. aus dem Iran

Frau Z. stammt aus dem Iran. Sie wuchs in Isfahan, der Kulturhauptstadt des Iran mit ca. 5 Mio. Einwohnern, auf.

Sie floh mit ihren Eltern und ihren drei Geschwistern – zwei älteren Brüdern und einer jüngeren Schwester – während des 1. Golfkrieges zwischen dem Iran und dem Irak (1980–1988). Der Grund lag darin, dass die Familie verhindern wollte, dass der jüngere Bruder zwangsrekrutiert wurde, denn die „Heiligen Truppen" kamen in die Schulen des Landes und nahmen die Jungen auf Viehkarren mit. Die Jungen erhielten eine einwöchige Ausbildung als Soldaten und wurden daraufhin in den Krieg geschickt, quasi als „Kanonenfutter", denn sie mussten die Minenfelder abräumen zum Schutz der nachrückenden Soldaten. Viele Eltern schickten ihre Söhne alleine weg, doch für ihre Eltern stand fest, dass entweder die ganze Familie fliehen oder alle im Iran bleiben sollten, bevor der Bruder 15 Jahre alt wurde und nicht mehr aus dem Iran hätte ausreisen dürfen. Um keine Aufmerksamkeit zu erregen, musste die Familie nachts als Touristen in die Türkei fliehen und alles zurücklassen. Sie konnten sich nicht von Freunden und Verwandten verabschieden und nur wenig persönliche Dinge mitnehmen.

In der Türkei wohnten sie 10 Monate in einem Slum von Istanbul. Das war zunächst ein ziemlicher Schock, da sie im Iran wohlhabend waren und zwei Villen besaßen. Sie versuchten dennoch dort Fuß zu fassen, aber das war unmöglich, da die Regierung ihnen nicht in Aussicht stellte, je eine Aufenthaltsgenehmigung zu erhalten. Zudem durften die Kinder keine Schule besuchen, was vor allem für die Eltern, die aus der Bildungsschicht des Iran kamen (der Vater war ein angesehener Herzchirurg) sehr wichtig war. Deshalb entschloss sich die Familie ein neues Land aufzusuchen.

Durch das so genannte „Loch in der Mauer" bekamen sie dann die Chance nach Deutschland zu kommen. Ihr Vater hatte davon gehört und meinte „Jetzt oder nie". Sie beantragten bei der Botschaft der damaligen DDR ein Visum, das sie sofort bewilligt bekamen. Das „Loch in der Mauer" sah folgendermaßen aus: Die Bundesrepublik hatte sich verpflichtet alle Flüchtlinge aus der DDR aufzunehmen und so bewilligte die DDR alle Flüchtlingsanfragen von Asylbewerberinnen und -bewerbern, die über die DDR in die Bundesrepublik einreisen wollten. Nach den Berichten von Frau Z. war die Sache ganz einfach: Der Vater ging nachts zu der Botschaft der DDR in Ankara, füllte ein Formular aus und schon hatte die Familie ein Visum. Einige Tage später, im Dezember 1885, flogen sie bereits von Istanbul nach Ost-Berlin, von wo aus sie direkt bei der Ankunft von DDR-Soldaten in die S-Bahn gesteckt wurden, die alle Flüchtlinge direkt nach West-Berlin fuhr. Damals war Frau Z. gerade 11 Jahren alt.

Im März 1986 kam die Familie dann nach Karlsruhe in die Zentrale Aufnahmestelle ZASt, heute LASt), von wo aus sie nach nur einem Monat in eine Sozialwohnung nach Heidelberg weiter geleitet wurde. Hier lag das Prinzip zugrunde, die Flüchtlinge so unterzubringen, dass es zu keiner Ghettobildung kommen sollte. Frau Z. wuchs in Heidelberg auf und ging dort zur Schule. Zunächst verstand sie in der Internationalen Gesamtschule Heidelberg kein Wort, doch nach einem Jahr hatte sie so gute Sprachkenntnisse erworben, dass sie sich verständigen konnte und alles verstand. Mit der Schule, den Lehrerinnen und Lehrern hatte sie gute Erfahrungen gemacht. Ein Lehrer unterrichtete die vier Geschwister in der Mittagspause in der deutschen Sprache und auch die anderen Lehrkräfte kümmerten und unterstützten die Kinder aus dem Iran, so dass es ihrem Engagement zu verdanken war, dass alle recht schnell weiter kamen. Darüber hinaus hatte ihnen der Vater abends Nachhilfe in allen Fächern gegeben. Frau Z. lernte die englischen Vokabeln in Deutsch und Persisch, um ihre Muttersprache nicht zu verlernen.

Die ganze Familie wurde von der Bevölkerung gut aufgenommen und nach Frau Z.s Ansicht sind die Deutschen die ausländerfreundlichsten Menschen, die ihr je begegnet seien. In der Schule lernte sie auch ihren ersten Freund kennen, mit dem sie mittlerweile verheiratet ist. Dass er kein Iraner ist, störte die Eltern nicht sonderlich. Sie meinten „nimm lieber einen Deutschen, die sind eh besser als die Iraner". Da der Islam in der Familie nicht ausgeübt wird, war die christliche Religion ihres Freundes kein Hindernis. Ihr Vater war früher sehr religiös und pilgerte nach Mekka. Nachdem er jedoch von dem „religiösen Staat" so enttäuscht wurde, beschloss er für sich keiner Religion mehr anzugehören. Deshalb fühlt sich auch Frau Z. keiner Religion zugehörig, obwohl sie offiziell noch Muslimin ist.

14 Jahre lang war nicht klar, ob die Familie in Deutschland bleiben durfte oder abgeschoben werden sollte, denn sie wurde lediglich „geduldet" und lebte von Sozialhilfe, was für den Vater sehr schwierig war. Da die Familie im Iran sehr wohlhabend gewesen war und sogar andere Familien unterstützt hatte, war es für den Vater, der im Iran sehr angesehen war und als Jugendlicher zu den besten Schülern im Iran gezählt hatte, sehr schwer, nun auf sein schlechtes Deutsch reduziert zu werden.

Während der ersten 5 Jahre hatten die Eltern Arbeitsverbot, was vor allem ihren Vater schwer belastete. Die Eltern, für die die ersten Jahre mehr als hart waren, versuchten die Probleme vor den Kindern zu verbergen. Der Vater bekam seine Approbation als Arzt nicht anerkannt und eine Bestätigung aus dem Iran erhielt er natürlich auch nicht. Nachdem er nach 5 Jahren endlich arbeiten durfte, arbeitete er zunächst als Altenpflegehelfer. Daraufhin begann er eine Ausbildung als Altenpfleger und übte einige Jahre diesen Beruf aus. Danach fing er dann nochmals eine Ausbildung als Heilpraktiker an und hat seit 1999 eine eigene Praxis.

Nach ihrem Abitur ging Frau Z. nach Freiburg, um Sozialpädagogik zu studieren und zu arbeiten. Sie hatte dort unter anderem den Vorsitz des Flüchtlingsrates Baden-Württemberg übernommen. Vor fünf Jahren, als sie schwanger wurde, kam sie wieder nach Karlsruhe, um näher bei den Großeltern zu wohnen. Seit einigen Monaten arbeitet sie im Kinderheim, wo sie für minderjährige Flüchtlingskinder zuständig ist.

Frau Z. und der Rest der Familie bekamen 2002 den deutschen Pass unter Hinnahme der Mehrstaatlichkeit, was bedeutet, dass sie im Iran und in Ländern, die mit dem Iran bestimmte Abkommen haben, Iranerin ist. Würde sie in einem solchen Land festgenommen, könnte sie an den Iran ausgeliefert werden. Ihre zwei Kinder sind nach islamischem Recht unehelich, da sie nicht islamisch verheiratet ist. Da auf uneheliche Kinder im Iran die Steinigung steht, reist sie nicht in den Iran oder in

Länder, die diese Abkommen unterzeichnet haben (z. B. Dubai), aus Angst, dass sie verhaftet oder sogar gesteinigt werden würde.

Mittlerweile fühlt sich Frau Z. mehr als Deutsche denn als Iranerin. Mit 15 Jahren war dies jedoch noch nicht so, denn damals wusste sie nicht, wer sie war. Sie fühlte sich nicht als Iranerin, aber auch nicht als Deutsche. Sie fühlte sich heimatlos.

Frau Z. benötigte eine Arbeitserlaubnis, die sie mit 20 Jahren beantragte, um endlich Geld verdienen zu können. Die Behörde verweigerte ihr jedoch die Arbeitserlaubnis, aber Frau Z. gab nicht auf. Als sie durch Zufall eine Broschüre entdeckte, in der es um die Arbeitserlaubnis bei Ausländern ging, fand sie darin einen Paragraphen, nach dem ihr und ihrer Familie eine Arbeitserlaubnis zustünde. Daraufhin ging sie erneut zu dem zuständigen Beamten, zeigte ihm den Paragraphen, erhielt dann die Formulare für sich und ihre Familie, gab die Anträge ab und innerhalb einer Woche bekamen alle Familienmitglieder die Arbeitserlaubnis. Damit verbunden war die lang ersehnte Aufenthaltserlaubnis.

Durch diesen Vorfall begann sie sich mit dem Ausländerrecht auseinanderzusetzen und sich in diesem Bereich stark zu engagieren, denn der Vorfall hatte ihr gezeigt, wie Flüchtlinge von den Behörden behandelt wurden. Sie und ihre Familie hatten häufig bei Behörden das Gefühl, dass sie unerwünscht waren.

Sie war seit ihrer Flucht 1985 nicht mehr im Iran und hatte keinen Kontakt mehr dorthin. Lediglich ihre Mutter telefoniert ab und an mit Bekannten und Verwandten dort. Sie ist sozusagen diejenige, die den Iran (die Heimat) in der Familie aufrechterhält. Sie versucht in ihrer eigenen Familie die iranische Kultur durch die Sprache aufrechtzuerhalten. Sie spricht beispielsweise mit ihren Kindern ab und an Persisch, so dass diese wenigstens einen Eindruck von der Sprache erhalten.

Auf die Frage, wieso der Migrationsprozess bei ihr so gut verlaufen sei, meinte Frau Z., dass dies vor allem daran lag, dass der Anfang in Deutschland gut verlief. Ihre Eltern unterstützten sie gut und auch einzelne Lehrkräfte hatten sich für sie engagiert. Sie ist in beiden Kulturen aufgewachsen, da die Eltern weiterhin persische Feste feierten und mit den Kindern Persisch sprachen. Sie ist der Meinung, dass das den Kindern sehr gut getan habe.

Herr O. aus dem Irak

Herr O. stammt aus dem nordwestlichen Irak und ist seit Mai 2001 in Deutschland. Er ist ein freundlicher und warmer Mann, der stets ein Lächeln auf dem Gesicht und ein Glänzen in den Augen hat. Bei der Erinnerung an seine Festnahme und das folgende Asylverfahren legt sich ein Schatten auf seine Züge und er braucht ein paar Sekunden, um sich zu sammeln. „Ich wollte eigentlich nicht hier bleiben", erzählt er. Das ursprüngliche Ziel von Herrn O. war Dänemark, doch nach mehreren Stationen, unter anderem Griechenland, wurde er in Deutschland festgenommen. Nach europäischem Recht muss der Asylantrag in dem Land bearbeitet werden, in dem man aufgegriffen wurde. Deshalb war Herr O. an Deutschland gebunden.

Mit der Zeit hatte sich seine Einstellung zu Deutschland geändert und er ist „mittlerweile superglücklich", dass er es nicht bis Dänemark geschafft hat. Nichtsdestotrotz beschreibt er den Aufenthalt in der Landesaufnahmestelle, nach einigem Zögern als „nicht so schön". Die Hilflosigkeit, mit der man in dieser Zeit konfrontiert wird, ist in Herrn O.s Worten noch heute zu spüren. Er kannte niemanden, konnte nicht telefonieren und wusste nicht wohin er gehen sollte. „Und dann schleicht sich langsam der Rhythmus des Heims ein: man schläft den ganzen Tag, weil es in der Nacht im Heim unglaublich laut ist, und man wartet. Auf was, dass wissen die meisten nicht."

Doch Herr O. hatte Glück. Er wurde nach zwei Monaten in das Asylbewerberheim in Eppingen überführt und wartete dort auf die Bearbeitung seines Antrags. In dieser Zeit hat er vieles gesehen, was ihm in entsetzlicher Erinnerung geblieben ist: Menschen, deren Anträge elf bis zwölf Jahre bearbeitet wurden, und die sich somit mit Warten zufrieden geben; Familien, deren Kinder hier geboren wurden und zur Schule gingen, wurden von einem Tag auf den anderen wieder abgeschoben.

Das Heim in Eppingen diente eigentlich nur zum Schlafen. Es gab dort kein Lebensmittelgeschäft, sondern ein Auto, das zweimal pro Woche kam und bei dem man nach einem Punktesystem einkaufen konnte. Ferner bekam man 80 DM, wenn man sich etwas zusätzlich kaufen wollte. Obwohl Herr O. und andere sich glücklich schätzten dieses System in Eppingen zu haben – denn in anderen Heimen sah es ganz anders aus – so fühlten sie sich nichtsdestotrotz in ihren Möglichkeiten beschnitten. Denn die Ware war meistens schon zwei bis drei Tage abgelaufen.

Um nicht in den alltäglichen Trott des Heims – mit Fernsehschauen, Kartenspielen und Rauchen – zu geraten, suchte Herr O. den Kontakt zu Menschen außerhalb. Es liegt immer noch Verwunderung in seiner Stimme, wenn er fragt, warum er es nicht geschafft hat auf seinen täglichen Spaziergängen jemanden kennen zu lernen – er hatte es sechs Monate lang versucht.

Als Asylbewerber hat man „null Chance". Selbst wenn man wie Herr O. einen Drang hat zu arbeiten und sich in die Gesellschaft einzubringen, werden einem Asylbewerber monströse Steine in den Weg gelegt. Sein Wunsch nach einer Betätigung kostete Herrn O. vielfache Behördengänge und eine schweißtreibende Suche nach einer Arbeitsstelle. Denn Asylbewerber gehen nicht den normalen Weg einer Anstellung. Sie erhalten erst eine Arbeitserlaubnis, wenn sie eine Arbeitsstelle gefunden haben. Aber welcher Arbeitgeber nimmt jemanden ohne Arbeitserlaubnis? Selbst wenn sie jedoch – wie im Fall von Herrn O. – jemanden finden, der sich bereit erklärt sie zu übernehmen, muss diese freie Arbeitsstelle noch durch vielfache Ebenen noch bestätigt werden. Es gibt eine Hierarchie bei der Vergabe von Arbeitsstellen: zuerst haben deutsche Staatsbürger Vorrang, danach europäische Staatsbürger und anschließend anerkannte Asylbewerber. Und erst am Ende dieser Reihe kam Herr O. mit seinem damaligen Status. Weil alle Arbeitssuchenden aus den vorangegangenen Gruppen die gefundene Arbeitsstelle abgelehnt haben, durfte er diese Stelle antreten. Aber welcher Arbeitgeber wartet schon einen Monat bis die Bearbeitung abgeschlossen ist? Herrn O.s Arbeitgeber hatte gewartet.

Die deutsche Sprache lernte Herr O. selbst, da ihm von seiner Sachbearbeiterin bei der Arbeitsagentur gesagt wurde, er müsse ungefähr ein Jahr lang auf einen Deutschkurs warten. Daraufhin kündigte Herr O. seine Arbeit und bezahlte zwei Monate den Deutschkurs aus eigner Tasche.

Nach dem Oktober 2003 versuchte Herr O. sein im Irak abgeschlossenes Physikstudium anerkennen zu lassen. Seine Verzweiflung bei der Suche nach Informationen ist immer noch in seiner Stimme zu hören. Von seiner Sachbearbeiterin wurde er zur Universität Karlsruhe (heute KIT) geschickt. Dort wiederum wurde ihm empfohlen, vier Jahre nachzuschieben, um ein Diplom der Universität Karlsruhe zu bekommen, oder sich an die Fachhochschule Karlsruhe zu wenden. Es war reines Glück, dass Herr O. schließlich bei einem mittlerweile pensionierten Professor landete, der ihm half. Von allen Sachbearbeitern der Arbeitsagentur, der

Universität und der FH, wusste nur dieser Professor, dass Konstanz die einzige Fachhochschule in Baden-Württemberg war, die ausländische Diplome anerkannte. Für Herrn O. war es also „reiner Zufall", dass er diese für ihn so wichtige Information letztendlich erhielt. Nichtsdestotrotz wurde Herrn O. empfohlen erneut zu studieren, um später keine Probleme zu bekommen. Dies tat er dann und schloss sein Diplom zum Elektrotechniker im August 2008. Zurzeit macht Herr O. seinen Master und arbeitet an der FH Karlsruhe im Labor.

Herrn O.s Erfahrungen nach muss ein Asylbewerber viele Schwierigkeiten überwinden, „bis man den richtigen Weg findet – [und] das ist nicht ohne!" Dabei ärgert ihn nicht der Unwille der deutschen Regierung die Integration voranzutreiben, sondern die Desorganisation. Es gäbe genug Sachbearbeiter und Finanzierung, nur müssten diese besser organisiert sein: Informationen für alle Lebenslagen müssten rechtzeitig zur Verfügung gestellt und die deutsche Sprache vermittelt werden.

„Es gibt genug Chancen hier, das ist echt ein tolles Land." Aber seine Integration wäre nicht erfolgreich gewesen, wenn er nicht so hart dafür gekämpft hätte.

Herr M. aus Pakistan

Herr M. stammt aus Pakistan, ist aber genau genommen Inder, denn sein Land gehörte 1945, in seinem Geburtsjahr, noch zu Indien und wurde erst 1947 unabhängig.

„Wie es der Zufall so will" – könnte als Motto für sein Leben gelten, denn der Zufall durchzieht seine Biographie, aber auch seine Fähigkeit, genau diesen Zufall immer zu ergreifen und zum Positiven für sich zu wenden.

Er besuchte in Pakistan diverse englische Schulen und genoss eine Eliteausbildung. Eine Beratungsfirma aus Deutschland engagierte sich in seinem Dorf und eine Gruppe von Deutschen war bei seinem Onkel untergebracht. Herr M. interessierte sich sehr für die Ausländer und freundete sich mit einem an. Als die Frage aufkam, ob er es sich denn vorstellen könne, in Deutschland zu studieren, kam das völlig unvorbereitet, doch er war sofort davon begeistert.

So kam Herr M. im Alter von 20 Jahren im Jahr 1965 nach Deutschland und seine erste Station sollte Karlsruhe sein. Hier wohnte er für einen Monat im heute noch bestehenden Ketteler-Heim in der Bismarckstraße, bevor er sich ein Zimmer im Studentenwohnheim in der Karlstraße suchte.

Zunächst machte er ein Praktikum bei einer Elektroinstallationsfirma in Karlsruhe, denn von der Universität wurde er aufgrund seiner pakistanischen Schulbildung nicht angenommen.

Im Anschluss an das Praktikum beschloss er ein Studium an der FH Darmstadt aufzunehmen. Sein Vordiplom wurde an der TU Berlin anerkannt und so setzte er dort sein Studium fort.

Rein zufällig traf er in Berlin auf den Bekannten aus Pakistan, der ihn zum Studium nach Deutschland gebracht hatte. Dieser arbeitete mittlerweile als Manager für eine Firma und bot ihm eine Arbeitsstelle an, die Herr M. annahm und für 18 Jahre ausübte.

Im Anschluss daran war er für eine Firma aus Saarbrücken beschäftigt, die Geschäfte mit Libyen tätigte und Herrn M. als Projektleiter beschäftigte.

Hier reifte der Gedanke, sich selbständig zu machen und Herr M. wählte als Standort für sein Unternehmen wieder Karlsruhe, da er sich dort in seiner ersten Zeit in Deutschland sehr wohl gefühlt hatte. Hinzu kam, dass der Standort Deutschland in seinen Augen von großem Vorteil für den Export und Auslandsgeschäfte ist, denn im Ausland ist bekannt: „Wenn etwas aus Deutschland kommt, dann kommt es schnell, zuverlässig und pünktlich."

Zu Beginn seiner Zeit in Deutschland empfand Herr M. die deutsche Sprache als sehr schwierig, aber es hatte ihm sehr geholfen, dass er immer viele Kontakte zu Deutschen aufgebaut hatte, so dass er sich nach ca. eineinhalb Jahren bereits sehr gut zurechtfand.

Er hatte sich immer den Umständen angepasst, angefangen bei der Studierweise seiner deutschen Kommilitonen, die ihn faszinierte, da die deutschen Studenten sehr viel strukturierter arbeiteten, als in Pakistan. Dies empfand er als sehr angenehm und generell war er von der deutschen Mentalität sehr begeistert.

Schlechte Erfahrungen und ausländerfeindliche Erlebnisse hatte er nach eigenen Aussagen nie gehabt. Vielleicht ist dies der Grund warum er Deutschland seit 1965 als seine Wahlheimat betrachtet und seit 1985 die deutsche Staatsbürgerschaft besitzt.

Er hat er kaum Kontakte zu anderen Pakistanern, sein und der Freundeskreis der Familie besteht nur aus deutschen Freunden, mit denen sie sich viele Hobbys teilen, z. B. Wandern.

Auf die Frage, ob er es sich vorstellen könnte Deutschland wieder zu verlassen und nach Pakistan zurückzukehren antwortete er mit einem entschiedenen „Nein!"

„Ich bin heute mehr Deutscher als Pakistaner", zudem komme er mit der pakistanischen Mentalität überhaupt nicht mehr zurecht. Für ein paar Wochen kehrt er jedes Jahr nach Pakistan zurück, aber eben nur um Urlaub zu machen. Die Familie hat sich zwar ein paar Traditionen bewahrt, wie z. B. das Essen, doch bei ihrem Besuch in Pakistan ist es für die Familienangehörigen recht schwer, sich an die dortigen Begebenheiten anzupassen.

Spätaussiedler aus Russland

Frau F. aus Sibirien

Frau F., geboren 1987 in Omsk, Sibirien, Russland, kam 1999 mit dem Bus nach Deutschland, zusammen mit ihren Eltern und ihrer Schwester. Über ihr Leben in Russland sagt sie „Wir waren nicht so wohlhabende Menschen, kann man so sagen." Deshalb verließen ihre Eltern die russische Heimat, um in Deutschland zu arbeiten und ihren Kindern eine bessere Zukunft zu ermöglichen. Sie sprachen bereits ein wenig Deutsch, das sie von Frau F.s Oma gelernt hatten. Frau F. selbst hatte Deutsch in der Schule als Fremdsprache, die Eltern mussten den obligatorischen Sprachtest ablegen, bevor das Einreiseverfahren abgeschlossen war. Hilfe erhielt die Familie von Frau F. durch ihre Verwandten, die bereits in Deutschland lebten und der Familie bei der Erledigung der meisten Formalitäten halfen. Aufgrund der Tatsache, dass ihre Verwandten in Karlsruhe lebten, kam die Familie von Frau F. hierher und die Eltern belegten einen dreimonatigen Sprachkurs.

Im Rückblick erzählt Frau F, dass für sie am Anfang in Deutschland alles weniger fremd aber anders war. Sie wurde freundlich aufgenommen, glaubt sie, denn verstanden hat sie damals noch nicht alles. Die deutsche Sprache erlernte sie in etwa eineinhalb Jahren in der Schule. Durch den Zusammenhalt und die Unterstützung in der eigenen Familie, erlebte sie im Allgemeinen den Beginn ihres neuen Lebens ohne Ängste und Schwierigkeiten, auch wenn sie auf die Sprachkompetenz verweist und auf die Angst, durch die neue Sprache, in der sie nun lernen musste, ihre Schulbildung nicht zu bewältigen. Doch nach einiger Zeit wurde ihr klar, dass sie in diesem Punkt keine Probleme haben würde. „Schon die fremde Sprache, wir als Kinder konnten das ja gar nicht, und ich war ja schon zwölf und ja, das dann alles zu lernen, dass man das nicht schafft. Aber das hat sich auch irgendwann mal aufgelöst."

Inzwischen verfügt Frau F. über einen großen deutschen Freundeskreis und sieht sich selbst mehr als Deutsche denn als Russin. Sie könnte sich kaum vorstellen, jemals nach Russland zurückzukehren, außer im Urlaub. Sie schaut im Gegensatz zu ihren Eltern kein russisches Fernsehen. Dies begründet sie damit, dass ihre Eltern über 30 waren, als sie hier her kamen und sich deshalb der russischen Kultur weiterhin sehr verbunden fühlen. Sie interessieren sich noch immer für Neuigkeiten aus Russland und haben die deutsche Sprache bisher nicht ganz gelernt. Zwar haben sie sich inzwischen an Deutschland gewöhnt, haben jedoch ihre „russische" Denkweise behalten.

Für Frau F. ist klar, dass man die deutsche Sprache nur unter Deutschen lernt und die Sprache ein zentraler Bestandteil der Integration ist. Das hat sie sich zu Eigen gemacht. Viel Hilfe von den Behörden bei der Integration kann sie nicht bezeugen. „Das Eingewöhnen in Deutschland geht nicht unbedingt von selbst. Man muss vieles allein machen und die Politik ist da keine große Hilfe. Nur Theorie, die wissen nicht, wie das in der Praxis funktioniert", sagt sie.

Frau F. lebt gerne in Karlsruhe. Sie hat zwar noch Kindheitsfreunde in Russland, aber im Lauf der Jahre wurde der Kontakt weniger. In der ersten Zeit in Deutschland hatte sie zunächst intensiven Kontakt zu ihren Landsleuten, durch die Schule und im Verlauf der Jahre fand sie viele deutsche Freunde.

Sie hat akzeptiert, dass ihre Eltern den Schritt der Auswanderung machten und sagt abschließend: „ ... Hier lebe ich und Deutschland sehe ich auch irgendwie als meine Heimat. Wenn ich ins Ausland fahre, weiß ich auch, dass ich aus Deutschland komme und hier hin gehöre. Ich fühle mich wohl und habe hier meine Freunde, meine Familie, eigentlich alles".

Frau P. aus der Ukraine

Vor 1997 lebte Frau P. mit ihrer Tochter, ihrer Schwester und ihrer Mutter in der Ukraine. Sie arbeitete dort in einer leitenden Funktion in einer Geschäftskette mit 120 Angestellten. Weil beide Eltern Deutsche waren, bestand immer das Bedürfnis sich mehr mit Deutschland und seinen Menschen auseinanderzusetzen. Deshalb machte sie 1989 mit ihrer Tochter eine Reise nach Berlin und wurde zufällig Zeuge des Mauerfalls. Hier wurde ihr bewusst, dass sie es sich nur all zu gut vorstellen könnte in Deutschland zu leben. So stellte sie den Antrag auf Ausreise nach Deutschland für ihre Familie, aber die Genehmigung wurde erst acht Jahre nach Antragstellung erteilt. So kam Frau P. im Februar 1997 mit ihrer Tochter, ihrer Schwester und ihrer Mutter nach Deutschland. Ihren Sohn konnte sie damals nicht mitnehmen, weil er über 18 war und nach geltendem Recht durch seinen russischen Vater nicht mehr als Deutschrusse galt. Bis heute versucht sie einen Weg zu finden die Familie wieder zusammen zu führen.

Ihre ersten Erlebnisse in Deutschland, im Übergangslager Friedland waren ernüchternd. Die Menschen dort kamen ihr sehr kalt und unfreundlich vor und ihr Neustart begann mit vielen Zweifeln an der Richtigkeit ihrer Entscheidung. Dies änderte sich schnell im ersten Übergangswohnheim und als sie in ihre Wunschstadt Leipzig ziehen konnte. Ab dann war ihr klar, dass sie und ihre Familie in Deutschland bleiben wollten.

Als sie einen Einstieg in ihren erlernten Beruf versuchte, musste sie feststellen, dass sie trotz ihrer zweisprachigen Erziehung und eines

Sprachkurses schlechte Chancen auf dem Arbeitsmarkt hatte. Sie erhielt vom Arbeitsamt das Angebot der Teilnahme an einer Ausbildung für Ostdeutsche, um sich auf dem westlichen Arbeitsmarkt zu integrieren. Sie bestand mit Auszeichnung und bekam danach, wie vorausgesagt, eine Stelle angeboten. Sie sollte dafür von Leipzig nach Hamburg ziehen, machte dies ihrer Tochter zu liebe jedoch nicht.

Ein überdurchschnittlicher Realschulabschluss gab Frau P.s Tochter die Möglichkeit einer Ausbildung zur Krankenschwester in Karlsruhe und so kam die Familie in die Fächerstadt. Für Frau P. bestand die Hoffnung, im Westen Deutschlands eher Arbeit zu finden und kurz nach ihrer Ankunft erhielt sie die Chance, als medizinische Hilfskraft im Krankenhaus zu arbeiten. Damit aber war die Hoffnung, in ihrem alten Beruf zu arbeiten, zunichte, denn die Sprachbarriere war einfach zu hoch. Trotzdem sagt sie, „Man entdeckt so auch andere Seiten an sich selber". Weil eine Karriere, in ihrem Sinne, nicht mehr möglich war, widmete sich Frau P. ihrer Familie und arbeitete ehrenamtlich in der Russlanddeutschen Landsmannschaft. Durch die Wahl zur Vorsitzenden der „Landsmannschaft der Deutschen aus Russland" bekam sie die Gelegenheit zu politischem Engagement und konnte Menschen konkret helfen, wobei sie so einen Blick hinter die Kulissen der deutschen Bürokratie werfen konnte, die es den Migrantinnen und Migranten doch manchmal sehr schwer macht.

Trotz aller Schwierigkeiten, die sie selber durchlebt hat und die sie bei der Integration von deutschrussischen Spätaussiedlern sieht, möchte sie nicht wieder nach Russland, auch wenn sie ihren Sohn gerne bei sich hätte. Sie hat es nie bereut hierher gekommen zu sein, selbst wenn sie ihre Karriere dafür hätte aufgeben müssen.

Sie fühlt sich integriert und als Deutsche. Sie glaubt, dass sich die meisten Aussiedler hier heimisch fühlen und nicht wieder zurück wollen. Insbesondere, da sie wissen, dass die Deutschstämmigen in Russland nicht richtig anerkannt werden und für sie viele Ausnahmen und sogar Verbote gelten: „Ungeliebte im eigenen Land", so Frau P., „das sollte besonders die nächste Generation hier nicht zulassen."

Frau N. aus Wolgograd (Stalingrad)

Frau N., Architektin, stammt aus Stalingrad und kam vor 8 Jahren mit ihrem Mann, ihrer kleinen Tochter und ihren Eltern nach Deutschland. Sie war einige Male schon in Deutschland gewesen, denn ihre Großmutter stammte von hier und ein großer Teil ihrer Verwandten lebte in Deutschland. Die Verwandten luden sie eines Tages ein. Die Familie machte den Sprachtest im deutschen Konsulat und bestand, allerdings mit dem Hinweis einer schlechteren Einstufung, in Bezug auf die Beherrschung der deutschen Sprache.

Die Entscheidung auszuwandern, lag also mit darin, dass bereits viele Verwandte in Deutschland lebten und sich Frau N. mit ihrer Familie ein Leben hier gut vorstellen konnte. Ihre Wahl fiel auf die Stadt Karlsruhe und hier verbrachten sie das erste Jahr in einer Erstaufnahmeeinrichtung bei Ettlingen. Von hier aus wollte sie ihr neues Leben in Deutschland beginnen.

Doch durch die schlechte Beurteilung der Sprachkenntnisse kam es zu Schwierigkeiten: Frau N. erhielt keinen Sprachkurs angeboten und dadurch wurde es schwer eine Arbeitsstelle zu bekommen. Ihrem Mann erging es ebenso, was die Anfangszeit für die Familie sehr erschwerte. Deshalb bemühte sich Frau N. selbst um einen Sprachkurs für sich und ihren Mann, doch trotz einiger Erfolge fanden beide keine Arbeit. Frau N. absolvierte zwar ein Praktikum in einem Architekturbüro, doch fehlte ihr das deutschsprachige, berufsbezogene Fachwörterwissen. Deshalb arbeitete sie letztendlich dort als Zeichnerin. Sie erhielt das Angebot, nach dem Praktikum auf 400 Euro Basis für 160 Stunden pro Monat die nächsten sieben Monate weiter zu arbeiten. Den Rest, so meinte der Arbeitgeber, könne schließlich das Sozialamt zahlen. Dies war ihr so peinlich vor den anderen Arbeitnehmern, dass sie das Angebot ablehnte. Heute weiß sie nicht, ob ihre Entscheidung richtig war.

Ihr Mann, der eigentlich Bauingenieur war, konnte nach einer Masse an Bewerbungen eine Schulung zum LKW- Fahrer machen und somit den Lebensunterhalt bestreiten.

Frau N. hat bis heute das Gefühl, nicht in Deutschland angekommen zu sein. Sie würde wieder zurückgehen, wenn sie in Russland noch etwas hätte, an das sie anknüpfen könnte, doch da dies nicht der Fall ist, bleibt sie mit ihrer Familie hier, obwohl sich alle noch immer fremd fühlen. Das Problem ist, dass dieses Fremdheitsgefühl inzwischen auch für die alte Heimat gilt und so fühlt sie sich nirgendwo wirklich zuhause. Das wird auch deutlich, wenn Frau N. erzählt, dass sie keine deutschen Frauen auf dem Spielplatz oder in der Krabbelgruppe kennen lernt. Würden sich deutsche Frauen vielleicht nicht mit russischen unterhalten wollen, dies ist eine Frage, die sie sich stellt.

Bildungsmigranten

Herr N. aus Kamerun

Herr N., geboren in Jaunde, Kamerun, lebte vor seiner Migration in Douala, der ehemaligen Hauptstadt Kameruns, die heute zwar die Wirtschaftsmetropole des Landes ist, ohne dass der Wohlstand bei allen angekommen ist. Herr N. wuchs in einer Stadt auf, in der die wirtschaftliche Lage für viele Menschen sehr schlecht und die Arbeitslosenquote hoch ist. Die Bildungs- und Ausbildungsmöglichkeiten, wie z. B. die Fachstudiengänge und die Auswahl des Berufsfeldes, sind beschränkt.

Dies veranlasste den aus einer wohlhabenden Akademiker-Familie stammenden Kameruner seine Heimat zu verlassen, um in Europa eine akademische Ausbildung zu absolvieren. Neben Deutschland bewarb er sich auch in Italien und Frankreich. Diese Staaten hatten allerdings besonders strenge bürokratische Richtlinien. Das deutsche Bewerbungsverfahren war indessen relativ unkompliziert, sofern die Unterlagen vollständig waren. Allerdings musste Herr N. allein für die Bewerbungsunterlagen 7.000 Euro Kaution bei einer deutschen Bank anlegen, als Absicherung bei möglichen finanziellen Problemen. Um die für afrikanische Verhältnisse horrende Summe zu veranschaulichen: Für 7.000 Euro bekommt man in Kamerun ein etwa 1.000 Quadratmeter großes Grundstück.

Nach Einreichung der Bewerbungsunterlagen erhielt er sein Visum bereits nach vier Wochen. Herr N. hatte Deutschland favorisiert, denn: „Deutschland hat einen guten internationalen Ruf, was die technischen Hochschulen anbelangt". In Deutschland wurden ihm Studienplätze in München, Braunschweig und Karlsruhe angeboten Die Karlsruher Universität gehört bezüglich der Fachrichtung Elektro- und Informationstechnik zu den besten Hochschulen. Aus diesem Grund wählte der damals 26-jährige Kameruner nach einem zweimonatigen Aufenthalt in München die Fächerstadt als neuen Lebensmittelpunkt.

Die Reise nach Deutschland war für den Bildungsmigranten nichts Neues. Bevor er vor fünf Jahren nach Karlsruhe kam, hatte er bereits einige Stationen hinter sich: Ägypten,

Südafrika, Marokko, Algerien, Tunesien, Brasilien und Kanada, sodass er seine Anpassungsfähigkeit an fremde Kulturen bereits ausgebaut hatte.

Seit dem Sommersemester 2004 ist Herr N. an der Universität Karlsruhe eingeschrieben. In seinem neuen Umfeld fühlte er sich von Anfang an sehr wohl. Unbehagliche Gefühle wie Angst hatte er zu keiner Zeit. Sprachliche Barrieren meisterte er rasch, denn in einem zweimonatigen Intensivkurs an der Universität Braunschweig lernte er die deutsche Sprache. Auch mit den Studentenwohnverhältnissen hatte er keine Probleme. Das gemäßigte Klima in Karlsruhe, die günstigen Lebenshaltungskosten im Vergleich zu München und diverse Jobs halfen ihm, sich in Karlsruhe schnell einzuleben. Lediglich bei dem deutschen Studiensystem benötigte er eine längere Orientierungsphase. Seit dem vierten Semester wusste Herr N., wie er sein Studium an der TH zu organisieren hatte. Belastende Probleme, wie z. B. finanzielle Engpässe, hatte er nicht. Soziale Kontakte knüpfte er vor allem mit einheimischen Akademikern, die ihn allesamt problemlos aufnahmen. Zu seinen Landsleuten bestehen indessen nur wenige Kontakte.

Mit Diskriminierung wurde er bislang nicht konfrontiert. Herr N. differenziert Kontakte mit Menschen, die der Aufnahme von Migranten verhalten gegenüber stehen und diese tolerieren, sofern sich „Gefahren" wie Arbeitslosigkeit und delinquentes Verhalten nicht offenbaren. Andere Deutsche betrachten solche „Gefahren" ihm gegenüber nicht als ausländerspezifische, sondern als allgemeine soziale Probleme und empfangen ihn mit offenen Armen.

Neben dem Studium betreut der angehende Ingenieur Studierende, Schülerinnen und Schüler, arbeitet als Nachhilfelehrer für Mathematik, Physik und Französisch und ist wissenschaftliche Hilfskraft bei vielen Projekten am KIT. Neben den Sprachen Englisch, Französisch und mittlerweile Deutsch, spricht er die regionalen Sprachen seiner Heimat, Bulu und Bagangte, fließend.

In seiner Freizeit nutzt Herr N. die sportlichen Angebote des KIT, wie z. B. das Krafttraining. Darüber hinaus hört er leidenschaftlich gerne Musik und liest Bücher.

Obwohl sich der Student in Karlsruhe hier sehr wohl fühlt und keinerlei negativen Seiten benennen kann, steht dennoch sein Entschluss fest, nach dem Studium wieder nach Kamerun zurückzukehren. Einen deutschen Pass strebt er also nicht an, die derzeitige Aufenthaltsgenehmigung sei ausreichend. Den Entschluss, seine Heimat temporär zu verlassen, bereut er nicht. Er hat Deutschland fest ins Herz geschlossen und wird sich sicherlich gerne an die Studienzeit in Karlsruhe erinnern.

Für zirka fünf Jahre möchte er noch in Karlsruhe leben, um den akademischen Abschlussgrad des Diplom-Ingenieurs zu erhalten und eine Promotion anzuschließen. Eines Tages möchte er eine eigene Firma gründen, die mit Firmen aus Deutschland kooperiert, um Technologien aus Deutschland nach Kamerun zu importieren. „Ich fühle mich für mein Heimatland verantwortlich". Mit seinem erlangten Wissen möchte er einen kleinen Beitrag dazu leisten, Kamerun aufzubauen.

Er sagt: „Heimat ist für mich etwas, das übrig bleibt, wenn alles anderswo gescheitert ist."

Herr A. aus dem Iran

Der Iraner lebte vor seiner Migration nach Deutschland in der Hauptstadt Teheran. Die Stadt war in den 1960er und 1970er Jahren von der Schah-Regierung teilweise modernisiert worden, durch die Erweiterung des Straßennetzes, die Erneuerung der Infrastruktur und die Weiterentwicklung der Industrie, einhergehend mit einem enormen Bevölkerungswachstum. In den Vorstädten bildeten sich dadurch die Elendsviertel. Herr A. wuchs in einem relativ wohlhabenden Viertel auf. Sein Zuhause war ein landestypisches einstöckiges Flachdachhaus, in dem er mit seiner Familie wohnte. Bis zur 6. Klasse besuchte er eine Schule, vergleichbar mit der Grundschule. Anschließend ging er auf eine Art Gymnasium und absolvierte dort das Abitur. In seiner Heimat fühlte er sich sehr wohl. Aus diesem Grund plante Herr A. auch keine Auswanderung nach Deutschland, sondern lediglich einen zeitlich begrenzten Studienaufenthalt. Nach Abschluss des Studiums wollte der Iraner eigentlich nur noch ein Praktikum machen und anschließend wieder nach Teheran zurückkehren. Herr A. favorisierte das Studium in Deutschland, da die deutschen Universitäten eine qualitativ bessere Ausbildung garantierten als persische Universitäten. Das Auswahlverfahren der Bewerber erfolgte über das Kultusministerium in Teheran. Nach einer erfolgreich bestandenen Sprachprüfung erhielt Herr A. die Zulassung für das Studium in Deutschland. Die deutsche Sprache erlernte der Iraner drei Monate lang am Goethe-Institut in seiner Heimat.

1968 reiste der 22-Jährige alleine nach Deutschland und zwar vorübergehend nach Stuttgart. Die heutige Eliteuniversität in Karlsruhe war für A. damals nicht ausschlaggebend: „Dass ich gerade nach Karlsruhe gekommen bin, war Zufall". Seine Unterbringung war typisch für die Wohnverhältnisse damaliger Studenten: ein Zimmer zur Miete. Besonders hilfreich war seine Anpassungsfähigkeit, durch die sich Herr A. in Karlsruhe schnell einleben konnte. Seine Deutschkenntnisse vertiefte der Migrant ein Jahr lang am Studienkolleg in Karlsruhe. In den ersten Semestern am KIT, damals Universität (TH), verspürte der Bildungsmigrant noch ein bisschen Heimweh.

Doch lebte er sich relativ schnell ein, sowohl was den Alltag in Deutschland als auch was das Studium betraf. Er kam mit dem Studiensystem in Deutschland rasch zurecht, was durchaus selten ist, da selbst Deutsche generell Anfangsschwierigkeiten haben, die Studienordnung und Prüfungsordnung zu überblicken. Vor diesem Hintergrund gab es dennoch belastende Faktoren, die er erfolgreich bewältigte. Während seiner Studienzeit musste er insbesondere finanzielle Schwierigkeiten und Prüfungsangst bewältigen. Einen möglichen Anpassungsdruck an die deutsche Kultur hatte er jedoch nicht empfunden. Nur mit den „seichten Faschingsfeiern" konnte er sich nie anfreunden. Zudem kam das distanzierte Verhalten der Bevölkerung: „Gestört hat mich, dass ich keine deutschen Freunde hatte, da diese kein Interesse zeigten, mit Ausländern Freundschaften zu knüpfen". Die Zurückhaltung seitens der Deutschen erlebten auch all seine iranischen Freunde. Der Freundeskreis war somit auf Iraner beschränkt mit Ausnahme eines europäischen Freundes. Die deutschen Frauen erlebte Herr A. dagegen toleranter bzw. offener gegenüber Fremden, sodass er allmählich Freundschaften mit einigen knüpfen konnte. Heute hat er viele deutsche Freunde. Die Aufnahme von Migranten von Seiten der Deutschen beurteilt er schlecht, denn viele Deutsche haben immer noch Vorurteile gegenüber Fremden. Dies habe sich aber im Vergleich zu früher gebessert.

Herr A. studierte vom Wintersemester 1968 bis Sommersemester 1973. Die Studentenrevolte Ende der 1960er Jahre in Deutschland und in Karlsruhe hat er lediglich wahrgenommen, sich nicht aktiv daran beteiligt. Den sehr aktiven Mir Mohammedi, der u. a. gegen das Schah-Regime opponierte, kannte der persische Student, denn Mir Mohammedi war auf dem ganzen Campus bekannt. Herr A. bewunderte Mir Mohammedis politisches Engagement, er selbst war jedoch nicht aktiv. Sein Interesse galt vor allem seinem neu gewonnenen Freundeskreis, mit dem er seine freie Zeit gestaltete. Typische Freizeitbeschäftigungen von Herr A. und seinen iranischen Kommilitonen waren mit Freunden und Freundinnen ausgehen, zu Hause kochen und zusammen essen, Zeit im Studentenverein verbringen und in der Mensa plaudern.

Herr A. absolvierte das Studium an der TH mit dem akademischen Grad des Diplom-Ingenieurs. Danach arbeitete der Akademiker erstmals eineinhalb Jahre in Karlsruhe, bevor er für vier Jahre nach Teheran ging. Nach der iranischen Revolution kehrte der Ingenieur mit seiner deutschen Frau wieder zurück nach Karlsruhe, da er nicht mehr in Teheran leben wollte, und eröffnete sein eigenes Ingenieurbüro.

Der seit nun über 40 Jahren im Landkreis Karlsruhe lebende Ingenieur hat zwei Kinder, die seine Muttersprache nicht fließend sprechen. Karlsruhe ist für ihn mittlerweile seine Heimat geworden und er hat die deutsche Staatsbürgerschaft angenommen: „Hier fühle ich mich mehr zu Hause als im Iran. Es gefällt mir vieles. Ich finde es nur schade, dass es immer noch so viele Rechtsextreme gibt bzw. allgemein Ausländern gegenüber intolerante Menschen."

In den Iran wird er wegen seiner Familie nicht mehr zurückkehren. Der Entschluss, den Iran zu verlassen um in Deutschland zu studieren, war für ihn eine richtige Entscheidung. Die Wende von der temporären zur permanenten Migration war gleichwohl unbeabsichtigt. „Für mich ist Heimat dort, wo meine Familie und ich uns wohl fühlen. Meine Heimat ist die Welt, ich könnte mich überall zu Hause fühlen."

Anmerkungen

ERNST OTTO BRÄUNCHE

Fremde in Karlsruhe

S. 15 bis 36

1 Friedrich Leopold Brunn: Briefe über Karlsruhe, Berlin 1791, S. 39 f. (Neu herausgegeben von Gerhard Römer, bearbeitet von Werner Schulz und Hans Georg Zier), Karlsruhe 1988, S. 33.
2 Wolfgang Leiser: Das Karlsruher Stadtrecht, in: Zeitschrift für die Geschichte des Oberrheins (ZGO) 114, NF 75, 1966, S. 207-239, S. 210.
3 Vgl. Theodor Hartleben: Statistisches Gemälde der Residenzstadt Karlsruhe und ihrer Umgebungen Karlsruhe 1815, S. 129. Mit dieser Angabe, die durch andere Quellen nicht bestätigt werden kann, hat sich Christina Müller: Karlsruhe im 18. Jahrhundert. Zur Genese und zur sozialen Schichtung einer residenzstädtischen Bevölkerung, Karlsruhe 1991, S. 19 f. (= Forschungen und Quellen zur Stadtgeschichte. Schriftenreihe des Karlsruher Stadtarchivs Bd. 1) kritisch auseinandergesetzt. Sie kommt zu dem durchaus plausiblen Ergebnis, dass unter den bei Hartleben angegebenen 1994 Einwohnern auch die zahlreichen Taglöhner und Bauarbeiter gezählt wurden, die zum Aufbau der Stadt notwendig waren.
4 Jochen Oltmer: Migration im 19. und 20. Jahrhundert, München 2010, S. 1 (= Enzyklopädie deutscher Geschichte Bd. 86). In diesem sehr hilfreichen Kompendium finden sich auch Hinweise auf die ältere Literatur, auf die im Folgenden nur bei direkter Verwertung verwiesen wird. Vgl. auch den knappen, populär geschriebenen Beitrag, ders.: Menschen in Bewegung. Migration als historisches Phänomen, in: Momente 1/2010, S. 2-5.
5 Eine detaillierte Gesamtuntersuchung kann im Rahmen dieses Überblickbeitrags nicht erfolgen, die Quellenlage ist auch durchaus unterschiedlich, so fehlen für Karlsruhe z. B. alle Meldedaten bis 1945, da das Einwohnermeldeamt im Zweiten Weltkrieg komplett zerstört wurde. Wo immer möglich wurden allerdings Detailanalysen vorgenommen, wenn es die Quellenlage mit einem vertretbaren Zeitwand zuließ.
6 Christina Wagner: Von der Stadtgründung zur großherzoglichen Haupt- und Residenzstadt 1715–1806, in: Karlsruhe. Die Stadtgeschichte, Karlsruhe 1998, S. 65-187, S. 73.
7 Vgl. Karl Gustav Fecht: Geschichte der Haupt- und Residenzstadt Karlsruhe. Im Auftrag der Städtischen Archivkommission bearbeitet. Mit Illustrationen und einem Situationsplan der Gegend, Karlsruhe 1887 (Nachdruck Karlsruhe 1976), S. 72, und Müller (wie Anm. 3), S. 211.
8 Vgl. Fecht (wie Anm. 7), S. 62.
9 Vgl. Müller (wie Anm. 3), S. 220.
10 Vgl. Ernst Schneider: Karlsruher Bürgeraufnahmen 1729–1800, Badische Familienkunde 2. Jg. 1959, Heft 2, S. 43-46. Die Herkunftsorte wurden im Diagramm nach der Landeszugehörigkeit nach 1815 eingestuft.
11 Vgl. Wagner (wie Anm. 6), S. 103.
12 Vgl. Ernst Otto Bräunche: Die Familie Meyer-Model, in: Juden in Karlsruhe. Beiträge zu ihrer Geschichte bis zur nationalsozialistischen Machtergreifung, hrsg. von Heinz Schmitt unter Mitwirkung von Ernst Otto Bräunche und Manfred Koch, Karlsruhe 1988, 2. Aufl. 1990, S. 451-464, S. 452 (= Veröffentlichungen des Karlsruher Stadtarchivs Bd. 8).
13 Vgl. Ernst Otto Bräunche: Vom Schutzjuden zum Bürger zweiter Klasse. Die jüdische Gemeinde bis zum Erlass des Judenedikts, in: Juden in Karlsruhe (wie. Anm. 12), S. 41-80, S. 53 f.
14 Vgl. Sabine Diezinger: Französische Emigranten und Flüchtlinge in der Markgrafschaft Baden (1789–1800). Frankfurt 1991, S. 61 (= Europäische Hochschulschriften: Reihe 3, Geschichte und ihre Hilfswissenschaften, Bd. 500).
15 Johann Friedrich Reichardt: Vertraute Briefe aus Paris 1792, hrsg. von Rolf Weber, Berlin 1980, S. 45, zitiert nach Diezinger (wie Anm. 14), S. 61.

16 Vgl. Diezinger (wie Anm. 14), S. 105.
17 Vgl. ebenda, S. 107.
18 Vgl. ebenda, S. 116-119.
19 Vgl. ebenda, S. 232-233.
20 Angaben nach Müller (wie Anm. 3), S. 17.
21 Angaben nach GLA 74/3704 und Geschichte der Stadt Karlsruhe und ihrer Vororte in Daten, Karlsruhe 1956, S. 70. Vgl. auch: [Bader, Josef]: Die Residenzstadt Karlsruhe, ihre Geschichte und Beschreibung. Festgabe der Stadt zur 34. Versammlung deutscher Naturforscher und Ärzte, Karlsruhe 1858, S. 47.
22 Hartleben (wie Anm. 3), S. 133.
23 Bader (wie Anm. 21), S. 62.
24 Vgl. Hartleben (wie Anm. 3), Anhang „Litterarisches Karlsruhe".
25 Friedrich von Weech: Karlsruhe. Geschichte der Stadt Karlsruhe und ihrer Verwaltung. Auf Veranlassung des Stadtrats bearbeitet, 3 Bde., Karlsruhe 1895–1904, Bd. 1, Karlsruhe 1895, S. 451.
26 Stadtarchiv Karlsruhe (StadtAK) 3 B/149.
27 Vgl. ebenda, hier die maschinenschriftliche Auswertung von Dieter Hein aus den Jahren 1989/90, die im Lesesaal des Stadtarchivs Karlsruhe einzusehen ist. Die statistische Auswertung des Bürgerbuches erfolgte im Rahmen des Forschungsprojekts „Stadt und Bürgertum im 19. Jahrhundert". Vgl. dazu: Lothar Gall (Hg.): Stadt und Bürgertum im 19. Jahrhundert, München 1990 (= Historische Zeitschrift Beihefte, Neue Folge Bd. 12). Die Überlieferung ist nicht lückenlos, auch fehlen bei einigen Namen die Geburtsorte, so dass die ermittelten Zahlen nur Annäherungswerte sind.
28 Die statistische Auswertung erfolgte durch Herrn Peter Matzinger, dem ich dafür herzlich danke.
29 Vgl. Ernst Otto Bräunche, Die Karlsruher Industrie bis zum Ausbruch des Ersten Weltkrieges, in: Rainer Beck u. a., Industriearchitektur in Karlsruhe, Karlsruhe 1987, S. 12-20, S. 12f. (= Veröffentlichungen des Karlsruher Stadtarchivs Bd. 6).
30 Die statistische Auswertung des Sterbebuchs erfolgte durch Peter Matzinger, dem ich dafür herzlich danke.
31 Wolfgang von Hippel: Wirtschafts- und Sozialgeschichte 1800 bis 1918, in: Handbuch der baden-württembergischen Geschichte, Dritter Band, Vom Ende des Alten Reiches bis zum Ende der Monarchien, Stuttgart 1992, S. 477-766, S. 634. Vgl. auch Manfred Koch: Karlsruher Chronik. Stadtgeschichte in Daten, Bildern, Analysen, Karlsruhe 1992, S. 130 (= Veröffentlichungen des Karlsruher Stadtarchivs Bd. 14).
32 Fecht (wie Anm. 7), S. 465.
33 Vgl. Die Entwicklung der Industrie in Karlsruhe und Umgebung. Bearbeitet vom Statistischen Landesamt, in: Badische Heimat, 15. Jg., 1928, S. 160-164, S. 161.

34 Vgl. Hermann Grees: Bevölkerungsdichte der Gemeinden 1834 und Bevölkerungsdichte der Gemeinden 1970, in: Historischer Atlas von Baden-Württemberg, Erläuterungen, Beiwort zu den Karten XII, 2 und 4, Stuttgart 1988, S. 11 f.
35 Wolfgang Hug: Von den Wurzeln der „Badischen Heimat", in: Sven von Ungern-Sternberg und Kurt Hochstuhl (Hg.): 100 Jahre für Baden. Chronik des Badischen Landesvereins Badische Heimat 1909–2009, Karlsruhe 2009, S. 325-346, S. 333f.
36 Vgl. von Hippel (wie Anm. 31), S. 636. Zu den Zahlen vgl. StadtAK 1/AEST 134 und Beiträge zur Statistik des Großherzogtums Baden, Heft 60, NF 14, Karlsruhe 1905, S. 54 f..
37 Vgl. Wolfgang Kromer: „Ich wollt' auch mal in die Stadt". Zuwanderungen nach Mannheim vor dem Zweiten Weltkrieg, illustriert an Wanderungsbiographien aus dem badischen Odenwald, Heidelberg 1986 (= Sonderveröffentlichungen des Stadtarchivs Mannheim Bd. 10), S. 31.
38 Vgl. von Hippel (wie Anm. 31), S. 636.
39 Vgl. auch Oltmer (wie Anm. 4), S. 21, der ebenfalls auf die Anziehungskraft vor allem von Technischen Hochschulen hinweist.
40 Auskunft vom Amt für Stadtentwicklung-Wahlamt der Stadt Karlsruhe, Stand 30. Juni 2009.
41 Vgl. Klaus J. Bade und Jochen Oltmer: Deutschland, in: Klaus J. Bade u. a. (Hg.): Enzyklopädie Migration in Europa vom 17. Jahrhundert bis zur Gegenwart, Paderborn, München, Wien, Zürich 2008, S. 141-170, S. 150.
42 Otto Berendt: Statistik der Bevölkerung, in: Karlsruhe 1911. Festschrift. Der 83. Versammlung Deutscher Naturforscher und Ärzte gewidmet von dem Stadtrat der Haupt- und Residenzstadt Karlsruhe, Karlsruhe 1911, S. 51-79, S. 53 f. Vgl. auch ders.: Von der Bevölkerung, in: Karlsruhe: Das Buch der Stadt, Karlsruhe 1926, S. 263-270.
43 Berendt, Statistik (wie Anm. 42), S. 54.
44 Vgl. von Hippel (wie Anm. 31).
45 Vgl. Berendt, Bevölkerung (wie Anm. 42), S. 264.
46 Vgl. Oltmer, Migration (wie Anm. 4), S. 23.
47 Vgl. Jahres-Bericht der Handelskammer für die Kreise Karlsruhe und Baden 1907, Karlsruhe 1908, S. XV, und Jahres-Bericht der Handelskammer für den Kreis Karlsruhe 1908, Karlsruhe 1909, S. XIII, und Jahres-Bericht der Handelskammer für die Kreise Karlsruhe und Baden 1912, Karlsruhe 1913, S. XIII.
48 Vgl. Verwaltungsbericht der Landeshauptstadt Karlsruhe für das Wirtschaftsjahr 1930, Karlsruhe 1931, S. 5.
49 Vgl. Verwaltungs- und Rechenschaftsbericht der Landeshauptstadt Karlsruhe für das Wirtschaftsjahr 1934, Karlsruhe 1936, S. 10.

50 Industrie, Handel und Gewerbe, vom Sekretariat der Handelskammer, in: Karlsruhe 1911 (wie Anm. 42), S. 88-102, S. 88.

51 Vgl. Otto Berendt: Vorwort zu den „Ehrentafeln", in: 1914–1918. Ehrenbuch der Stadt Karlsruhe, Karlsruhe 1930, S. XVIII-XLVIII, S. XXXIII.

52 Vgl. Verwaltungsbericht der Landeshauptstadt Karlsruhe für das Wirtschaftsjahr 1928, Karlsruhe 1929, S. 8 f.

53 Josef Rothmaier, Die Ansiedelung der Elsass-Lothringer in Baden, in: Festschrift zum Badener Heimattag Karlsruhe 1930, hrsg. von der Badischen Presse, Karlsruhe 1930, S. 20. Diese Praxis wird auch bestätigt in: Das Elsass von 1870–1932, 1. Bd., Colmar 1936, S. 523.

54 Zur Zunahme der Beamten vgl. StadtAK 1/H-Reg 1354. Zu den Flüchtlingen aus Elsass-Lothringen vgl. StadtAK 1/H-Reg 1467, Bürgerausschussvorlage vom 8. April 1922, Wohnungsbau 1922 und Wohnungsabgabe betr., S. 5. Zur Situation nach Kriegsende in Baden vgl. Hermann Schäfer, Wirtschaftliche und soziale Probleme des Grenzlandes, in: Badische Geschichte. Vom Großherzogtum bis zur Gegenwart, Stuttgart 1979, S. 168-183, und Karl Stiefel: Baden 1648–1952, 2 Bde., Karlsruhe 1977, Bd. 2, S. 1385.

55 Vgl. Jochen Oltmer: Deutsche Zuwanderer aus den nach 1918 abgetretenen Gebieten, in: Klaus J. Bade u.a. (Hg.): Enzyklopädie (wie Anm. 41), S. 525-529, S. 526.

56 Zu Elisabeth Großwendt vgl. Lisa Sterr: Aufbrüche, Einschnitte und Kontinuitäten – Karlsruher Frauen in der Weimarer Republik und im „Dritten Reich", in: Susanne Asche, Barbara Guttmann, Olivia Hochstrasser, Sigrid Schambach, Lisa Sterr: Karlsruher Frauen 1715–1945. Eine Stadtgeschichte, Karlsruhe 1992, S. 293-390, S. 308-310 (= Veröffentlichungen des Karlsruher Stadtarchivs Bd. 15).

57 Vgl. Chronik der Landeshauptstadt Karlsruhe für die Jahre 1918 und 1919, im Auftrag der Stadtverwaltung bearbeitet, Karlsruhe 1925, S. 371, und StadtAK 1/H-Reg 4687, vgl. dort auch zum Folgenden.

58 Vgl. Oltmer, Migration (wie Anm. 4), S. 41.

59 Vgl. Geschäftsbericht des Badischen Ministeriums des Innern für die Jahre 1913–1924, Bd. 1, Karlsruhe 1926, S. 146.

60 Vgl. StadtAK 1/AEST 474 und StadtAK 1/H-Reg 1373. 1931 hatte die Genossenschaft 167 Mitglieder und besaß 18 Häuser im Weiherfeld mit 16 Zweizimmer-, 58 Dreizimmer- und 18 Vierzimmerwohnungen. 1934 nannte sie sich um in „Gemeinnützige Siedlungsgenossenschaft Weiherfeld", die sich 1940 dann dem Mieter- und Bauverein anschloss, vgl. auch: Fritz Ehret: Sozial Bauen – Gesund Wohnen. 100 Jahre Mieter- und Bauverein Karlsruhe eG, Karlsruhe 1997, S. 65-67. Eine detaillierte Untersuchung der Ausweisungsaktionen nach dem Ersten Weltkrieg und der Integration der aus Elsass-Lothringen Ausgewiesenen in Karlsruhe und Baden steht noch aus.

61 Vgl. Verwaltungsbericht der Landeshauptstadt Karlsruhe für das Wirtschaftsjahr 1930, Karlsruhe 1931, S. 5.

62 Vgl. Verwaltungsbericht 1931, S. 5, Verwaltungsbericht 1932, S. 5, und Verwaltungsbericht 1933, S, 7.

63 Vgl. Gau- und Grenzlandhauptstadt Karlsruhe. Verwaltungs- und Rechenschaftsbericht für das Wirtschaftsjahr 1935, Karlsruhe 1937, S. 7.

64 Vgl. Verwaltungs- und Rechenschaftsbericht für das Wirtschaftsjahr 1936, Karlsruhe 1938, S. 7.

65 Vgl. Verwaltungs- und Rechenschaftsbericht für das Wirtschaftsjahr 1938, Karlsruhe 1941, S. 8.

66 Vgl. Birgit Arnold: Die Freimachung und Räumung der Grenzgebiete in Baden 1939/40, Heidelberg 1996, S. 90, S. 93 und Karte 2, Anhang (= Heidelberger Abhandlungen zur mittleren und neueren Geschichte, NF Bd. 9). Vgl. dort, S. 99 auch zum Folgenden.

67 Vgl. StadtAK 1/WuE 1 und Oskar Hüssy: Die Stadt Karlsruhe im dritten Kriegsjahr, in: Adreßbuch der Gau- und Landeshauptstadt Karlsruhe 1942, 69. Jg., Karlsruhe 1941, o. S.

68 Vgl. hierzu und zum Folgenden: Jürgen Schuhladen-Krämer: Zwangsarbeit in Karlsruhe 1939–1945. Ein unbekanntes Kapitel Stadtgeschichte, Karlsruhe 1997, S. 22 ff. (= Forschungen und Quellen zur Stadtgeschichte. Schriftenreihe des Stadtarchivs Karlsruhe Bd. 3).

69 StadtAK 1/H-Reg 1975. Vgl. dort auch zum Folgenden.

70 Vgl. StadtAK POA 2/1666.

71 Vgl. Schuhladen-Krämer (wie Anm. 68), S. 152 f.

72 Vgl. ebenda, S. 32. Vgl. dort, S. 34 f. , auch zum Folgenden.

73 StadtAK 1/H-Reg 1975. Vgl. dort auch zum Folgenden.

74 Vgl. StadtAK 1/H-Reg 1974 und 1975.

75 StadtAK 1/H-Reg 1975.

76 Vgl. Schuhladen-Krämer (wie Anm. 68), S. 104.

77 Vgl. StadtAK 1/H-Reg 1975, Bericht vom 2. Oktober 1940.

78 Vgl. StadtAK 1/AEST 90.

79 Vgl. Oltmer, Migration (wie Anm. 4), S. 43.

80 Vgl. StadtAK 1/H-Reg 1930.

81 Vgl. Schuhladen-Krämer (wie Anm. 68), S. 36 ff.

82 Ebenda, S. 106.

83 Vgl. Josef Werner: Karlsruhe 1945. Unter Hakenkreuz, Trikolore und Sternenbanner, 2. Aufl. Karlsruhe 1986, S. 39, der den „Führer" vom 5. Januar 1945 zitiert.

84 Auszug aus: Statistisches Amt der Stadt Karlsruhe (www1.karlsruhe.de/Stadtentwicklung/afsta/Statistik/Index.htm), Entwicklung der Bevölkerung der Stadt Karlsruhe seit 1946.

85 Vgl. dazu das jeweilige Kapitel „Kennziffern für Großstädte" in den Statistischen Jahrbüchern der Stadt Karlsruhe, StadtAK 8/Ds F X.

86 Stadt Karlsruhe – Büro für Integration (Hg.): Karlsruher Leitlinien zur Integration von Zuwanderinnen und Zuwanderern (2008), Anhang, dort weitere differenzierende statistische Angaben.
87 Schreiben des Statistischen Amtes an das Büro für Integration vom 6. Mai 2010, Stadt Karlsruhe, Registratur Büro für Integration.
88 Amt für Stadtentwicklung, Statistik und Stadtforschung (Hg.) / Andrea Rosemeier (Bearb.): Ausländische Bevölkerung in Karlsruhe 1982-1991, S. 10, StadtAK 8/Ds F X 31a.
89 Ebenda, S. 17 ff.
90 Vgl. Statistisches Jahrbuch 1974, 1998 und 2008 und Statistisches Amt der Stadt Karlsruhe (www1.karlsruhe.de/Stadtentwicklung/afsta/Statistik/Index.htm), Ausländische Wohnbevölkerung in Karlsruhe nach dem Herkunftsland.
91 Vgl. z. B. die Tabelle „Entwicklung der Arbeitslosigkeit im Stadtkreis Karlsruhe seit 1995", in: Statistisches Jahrbuch 2005, S. 114 und die Tabellen „Sozialhilfeempfänger in Karlsruhe seit 1998" und „Anteil der Empfänger von Hilfe zum Lebensunterhalt nach ausgewählten Bevölkerungsgruppen in %", S. 171, StadtAK 8/Ds F X 115.

MANFRED FELLHAUER

Auswanderungen 1715 – 1945

S. 37 bis 56

1 Friedrich von Weech: Karlsruhe. Geschichte der Stadt Karlsruhe und ihrer Verwaltung. Auf Veranlassung des Stadtrats bearbeitet, 3 Bde., Karlsruhe 1895 – 1904, Bd. 1, S. 377.
2 Die „Müller-Auswandererdatenbank" ist der Karlsruher Teil der Auswanderer-Datenbank im Generallandesarchiv Karlsruhe. Die badische Auswandererdatenbank enthält über 200.000 Hinweise auf Auswanderer aus dem ehemaligen Großherzogtum Baden, die Wolfgang Müller in den letzten zehn Jahren in eine Datenbank eingegeben hat. Die Datei sowie die nachfolgenden Übersichten erheben keinen Anspruch auf Vollständigkeit. Insbesondere das Heranziehen von Eintragungen aus Kirchenbücher könnte die Übersichten ergänzen.
3 Vgl. Werner Hacker: Auswanderungen aus Baden und dem Breisgau, Stuttgart und Aalen 1988, S. 31 ff.
4 Vgl. Generallandesarchiv Karlsruhe (GLA) 61/1307 RK 1164 (1741).
5 Vgl. GLA 74/1482, 1483; HR vom 10.10.1770.
6 Vgl. GLA 61/1203 RK 241.
7 Badische Landordnung 1715, IV, 4 § 3.
8 GLA 74/9848:18f. – GR Nr 733. Vgl. auch Mark Häberlein: Pfälzer, in: Klaus J. Bade u. a. (Hg.): Enzyklopädie Migration in Europa vom 17. Jahrhundert bis zur Gegenwart, Paderborn, München, Wien, Zürich 2008, S. 846-850, S. 849.
9 Vgl. GLA 61/846 HR Nr. 1446.
10 Vgl. Hacker (wie Anm. 3).
11 Für die Unterstützung bei der Auswertung mit EDV der Müllerschen Datei danke ich Herrn Harald Pehlke.
12 Vgl. Hacker (wie Anm. 3), S. 40.
13 Vgl. Joseph Weiß: Die Deutsche Kolonie an der Sierra Morena und ihr Gründer Johann Kaspar von Thürriegel, ein bayrischer Abenteurer des 19. Jahrhunderts, in: Erste Vereinszeitschrift der Görres-Gesellschaft zur Pflege der Wissenschaft im katholischen Deutschland, Köln 1907, S. 1-119.
14 Vgl. Ebenda, S.41 ff.
15 Hermann Baier: Mit Thürriegel in die Sierra Morena, in: Mein Heimatland, Heft 1/1937 S. 80 ff.
16 Dollmeyer Josef, Maurer, katholisch, ohne Kinder, 350 Gulden Vermögen, will nach Spanien; hat ein lediges Hurenkind bei sich; Frau wohnt getrennt in eigenem Haus. Sonst guter Arbeiter und Haushalter, aber seit 7 Jahren getrennt von Frau hausend. Gewarnt vor Spanien (GLA 206/3255:51, 104). Jung Johann, Hintersasse, evangelisch, verheiratet, 7 Kinder, ohne Vermögen, war schon in Holstein, will nach Spanien. Landläufer, fast kein Vermögen; mag nicht schaffen. Warnung vor Spanien (GLA 206/3255:51, 53, 104). Mauk Michael, Hintersasse, Maurer, katholisch, verheiratet, 5 Kinder, will nach Spanien. Sehr arm, hat kein Haus, guter Haushalter und Arbeiter. Warnung vor Spanien (GLA 206/3255:51v, 104). Nebes Blasius, katholisch, Hintersasse, verheiratet, 1 Kind, ohne Vermögen, will nach Spanien. Guter Arbeiter, Frau aber nicht viel nütze, daher Haushaltung schlecht, obwohl er selbst gern und gut schafft. Warnung vor Spanien (GLA 206/3255:52, 104). Sehringer Daniel, katholischer Zimmergeselle, trotz Abwarnung mit Frau, 4 Kindern nach Spanien entwichen. Schlechter Haushalter, leichtsinnig, trinkt; Töchter nicht viel Nutz (GLA 206/3255:48f, 52). Schöneberger Christof, katholisch, trotz Verwarnung entwichen nach Spanien. Hintersasse, Maurer, verheiratet, 5 Kinder, Vermögen 0. Nichts nutze, faul, sonntags sitzt er mit der Frau im Wirtshaus, die Kinder schickt er betteln (GLA 206/3255:52, 104). Wildemann Josef, Hintersasse, Zimmermann, katholisch, verheiratet, 3 Kinder, Vermögen +/- 0; will nach Spanien. Guter Haushalter, aber die Armut bringt ihn zum Emigrieren (GLA 3255:51v, 104).
17 Vgl. Baier (wie Anm. 15), S. 81.

¹⁸ Weiß (wie Anm. 13), S. 100.

¹⁹ Vgl. GLA 61/1071 HR 2095, 2590.

²⁰ Vgl. Auswanderung Bremen – USA. Führer des Deutschen Schifffahrtsmuseum Nr. 4, Bremerhaven 1976, S. 6.

²¹ Vgl. Hans Sponner: Die Auswanderung aus Schwarzwald und Oberrheinebene im 18. und 19. Jahrhundert, Diss. phil. Univ. Freiburg i. Br., Freiburg 1942, S. 93.

²² Vgl. Heinrich Krohn: Und warum habt ihr denn Deutschland verlassen? 300 Jahre Auswanderung nach Amerika, Bergisch Gladbach 1992, S. 11, S. 77.

²³ Eugen Philippovich: Die staatlich unterstützte Auswanderung im Großherzogtum Baden, in: Archiv für soziale Gesetzgebung und Statistik, Berlin 1892, Band V, S. 35.

²⁴ Vgl. Kurbadisches Regierungsblatt 1804 S. 25.

²⁵ Vgl. Übersicht über die Auswanderungen im Großherzogtum Baden in den Jahren 1840–1850, herausgegeben vom Ministerium des Innern, 1857, Einleitung.

²⁶ Vgl. ebenda.

²⁷ Vgl. Krohn (wie Anm. 22), S. 81, S. 168.

²⁸ Die nachfolgende Tabelle wurde ebenfalls anhand der Müller-Datei erstellt. Für die Unterstützung bei der EDV-Auswertung der Müllerschen Datei danke ich Herrn Harald Pehlke und Herrn Wolfgang Bellm. Auch hier ist anzumerken, dass die Tabelle keinen Anspruch auf Vollständigkeit erhebt.

²⁹ Vgl. Vgl. Klaus J. Bade und Jochen Oltmer: Deutschland, in: Bade: Enzyklopädie Migration (wie Anm. 8),, S. 141-170, S. 147.

³⁰ Vgl. Joseph Häßler: Die Auswanderung nach Russland und Polen im 18. und 19. Jahrhundert, Grafenhausen 1959.

³¹ Vgl. ebenda, S. 43. Zur Auswanderung der Nachfahren dieser Siedler nach Amerika 100 Jahre später s. Manfred Koch: Von Baden über Russland nach Amerika, Vorwort in: Richard Besserer, Stephan Wenz: Welcome to Karlsruhe. Begegnung mit einem Dorf, Karlsruhe, North Dacota, Karlsruhe 2004.

³² Vgl. Krohn (wie Anm. 22), S. 173. Vgl. auch: Karl-Heinz Meier-Braun/Reinhold Weber: Kleine Geschichte der Ein- und Auswanderung in Baden-Württemberg, Leinfelden-Echterdingen 2009, S. 77-89.

³³ Vgl. Übersicht über die Auswanderung im Großherzogtum Baden in den Jahren 1840 bis 1855, herausgegeben von dem Ministerium des Innern, Karlsruhe 1857.

³⁴ Gelbsucht.

³⁵ Stadtarchiv Karlsruhe (StadtAK) 5/Grünwinkel A 1.

³⁶ Vgl. Krohn, (wie Anm. 22), S. 229.

³⁷ Vgl. ebenda, S. 227.

³⁸ 1 Fuß = 30 cm.

³⁹ 1 Zoll = 3 cm.

⁴⁰ Wie Anm. 20, S. 32.

⁴¹ Vgl. Krohn (wie Anm. 22), S. 81 ff. und S. 263 ff.

⁴² Auswanderung Bremen – USA (wie Anm. 38), S. 51.

⁴³ Vgl. Philippovich (wie Anm. 23), S. 65.

⁴⁴ Vgl. wie Anm. 25, S. VIII.

⁴⁵ StadtAK 8/Ze Karlsruher Zeitung vom 3. September 1848.

⁴⁶ Vgl. Krohn (wie Anm. 22), S. 330.

⁴⁷ Vgl. ebenda, S. 331.

⁴⁸ Vgl. Josef Werner: Hakenkreuz und Judenstern. Das Schicksal der Karlsruher Juden im Dritten Reich, Karlsruhe 1988 S. 271 (= Veröffentlichungen des Karlsruher Stadtarchivs Bd. 9) .

⁴⁹ Vgl. ebenda, S. 207.

⁵⁰ Vgl. ebenda.

⁵¹ Ebenda, S. 213.

MANFRED KOCH UNTER MITWIRKUNG VON KATHRIN BOHLAND, ALOIS KAPINOS, CATHERINE WALZER

Flüchtlinge und Heimatvertriebene

S. 57 bis 85

¹ Karl-Peter Krauss (Red.): „Angekommen! Angenommen?" Flucht und Vertreibung 1945 bis 1955 (Schriftenreihe Haus der Heimat des Landes Baden-Württemberg, Heft 5) Filderstadt 1996.

² Vgl. Rainer Schulze (Hrsg.): Zwischen Heimat und Zuhause. Deutsche Flüchtlinge und Vertriebene in (West-) Deutschland 1945–2000, Osnabrück 2001, S. 7.

³ Theodor Oberländer: Das Weltflüchtlingsproblem. Ein Vortrag, gehalten vor dem Rhein-Rhur-Club am 8. Mai 1959, S. 4.

⁴ Zu den erzwungenen Bevölkerungswanderungen der Kriegszeit vgl. Klaus J. Bade: Europa in Bewegung. Migration vom späten 18. Jahrhundert bis zur Gegenwart, München 2002, S. 284-297.

⁵ Vgl. Manfred Görtemaker: Kleine Geschichte der Bundesrepublik Deutschland. Von Adenauer bis heute, München 2002, S. 11.

⁶ Zeitzeugeninterview Frau W., Stadtarchiv Karlsruhe (StadtAK) 11/Dig G 24.

⁷ Ebenda.

⁸ Statistisches Jahrbuch der Stadt Karlsruhe 1959, S. 11 und 1960, S. 11.

9 Alfred Behnle: Die Neubürger in Karlsruhe (nach dem Stand: 31.12.1949), S. 9, StadtAK 1/H-Reg 4246, Heft 2.
10 StadtAK 1/H-Reg 4247.
11 Thomas Grosser: Ankunft, Aufnahme und Integration aus der Sicht der Einheimischen, in: „Angekommen! Angenommen?" (wie Anm. 1), S. 44.
12 Statistisches Jahrbuch der Stadt Karlsruhe 1952, S. 18. Eine wesentliche Verschiebung des evangelischen und katholischen Bevölkerungsanteils hat nach 1945 nicht stattgefunden, obgleich von den Flüchtlingen und Vertriebenen etwa ein Drittel evangelisch und knapp zwei Drittel katholisch waren. S. Behnle (wie Anm. 9), S. 11 und Manfred Koch, Karlsruher Chronik. Stadtgeschichte in Daten, Bildern, Analysen, Karlsruhe 1992, S. 312 (= Veröffentlichungen des Stadtarchivs Karlsruhe, Band 14).
13 Statistisches Jahrbuch der Stadt Karlsruhe 1954, S. 6 und 1955, S. 5
14 Zu den Zahlen der Flüchtlinge aus der DDR vgl. das Stichwort Flüchtlinge in: DDR-Handbuch, Hg. Bundesministerium für innerdeutsche Beziehungen, 3. überarb. und erweit. Aufl. Köln 1985.
15 StadtAK 1/H-Reg 4245.
16 Vgl. Josef Werner, Karlsruhe 1945. Unter Hakenkreuz, Trikolore und Sternenbanner, Karlsruhe 1985, S. 180 ff.
17 United Nations Relief and Rehabilitation Administration, 1943 gegründete internationale, später der UN unterstellte Organisation zur Betreuung der Flüchtlinge und verschleppten Personen (Displaced Persons) in den von den Alliierten besetzten Gebieten; 1947 aufgelöst, Aufgaben bis 1951 teilweise von der Internationalen Flüchtlingsorganisation (IRO) übernommen. Zur Versorgung der DPs 1945/46 in Karlsruhe s. a. die nachträglichen Aufzeichnungen von Alfred Behnle in StadtAK 8/StS 13, 56.
18 Aufzeichnungen von Alfred Behhnle StadtAK 8/StS 13, 56, pag. 66, vgl. a. Werner (wie Anm. 16), S.180 ff.
19 Behnle (wie Anm. 17).
20 Ebenda.
21 Vgl. Sylvia Schraut: Flüchtlingsaufnahme in Württemberg-Baden 1945–1949. Amerikanische Besatzungsziele und demokratischer Wiederaufbau im Konflikt, München 1995, S. 180.
22 Behnle (wie Anm. 9), S. 2.
23 Vgl. Sylvia Schraut: Zwangswanderung nach 1945 und ihre sozialen Folgen. Die Aufnahme der Flüchtlinge und Ausgewiesenen in Württemberg-Baden 1945–1949, in: Christiane Grosser (u.a.): Flüchtlingsfrage – das Zeitproblem. Amerikanische Besatzungspolitik, deutsche Verwaltung und die Flüchtlinge in Baden-Württemberg 1945–1949, Mannheim 1993, Seite 178.
24 Die Flüchtlinge und Evakuierten in Württemberg-Baden, Statistische Monatshefte Württemberg-Baden, Heft 1/2, 1947, S. 12-14.
25 Behnle (wie Anm. 9), S. 2 f. Laut Schraut (wie Anm. 21), S. 181 waren es nur 23 Transporte mit 18.449 Menschen.
26 Zeitzeugeninterview Frau K., StadtAK 11/Dig G 24.
27 Behnle (wie Anm. 17), Aufbau der Flüchtlingsdienststellen und Flüchtlingslager, pag. 69 ff. Dort auch zum Folgenden; vgl. auch „Angekommen! Angenommen?" (wie Anm. 1) und Werner (wie Anm. 16).
28 Vgl. Ute Grau: Wenn Mutter und Tochter in einer Küche kochen. Flüchtlinge und Vertriebene in Karlsruhe in den ersten Nachkriegsjahren, in: „Angekommen! Angenommen?" (wie Anm. 1), S. 95 ff. Zum Flüchtlingsgesetz s. Schraut (wie Anm. 21), S. 100-114.
29 Vgl. Beate Kube: Der Weg zwischen Ankunft und Eingliederung. Zur Integration von Flüchtlingen und Vertriebenen in Karlsruhe (1945–1949) mit Blick auf die Situation der Flüchtlings- und Vertriebenenfrauen, Magisterarbeit Universisät Karlsruhe 1996, StadtAK 8/StS 25 Folge 2, 44, S. 66 ff.
30 Vgl. Grau (wie Anm. 28), S. 95 ff.
31 Behnle erwähnt mehrfach den Karlsruher Humoristen und Karnevalisten Adi Walz als besonders hilf- und einfallsreich bei der Gestaltung des Kulturprogramms, Behnle (wie Anm. 17).
32 „United States policy is directed towards full assimilation, political, social and economical, of all refugees in the communities to which they are assigned." zitiert nach Kube (wie Anm. 29), S. 7.
33 Behnle (wie Anm. 17) und Grau (wie Anm. 28), S. 95; zu den Kulturtagen 1947 und den Veranstaltungen für Neubürger s. StadtAK 1/AGA 11.035, 11.039.
34 S. die Lagerordnung in StadtAK 1/H-Reg 4246.
35 Kube (wie Anm. 29), S. 66 f.
36 Zeitzeugeninterview Frau W., StadtAK 11/Dig G 24.
37 Vgl. Kube (wie Anm. 29), S. 66 ff.
38 Zeitzeugeninterview Frau R., StadtAK 11/Dig G 24.
39 StadtAK 1/H-Reg 4246.
40 StadtAK 1/H-Reg 4247.
41 StadtAK 1/AGA 11.254.
42 Mathias Tröndle: Naturtheater Durlach-Lerchenberg. Das Weiße Rössl stand einst auch am Turmberg, in: Manfred Koch (Hg.): Blick in die Geschichte. Karlsruher stadthistorische Beiträge, Band 4 2003–2008, Karlsruhe 2010, S. 222-227.
43 StadtAK 1/AGA 11.254 und 11.236.
44 StadtAK 1/AGA 11.242.
45 StadtAK 1/AGA 11.236.
46 StadtAK 1/H-Reg 8640.
47 S. dazu StadtAK 1/H-Reg 8641.
48 StadtAK1/H-Reg 4246. Hier finden sich mehrere Hinweise, dass die Stadtverwaltung von wenigen Ausnah-

49 Vgl. Kube (wie Anm. 29), S. 62 ff.
50 Karlsruhe in Zahlen. Jahresbericht 1948, Heft 4, hrsg. vom Statistischen Amt der Stadt Karlsruhe, S. 21.
51 StadtAK 1/H-Reg 4246.
52 Zeitzeugeninterview Frau K., StadtAK 11/Dig G 24.
53 Ebenda.
54 Behnle (wie Anm. 17), s. a. StadtAK 1/AGA 10.962, 10.966.
55 Zitiert nach Manfred Koch: Karlsruhe im Jahr 1947. Beschwerlicher Alltag zwischen Ernährungskrise, Wohnungsnot und Entnazifizierung, in: Badische Heimat, Jg. 1997, Heft 2, S. 302. Zum Mangel an Kooperationsbereitschaft in weiten Teilen von Regierung und Verwaltung vgl. Schraut (wie Anm. 21), S. 474.
56 Grau (wie Anm. 28), S.100.
57 Christian Habbe: Der zweite lange Marsch, in: Stefan Aust / Stephan Burgdorff (Hg.): Die Flucht – Über die Vertreibung der Deutschen aus dem Osten, Bonn 2005, S. 248.
58 Andreas Kossert: Kalte Heimat. Die Geschichte der deutschen Vertriebenen nach 1945, München 2008, S. 43 ff.
59 Zeitzeugeninterview Frau K., StadtAK 11/Dig G 24.
60 Grosser (wie Anm. 11), S. 54.
61 Zeitzeugeninterview Frau K., StadtAK 11/Dig G 24.
62 Zeitzeugeninterview Frau R., StadtAK 11/Dig G 24.
63 Zeitzeugeninterview Frau K., StadtAK 11/Dig G 24.
64 StadtAK 8/StS 13 Bd. 2-56, S. 60 ff.
65 Ebenda.
66 Zeitzeugeninterview Frau W., StadtAK 11/Dig G 24.
67 Vgl. Grau (wie Anm. 28), S.107.
68 Zum Wohnungsbau der Nachkriegszeit vgl. Manfred Koch: Trümmerstadt, Residenz des Rechts, Zentrum der Technologieregion – Wechselvoller Weg in die Gegenwart, in: Karlsruhe – Die Stadtgeschichte, Karlsruhe 1998, S. 572-580.
69 Vgl. Hermann Ehmer: Geschichte von Neureut, Karlsruhe 1983, S. 220 ff.
70 Vgl. Festschrift 50 Jahre Siedlergemeinschaft Karlsruhe-Hohenwettersbach (1957 – 2007), StadtAK 8/StS 20/2543.
71 Landeszentrale für politische Bildung Baden-Württemberg (Hg.): 50 Jahre danach: Was hat das Kriegsende bedeutet? Ausgewählte Beiträge eines Wettbewerbs, Stuttgart 1995, S. 18.
72 Vgl. Karl-Heinz Mayer-Braun / Reinhold Weber: Kleine Geschichte der Aus- und Einwanderung in Baden-Württemberg, Leinfelden-Echterdingen 2009, S. 112. Zu den Vertriebenen in der Wirtschaft und auf dem Arbeitsmarkt vgl. Thomas Grosser: Die Integration der Heimatvertriebenen in Württemberg-Baden (1945 – 1961), (=Veröffentlichungen der Kommission für geschichtliche Landeskunde in Baden-Württemberg, Reihe B, Forschungen 158. Band), Stuttgart 2006, S. 69-242.
73 Vgl. Statistisches Jahrbuch der Stadt Karlsruhe für das Jahr 1949, S. 76.
74 Vgl. Statistische Jahrbücher der Stadt Karlsruhe 1949 – 1959.
75 Behnle (wie Anm. 9), S. 15.
76 Manfred Heerdegen: Vertreibung und Integration nach 1945. Die „Gablonzer" und ihre Industrie in Karlsruhe, in: Blick in die Geschichte, Nr. 84, 19. September 2009. (www.karlsruhe.de/kultur/stadtgeschichte/blick_geschichte).
77 Vgl. Grosser (wie Anm. 72), S. 221.
78 Arbeitsstätten und Beschäftigte in Karlsruhe (nach den Ergebnissen der Arbeitsstättenzählung vom 6. Juni 1961), Hg. Statistisches Amt Karlsruhe, S. 53 f., StadtAK 8/Ds F IX 72.
79 Vgl. Schraut (wie Anm. 21), S. 429 ff. und dies.: Zwischen Koalitionsverbot und politischer Eingliederung: Die IDAD, in: „Angekommen! Angenommen?" (wie Anm. 1), S. 69-82.
80 Zu den Wahlergebnissen in Karlsruhe vgl. die Übersicht in: Koch (wie Anm. 12), S. 319 ff.
81 Vgl. Richard Stöss (Hg.): Parteienhandbuch. Die Parteien der Bundesrepublik Deutschland 1945 – 1980, Sonderausgabe Opladen 1986, Band 3, S. 1424-1459.
82 Behnle (wie Anm. 9), S. 23, vgl. auch Schraut (wie Anm. 21), S.448.
83 Haus der Heimat 1987 – 1997, S. 13, StadtAK 8/StS 20, Band 3, 1038.
84 Zeitzeugeninterview Frau K., StadtAK 11/Dig G 24.
85 StadtAK 1/H-Reg. A 69.
86 Ebenda.
87 Ebenda.
88 Ebenda.
89 Ebenda.
90 Ebenda.
91 Zu den Problemen bei der Wohnraumversorgung vgl. auch Grosser (wie Anm. 72), S. 243-322.
92 Laut Gesetz Nr. 52 der Militärregierung.
93 Regierungsblatt 1947, S. 15.
94 Regierungsblatt 1948, S. 4.
95 Erlass vom 28. Mai 1948.

96   StadtAK 10/Zx 103 (1950–1952), Amtsblatt für den Stadtkreis Karlsruhe vom 28. August 1952. Zur Tätigkeit des Ausgleichsamts s. a. die Rechenschaftsberichte von 1965, 1978 und 1987, StadtAK 8/Ds F XXXV 2, 3 und 1.
97   StadtAK 10/Zx 103 (1950–1952), Amtsblatt für den Stadtkreis Karlsruhe vom 14. August 1952.
98   Statistisches Jahrbuch der Stadt Karlsruhe 1960, S. 57.
99   Kossert (wie Anm. 58), S. 12.
100 Zeitzeugeninterview Frau K., StadtAK 11/Dig G 24.
101 Ebenda.

MANFRED KOCH

Gastarbeiter und Gastarbeiterinnen

S. 86 bis 112

1   Der Name Massimo steht für die Arbeiter, die beim Aufbau der neu gegründeten Stadt Karlsruhe halfen, Sciatti war Hofkapellmeister und -komponist. Von ihm ausgehend entwickelt Eva Nöldeke in ihrem mit stadthistorischen Fakten angereicherten Roman „Ein Hauch von Zitronen" (Mühlacker 2007) die Geschichte einer italienischen Einwandererfamilie, die mit erfolgreichem Obst- und Weinhandel am Ende des 18. Jahrhunderts in Karlsruhe bzw. Durlach heimisch geworden ist. Guarnierie taucht in den Akten als erster italienischer Eisverkäufer in der Stadt auf und die Familie Alwin Bortoluzzi betrieb seit 1938 in der Rheinstrandsiedlung ein Restaurant mit Eisdiele, in dem auch Pizza auf der Speisekarte stand.
2   Zur Konzessionierung von Eisdielen zwischen 1932 und 1949 s. Stadtarchiv Karlsruhe (StadtAK) 1/H-Reg 7722.
3   Vgl. zum Folgenden Werner Abelshauser: Deutsche Wirtschaftsgeschichte seit 1945, München 2004 und Ulrich Herbert: Geschichte der Ausländerpolitik in Deutschland, München 2001.
4   Zu den Zahlen s. Klaus J. Bade / Pieter C. Emmer / Leo Lucassen / Jochen Oltmer (Hg.): Enzyklopädie Migration in Europa. Vom 17. Jahrhundert bis zur Gegenwart, 2. Aufl. München 2008, S. 397 ff. und 485 ff. und Herbert (wie Anm. 2), S. 201.
5   Herbert (wie Anm. 2), S. 195.
6   Vgl. dazu Heike Knortz: Diplomatische Tauschgeschäfte. Gastarbeiter in der westdeutschen Diplomatie- und Beschäftigungspolitik 1953–1973, Köln 2008.
7   Vgl. zum Folgenden Herbert (wie Anm. 2), S. 202 ff.
8   Zitiert nach Herbert (wie Anm. 2), S. 206.
9   S. Herbert, (wie Anm. 2), S. 206

10 Vgl. Enzyklopädie Migration in Europa (wie Anm. 3), S. 731 ff.
11 S. StadtAK 1/SJB 711.
12 Vgl. ebenda, S. 160.
13 Gastarbeiter aus den anderen Anwerbeländern waren in Karlsruhe nur in sehr geringer Zahl vertreten.
14 Statistisches Amt der Stadt Karlsruhe (Hg.): Arbeitsstätten und Beschäftigte in Karlsruhe. Ergebnisse der Volkszählung vom 27.5. 70, S. 36, StadtAK 8/ Ds F IX 121.
15 Zitiert nach Herbert (wie Anm. 2), S. 206.
16 S. den gedruckten Text ohne Angabe der Veröffentlichung „Zur Frage der Ansiedlung weiterer Industrie im Stadtkreis Karlsruhe", in: StadtAK 1/H-Reg 6219.
17 Vgl. Klaus J. Bade: Europa in Bewegung. Migration vom späten 18. Jahrhundert bis zur Gegenwart, München 2002, S. 318.
18 Statistisches Jahrbuch der Stadt Karlsruhe, Berichtsjahr 1960, S. 20 f.
19 Vgl. Manfred Koch: Trümmerstadt – Residenz des Rechts- Zentrum der Technologieregion. Wechselvoller Weg in die Gegenwart, in: Karlsruhe. Die Stadtgeschichte, Karlsruhe 1998, S. 628.
20 Auswertung einer vom Arbeitsamt erstellten Übersicht über die im Stadt- und Landkreis beschäftigten Ausländer, Stand 30. September 1965, die nach Nationalitäten und Geschlecht differenziert für jeden Betrieb die Zahlen angibt, StadtAK 1/AfW 47.
21 Wie Anm. 14, S. 36 f.
22 Vgl. Statistisches Jahrbuch der Stadt Karlsruhe, Berichtsjahre 1964–1972. Darin wird nicht differenziert in männliche und weibliche ausländische Arbeitnehmer.
23 Wie Anm. 14, S. 36.
24 S. Stadt Karlsruhe (Hg.): Ausländische Arbeitnehmer in Karlsruhe (Schriften zur Stadtentwicklungsplanung, Heft 2) Oktober 1975, S. 38 f. Die Befragung erfolgte auf schriftlichem Weg, wobei jeder 4. in der Lohnsteuerkartei erfasste Ausländer ausgewählt wurde. Die Rücksendequote belief sich auf 31 %.
25 Herbert (wie Anm. 2), S. 225.
26 Wie Anm. 24, S. 39.
27 Auch zum Folgenden Herbert (wie Anm. 2), S. 208 ff.
28 Zitiert nach Herbert (wie Anm. 2), S. 209.
29 Vgl. Bade (wie Anm. 17), S. 317.
30 S. Stadt Karlsruhe, Amt für Einwohnerwesen und Statistik (Hg.): Die natürliche Bevölkerungsentwicklung 1960–1978, Juli 1979, S. 27, StadtAK 8/Ds F IX 74.
31 Zusammengestellt nach den statistischen Jahresberichten der Stadt Karlsruhe 1960–1973, StadtAK 1/Ds F X. Die Fortschreibung der Gesamteinwohnerzahlen wurde für 1970 und 1971 in einer Statistik von 2008 (s. Tabel-

le S. 35) gegenüber den in den Jahresstatistiken veröffentlichten Zahlen deutlich nach unten korrigiert. Die Zahlen für 1972 und 1973 weichen nur noch um etwa 1.000 ab. Da aber die seinerzeit mitgeteilten Zahlen für einzelne Nationen nicht korrigiert wurden, mussten zur Vermeidung prozentualer Ungereimtheiten die alten Zahlen der Jahresstatistik verwendet werden.

32 Herbert (wie Anm. 2), S. 201.
33 S. StadtAK 1/H-Reg 8671.
34 Wie Anm. 24, S. 31 f.
35 Ebenda, Anhang Tabelle 11.
36 StadtAK 1/SJB 711, Abschrift eines Artikels im Staatsanzeiger für Baden-Württemberg vom 27. April 1960.
37 S. „Der Städtetag", Oktober 1962, S.509, zitiert nach StadtAK 1/H-Reg 4216.
38 Addiert aus den Zahlen des Fragebogens, der am 22. Juni 1971 an den deutschen Städtetag zurückgeschickt wurde, in: StadtAK 1/H-Reg 4216.
39 Wie Anm. 20.
40 Wie Anm. 24, S. 22.
41 StadtAK 1 AfW 47, undatiertes Schriftstück „Wohnraumversorgung ausländischer Gastarbeiter".
42 Nach einem Artikel der Badischen Neuesten Nachrichten (BNN) vom 25. August 1971.
43 So die Äußerungen der Amtsvertreter während einer von den BNN veranstalteten Diskussion, BNN vom 10. September 1971.
44 BNN vom 18. Februar 1961
45 So der Vertreter des Bauordnungsamtes, BNN vom 10. September 1971.
46 Vgl. StadtAK 1/H-Reg 8671.
47 S. StadtAK 1/AfW 47.
48 Vgl. BNN vom 22. August 1971.
49 S. BNN vom 2. September 1971.
50 Wie Anm. 24, S. 25.
51 Ebenda, S. 21.
52 Ebenda, Tabellen 5a – 8.
53 S. StadtAK 1/H-Reg 4216.
54 Vgl. wie Anm. 37, S. 508.
55 Die folgenden Ausführungen basieren auch auf kurzen Ausarbeitungen die von Sarah Pfeiffer und Hans-Gerd Köhler für den Caritasverband Karlsruhe e.V. und von Andrea Sauermost für das Diakonische Werk zur Verfügung gestellt wurden. Vgl. auch wie Anm. 24, S. 42.
56 S. BNN vom 18. Februar 1961.
57 In den 1990er Jahren wurde die nach Nationalitäten aufgeteilte Betreuung zugunsten einer erweiterten Migrationsberatung aufgehoben. Seitdem bieten Caritasverband und Diakonisches Werk Hilfe und Beratung für Ausländer und Flüchtlinge im Ökumenischen Beratungszentrum.
58 Vgl. auch zum Folgenden StadtAK 1/SJB 711 und 1/H-Reg 4216.
59 So der Stadtrat und AWO-Geschäftsführer Norbert Vöhringer am 8. Dezember 1966 bei der Eröffnung der Beratungsstelle für türkische Arbeitnehmer, BNN vom 9. Dezember 1966.
60 Vgl. StadtAK 1/SJB 711 und 1/H-Reg 8825.
61 Vgl. wie Anm. 24, S. 46 ff.
62 Vgl. ebenda, S. 42 ff.
63 S. BNN vom 14. November 1969.
64 Vgl. die Gastarbeiterinterviews in StadtAK 11/Dig G 24.
65 Wie Anm. 24, S. 17 f.
66 Wie Anm. 64.
67 Wie Anm. 24, S. 16, S. 19.
68 Stadt Karlsruhe, Büro für Integration (Hg.): Karlsruher Leitlinien zur Integration von Zuwanderinnen und Zuwanderern, Karlsruhe Oktober 2008, S. 4. Bei dem Zitat handelt es sich um die Übernahme aus einer Publikation des Deutschen Städtetages.
69 Wie Anm. 24, S. 31.
70 Ebenda, S. 31 f.
71 Ebenda, S. 32 f.
72 Ebenda, S. 36.
73 Stadt Karlsruhe, Amt für Einwohnerwesen und Statistik (Hg.):Entwicklung und Struktur des ausländischen Bevölkerungsanteils in der Stadt Karlsruhe, Karlsruhe Oktober 1983, S. 19, StadtAK 1/Ds F IX 81.
74 Wie Anm. 24, S. 36 f. und BNN vom 22. Oktober 1971 (Leserbrief des Staatlichen Schulamts Karlsruhe).
75 Wie Anm. 24, S. 35.
76 Herbert (wie Anm. 2), S. 238.
77 Vgl. Sauermost (wie Anm. 55).
78 Wie Anm. 64.
79 Vgl. dazu und zum Folgenden Herbert (wie Anm. 2), S. 226 ff.
80 Handelsblatt vom 23. Januar 1971, zitiert nach Herbert (wie Anm. 2), S. 227.
81 Frankfurter Rundschau vom 25. November 1973, zitiert nach Herbert (wie Anm. 2), S. 229.
82 Statistisches Jahrbuch der Stadt Karlsruhe, 1973 – 1981.
83 Vgl. Bade (wie Anm. 17), S. 317.
84 Vgl. Herbert (wie Anm. 2), S. 232 ff.
85 Ebenda.
86 Zitiert nach ebenda, S. 234.

DANKWART VON LOEPER

Asylsuchende

S. 113 bis 130

1. Mohamed Agibu Jalloh: „Ein Tag ist wie der andere: herumsitzen, essen, warten, schlafen.", in: Vom Fliehen und Ankommen – Flüchtlinge erzählen, hrg. von Pro Asyl, Karlsruhe 2006.
2. Zitiert nach „Badische Neueste Nachrichten" (BNN) vom 23. Dezember 1981.
3. Zitiert nach BNN vom 7. April 1982.
4. Zitiert nach BNN vom 15. Oktober 1980.
5. Lothar Späth im Schwäbischen Tagblatt, Tübingen vom 5. Mai 1983.
6. Franz Nuscheler, Internationale Migration, 2. Aufl., Wiesbaden 2004, S. 144.
7. Zitiert nach BNN vom 30. November 1982, Artikel: „Ab Januar neuer Zustrom von Asylanten erwartet".
8. Zitiert nach BNN vom 26. Juli 1985, Artikel: „Asylanten-Ansturm auf die Anlaufstelle hält weiter an".
9. Josef-Otto Freudenreich: „Kein Platz für Toleranz", in: „DIE ZEIT" vom 11. Oktober 1985.
10. Zitiert nach BNN vom 5. August 1985.
11. Vgl. BNN vom 17. Oktober 1985.
12. BNN vom 31. Dezember 1985.
13. Ebenda.
14. BNN vom 27. August 1986.
15. Amtsblatt der Stadt Karlsruhe vom 29. August 1986.
16. Nuscheler (wie Anm. 6), S. 144.
17. BNN vom 11. Februar 1986.
18. Nuscheler (wie Anm. 6), S. 264 ff.
19. BNN vom 2. Dezember 1988.
20. BNN vom 2./3. September 1989.
21. BNN vom 11. Februar 1990.
22. Freundeskreis Asyl (Hg.): Dokumentation über die Zustände in der alten ZASt, 1991, Archiv MRZ.
23. Tätigkeitsbereich der Sozialbetreuung in der ZASt des Diakonischen Werkes, 23.Februar 1990, Archiv Menschenrechtszentrum (MRZ).
24. Archiv MRZ.
25. Archiv MRZ.
26. Zitiert nach: Heiko Kauffmann (Hg.): Eine schier unendliche Geschichte, Flüchtlingskinder und ihre Rechte in Deutschland, Karlsruhe 2010.
27. Archiv MRZ.

SABINE LIEBIG

Spätaussiedler und Spätaussiedlerinnen

S. 131 bis 158

1. Vgl. Bundesverwaltungsamt: Spätaussiedler und deren Angehörige. Verteilverfahren. Jahresstatistik 2009. Alter, Berufe, Religion. Köln. 2009, S. 5.
2. Vgl. ebenda, S. 4.
3. Vgl. Zahlen aus dem Jahr 2009 vom Amt für Stadtentwicklung-Statistikstelle- Stadt Karlsruhe.
4. Vgl. Klaus J. Bade / Jochen Oltmer,: Normalfall Migration, Bonn 2004, S. 88.
5. Grundgesetz für die Bundesrepublik Deutschland. Bundeszentrale für politische Bildung, Bonn 2001, S. 79: „Art 116

(1) Deutscher im Sinne dieses Grundgesetzes ist vorbehaltlich anderweitiger gesetzlicher Regelung, wer die deutsche Staatsangehörigkeit besitzt oder als Flüchtling oder Vertriebener deutscher Volkszugehörigkeit oder als dessen Ehegatte oder Abkömmling in dem Gebiete des Deutschen Reiches nach dem Stande vom 31. Dezember 1937 Aufnahme gefunden hat.

(2) Frühere deutsche Staatsangehörige, denen zwischen dem 30. Januar 1933 und dem 8. Mai 1945 die Staatsangehörigkeit aus politischen, rassischen oder religiösen Gründen entzogen worden ist, und ihre Abkömmlinge sind auf Antrag wieder einzubürgern. Sie gelten als nicht ausgebürgert, sofern sie nach dem 8. Mai 1945 ihren Wohnsitz in Deutschland genommen haben und nicht einen entgegengesetzten Willen zum Ausdruck gebracht haben."
6. Vgl. Irene Tröster: Aussiedler – „neue alte Deutsche", in: Karl-Heinz Mayer-Braun / Weber, Reinhold (Hg.): Kulturelle Vielfalt. Baden Württemberg als Einwanderungsland. Landeszentrale für politische Bildung Baden-Württemberg, Stuttgart 2005, S. 146-163, S. 147 ff. und Vertriebenengesetz: Bundesministeriums der Justiz in Zusammenarbeit mit der juris GmbH – www.juris.de: Gesetz über die Angelegenheiten der Vertriebenen und Flüchtlinge (Bundesvertriebenengesetz - BVFG).
7. http://www.gesetze-im-internet.de/bundesrecht/bvfg/gesamt.pdf (Zugriff 29. März 2010).
8. § 4 des Gesetzes lautet: Spätaussiedler (1) Spätaussiedler ist in der Regel ein deutscher Volkszugehöriger, der die Republiken der ehemaligen Sowjetunion nach dem 31. Dezember 1992 im Wege des Aufnahmeverfahrens verlassen und innerhalb von sechs Monaten im Geltungsbereich des Gesetzes seinen ständigen Aufenthalt genommen hat, wenn er zuvor 1. seit dem 8. Mai 1945 oder 2. nach seiner Vertreibung oder der Vertreibung eines

Elternteils seit dem 31. März 1952 oder 3. seit seiner Geburt, wenn er vor dem 1. Januar 1993 geboren ist und von einer Person abstammt, die die Stichtagsvoraussetzung des 8. Mai 1945 nach Nummer 1 oder des 31. März 1952 nach Nummer 2 erfüllt, es sei denn, dass Eltern oder Voreltern ihren Wohnsitz erst nach dem 31. März 1952 in die Aussiedlungsgebiete verlegt haben, seinen Wohnsitz in den Aussiedlungsgebieten hatte.

(2) Spätaussiedler ist auch ein deutscher Volkszugehöriger aus den Aussiedlungsgebieten des § 1 Abs. 2 Nr. 3 außer den in Absatz 1 genannten Staaten, der die übrigen Voraussetzungen des Absatzes 1 erfüllt und glaubhaft macht, dass er am 31. Dezember 1992 oder danach Benachteiligungen oder Nachwirkungen früherer Benachteiligungen auf Grund deutscher Volkszugehörigkeit unterlag.

(3) Der Spätaussiedler ist Deutscher im Sinne des Artikels 116 Abs. 1 des Grundgesetzes. Ehegatten oder Abkömmlinge von Spätaussiedlern, die nach § 27 Abs. 1 Satz 2 in den Aufnahmebescheid einbezogen worden sind, erwerben, sofern die Einbeziehung nicht unwirksam geworden ist, diese Rechtsstellung mit ihrer Aufnahme im Geltungsbereich des Gesetzes. (http://www.gesetze-im-internet.de/bundesrecht/bvfg/gesamt.pdf (Zugriff 29. März 2010).

9 Vgl. § 7 BVFG (wie Anm. 7).

10 Vgl. Bade (wie Anm. 4), S. 88.

11 Vgl. z. B.: Statistisches Bundesamt Wiesbaden: Bevölkerung und Erwerbstätigkeit. Bevölkerung mit Migrationshintergrund – Ergebnisse des Mikrozensus 2008 – Artikelnummer: 2010220087004. 26. Januar 2010. In seinen Publikationen verwendet das Amt (Spät)Aussiedler, Aussiedler oder Spätaussiedler.

12 Vgl. z. B. Stadt Karlsruhe, Hauptregistratur, Akte Nr. 484.20, Heft 1 1972 – 31. Dezember 1979, Schreiben an Dezernat II vom 20. Dezember 1978, betr. Unterbringung von Asylanten/Spätaussiedlern.

13 Vgl. Stadtarchiv Karlsruhe (StadtAK) 1/SJB 150, Pressemitteilung des Regierungspräsidiums Karlsruhe vom 22. Januar 1979. Im Regierungsbezirk Karlsruhe waren 1979 2.514 Spätaussiedler untergebracht, gegenüber 1.847 im Januar 1978.

14 Vgl. Bundesverwaltungsamt Abteilung III (Hg.): Spätaussiedler und deren Angehörige. Verteilverfahren. Jahresstatistik 2009. Köln 2010. (www.bundesverwaltungsamt.de).

15 Vgl. wie Anm. 12, Antwort Dezernat I vom 27. November 1974 auf eine Anfrage des Gemeinderats und Stadtpfarrers Gerhard Leiser.

16 Vgl. ebenda, Schreiben der Sozial- und Jugendbehörde (SJB) – Direktion – an Dezernat II vom 29. Januar 1975, Betr.: Durchgangslager Wolfartsweierer Str. 5, Antrag des Ev. Gemeindedienstes, Karlsruhe vom 25. November 1974, Bezug: Verfügung Dez. I vom 27. November 1974 sowie Dez. II, vom 5. Dezember 1974, Seite 2.

17 Ebenda, Schreiben des Direktors der SJB an Dezernat II vom 29. Januar 1975.

18 Ebenda.

19 Vgl. ebenda.

20 Vgl. ebenda, Schreiben vom 3. September 1979.

21 Vgl. ebenda, Schreiben vom 17. August 1976, Betr.: Unterbringung der Spätaussiedler.

22 Wie Anm. 13.

23 Vgl. wie Anm. 15, Schreiben von Doris Seiter an Oberbürgermeister Otto Dullenkopf vom 26. April 1977.

24 Vgl. ebenda, Schreiben des Ausgleichsamtes der Stadt Karlsruhe vom 25. September 1978.

25 Vgl. ebenda, Schreiben von Oberbürgermeister Otto Dullenkopf an den Ministerialdirektor Bueble im Innenministerium vom 10. Oktober 1978.

26 Vgl. ebenda, Schreiben der Stadt Karlsruhe, Ausgleichsamt an das Dezernat II, vom 20. April 1979 und Schreiben des Innenministeriums Baden-Württemberg an Herrn Karl W. Kappler vom 7. Mai 1979.

27 Vgl. Wie Anm. 13, Artikel in den „Badischen Neuesten Nachrichten (BNN) vom 10. Januar 1979 von Joachim Grüneberg.

28 Vgl. BNN vom 30. Juni 1979 und vom 24. Juli 1979.

29 Vgl. wie Anm. 15, Schreiben des Ausgleichsamts an Dezernat I vom 19. November 1979, S. 3.

30 Ebenda.

31 Ebenda, S. 5.

32 Wie Anm. 13, Zwischenbericht des Ausgleichsamtes der Stadt Karlsruhe vom 15. Januar 1979.

33 Vgl. Stadt Karlsruhe, Hauptregistratur, Akte Nr. 484.20, 1980–1982, Heft 2.

34 Ebenda, Schreiben des Ausgleichsamts, Amtsleiter vom 2. Februar 1981 an Dezernat I und Dezernat II: Eingliederung von Spätaussiedlern und Vietnam-Flüchtlingen; hier: Untersuchungsprogramm, S. 1 – 4.

35 Stadt Karlsruhe, Hauptregistratur Akte Nr. 484.20, 1983–1985, Heft 3, Schreiben des Ausgleichsamts vom 10. Januar 1983 an Dezernat I, Spätaussiedler und Zuwanderer in Karlsruhe – Bilanz 1982.

36 Vgl. ebenda.

37 Vgl. ebenda, Arbeitskreis Wohnraumversorgung für Aussiedler, Sitzung am 28. Mai 1984, einleitende Bemerkung von Bürgermeister Norbert Vöhringer.

38 Vgl. StadtAK 1/SJB 606, Übergangswohnheim des Landes Baden-Württemberg Karlsruhe Wolfartsweierer Straße 5, Januar 1977 – November 1979, Anfrage des Landratsamtes Lörrach zu „Hilfen für die Wohnversorgung von Spätaussiedlern" vom 19. September 1978 an

das Sozialamt der Stadt Karlsruhe, Antwort der Stadt am 28. September 1978.

39 Wie Anm. 35., Ergebnisprotokoll vom 8. Juni 1984 des Arbeitskreises für Wohnraumversorgung für Aussiedler.

40 Vgl. Stadt Karlsruhe Hauptregistratur, Akte Nr. 484.20 1986–1988, Heft 4, Bericht des Ausgleichsamtes der Stadt Karlsruhe vom 13. Mai 1987 an Dezernat VI.

41 Ebenda.

42 Vgl. ebenda den Bericht über das Gespräch mit Ministerialdirektor Dr. Vogel und Ministerialdirigent Stemmler vom Innenministerium zu Fragen der ZASt und der Aussiedler sowie der Altenwohnungssituation vom 16. November 1987.

43 Vgl. ebenda, Anlage zum Schreiben des Städtetages vom 26. November 1987.

44 S. ebenda, Schreiben vom 9. Dezember 1987.

45 S. ebenda, Protokoll der 53. Plenarsitzung des Gemeinderates am 18. Oktober 1988.

46 Vgl. ebenda.

47 Stadt Karlsruhe, Hauptregistratur, Akte Nr. 484.20, 1989, Heft 5, Stadt Karlsruhe, Presse- und Informationsamt, Pressedienst vom Donnerstag, 8. Dezember 1988.

48 Vgl. ebenda.

49 Vgl. wie Anm. 47, Städtetag Baden-Württemberg: Vorlage für die Sitzung des Vorstandes am 6. März 1989 in Mannheim Top 5, Betreff: Aussiedler-Eingliederungsgesetz.

50 Broschüre zur Ausstellung des Innenministeriums Baden-Württemberg in Stuttgart 1991: Aussiedler kommen zu uns. Aufnahme in Baden-Württemberg, S. 18.

51 Vgl. Stadt Karlsruhe, Hauptregistratur, Akte Nr. 484.20, Spätaussiedler und Asylbewerber, 1990–1992 Heft 6 (Ersatzheft).

52 Amtsblatt der Stadt Karlsruhe vom 11. Januar 1992.

53 Wie Anm. 51, Thema einer Ausstellung vom 8./9. Dezember 1992 bis zum 8. Januar 1993 im Landratsamt Karlsruhe als gemeinsame Veranstaltung des Stadt- und Landkreises.

54 Wie Anm. 15, Antwort Dezernat II an Dezernat I, Anfrage von Stadtrat Klaus Fleck und Stadtrat Siegfried König vom 18. Januar 1977: Sport für Spätaussiedler, Gemeinderatsvorlage Nr. 302.

55 Vgl. wie Anm. 38, Schreiben vom 4. Mai 1977 von Doris Seiter und Caritasdirektor W. Held an Norbert Vöhringer.

56 Wie Anm. 15, Schreiben von Doris Seiter an den CDU-Fraktionsvorsitzenden Günter Rüssel vom 6. November 1978.

57 Vgl. StadtAK 1/SJB 434, Bitte der Stadträtin Marianne Krug vom 15. Juni 1979 um Ferienpässe. Beschluss vom 26. Juni 1979 und Antwort an Frau Krug am 11. Juli 1979.

58 Vgl. wie Anm. 33.

59 Vgl. wie Anm. 38.

60 Vgl. BNN vom 18. August 1978.

61 Wie Anm. 40.

62 Vgl. ebenda.

63 Ebenda, Schreiben vom 7. Oktober 1988 an Stadtrat Günter Rüssel.

64 Ebenda.

65 Ebenda, Protokoll der 53. Plenarsitzung des Gemeinderates vom 18. Oktober 1988.

66 Ebenda.

67 Vgl. ebenda, Stellungnahmen zu den Anträgen betr. Aussiedler – Wohnungsbau und Integration in der 53. Plenarsitzung des Gemeinderates am 18. Oktober 1988.

68 Vgl. ebenda, Schreiben von Dr. Ing. Mokhtar Belkoura an Oberbürgermeister Gerhard Seiler und den Gemeinderat vom 21. November 1988.

69 8/STSA Nr. A 73 Drogenprophylaxe. Gesellschaftliche Eingliederung junger Aussiedler 1994–2000.

70 Ebenda.

71 Wie Anm. 38, Schreiben des Regierungspräsidiums Karlsruhe an die Übergangswohnheime des Landes Baden-Württemberg vom 19. Januar 1978.

72 Vgl. wie Anm. 12.

73 StadtAK 1/SJB 364, Sprachkurse – Regelung vom März 1982.

74 Wie Anm. 40, Zwischenbericht des Ausgleichsamtes der Stadt Karlsruhe vom 17. August 1987 zur Eingliederung von Aussiedlern und Zuwanderern.

75 Vgl. ebenda.

76 Vgl. ebenda, Protokoll der Sitzung des Koordinierungskreises Aussiedler (KOA) vom 27 Oktober 1988 Thema: Integration von Aussiedlern deutscher Volkszugehörigkeit in Karlsruhe.

77 Vgl. wie Anm. 47, Schnellbrief des Ministeriums vom 16. Dezember 1988.

78 Vgl. wie Anm. 51, Protokoll der Sitzung des Arbeitskreises für Aussiedler 8. Juli 1991.

79 Vgl. Stadt Karlsruhe Hauptregistratur, Akte Nr. 484.20, Spätaussiedler und Asylbewerber, Jahr 1993–1999, Heft 7, Sozial- und Jugendbehörde – Direktion – Eingangsstempel beim OB vom 22. September 1995; Weiterleitung an das Dezernat I am 25. September 1995.

80 Vgl. ebenda, Schreiben von Dr. Erhard Klotz, Oberbürgermeister a. D., geschäftsführendes Vorstandsmitglied, Städtegruppe A – Beigeordnete für Soziales – vom 26. März 1998.

81 Vgl. ebenda, Schreiben des Regierungspräsidiums Karlsruhe vom 26. August 1998 an die Bürgermeister- und Landratsämter.

82 Vgl. ebenda, Schreiben z. Hd. von Herrn Hörner im Regierungspräsidium Karlsruhe vom 8. September 1998.
83 Amtsblatt der Stadt Karlsruhe vom 16. April 1992.
84 BNN vom 3. Februar 1979, Das aktuelle Interview.
85 Ebenda.
86 Vgl. BNN vom 18. Juli 1977, Seite 7.
87 BNN vom 24. Dezember 1977, Seite 30.
88 Ebenda.
89 Vgl. BNN vom 29. August 1977.
90 Interview mit einer russlanddeutschen Spätaussiedlerin (E.P.) im Jahr 2009 im Rahmen des Projektes Migration und Integration, geführt von der Studentin Franziska Hoppe, PH-Karlsruhe, StadtAK 11/Dig G 24.
91 Interview mit einer jungen russlanddeutschen Spätaussiedlerin (N.F.) im Jahr 2009 im Rahmen des Projektes Migration und Integration, geführt von der Studentin Franziska Hoppe, PH-Karlsruhe, StadtAK 11/Dig G 24.
92 BNN vom 19. Juli 1976, Das aktuelle Interview.
93 Vgl. BNN vom 12. Oktober 1982.
94 Vgl. BNN vom 13. April 1994.
95 Amtsblatt der Stadt Karlsruhe vom 16. April 1992.
96 BNN vom 30. Januar 1981.
97 Interview mit einer russlanddeutschen Spätaussiedlerin (N.) am 2. Juni 2009 im Rahmen des Projektes Migration und Integration, geführt von der Studentin Franziska Hoppe, PH-Karlsruhe, StadtAK 11/Dig G 24.
98 Vgl. BNN vom 11. Oktober 2004.
99 Vgl. Artikel in der Stadtzeitung/Amtsblatt vom 11. August 2006.
100 Wie Anm. 50, S. 26.

MATTHIAS CHRIST

Bildungsmigranten

S. 159 bis 175

1 Petrus Han: Soziologie der Migration, Stuttgart 2005, S. 85 f.
2 Ebenda, S. 116 f.
3 Annette Treibel: Migration in modernen Gesellschaften. Soziale Folgen von Einwanderung, Gastarbeit und Flucht, Weinheim, München 2008, S. 21, 44.
4 Klaus-Peter Hoepke: Geschichte der Fridericiana. Stationen in der Geschichte der Universität Karlsruhe (TH) von der Gründung 1825 bis zum Jahr 2000, Karlsruhe 2007, S. 52-65, 184.
5 Ebenda, S. 52-65, 184.
6 Ebenda, S. 167.
7 Adressbuch der Polytechnischen Schule Wintersemester 1848/49. Sofern nicht gesondert gekennzeichnet, stammen die Daten im Text und der Tabelle allesamt von den Studierendenstatistiken der Universität Karlsruhe (u. a. Adressbücher bzw. Personalverzeichnisse des jeweiligen Semesters). Daten ab 1945 sind den Jahresberichten „Karlsruhe in Zahlen" und den „Statistischen Jahrbüchern" der Stadt Karlsruhe des jeweiligen Jahres, darunter auch Stadt Karlsruhe: Ausländische Bevölkerung in Karlsruhe 1982 – 1991, S. 88 f, Stadtarchiv Karlsruhe (StadtAK) 8/DS F X 31, sowie der Studierendenstatistik der Universität entnommen.
8 Auf der Homepage der Universität Karlsruhe ist die Studierendenentwicklung ausführlich seit 1970 in Zahlen und graphisch dargestellt: http://www.zvw.uni-karlsruhe.de/stat/stud/
9 Badische Schulstatistik: Die Hochschulen. Ministerium des Kultus und Unterrichts, Karlsruhe 1912, S. 57.
10 Die Hochschule wird seit 1902 auch „Fridericiana" genannt zu Ehren des Großherzogs Friedrich I., der das Polytechnikum im Jahre 1865 zu einer Technischen Hochschule aufwertete.
11 Hoepke (wie Anm. 4), S. 74.
12 Ebenda, S. 99.
13 Ebenda, S. 96 f.
14 Ebenda, S. 99.
15 Sarah Bachmann und Stefan Westermann: Technische Hochschule, in: Frank Engehausen und Ernst Otto Bräunche (Hg.): 1933 – Karlsruhe und der Beginn des Dritten Reiches, Karlsruhe 2008, S. 75-86, S. 77 ff.
16 Ebenda, S. 75, S. 81.
17 Hoepke (wie Anm. 4), S. 119 f.
18 Ebenda , S. 127 f.
19 Ebenda, S. 128 f.
20 Josef Werner: Karlsruhe 1945. Unter Hakenkreuz, Trikolore und Sternenbanner, Karlsruhe 1986, S. 242.
21 Ebenda, S. 246 f.
22 Hoepke (wie Anm. 4), S. 149 f. R. Schaffhauser: Das Ausländerstudium an der Technischen Hochschule Karlsruhe, in: Führer durch Karlsruhe hrsg. anlässlich der 125 Jahrfeier der Technischen Hochschule Fridericiana Karlsruhe (S. 10-11). Karlsruhe 1950, S. 10.
23 Hoepke (wie Anm. 4), S. 151 f.
24 Philipp W. Fabry: Zwischen Schah und Ayatollah. Ein Deutscher im Spannungsfeld der Iranischen Revolution, Gießen 1983, S. 168 ff.
25 Hoepke (wie Anm. 4), S. 153; Manfred Koch: Die 68er Bewegung in Karlsruhe, in: 1968 und die Folgen.Forum

Volkshochschule der Volkshochschule Karlsruhe e. V., Karlsruhe 2002, S. 7.

26 Horst Schlesiger und Josef Werner: Die 60er Jahre. Ein Karlsruher Jahrzehnt in Bildern, Karlsruhe 1994, S. 84; Koch (wie Anm. 25), S. 12.

27 Badische Neuste Nachrichten (BNN) vom 5. Februar 2001.

28 Friedemann Wenzel: Mir Mohammad Mir Mohammedi wird 70, in: Dieter Dickemann et. al: Mohammedis Neuste Nachrichten. Sonderdruck zum 70. Geburtstag von Mir Mohammedi, 4. Februar 2001.

29 BNN vom 16. Dezember 2003 und http://www.mirmohammedi-stiftung.de/MirMohammedi.htm [12. Februar 2009].

30 BNN vom 16. Dezember 2003.

31 Vgl. http://www.mirmohammedi-stiftung.de/MirMohammedi.htm [12. Februar 2009].

32 BNN vom 16. Dezember 2003.

33 Wenzel (wie Anm. 28); BNN vom 5. Februar 2001; BNN vom 16. Dezember 2003.

34 Ausländische Mitglieder des Ausländerbeirates der Stadt Karlsruhe, Pressemitteilung vom 17. Juli 2000.

35 Rolf A. Müller: Sozial und politisch engagiert. Mohammedis Beitrag zur deutschen Leitkultur, in: Dickemann (wie Anm. 28).

36 Dieter Dickemann: Kulinarische Reise ins Reich Mohammedis, in: Dickemann (wie Anm. 28).

37 BNN vom 16. Dezember 2003.

38 http://www.mirmohammedi-stiftung.de/MirMohammedi.htm [12. Februar 2009].

39 Müller (wie Anm. 35).

40 Michael Walker: Kennzahlen zu baden-württembergischen Universitäten, in: Statistisches Monatsheft Baden-Württemberg 3/2008, S. 13-18, Stuttgart 2008, S. 14 f.

41 Han (wie Anm. 1), S. 119 f.

42 Ebenda, S. 120 f.

43 Ebenda, S. 122 f.

44 Ebenda, S. 123.

45 Ebenda, S. 124.

46 Ebenda, S. 124.

NADJA TIYMA

Integration in Karlsruhe

S. 176 bis 206

1 Stellvertretend für Alle, die mit Informationen, Anregungen, Diskussion und kritischer Lektüre des Manuskriptes und mit der Bereitstellung von Fotos am Entstehen dieses Beitrags mitgewirkt haben, danke ich Bürgermeister a. D. Norbert Vöhringer.

2 Damals noch eine Unterabteilung des Arbeitsamtes. Nicht zu verwechseln mit der Ausländerbehörde, die damals eine Unterabteilung der Polizei war.

3 Badische Neueste Nachrichten (BNN) vom 20. Februar 1974.

4 BNN vom 20. November 1971.

5 BNN vom 20. März 1995.

6 BNN vom 15./16. Oktober 1991.

7 Stadt Karlsruhe, Hauptregistratur Akte 023.101: Vorlage Nr. 448, 7. Februar 1974.

8 Amtsblatt der Stadt Karlsruhe vom 21. April 1983.

9 Vgl. Norbert Cyrus / Dita Vogel: Förderung politischer Integration von Migrantinnen und Migranten. Begründungszusammenhänge und Handlungsmöglichkeiten. University of Oldenburg. POLITIS-Working paper No. 13/2008, S.13 f. www.uni-oldenburg.de/politis-europe/webpublications (Zugriff 12. 4. 2009).

10 Amtsblatt der Stadt Karlsruhe vom 9. Oktober 1987.

11 StadtZeitung. Amtsblatt der Stadt Karlsruhe vom 22. Mai 2009.

12 Stadt Karlsruhe, Hauptregistratur Akte 023.101: Niederschrift über die Sitzung des Ausschusses für Angelegenheiten ausländischer Arbeitnehmer, 2. Oktober 1974.

13 BNN vom 19. November 1979.

14 Diskussions- und Arbeitspapier zur Ausländerarbeit in Karlsruhe. Bestandsaufnahme und Perspektiven, Dezernat VI. Veröffentlichung der Stadt Karlsruhe 1994.

15 Amtsblatt der Stadt Karlsruhe vom 27. Oktober 1995.

16 BNN vom 7. Oktober 1986.

17 Ebenda.

18 http://bundesrecht.juris.de/aufenthg_2004/BJNR195010004.html#BJNR195010004BJNG001102310 (Zugriff 22.4.2010)

19 Seit der Reform des Zuwanderungsgesetzes 2007 haben – sofern noch Plätze verfügbar sind – auch deutsche Staatsangehörige die Möglichkeit, an einem Integrationskurs teilzunehmen.

20 BNN vom 13./14. Oktober 2007.

21 Amtsblatt der Stadt Karlsruhe vom 26. Mai 1995.
22 Amtsblatt der Stadt Karlsruhe vom 31. März 1995.
23 Stadt Karlsruhe. Frauenbeauftragte (Hg.): Das Patinnenprojekt Karlsruhe. Die Tür öffnen, Karlsruhe (o.J.).
24 vgl. Andreas Brüch: Kulturelle Anpassung deutscher Unternehmensmitarbeiter bei Auslandsentsendungen: eine empirische Studie in den USA, Kanada, Japan und Südkorea zu Kriterien und Einflussfaktoren erfolgreicher Aufenthalte von Fach- und Führungskräften. Frankfurt am Main, Berlin, Bern, Bruxelles, New York, Oxford, Wien 2008, S. 85-87.
25 Um den Rahmen dieses Beitrages nicht zu sprengen, wird auf die nähere Erläuterung der überregional tätigen Organisationen Amnesty International und Mennonitisches Hilfswerk verzichtet.
26 http://ka.stadtwiki.net/Freundeskreis_Asyl_Karlsruhe
27 www.stj.de/jugendverbaende/internationaler-jugend-und-kulturverein.html#news_rechts (Zugriff 10.8.2009)
28 http://www.mirmohammedi-stiftung.de/Satzung.html (Zugriff 17.8.2009)
29 BNN vom 21. Dezember 1992.
30 BNN vom 22. Januar 1993.
31 BNN vom 10. März 1993.
32 Vgl. Amtsblatt der Stadt Karlsruhe vom 15. November 1996.
33 BNN vom 20. Oktober 2000.
34 Vgl. Präsentation der Koordinierungsstelle des Internationalen Bundes 2009, Registratur Stadt Karlsruhe, Büro für Integration.
35 Vgl. http://halima-kindergarten.de (Zugriff 16.8.2009).
36 http://www.zum.de/Faecher/G/BW/Landeskunde/rhein/kultur/museen/blmka/ausst/typischdeutsch1.htm (Zugriff 19.8.2009).
37 Stadt Karlsruhe, Büro für Integration (Hg.): Karlsruher Leitlinien zur Integration von Zuwanderinnen und Zuwanderern, (2008), S. 9.
38 www.kirchennetz.info/gcjz-ka/content2/index.php?rubric=wiruns (Zugriff 15.8.2009).
39 BNN vom 17. Oktober 2001.
40 Niederschrift der 53. Plenarsitzung des Gemeinderats am 23. September 2008. http://www.karlsruhe.de/rathaus/gemeinderat/kalender17/dokumente?sitzungsID=071001-42305-DF-99998:42305 (Zugriff 2.5.2010).

Verzeichnis der benutzten Literatur

Abelshauser, Werner: Deutsche Wirtschaftsgeschichte seit 1945, München 2004.

Arnold, Birgit: Die Freimachung und Räumung der Grenzgebiete in Baden 1939/40, Heidelberg 1996 (= Heidelberger Abhandlungen zur mittleren und neueren Geschichte, NF Bd. 9).

Auswanderung Bremen – USA. Führer des Deutschen Schifffahrtsmuseum Nr. 4, Bremerhaven 1976.

Bachmann, Sarah und Westermann, Stefan: Technische Hochschule, in: Frank Engehausen und Ernst Otto Bräunche (Hg.): 1933 – Karlsruhe und der Beginn des Dritten Reiches, Karlsruhe 2008.

Bade, Klaus J. / Emmer, Pieter C. / Lucassen, Leo / Oltmer, Jochen (Hg.): Enzyklopädie Migration in Europa. Vom 17. Jahrhundert bis zur Gegenwart, 2. Aufl. Paderborn, München, Wien, Zürich 2008.

Bade, Klaus J. / Oltmer, Jochen: Normalfall Migration, Bonn 2004.

Bade, Klaus J.: Europa in Bewegung. Migration vom späten 18. Jahrhundert bis zur Gegenwart, München 2002.

[Bader, Josef]: Die Residenzstadt Karlsruhe, ihre Geschichte und Beschreibung. Festgabe der Stadt zur 34. Versammlung deutscher Naturforscher und Ärzte, Karlsruhe 1858.

Baier, Hermann: Mit Thürriegel in die Sierra Morena, in: Mein Heimatland, Heft 1/1937.

Berendt, Otto: Statistik der Bevölkerung, in: Karlsruhe 1911. Festschrift. Der 83. Versammlung Deutscher Naturforscher und Ärzte gewidmet von dem Stadtrat der Haupt- und Residenzstadt Karlsruhe, Karlsruhe 1911.

Berendt, Otto: Von der Bevölkerung, in: Karlsruhe: Das Buch der Stadt, Karlsruhe 1926

Bräunche, Ernst Otto: Die Familie Meyer-Model, in: Juden in Karlsruhe. Beiträge zu ihrer Geschichte bis zur nationalsozialistischen Machtergreifung, hrsg. von Heinz Schmitt unter Mitwirkung von Ernst Otto Bräunche und Manfred Koch, Karlsruhe 1988, 2. Aufl. 1990 (= Veröffentlichungen des Karlsruher Stadtarchivs Bd. 8).

Bräunche, Ernst Otto: Vom Schutzjuden zum Bürger zweiter Klasse. Die jüdische Gemeinde bis zum Erlass des Judendikts, in: Juden in Karlsruhe. Beiträge zu ihrer Geschichte bis zur nationalsozialistischen Machtergreifung, hrsg. von Heinz Schmitt unter Mitwirkung von Ernst Otto Bräunche und Manfred Koch, Karlsruhe 1988, 2. Aufl. 1990 (= Veröffentlichungen des Karlsruher Stadtarchivs Bd. 8).

Bräunche, Ernst Otto: Die Karlsruher Industrie bis zum Ausbruch des Ersten Weltkrieges, in: Rainer Beck u. a., Industriearchitektur in Karlsruhe, Karlsruhe 1987 (= Veröffentlichungen des Karlsruher Stadtarchivs Bd. 6).

Brüch, Andreas: Kulturelle Anpassung deutscher Unternehmensmitarbeiter bei Auslandsentsendungen: eine empirische Studie in den USA, Kanada, Japan und Südkorea zu Kriterien und Einflussfaktoren erfolgreicher Aufenthalte von Fach- und Führungskräften. Frankfurt am Main, Berlin, Bern, Bruxelles, New York, Oxford, Wien 2008.

Brunn, Friedrich Leopold: Briefe über Karlsruhe, Berlin 1791, (Neu herausgegeben von Gerhard Römer, bearbeitet von Werner Schulz und Hans Georg Zier, Karlsruhe 1988).

Christina Müller: Karlsruhe im 18. Jahrhundert. Zur Genese und zur sozialen Schichtung einer residenzstädtischen Bevölkerung, Karlsruhe 1991 (= Forschungen und Quellen zur Stadtgeschichte. Schriftenreihe des Karlsruher Stadtarchivs Bd. 1).

Chronik der Landeshauptstadt Karlsruhe für die Jahre 1918 und 1919, im Auftrag der Stadtverwaltung bearbeitet, Karlsruhe 1925.

Cyrus, Norbert / Vogel, Dita: Förderung politischer Integration von Migrantinnen und Migranten. Begründungszusammenhänge und Handlungsmöglichkeiten. University of Oldenburg. POLITIS-Working paper No. 13/2008.

Das Elsass von 1870 – 1932, 1. Bd., Colmar 1936.

DDR-Handbuch, Hg. Bundesministerium für innerdeutsche Beziehungen, 3. überarb. und erweit. Aufl. Köln 1985.

Die Entwicklung der Industrie in Karlsruhe und Umgebung. Bearbeitet vom Statistischen Landesamt, in: Badische Heimat, 15. Jg., 1928.

Diezinger, Sabine: Französische Emigranten und Flüchtlinge in der Markgrafschaft Baden (1789–1800), Frankfurt 1991.

Ehret, Fritz: Sozial Bauen – Gesund Wohnen. 100 Jahre Mieter- und Bauverein Karlstruhe eG, Karlsruhe 1997.

Fabry, Philipp W.: Zwischen Schah und Ayatollah. Ein Deutscher im Spannungsfeld der Iranischen Revolution, Gießen 1983.

Fecht, Karl Gustav: Geschichte der Haupt- und Residenzstadt Karlsruhe. Im Auftrag der Städtischen Archivkommission bearbeitet. Mit Illustrationen und einem Situationsplan der Gegend, Karlsruhe 1887 (Nachdruck Karlsruhe 1976).

Gall, Lothar (Hg.): Stadt und Bürgertum im 19. Jahrhundert, München 1990 (= Historische Zeitschrift Beihefte, Neue Folge Bd. 12).

Geschichte der Stadt Karlsruhe und ihrer Vororte in Daten, Karlsruhe 1956.

Görtemaker, Manfred: Kleine Geschichte der Bundesrepublik Deutschland. Von Adenauer bis heute, München 2002.

Grees, Hermann: Bevölkerungsdichte der Gemeinden 1834 und Bevölkerungsdichte der Gemeinden 1970, in: Historischer Atlas von Baden-Württemberg, Stuttgart 1988.

Grosser, Thomas: Die Integration der Heimatvertriebenen in Württemberg-Baden (1945–1961), Stuttgart 2006 (= Veröffentlichungen der Kommission für geschichtliche Landeskunde in Baden-Württemberg, Reihe B, Forschungen 158. Band).

Habbe, Christian: Der zweite lange Marsch, in: Aust, Stefan / Burgdorff, Stephan (Hg.): Die Flucht – Über die Vertreibung der Deutschen aus dem Osten, Bonn 2005.

Hacker, Werner: Auswanderungen aus Baden und dem Breisgau, Stuttgart und Aalen 1988.

Han, Petrus: Soziologie der Migration, Stuttgart 2005.

Hartleben, Theodor: Statistisches Gemälde der Residenzstadt Karlsruhe und ihrer Umgebungen, Karlsruhe 1815.

Häßler, Joseph: Die Auswanderung nach Russland und Polen im 18. und 19. Jahrhundert, Grafenhausen 1959.

Heerdegen, Manfred / Holey, Walter: Isergebirgler und ihre Glas- und Schmuckindustrie in Holstein, Baden und Taunus, Schwäbisch Gmünd 2007.

Herbert, Ulrich: Geschichte der Ausländerpolitik in Deutschland, München 2001.

Hippel, Wolfgang von: Wirtschafts- und Sozialgeschichte 1800 bis 1918, in: Handbuch der baden-württembergischen Geschichte, Dritter Band. Vom Ende des Alten Reiches bis zum Ende der Monarchien, Stuttgart 1992.

Hoepke, Klaus-Peter: Geschichte der Fridericiana. Stationen in der Geschichte der Universität Karlsruhe (TH) von der Gründung 1825 bis zum Jahr 2000, Karlsruhe 2007.

Hug, Wolfgang: Von den Wurzeln der „Badischen Heimat", in: Ungern-Sternberg, Sven von und Kurt Hochstuhl (Hg.): 100 Jahre für Baden. Chronik des Badischen Landesvereins Badische Heimat 1909–2009, Karlsruhe 2009.

Kauffmann, Heiko (Hg.): Eine schier unendliche Geschichte, Flüchtlingskinder und ihre Rechte in Deutschland, Karlsruhe 2010.

Knortz, Heike: Diplomatische Tauschgeschäfte. Gastarbeiter in der westdeutschen Diplomatie- und Beschäftigungspolitik 1953–1973, Köln 2008.

Koch, Manfred: Karlsruher Chronik. Stadtgeschichte in Daten, Bildern, Analysen, Karlsruhe 1992 (= Veröffentlichungen des Karlsruher Stadtarchivs Bd. 14).

Koch, Manfred: Trümmerstadt - Residenz des Rechts - Zentrum der Technologieregion. Wechselvoller Weg in die Gegenwart, in: Karlsruhe. Die Stadtgeschichte, Karlsruhe 1998.

Koch, Manfred: Die 68er-Bewegung in Karlsruhe, in: 1968 und die Folgen. Forum Volkshochschule der Volkshochschule Karlsruhe e. V., Karlsruhe 2002.

Koch, Manfred: Von Baden über Russland nach Amerika, Vorwort in: Richard Besserer, Stephan Wenz: Welcome to Karlsruhe. Begegnung mit einem Dorf, Karlsruhe, North Dacota, Karlsruhe 2004.

Kossert, Andreas: Kalte Heimat. Die Geschichte der deutschen Vertriebenen nach 1945, München 2008.

Krauss, Karl-Peter (Red.): „Angekommen! Angenommen?" Flucht und Vertreibung 1945 bis 1955, Filderstadt 1996 (= Schriftenreihe Haus der Heimat des Landes Baden-Württemberg, Heft 5).

Krohn, Heinrich: Und warum habt ihr denn Deutschland verlassen? 300 Jahre Auswanderung nach Amerika, Bergisch Gladbach 1992.

Kromer, Wolfgang: „Ich wollt' auch mal in die Stadt". Zuwanderungen nach Mannheim vor dem Zweiten Weltkrieg, illustriert an Wanderungsbiographien aus dem badischen Odenwald, Heidelberg 1986 (= Sonderveröffentlichungen des Stadtarchivs Mannheim Bd. 10).

Leiser, Wolfgang: Das Karlsruher Stadtrecht, in: Zeitschrift für die Geschichte des Oberrheins (ZGO) 114, NF 75, 1966.

Mayer-Braun, Karl-Heinz / Weber, Reinhold: Kleine Geschichte der Aus- und Einwanderung in Baden-Württemberg, Leinfelden-Echterdingen 2009.

Mohamed Agibu Jalloh: „Ein Tag ist wie der andere: herumsitzen, essen, warten, schlafen.", in: Vom Fliehen und Ankommen – Flüchtlinge erzählen, hrg. von Pro Asyl, Karlsruhe 2006.

Nuscheler, Franz: Internationale Migration, 2. Aufl., Wiesbaden 2004.

Oltmer, Jochen: Migration im 19. und 20. Jahrhundert, München 2010 (= Enzyklopädie deutscher Geschichte Bd. 86).

Philippovich, Eugen: Die staatlich unterstützte Auswanderung im Großherzogtum Baden, in: Archiv für soziale Gesetzgebung und Statistik, Band V, Berlin 1892.

Rothmaier, Josef: Die Ansiedelung der Elsass-Lothringer in Baden, in: Festschrift zum Badener Heimattag Karlsruhe 1930, hrsg. von der Badischen Presse, Karlsruhe 1930.

Schäfer, Hermann: Wirtschaftliche und soziale Probleme des Grenzlandes, in: Badische Geschichte. Vom Großherzogtum bis zur Gegenwart, Stuttgart 1979.

Schlesiger, Horst und Werner, Josef: Die 60er Jahre. Ein Karlsruher Jahrzehnt in Bildern, Karlsruhe 1994.

Schneider, Ernst: Karlsruher Bürgeraufnahmen 1729-1800, Badische Familienkunde 2. Jg. 1959, Heft 2.

Schraut, Sylvia: Zwangswanderung nach 1945 und ihre sozialen Folgen. Die Aufnahme der Flüchtlinge und Ausgewiesenen in Württemberg-Baden 1945–1949, in: Christiane Grosser (u.a.): Flüchtlingsfrage - das Zeitproblem. Amerikanische Besatzungspolitik, deutsche Verwaltung und die Flüchtlinge in Baden-Württemberg 1945–1949, Mannheim 1993.

Schraut, Sylvia: Flüchtlingsaufnahme in Württemberg-Baden 1945-1949. Amerikanische Besatzungsziele und demokratischer Wiederaufbau im Konflikt, München 1995.

Schuhladen-Krämer, Jürgen: Zwangsarbeit in Karlsruhe 1939–1945. Ein unbekanntes Kapitel Stadtgeschichte, Karlsruhe 1997 (= Forschungen und Quellen zur Stadtgeschichte. Schriftenreihe des Stadtarchivs Karlsruhe Bd. 3).

Schulze, Rainer (Hg.): Zwischen Heimat und Zuhause. Deutsche Flüchtlinge und Vertriebene in (West-)Deutschland 1945–2000, Osnabrück 2001.

Sponner, Hans: Die Auswanderung aus Schwarzwald und Oberrheinebene im 18. und 19. Jahrhundert. Diss. phil. Univ. Freiburg i. Br., Freiburg 1942.

Sterr, Lisa: Aufbrüche, Einschnitte und Kontinuitäten - Karlsruher Frauen in der Weimarer Republik und im „Dritten Reich", in: Susanne Asche, Barbara Guttmann, Olivia Hochstrasser, Sigrid Schambach, Lisa Sterr: Karlsruher Frauen 1715 - 1945. Eine Stadtgeschichte, Karlsruhe 1992 (= Veröffentlichungen des Karlsruher Stadtarchivs Bd. 15).

Stiefel, Karl: Baden 1648–1952, 2 Bde., Karlsruhe 1977.

Stöss, Richard (Hg.): Parteienhandbuch. Die Parteien der Bundesrepublik Deutschland 1945–1980, Sonderausgabe Opladen 1986.

Treibel, Annette: Migration in modernen Gesellschaften. Soziale Folgen von Einwanderung, Gastarbeit und Flucht, Weinheim, München 2008.

Tröster, Irene: Aussiedler – „neue alte Deutsche", in: Meier-Braun, Karl-Heinz / Weber, Reinhold (Hrsg.): Kulturelle Vielfalt. Baden Württemberg als Einwanderungsland. Landeszentrale für politische Bildung Baden-Württemberg. Kohlhammer, Stuttgart 2005.

Wagner, Christina: Von der Stadtgründung zur großherzoglichen Haupt- und Residenzstadt 1715–1806, in: Karlsruhe. Die Stadtgeschichte, Karlsruhe 1998.

Weech, Friedrich von: Karlsruhe. Geschichte der Stadt Karlsruhe und ihrer Verwaltung. Auf Veranlassung des Stadtrats bearbeitet, 3 Bde., Karlsruhe 1895–1904.

Weiß, Joseph: Die Deutsche Kolonie an der Sierra Morena und ihr Gründer Johann Kaspar von Thürriegel, ein bayrischer Abenteurer des 19. Jahrhunderts, in: Erste Vereinszeitschrift der Görres-Gesellschaft zur Pflege der Wissenschaft im katholischen Deutschland, Köln 1907.

Werner, Josef: Karlsruhe 1945. Unter Hakenkreuz, Trikolore und Sternenbanner, 2. Aufl. Karlsruhe 1986.

Bildnachweis

17	Stadtarchiv Karlsruhe (StadtAK) 7/NL Model 37	61	Foto Bauer Karlsruhe (StadtAK 8/Alben 5, 872a)
18	StadtAK 7/NL Model 36	63 o.	Foto Bauer Karlsruhe (StadtAK 8/Alben 5, 870a)
22	StadtAK 8/PBS oXIVf 36	63 u.	Foto Bauer Karlsruhe (StadtAK 8/Alben 5, 879b)
27	StadtAK 8/PBS X 1303	64	Foto Bauer Karlsruhe (StadtAK 8/Alben 5, 869)
28	StadtAK 8/PBS oIII 1791	65	StadtAK 8/PBS X 6630
29	Aus: Fritz Ehret: Die Chronik zum Jubiläum. 100 Jahre Mieter- und Bauverein Karlsruhe eG, Karlsruhe 1996, S. 67	66	StadtAK 8/BA Schlesiger A1_39_5_7
		67	StadtAK 8/BA Schlesiger A2_84_5_15
		70	StadtAK 8/PBS X 2779
32	StadtAK 8/StS 4, 262	73 o.	Aus: StadtAK 1/AGA 11.001
39	Aus: Görres-Gesellschaft zur Pflege der Wissenschaft im katholischen Deutschland. Erste Vereinsschrift für 1907, Kommissionsverlag und Druck von J. P. Bachem, Köln 1907	73 u.	StadtAK 8/BA Schlesiger A2_48_3_13
		75	StadtAK 8/PBS oXIVf 38
		77	Aus: Angekommen! – Angenommen? Flucht und Vertreibung 1945 bis 1995, Heft 5 der Schriftenreihe des Hauses der Heimat, Haus der Heimat des Landes Baden-Württemberg, Filderstadt 1996, S. 79
43	Aus: 1848/49. Revolution der deutschen Demokraten in Baden. Ausstellungskatalog, hrsgg. vom Badischen Landesmuseum Karlsruhe, Baden-Baden 1998, S. 75		
		83	StadtAK 10/Zx 103 (1950-1952)
44	Aus: Geschichte, Politik, Gesellschaft. Lern- und Arbeitsbuch für die Geschichte in der gymnasialen Oberstufe. Band 1. Von der französischen Revolution bis zum Ende des 2. Weltkrieges, Bielefeld 1988, S. 102	86	StadtAK 8/BA Schlesiger A6_81_1_41
		91	StadtAK 8/BA Schlesiger A9_90_6_2
		98	StadtAK 8/BA Schlesiger A8a _15_3_2
		99 o.	StadtAK 8/BA Schlesiger A12_139_4_22
		99 u.	StadtAK 8/BA Schlesiger A11_26_2_9
45	Generallandesarchiv (GLA) Abt. 357/6821	100	StadtAK 8/BA Schlesiger A8a_15_3_13
47	StadtAK 8/PBS V 273, Ausschnitt	101	StadtAK 8/BA Schlesiger A22_48_2_16
48	StadtAK 8/Ze 17, Karlsruher Zeitung, 24. März 1849	103 o.	StadtAK 8/BA Schlesiger A8_24_5_43
49	Aus: Heinrich Krohn: Und warum habt ihr denn Deutschland verlassen? 300 Jahre Auswanderung nach Amerika, Bergisch Gladbach 1992, S. 189	103 u.	Aus: StadtAK 1/SJB 711
		104	StadtAK 8/BA Schlesiger A16_154_7_39
		105	StadtAK 8/BA Schlesiger A18_122_5_5
50 o.	Archiv Deutsches Schifffahrtsmuseum	108	StadtAK 8/BA Schlesiger A8_17_3_14
50 u.	Historisches Museum Bremerhaven	109	StadtAK 8/BA Schlesiger A22_96_9_1
52	Aus: Peter Assion: Der große Aufbruch. Studien zur Amerikaauswanderung (Hessische Blätter für Volks- und Kulturforschung Bd. 17), Marburg 1985, S. 143	114	StadtAK 8/BA Schlesiger A49_140_7_38A
		117	StadtAK 8/BA Schlesiger A50_31_2_22
59	Stadt Karlsruhe POA, Personalakte Alfred Behnle	118	Archiv Menschenrechtszentrum

120	StadtAK 8/Bildstelle I 5949_6_32	157	Bildstelle der Stadt Karlsruhe, Foto: Roland Fränkle
122	StadtAK 8/BA Schlesiger A57_209_3_2	164	Universitätsarchiv Karlsruhe 28010, B 347
123	Archiv Menschenrechtszentrum	165	Universitätsarchiv Karlsruhe 21003, 210
125	Archiv Menschenrechtszentrum	167	Universitätsarchiv Karlsruhe 28010, S. 107
126	Archiv Menschenrechtszentrum	168	StadtAK 8/BA Schlesiger A11_158_3_3A
128	Archiv Menschenrechtszentrum	169	StadtAK 8/BA Schlesiger A13_47_1_18
132	Aus: Aussiedler kommen zu uns. Aufnahme in Baden-Württemberg, Broschüre zur Ausstellung, hrsgg. vom Innenministerium Baden-Württemberg, April 1991; in: Stadt Karlsruhe Hauptregistratur Akte 484.20 Laufzeit 1990–1992	171	Universitätsarchiv Karlsruhe 21003, 400
		176	StadtAK 8/PBS X 2036
		177	StadtAK 8/BA Schlesiger A22_128_4_34
		180	StadtAK 8/Bildstelle I 5201_3_3
134	StadtAK 8/BA Schlesiger A21_80_6_19	184	StadtAK 8/Bildstelle I 5822_1_4
136	StadtAK 8/BA Schlesiger A31_49_7_25	187	Internationales Begegnungszentrum Karlsruhe
139	StadtAK 8/BA Schlesiger A47_186_5_33 und 35	189	Internationales Begegnungszentrum Karlsruhe
141	StadtAK 8/BA Schlesiger A23_7_6_40	191	Internationales Begegnungszentrum Karlsruhe
144	StadtAK 8/BA Schlesiger A58_90_5_4	196	StadtAK 8/Bildstelle I 6349_3_18
149	StadtAK 8/StS 19, 113	197	Internationales Begegnungszentrum Karlsruhe
150	StadtAK 8/BA Schlesiger A56_34_1_1	199 li.	Internationales Begegnungszentrum Karlsruhe
153	StadtAK 8/Bildstelle I 6725, Neg. 5.1.95	199 re.	StadtAK 8/PBS X 1654
155	StadtAK 8/BA Schlesiger A34_19_3_34A	202	StadtAK 8/Ds F XVII 123

Ortsregister

bearbeitet von Volker Steck

Um einen einheitlichen Zugriff auf Personen/Herkunftsländer zu ermöglichen, wurden nach ihrer Herkunft bezeichnete Personen (z. B. Italiener) hier im Ortsregister unter dem Landesnamen (z. B. Italien) aufgelistet.

Ägypten 21, 201, 232
Ärmelkanal 48
Äthiopien 114, 115
Afghanistan 114, 115, 190
Afrika 34, 46, 54, 121
Albanien 131
Algerien 233
Andalusien 40
Anhalt 16
Amerika 21, 34, 39
Amsterdam 37
Ankara 224
Antwerpen 37, 48
Argentinien 46, 54
Aserbaidschan 170
Asien 34, 54, 121, 159
Athen 215
Atlantik 48
Augsburg, Durchgangslager 209
Auschwitz, Konzentrationslager 198
Australien 46, 54, 213

Backnang 30
Baden 17, 22-25, 28
Baden-Baden, Markgrafschaft 18, 38
Baden-Durlach, Markgrafschaft 16, 18, 38, 41
Baden-Württemberg 60, 68, 74, 107, 115, 116, 122-124, 128, 130-132, 142, 143, 148, 174, 181, 190, 222, 228
Balkan 186
Baltimore 49
Baltische Staaten 81, 162, 165
Bangladesh 117
Bari 106
Bayern 16, 17, 21, 23, 24, 30, 161
Belgien 21, 31, 33, 46, 54, 55, 161
Berlin 29, 68, 74, 82, 119, 224, 228, 230
Bessarabien 47

Birkenfeld bei Pforzheim 213
Böhmen und Mähren 81, 167
Bosnien 125, 126
Bosnien-Herzegowina 124, 125
Brasilien 46, 54, 233
Braunschweig 232, 233
Breisgau 19
Bremen 48, 161
Bremerhaven 48, 51
Bruchsal, Stadt 166, 215
Bruchsal, Fürstentum 19
Bulgarien 131, 162, 163, 165-168
Bundesrepublik Deutschland 34, 58, 60, 74, 81, 84, 87, 88, 90, 111-113, 116, 121, 123, 129, 131, 134, 135, 145, 146, 148, 150-152, 154, 156, 159, 160, 170, 172, 177, 181, 182, 186, 224

Cayenne 39
Chile 54
China 131, 163, 169, 174

Dänemark 21, 33, 39, 40, 43, 54, 226
Danzig 131
Denizli 222
Deutsche Demokratische Republik 58, 60, 67, 88, 91, 115, 119, 140, 143, 189, 224
Deutsches Reich 22, 53, 164
Douala 232
Dubai 226

Eggenstein 41
Elsass 16, 17, 19, 30, 31, 38, 46, 54, 166
Elsass-Lothringen 21, 26-29, 167
England 21, 39, 40, 43, 46, 54, 55, 159, 161
Eppingen 30, 227
Equador 46

Estland 131, 162, 167
Ettlingen 221, 222
Extremadura 40

Finnland 162, 164
Frankfurt 161
Frankreich 16-19, 21, 26, 28, 30, 31, 33, 39, 40, 46, 54-56, 161, 163, 166, 173, 232
Freiburg 18, 22, 29, 225
Friedland, Übergangslager 134, 230
Furth im Wald 208

Gablonz, Landkreis 74-76
Gablonz, Stadt 209
Galizien 39, 40
Gotha 16
Griechenland 21, 31, 46, 54, 87, 89, 93, 95-97, 104, 106, 110, 161-163, 165, 169, 181, 185, 211, 212, 215, 216, 226

Halle 28
Hamburg 48, 161, 231
Hamburg-Altona 171
Hannover, Königreich 161
Hannoversch Münden 48
Heidelberg, Stadt 164, 225
Heidelberg, Landkreis 62
Heilbronn 217
Hessen 16, 17, 21, 23, 24, 161
Hoyerswerda 126

Indien 46, 54, 117, 228
Indonesien 163
Irak 226, 227
Iran 117, 162, 163, 167, 169-172, 190, 193, 224-226, 233, 234
Isfahan 224
Israel 54, 56
Istanbul 111, 214

256

Italien 16, 21, 33, 39, 46, 54, 87-89, 92, 93, 95-97, 101-103, 105-111, 173, 178, 179, 181, 213, 217, 218, 220, 221, 232
Izmir 222

Jaunde 232
Java 46
Jütland 39, 41
Jugoslawien 34, 60, 61, 81, 87, 89, 93, 95-97, 106, 107, 112, 121, 124, 126, 131, 140, 165, 173, 179, 181, 185, 186, 189, 210, 212-214

Kalifornien 46
Kamerun 232, 233
Kanada 54, 213, 233
Karlsruhe (Bessarabien) 48
Karlsruhe
    Appenmühle, Zwischenlager 68
    Artilleriekaserne, Durchgangslager 62, 63, 80, 208, 209
    Beiertheim 25
    Beiertheimer Feld 72
    Benzstraße, Übergangswohnheim 139, 143, 157
    Bernsteinstraße, Übergangswohnheim 143, 154
    Binsenschlauchsiedlung 72
    Bismarckgymnasium 196
    Boschstraße 76
    Daimlerstraße 76
    Dammerstock, Luftschutzbunker, Notunterkunft 62
    Dammerstocksiedlung 72
    Daxlanden 67, 102
    Daxlanden, Gasthof Schwarzer Adler 101
    Dörfle, s. a. Klein-Karlsruhe 102
    Draisrealschule 177
    Durlach 16, 220
    Durlach, Lerchenberg, Rittnertstraße, Flüchtlingslager 67
    Durlach-Aue 102, 108
    Durlach-Aue, Alte Schule, Übergangswohnheim 143
    Durlach-Aue, Kinder- und Jugendtreff Lohn-Lissen 148, 149
    Durlacher Allee, LASt 115, 119, 120, 124, 127
    Durmersheimer Straße, Übergangswohnheim 143, 144
    Gablonzer Straße 76
    Gartenstraße, Übergangswohnheim 143
    Geroldsäcker, Neubaugebiet 148

Grenadierkaserne, Flüchtlingslager 66, 67, 79, 127
Grötzingen 222, 223
Grünwinkel 45, 49
Gutenbergschule 196
Hagsfeld 102, 139
Haizingerstraße 119
Hans-Thoma-Schule 151
Hauptbahnhof 62
Helmholtz-Schule 60
Hohenwettersbach 72, 74
Hohenwettersbach, Gewann Seewiese 73
Humboldtgymnasium 177
Innenstadt-Ost 102
Innenstadt-West 102
Kaiserpassage 86
Karlstraße, Studentenwohnheim 228
Ketteler Heim, Bismarckstraße 228
Kirchfeldsiedlung 72, 73
Klein-Karlsruhe, s. a. Dörfle 42
Klosterweg 72, 73, 139
Knielingen 60, 76, 79, 102
Knielinger Kaserne, Durchgangslager 61, 62
Kriegsstraße, Gastarbeiterunterkunft 100, 101
Kriegsstraße, Übergangswohnheim 138, 143
Leopoldschule 151
Lessinggymnasium 196
Lessingstraße 142
Lessingstraße, Übergangswohnheim 143
Lidellplatz, Gewerbehof 150
Liebfrauenkirche 71, 210
Lindenallee 68
Mackensen-Kaserne 62
Messplatz 120
Moltkestraße 81, 82
Mühlburg 41, 76, 102
Mühlburger Feld 72
Neureut 72, 210, 213
Neureuter Straße 209
Nordweststadt 213
Oberfeldstraße 102
Ostendstraße 208
Pulverhausstraße 99
Rathaus 41, 152, 189
Rennbuckel 72
Rintheim 25
Rintheimer Feld 72
Rondellplatz 126
Rüppurr 25

Schillerschule 80, 137
Schloss Gottesaue 115
Sportanlage des SV Hardeck 157, 158
Südendschule 198
Südstadt 102, 209, 210
Tullaschule 79, 80
Uhlandschule 151, 209
Weiherfeld 72
Weinbrennerschule 151
Werderstraße, Kommunikationszentrum für Spätaussiedler 156
Westbahnhof 62, 138
Weststadt 102, 121, 126
Wolfartsweierer Straße 5-7, Durchgangslager, Übergangswohnheim, ZASt 67, 79, 114, 115, 118, 122-124, 134, 136-139, 141, 145, 193
Wolfartsweierer Straße, Flüchtlingsschule 79, 80
Karlsruhe, Landkreis 62, 142, 143, 179, 220, 235
Kastilien 40
Kislau, Konzentrationslager 166
Kleve, Herzogtum 39
Klöstitz 47
Köln 48
Kolumbien 54
Konstanz 18, 228
Koprivnica 212
Korea 190
Kosovo 124
Kroatien 61, 106, 107, 125, 167, 179, 190, 212-214
Kurdische Gebiete 186
Kuba 54

Landau 222
Lateinamerika 185, 190
Le Havre 48
Leipzig 230
Lettland 131, 162
Liberia 113
Libyen 228
Litauen 131, 162, 167, 168
Liverpool 48
Liwerdshan 170
London 48
Lübeck 161
Luxemburg 54, 162

Madrid 41
Mannheim, Bezirk 22
Mannheim, Stadt 25, 48, 49, 62
Marbach 30

Mark, Grafschaft 39
Marokko 89, 233
Mazedonien 129, 218, 219
Mexiko 46, 54
Mindener Land 39
Mississippi 49
Mitteldeutschland 48
Mosbach 30
Mühringen 18
München 210, 232

Neuseeland 54
New Orleans 48, 49
New York 49, 51, 52
Niederlande 21, 31, 33, 39, 46, 48, 54, 55, 161, 167, 173
Nordamerika (s. a. USA) 44, 45, 51
Nordbaden 62, 76, 129
Norddeutschland 37
Nordsee 48
Norwegen 21, 33, 46, 161-163, 165, 166, 167
Nürnberg 134

Oberschlesien 154
Oberwesel 18
Oder-Neiße-Grenze 57
Österreich 16, 21, 46, 54, 60, 62, 106, 160, 161, 210
Österreich-Ungarn 161, 162, 164, 165
Oldenburg, Großherzogtum 161
Omsk 229
Ostdeutschland 48
Osteuropa 57, 58, 88, 121, 131
Ostgebiete, ehemalige des Deutschen Reichs 58, 60, 131
Ostindien 40
Ostrowo (Ostrów Wielkopolski) 32

Pakistan 138, 228
Palästina 55, 56
Paraguay 54
Paris 48
Peking 174
Peru 46, 54
Pfalz 17, 19
Pforzheim 18
Philadelphia 49
Polen 17, 30-33, 40, 46, 47, 54, 60, 62, 81, 131, 133, 134, 140, 143, 145, 154, 162, 164, 168
Portugal 54, 89, 181, 189

Preußen 16, 17, 21-25, 28, 39, 161
Rastatt 134, 136
Rhein 19, 48, 49
Rheinland 28
Rom 220
Rostock 126
Rotterdam 48
Rumänien 21, 46, 54, 60, 81, 131, 133, 134, 140, 141, 143, 145, 147, 173
Russland (s. a. Sowjetunion) 21, 26, 33, 39, 46, 47, 54, 60, 133, 134, 147, 150, 156-158, 161, 162, 164, 165, 173, 229-232

Saarbrücken 228
Saarland 60
Sachsen 15, 16, 21, 161
Salzburg 30
Sankt Petersburg 160
Sardinien 185
Schleswig-Holstein 161
Schlettstadt (Sélestat) 41
Schottland 54
Schweden 40, 46, 54, 55, 161, 162, 167
Schweiz 15, 16, 21, 38, 40, 46, 54, 55, 160-162, 164, 165, 167, 173
Seine 48
Serbien 21, 190
Sibirien 229
Siebenbürgen 38
Sierra Morena 39, 40
Sigmaringen, Fürstentümer 161
Sinsheim, Landkreis 62
Sizilien 216-218
Slawonien 61
Slowakei 81
Soltur 62, 210
Sowjetische Besatzungszone (SBZ) 60, 68, 74, 88
Sowjetunion (s. a. Russland) 31, 131, 133, 134, 140, 143, 145
Spanien 21, 39-43, 54, 87, 89, 93, 95-97, 106, 110, 179, 181, 185, 189, 190
Sparta 215
Speyer, Hochstift 41
Split 213
Sri Lanka 114, 115, 186
Stettin 74
Straßburg 16, 48, 49
Stühlingen 18

Stutensee-Büchig 214
Stuttgart 15, 113, 174, 182, 210, 217
Sudetenland 58, 81, 208, 209
Südafrika 54, 233
Südamerika 46, 54
Südosteuropa 57, 58, 88, 131
Sumatra 46

Täbris 171
Taiwan 168
Tauberbischofsheim, Landkreis 62
Teheran 170, 233-235
Teplitz (Teplyzja) 47
Thüringen 16
Tibet 163
Tirol 161
Tschechien 133, 134, 154, 167, 209
Tschechoslowakei 54, 55, 60, 74, 81, 131, 140
Tübingen 15
Türkei 21, 87, 89, 93, 95-97, 105-107, 110, 112, 114, 115, 121, 160-163, 166, 167, 169, 173, 179, 181, 185, 186, 189, 190, 194, 201, 214, 215, 221-224
Tunesien 89, 190, 201, 233

Udine 220
UdSSR, siehe Sowjetunion
Ukraine 135, 230
Ungarn 17, 38-40, 43, 46, 54, 60, 81, 131, 133, 134, 140, 143, 161, 165, 167, 173
USA (s. a. Nordamerika) 40, 46, 47, 49, 51, 53-55, 159, 173, 213, 215

Venezuela 55, 172
Vietnam 138, 139, 183, 186

Watetitz (Vatetice)
Weser 48
Westeuropa 56
Westfalen 28
Wolgograd 231
Württemberg 15, 17, 21-24, 28, 47, 161
Württemberg-Baden 66, 72, 74, 76, 77
Wuppertal 213

Zadvarje 213
Zagreb 212, 213
Zirndorf 116
Zürich 160

Personenregister
bearbeitet von Katja Schmalholz

Adenauer, Konrad 170
Aker, Bernd 115
Amalie, Erbprinzessin von Baden 18
Anneke, Franziska Mathilde 47
Artamonov, Evginy 157

Bartunek, Karl 76
Baumann (Hintersasse) 41
Behnle, Alfred 59, 61, 62, 64, 69, 71, 72, 74
Belkoura, Mokhtar 148
Berendt, Otto 25
Bertel (Lehrer) 41
Bitmann, Anna 208
Blank, Theodor 91
Blümling, Kathrin 208
Bohland, Kathrin 208
Bortoluzzi, Alwin 87
Brandt, Willy 170
Brenner (Hofsporer) 41
Brunn, Friedrich Leopold 15

Christ, Matthias 208

Dahmen, Lara 208
Denecken, Harald 157, 194, 200, 202
Dietz, Manuel 208
Dullenkopf, Otto 136, 137

Ebadi, Schirin 194
Erginos, Attila 185
Erhard, Ludwig 89
Fabian, Marguerite 208
Fecht, Karl Gustav 21
Feser, Edwin 158
Fleck, Klaus 144
Foucquet, Comte de 19
Fuchs, Jacob 41
Füeßlin, Karl Wilhelm 20

Gakis, Sofia 106

Göring, Hermann 31
Großwendt, Elisabeth 28
Guarnieri, Marco 87
Gut, Fritz 81
Gutenkunst, Emil 82

Habbe, Christian 69
Hacker, Werner 39
Haid, Georg 21
Haupt (Oberschulamt) 137
Hebel, Johann Peter 20
Helbing, Christel 145, 152
Hesse, Hermann 201
Heurich, Fridolin 69
Hitler, Adolf 53, 134, 166
Hohnecker, Sonja 208
Hoppe, Franziska 208

Jordan, Silke 130
Junker, Karl 21
Justi, Johann H. G. von 39

Kapinos, Alois 185
Karl Friedrich, Markgraf von Baden-Durlach 19
Karl III., König von Spanien 40
Karl Wilhelm, Markgraf von Baden-Durlach 15
Karl, Hans-Peter 121, 122
Katharina II., Kaiserin von Russland 39
Kessler, Emil 21
Khuen-Belasi, Helene 155
Kiesinger, Kurt Georg 170
Kleber, Johann Christian 41
Klee, Uta 126
Klotz, Erhard 153
Klotz, Günther 72
Knappe, Günter 119
König, Siegfried 144
Koppelstädter, Horst 116

Kossert, Andreas 84
Kranich, Wilhelm 156

Lehmann-Grube, Hinrich 97
Leiser, Gerhard 101, 135, 179
Loeper, Angelika von 194
Ludwig XVI., König von Frankreich 18

Mack, Hans-Joachim 118
Malejka, Georg 154
Maria Theresia, Kaiserin 40
Mars, de (Proviantbeamter) 41
Massimo (Arbeiter) 87
Mathes, Pia 208
Meier, Carina 208
Meier-Menzel, Heidi 121, 126, 179
Meyer, Fradel (geb. Model) 18
Meyer, Günter 185
Meyer, Salomon 18
Meyer-Moses, Hanna 198
Milosevic, Slobodan 124
Mir Mohammedi, Mir Mohammad 127, 170-172, 175, 192, 193, 198
Model (Hofjude) 18
Mohammed Reza Pahlavi, Schah von Persien 170
Mondion, Comte de 19
Müller, Rolf 172
Müller, Trudpert 114

Neu, Carl 21
Nigris, Maria de 106
Nuscheler, Franz 116, 119, 121

Oberländer, Theodor 57
Ohnesorg, Benno 170

Pfahler, Friederike 208
Pham Thi, My-Yen 183, 185
Picht, Georg 168

259

Primera, Ali 172
Rastätter, Renate 118
Ratz, Hannah 208
Redtenbacher, Ferdinand 160, 175
Rein, Stefanie 208
Reutlinger, Emanuel 17
Richtenfels, Johann Georg Förderer von 15
Riedinger, Berthold 69
Riehle, Aune 118
Robespierre, Maximilien 19
Rooyen, René van 117
Ruh, August 21
Rüssel, Günter 145-148, 156

Schmider, Corinna 208
Schmidt, Helmut 170
Schneibel (Amtsgerichtsrat) 81
Schneller, Christoph 121

Schramm, Sybille 130
Sciatti, Hyacintho 87
Seifriz, Alfred 89, 97
Seiler, Gerhard 119, 120, 142, 148, 153, 156
Seiter, Doris 136, 137, 145, 151
Sembach, Johannes 16
Siebenhaar (Geschäftsführer der Geschäftstelle für Ausländerfragen) 183
Sonnenberg, Jürgen 116
Späth, Lothar 116
Stemmer (Ministerialdirigent) 142

Tancredi, Salvatore 208
Teller, Edward 165
Thürriegel, Johann Kaspar 39-42
Töpper, Friedrich 66
Trilling, Maiken 122

Veit, Hermann 61, 80
Vogel, Ministerialdirektor 142
Vogt, Theresa 208
Vöhringer, Norbert 135, 142, 144, 147, 183, 185, 194
Voigt, Eva-Maria 208

Wack, Johannes 116
Walzer, Catherine 208
Weech, Friedrich von 20, 37
Wehrle, Maria 198
Weichert, Thilo 117
Weickgenannt, Katrin 208
Weihlöhne, Schlosser 41
Weil, Nathanael 18
Weltzien, Karl 160, 175
Willkomm, Moritz 42
Wolff, Johann 42
Worch, Willi 30

Sachregister
bearbeitet von Ernst Otto Bräunche

Ausstellungen
  100 Jahre deutscher Rassismus 195
  Das ausländische Kind in der deutschsprachigen Kinder- und Jugendliteratur 183
  Typisch deutsch? Fremdes und Vertrautes aus der Sicht von Migranten 201
Abgabenfreiheit 17
Ämter, Behörden, Gremien und Institutionen
  Amt für Soforthilfe 82
  Amt für Wirtschaft und Verkehr 183
  Amt für Wohnungswesen 142
  Arbeitsamt 31, 33, 90, 98, 102, 107, 136, 137, 152, 178, 179, 183, 186, 214, 231
  Arbeitsministerium 88, 91
  Ausgleichsamt 82, 84, 138, 139, 146, 147, 156, 185
  Ausländeramt 177
  Ausländerbeauftragte 183
  Ausländerbeirat 171, 178, 181, 182, 184, 189, 190, 198, 202, 216, 220
  Ausschuss für die Angelegenheiten ausländischer Arbeitnehmer 179, 180, 183
  Aussiedler-Forum 154
  Badische Regierung 43
  Bauordnungsamt 101
  Bezirksamt 45, 55
  Bezirksstelle für Asyl 128
  Bürgermeisteramt 49
  Bundesamt für die Anerkennung ausländischer Flüchtlinge 115, 116, 122
  Bundesminister für Finanzen 82
  Bundesamt für Migration 116
  Bundesregierung 34
  Commission de triagé 28
  Feststellungsamt 84
  Feststellungsbehörde für Kriegsschäden 82
  Flüchtlingsrat 120, 122, 123, 126
  Flüchtlingsberatungsstelle 59, 68, 80, 82
  Frauenbeauftragte 190
  Finanzministerium 81
  Geheime Staatspolizei 55
  Gemeinderat 20, 78, 110, 118-120, 123, 129, 147, 148, 180, 182, 183, 189, 203
  Gemeindesekretariat 84
  Geschäftsstelle des Koordinierungsausschusses für die Angelegenheiten ausländischer Arbeitnehmer 183
  Geschäftsstelle für Ausländerfragen (GfA) 183, 184, 194
  Gesundheitsamt 98
  Hauptamt 90, 93
  Hochbauamt 138
  Hofrat 39
  Innenministerium 44, 51, 81, 135
  Integrationsbeauftragte 185, 190
  Integrationsstelle 188
  Jugendamt 28, 129
  Kreisbeauftragter für das Flüchtlingswesen 82
  Landamt 45
  Landesarbeitsamt 97
  Landesaufnahmestelle (LASt) 115, 122, 123, 128-130, 224, 226
  Landesentwicklungsgesellschaft (LEG) 121
  Landesfinanzamt 81
  Landesregierung 113, 115, 117-119, 122, 139, 140, 196
  Landkreise 59, 62, 82, 128, 135, 142, 143, 148, 179, 185, 220, 235
  Landratsamt 154
  Migrationsbeirat 182
  Ministerium für Vertriebene, Flüchtlinge u. Kriegsgeschädigte 80
  Oberschulamt 80, 137
  Oberverwaltungsgericht 171
  Polizeidirektion 55
  Polizeipräsidium 55
  Regierungspräsidium 64, 68, 80, 115, 119, 128, 135, 136, 138, 147, 148, 152
  Reichszentrale für elsass-lothringische Vertriebenenfürsorge 29
  Rentkammer 39
  Schulrat 79
  Schulverwaltung 137
  Sozial- und Jugendbehörde 133, 135, 137, 144
  Sozial- und Jugenddezernat 183
  Sozialamt 105, 135, 232
  Sport- und Bäderamt 145
  Staatsangehörigkeitsbehörden 135
  Staatsministerium 44
  Stadtarchiv 57, 154
  Städtetag Baden-Württemberg 153
  Stadtjugendausschuss e. V. 148, 158, 189, 194
  Stadtmuseum 207
  Stadtschulamt 80
  Stadtverwaltung 29, 60, 62, 68, 69, 72, 79, 80, 92, 98, 101, 119, 138, 146, 185
  Statistisches Amt der Stadt Karlsruhe 22, 25, 34, 90
  Statistisches Bundesamt 34
  Tiefbauamt 92
  Wirtschaftsministerium 89
  Wirtschaftsamt 82
  Wirtschaftsrat 82
  Wohnungsamt 28, 68
  Zentrale Anlaufstelle für Asylbewerber (ZASt) 115-117, 119-121, 123-126, 130, 138, 194, 224
  Zweimächtekontrollamt 82
Antijudaismus 55
Anwerbeabkommen 34, 87, 89, 92, 93, 96, 98,
Anwerbestopp 34, 87, 110-112, 114

261

Arbeitskreise, Einrichtungen und Organisationen für Migranten (s. a. Verbände und Vereine)
AG der Ausländischen Mitglieder des Ausländerbeirats 182, 198, 202
AJUMI (Aufnahmegruppe für junge Migranten) 129, 130
Aktionskreis Miteinander Leben 171, 194, 195
Amnesty International 122, 127, 186, 192
Arbeiterwohlfahrt (AWO) 178, 179, 194
Arbeitsgemeinschaft der Gablonzer Industrie in Karlsruhe 76
Arbeitskreis Asyl Baden-Württemberg 190
Arbeitskreis für Aussiedler und Zuwanderer 146, 152
Arbeitskreis Wohnraumversorgung für Aussiedler 140
Ausländerzentrum 184, 189
Behandlungszentrum für Folteropfer Ulm 126, 129
Begegnungs- und Beratungszentrum für Flüchtlinge (BBF) 121, 126, 179
Beratungsstelle für türkische Gastarbeiter 105
Bund der Vertriebenen (BdV) 78
Bund der vertriebenen Deutschen 78
Caritas 71, 81, 98, 105, 106, 121, 136, 144, 145, 147, 154, 155, 157, 179, 190, 210
Centro Espagnol 106
Centro Italiano 103, 106
Christlich-Islamische Gesellschaft Karlsruhe e.V. (CIGK) 190, 202
Club de Amiga 107
Dachverband Deutscher Koordinierungsrat (DKR) 201
Deutsch-Italienische Gesellschaft 106, 109
Deutsch-Kroatische Gemeinschaft Karlsruhe und Umgebung 190, 214
Deutsch-Spanische Gesellschaft 190
Deutsch-Spanisches Kulturzentrum 189
Diakonisches Werk 106, 115, 146, 147, 179
Evangelischer Gemeindedienst 146
Evangelisches Hilfswerk 81
Freunde für Fremde 128, 190, 194
Freundeskreis Asyl 118, 120, 123, 125, 127, 192, 194
Freundeskreis für Asylbewerber 193
Griechisches Zentrum 104

Halima – unabhängiger Kindergarten von Muslimen e.V. 200
Haus der Heimat e.V. 57, 78
Hausaufgabenbetreuung/-hilfe 109, 137, 151, 152, 185, 190, 198-200
Internationaler Ausschuss 182
Internationaler Bund für Sozialarbeit 146, 153, 190, 199
Internationales Begegnungszentrum (IBZ) 184, 189, 190, 192, 198, 202
Iranisches Kulturzentrum 190
Jugendgemeinschaftswerke des Internationalen Bundes für Sozialarbeit 147, 155
Jugoslawischer Arbeitnehmerverein 189
Karlsruher Netzwerk INTEGRATION 203
Kinder- und Jugendhilfezentrum Karlsruhe 130
Koordinierungskreis Aussiedler 152
Mennonitisches Hilfswerk 130, 192
Menschenrechtszentrum (Medinetz) 119, 127, 128, 130, 171, 192, 193, 194
Mobile Flüchtlingsberatung 127
Notgemeinschaft der Flüchtlinge und Fliegergeschädigten 76
Patinnenprojekt 190-192
Serbisches Kulturzentrum 190
United Nations Relief and Rehabilitation Administration (UNRRA) 61
Arbeitslose 92, 75, 77, 135, 154, 232
Arbeitsmigranten 159, 177, 223
Asyl 56, 114, 117, 120, 121, 129, 130, 190, 193, 194, 213,
Asylbewerber 34, 113-119, 121-124, 133, 137, 138, 193, 194, 196, 224, 227, 228
Asylbewerberinnen 137, 138, 139, 224
Asylrecht 121, 130
Ausländer (s. a. Bildungsausländer) 20, 31, 33, 34, 36, 81, 90, 92-94, 96, 97, 105, 111, 130, 152, 160, 161, 165, 166, 168, 170, 173, 177, 179-181, 183, 186-189, 194, 211, 216, 217, 220, 228
Ausländerbeschäftigung 34, 88-91, 94, 97, 110-112
Ausländerfeindlichkeit (s. a. Fremdenhass) 117, 127, 130, 171, 194
Aussiedler (s. a. Spätaussiedler) 88, 115, 123, 131, 133-136, 138-146, 148, 150-152, 154, 231
Auswanderung 37-39, 41, 42, 44-49,

51, 53, 55, 56, 112, 133, 134, 212, 216-218, 221, 223, 230, 234
Badisches Staatstheater 135
Badisches Landesmuseum 201
Besatzungsmacht 67
Bevölkerungszahl 18, 19, 21, 30, 39, 61, 114,
Bildungsausländer 159, 174
Bildungsmigration 159-161, 164, 165, 169, 173-175, 232, 234
Bürgerbuch 20, 21
Bürgerkriegsflüchtling 172
Bürgermeister 16, 69, 82, 142, 147, 175, 180, 182, 183, 194, 202
Bürgermeisteramt 49, 129, 135, 152

Christen 119, 201, 202

Das Kino 186
DDR-Flüchtlinge (s. a. Sowjetzonenflüchtlinge) 91, 143
Dekanat 118
Deutscher Städtetag 97
Deutschkenntnisse (s. a. Sprachkenntnisse, Sprachschwierigkeiten) 80, 107, 152, 153, 223, 234
Deutschkurse 128, 130, 151, 193
Displaced Persons 61, 168
Donauschwaben 61
Drittes Reich (s. a. Nationalsozialismus) 30

Einquartierungen (s. Unterbringung/Unterkünfte)
Emigranten s. Flüchtlinge
Entschädigungsrente 82
Evakuierung 30, 125
Evangelische Kirche 178, 189, 212
Evangelischer Gemeindedienst 137, 145, 155
Evangelischer Oberkirchenrat 198

Fabriken, Firmen, Industriezweige
Junker & Ruh 21, 26
Deutsche Metallpatronenfabrik Lorenz 22
Deutsche Waffen- und Munitionsfabrik (DWM) 22, 26, 31-33
Gablonzer-Industrie 74-76
Haid & Neu 21, 26
Karlsruher Lebensversicherung 196
Lokomotivenfabrik Emil Kessler 21
Maschinenbaugesellschaft 21, 26, 237
Mauser-Werke 32
Munitionsfabrik Gustav Genschow 32
Musikhaus Padewet 151
Nähmaschinenfabrik Singer 92
Parfümerie- und Toiletteseifenfabrik Wolff & Sohn 21, 26

Siemens 74
Sparkasse Karlsruhe 151
Stahlbaufirma Gollnow 74
Süddeutsche Arguswerke Heinrich Koppenberg 32
Versandhaus Heine 196
Willmar Schwabe 74
Flucht (s. a. Vertreibung) 18, 19, 47, 57-59, 106, 115, 124, 126, 168, 217, 220, 226
Flüchtlinge (s. a. Bürgerkriegsflüchtlinge, DDR-Flüchtlinge, Migranten und Migrantinnen, Sowjetzonenflüchtlinge, Vietnamflüchtlinge) 18, 19, 28, 29, 47, 55, 57, 59-62, 64, 66, 68, 69-72, 74, 76, 79-81, 82, 84, 85, 88, 113-116, 118-131, 133, 138, 143, 159, 168, 179, 183, 187, 192, 194, 196, 208-211, 224, 225, 226,
Flüchtlingslager 61, 69, 79, 115, 119, 125
Flüchtlingspolitik 129
Fremdenhass 195, 198

Gastarbeiter/Gastarbeiterinnen 34, 87, 89, 90-94, 96-103, 105-112, 114, 177, 178, 179, 183, 211, 212, 214, 216, 221, 222, 223
Gemeinnützige Siedlungsgenossenschaft vertriebener Elsass-Lothringer m.b.H. 29
Generalplan Ost 58
Gesetze und Verordnungen
Asylverfahrensgesetz 116, 127
Asylbewerberunterbringungsgesetz 123
Asylbewerberleistungsgesetz 126
Auswanderungsgesetz 45
Beschleunigungsgesetz 115
Bundessozialhilfegesetz 135
Bundesvertriebenengesetz 131
Ehegesetz 106
Ermächtigungsgesetz 53
Flüchtlingsgesetz 64, 68, 82
Flüchtlingsnotleistungsgesetz 68
Gesetz über die Aufnahme und Unterbringung von Flüchtlingen (FlüAG) 127
Gesetz über den Währungsausgleich für Sparguthaben Vertriebener 82
Gesetz zur Milderung drängender sozialer Notstände 82
Gesetz zur Steuerung und Begrenzung der Zuwanderung und zur Regelung des Aufenthalts und der Integration von Unionsbürgern und Ausländern 129
Gesetz zur Wiederherstellung des Berufsbeamtentums 166

Grundgesetz 77, 82, 113, 121, 123, 126, 203
Heimkehrergesetz 135
Jugendschutzgesetz 106
Kinder- und Jugendhilfeentwicklungsgesetz (KICK) 129, 205
Kriegsfolgenbereinigungsgesetz 131
Lastenausgleichgesetz (LAG) 60, 82-84, 146, 156
Notstandsgesetze 170
Nürnberger Gesetze 55
Reichsbürgergesetz 56
Reparationsentschädigungsgesetz 146
Soforthilfegesetz 82
Unterbringungsgesetz 123
Tierschutzgesetz 117
Wohnungsbaugesetz 72
Zuwanderungsgesetz 129, 131, 177, 186, 188, 190
Gorodki 157, 158
Große Depression 22

Handel 26, 36, 74, 174,
Handelskammer 26,
Handwerk 28, 38, 42, 51, 74, 179
Handwerkskammer 152
Hartz IV 158
Heimatvertriebene (s. a. Vertriebene) 57, 62, 64, 68, 71, 72, 74, 76-79, 84, 148, 208
Heimkehrer 134, 135
Hintersasse 16, 41, 42
Hochschulen
Badisches Staatstechnikum, Fachhochschule, Staatliche Ingenieursschule 172
Musikhochschule 173
Pädagogische Hochschule 173
Polytechnische Schule, Technische Hochschule, Universität, KIT (Fridericiana) 160, 161, 162, 164, 168-172, 174, 175, 204, 210, 227, 228, 232-234

Industrialisierung 42
Industrie- und Handelskammer (IHK) 91, 152
Institut für angewandte Kulturwissenschaften 194
Integration 36, 56, 57, 74, 76, 79, 84, 88, 107-109, 116, 129, 138, 144, 145, 147, 148, 150, 151, 153, 154, 171, 172, 175, 177, 178, 182, 183, 185, 186, 188, 193, 195, 200-203, 205-207, 212, 217, 220, 228, 230, 231
Integrationspolitik 34, 205,

Juden 17, 18, 55, 56, 167, 201
Jüdische Gemeinde Karlsruhe 202

Karlsruher Leitlinien zur Integration 108, 188, 201-206
Karlsruher Modell 122-124, 127
Karpatendeutsches Museum 79
Katholische Kirche 178, 179, 189, 202
Kinder- und Jugendbildung 204, 205
Kriege
Dreißigjähriger Krieg 37
Erster Weltkrieg 22, 25, 26, 18, 30, 53, 134, 164, 165
Kalter Krieg 133, 134
Koreakrieg 86
Kosovokrieg 129
Pfälzischer Erbfolgekrieg 38
Napoleonische Kriege 19, 38
Österreichisch-bayrischer Erbfolgekrieg 38
Zweiter Weltkrieg 15, 30, 31, 33, 39, 57-60, 79, 84, 87-89, 124, 133, 134, 159, 166, 169, 237
Kriegsgefangene 31, 136
Kriegsheimkehrer s. Heimkehrer
Kriegskonferenzen (Jalta, Potsdam, Teheran) 58
Kriegsschadensrente 82
Kultur 64, 106, 133, 160, 182, 185-187, 190-193, 205, 212, 222, 226, 230, 234

Landeskirche 119

Migranten (s. a. Arbeitsmigranten, Bildungsmigranten, Zuwanderer) 30, 33, 121, 127-130, 133, 158, 159, 160, 168, 170, 171, 177, 179, 182, 183, 185, 186, 190-195, 201, 203-208, 221, 231, 233, 234
Migrantinnen 33, 128, 133, 158, 159, 179, 186, 190-193, 201, 203, 205-208, 231
Migration 15, 31, 116, 159, 173, 174, 175, 182, 183, 187, 188, 191, 195, 203, 207, 208, 217, 232, 233, 235
Migrationshintergrund 34, 160, 164, 169, 173, 175, 181, 182, 199, 200, 205, 207
Mir-Mohammedi-Stiftung 172, 192, 193
Muslime 202

Nationalsozialismus 30, 33, 53, 165, 168
Machtergreifung/Machtübernahme 30, 56, 237
Nationalsozialistischer Deutscher Studentenbund (NSDStB) 166
Nationalsozialistisches Kraftfahrer Korps (NSKK) 30
Nürnberger Gesetze 55
Reichspogromnacht 55
Schutzstaffeln (SS) 58
Wehrmacht 58

Nationalversammlung 19, 161
Neubürgersiedlungsbaugenossenschaft 72
Neubürgerversammlungen 66

Oberbürgermeister 20, 61, 66, 72, 80, 82, 119, 120, 135-137, 142, 144, 145, 148, 153, 156, 182, 189
OECD (Organisation für wirtschaftliche Zusammenarbeit und Entwicklung) 159, 174
Ostblock 34, 96, 115, 134, 135, 156, 158
Ostwanderungen 133

Parteien
Christlich Demokratische Union (CDU) 34, 69, 78, 120, 126, 135, 137, 145-148, 180, 198
Christlich Soziale Union (CSU) 78
Die Grünen 117, 118
Freie Demokratische Partei (FDP) 34, 78, 120, 126, 180
Flüchtlingspartei 76
Gesamtdeutscher Block/ Block der Heimatvertriebenen (GB/BHE) 77, 78
Kommunistische Partei Deutschlands (KPD) 69
Sozialdemokratische Partei Deutschlands (SPD) 120, 126, 129, 179, 180, 220

Rassismus 171, 195, 198, 201
Rechtsextremismus 126, 185, 195, 201
Reichsdeutsche 58
Reichsgründung 21
Revolutionen 38, 44, 160, 170, 235, 23
Französische Revolution 18
Revolution 1848/49 44, 47
Russlanddeutsche (s. a. Spätaussiedler) 133, 134, 150, 157, 229, 231

Schule (einzelne s. Ortsregister) 60, 79, 80, 110, 113, 137, 143, 151, 160, 171, 179, 196, 209, 210, 211, 213, 215, 222-225, 227, 229, 230, 234
Schutzbürger 17
Sowjetzonenflüchtlinge 68
Spätaussiedler 34, 79, 131, 133-148, 150-158, 231
Sport (s. a. Verbände und Vereine) 107, 144, 145, 182, 205, 213
Sportvereine (s. a. Verbände und Vereine) 144-146, 148, 185, 205
Sprachförderung 144, 150, 151, 152, 153, 204
Sprachkenntnisse (s. a. Deutschkenntnisse) 34, 107, 187, 188, 211, 214, 217, 219, 220, 225, 231
Sprachkurse / Sprachunterricht 106, 107, 116, 147, 151, 152, 157, 158, 179, 187, 188, 211, 215, 229, 231
Sprachschwierigkeiten 106, 154, 156
Studierende 36, 159, 160, 161, 164-175, 207, 208, 229, 232-234
Südwestrundfunk (SWR) 207

Übergangswohnheime (s. a. Wohnheime) 133, 134, 136-144, 148, 150, 154, 157, 158, 230
Unterbringung/Unterkünfte 15, 30, 31, 49, 60, 66, 69, 97, 98, 100-102, 106, 112, 116, 119, 120, 124, 128, 129, 132, 133, 136-143, 152, 177, 216, 234
Unterhaltshilfe 82

Veranstaltungen
Aktionstag gegen Fremdenfeindlichkeit 196
Ausländerfest 185
Einbürgerungsfeier 182, 188, 189
Fest der ausländischen Vereine 176, 185
Fest der Völkerverständigung 184, 185, 202
Gedenkveranstaltung zur Reichspogromnacht 171, 198
Informationsveranstaltungen 146, 152, 188, 206
Lichterkette 127, 195, 196
Multikulturelles Forum 183
Integrationsfrühstück 188
Kulturtage der Neubürger 66
Tag der Heimat 78
Verbände und Vereine
Amnesty international 122, 127, 186, 192
Badischer Verein zur Förderung der Auswanderung 49
Deutscher Gewerkschaftsbund (DGB) 186, 189, 194, 196, 198
FC Nordwest 107
Gesellschaft für Christlich-Jüdische Zusammenarbeit in Karlsruhe e. V. 201
Gewerkschaften 88, 179
Interessengemeinschaft der ausgesiedelten Deutschen (IDAD) 76
Kleingartenverein „Kuhweide" 172
Koreanischer Verein Karlsruhe 190
Kroatischer Kulturverein Matica hrvatska 190
Migrantenvereine 180, 184, 188, 189, 193, 202
Portugiesischer Arbeitnehmerverein 189
Reichsvereinigung der Juden in Deutschland 56
Spanischer Elternverein Karlsruhe 190
Sportklub Zagreb 69 213
Tunesischer Club Karthago 190
Türkischer Elternverein Karlsruhe 190
Türkischer Frauenverein Karlsruhe und Umgebung 190
Verein türkischer Arbeitnehmer 107
Verein zur Unterstützung traumatisierter Migranten 126, 129, 193
Verein zur Unterstützung unbegleiteter Minderjähriger 193
Versailler Vertrag 26, 166
Vertreibung (s. a. Flucht) 57-59, 76, 82, 84, 168, 208-211
Vertriebene (s. a. Heimatvertriebene) 57, 59, 60, 62, 64, 66, 68, 69, 71, 74, 76-81, 84, 85, 88, 133, 134, 138, 146, 209-211
Vietnam-Flüchtlinge 138, 139
Volksdeutsche 59
Volkswohnung 139, 189
Vormärz 44

Wanderbewegungen 159
Wanderungsverlust 29
Weimarer Republik 26, 30, 165, 166, 237
Wirtschafts-Junioren 152
Wirtschaftswachstum 88
Wirtschaftswunder 60, 76, 85, 88
Wohlfahrtsverbände 123, 128
Wohnheime (s. a. Übergangswohnheime) 98, 138, 140, 213
Wohnraumversorgung (s. a. Unterbringung, Unterkünfte) 72, 137, 140, 142, 147
Wohnungen 28, 29, 68, 69, 71, 72, 74, 81, 102, 112, 133, 137, 142, 147, 155, 156, 168, 206, 214
Wohnverhältnisse 212, 234

Zeitungen und Zeitschriften
Amtsblatt/Stadtzeitung 82, 83, 194
Badische Neueste Nachrichten (BNN) 100, 101, 102, 106, 107, 116, 117, 119, 122, 154, 177, 216
Karlsruher Zeitung 48, 51
Schülerzeitschrift „Der Füller" 194
Der Spiegel 91
Die Zeit 117
Zuwanderer (s. a. Migranten) 16 18, 25, 26, 28, 30, 36, 60, 108, 112, 140-143, 146, 154, 178, 188, 190, 201-206
Zwangsarbeiter 31, 33, 61, 62, 87, 88, 168, 237
Zwangsarbeiterinnen 31, 237